Walter Müller-Seidel
Rechtsdenken im literarischen Text

Juristische Zeitgeschichte
Abteilung 6, Band 47

Juristische Zeitgeschichte
Hrsg. von Prof. Dr. Dr. Thomas Vormbaum
(FernUniversität in Hagen, Institut für Juristische Zeitgeschichte)

Abteilung 6:
Recht in der Kunst – Kunst im Recht
Mithrsg. Prof. Dr. Gunter Reiß
(Universität Münster)

Band 47

Redaktion: Christoph Hagemann

De Gruyter

Walter Müller-Seidel

Rechtsdenken im literarischen Text

Deutsche Literatur von der Weimarer Klassik zur Weimarer Republik

Herausgegeben und eingeleitet von Gunter Reiß

De Gruyter

Prof. Dr. Gunter Reiß war bis zu seiner Emeritierung Inhaber des Lehrstuhls für Literaturwissenschaft und Literaturdidaktik am Germanistischen Institut der Westfälischen Wilhelms-Universität Münster.

ISBN 978-3-11-055287-4
e-ISBN (PDF) 978-3-11-055846-3
e-ISBN (EPUB) 978-3-11-055774-9

Library of Congress Cataloging-in-Publication Data

A CIP catalog record for this book has been applied for at the Library of Congress.

Bibliografische Information der Deutschen Nationalbibliothek

Die Deutsche Nationalbibliothek verzeichnet diese Publikation in der Deutschen Nationalbibliografie; detaillierte bibliografische Daten sind im Internet über http://dnb.dnb.de abrufbar.

Abbildung auf dem Schutzumschlag und Frontispiz: Privatarchiv Karl Richter
Druck und Bindung: Hubert & Co. GmbH & Co. KG, Göttingen
∞ Gedruckt auf säurefreiem Papier

Printed in Germany

www.degruyter.com

Inhaltsverzeichnis

Einleitung:
Müller-Seidels Rechtsbuch IX

Vor Gericht.
Balladendichtung und Justizkritik.
Zu einem wenig bekannten Gedicht Goethes 1

Schillers Rechtsdenken.
Verschwörung, Widerstandsrecht und Tyrannenmord
im dramatischen Werk 13

Todesarten und Todesstrafen.
Eine Betrachtung über Heinrich von Kleist 31

Wissenschaftskritik und literarische Moderne.
Zur Problemlage im frühen Expressionismus 65

Justizkritik im Werk Heinrich Manns.
Zu einem Thema der Weimarer Republik 93

Alfred Erich Hoche.
Lebensgeschichte im Spannungsfeld von Psychiatrie,
Strafrecht und Literatur 119

Alfred Döblin,
Die beiden Freundinnen und ihr Giftmord.
Psychiatrie, Strafrecht und moderne Literatur 179

Quellenverzeichnis – Liste der Erstveröffentlichungen 193

Einleitung: Müller-Seidels Rechtsbuch

Vorbemerkung

Das Rechtsbuch ist ein Projekt, das Walter Müller-Seidel in den letzten Lebensjahren neben anderen verfolgt hat, das durch seinen plötzlichen Tod am 27. November 2010 jedoch nicht zu Ende gebracht werden konnte. Es geht zurück auf einen Vorschlag, den ich Müller-Seidel anlässlich seines 85. Geburtstags 2003 gemacht habe. Seine Aufsätze zum Thema Justiz und Justizkritik sollten in einem Band zusammengefasst und bei de Gruyter in der dort edierten Reihe[1] zur juristischen Zeitgeschichte herausgebracht werden. Müller-Seidel zeigte sich hocherfreut, griff den Gedanken spontan auf und erstellte eine erste Zusammenstellung der in Frage kommenden Abhandlungen (Brief vom 4. Juli 2003) An Überarbeitungen oder gar Neufassungen der Vorlagen war nicht zu denken, allenfalls sollten bibliographische Hinweise in den Anmerkungen (ebda.) ergänzt werden.

Müller-Seidel war in dieser Zeit intensiv mit dem Schiller-Buch[2] befasst, dessen Erscheinen in jedem Fall Priorität behalten sollte, betonte zudem gleichzeitig, dass es ihm auch wichtig sei, das von ihm so genannte „Rechtsbuch" nicht isoliert vom ebenfalls geplanten „Medizinbuch" herauszubringen.

2003 und im folgenden Jahr 2004 ergaben sich allerdings einige gravierende Belastungen. Die durch eine schwere Erkrankung seiner Frau „schwierig gewordenen häuslichen Verhältnisse" beeinträchtigten seine Arbeitskraft erheblich. Am 27. November 2003 teilt er mit, dass er deshalb seine Arbeit „für geraume Zeit [hat] unterbrechen müssen". Insbesondere die durch den Sturz seiner Frau im Sommer 2003 entstandenen gesundheitlichen Folgen, verursacht nicht zuletzt durch mehrmonatige Krankenhausaufenthalte, zwingen Müller-Seidel dauerhaft, sich darin „einzuüben [...], die gesamte Haushalts-

---

1 Juristische Zeitgeschichte, Abteilung 6: Recht in der Kunst – Kunst im Recht. Hrsg. von Thomas Vormbaum und Gunter Reiß.1999 ff.

2 *Walter Müller-Seidel*, Friedrich Schiller und die Politik. „Nicht das Große, nur das Menschliche geschehe." München 2009. Vgl. hierzu auch *Gert Sautermeister*, Tyrannenmord und Widerstandsrecht. Das letzte Werk des Literaturwissenschaftlers Müller-Seidel: Friedrich Schiller und die Politik. In: literaturkritik.de Nr. 9 (Sept. 2014). S. 1–10. Und: *Wulf Segebrecht*, Schiller – ein Dramatiker des Widerstands. In JASL. online. [26.1.2011].

führung zu übernehmen" und dennoch zu versuchen, „soviel Zeit wie möglich für die eigene Arbeit zurückzugewinnen". Zur dauerhaften Betreuung seiner Frau kommt im Frühjahr 2004 noch ein Unglücksfall hinzu, der ihn unmittelbar selbst betrifft. (Brief vom 30. März 2004) Anlässlich der Vorstellung des Germanisten-Lexikons in Marbach läuft er bei „schlechter Beleuchtung gegen eine Glaswand". Die Folgen der Gehirnerschütterung, die er sich dabei zuzog, haben ihm „lange Zeit zu schaffen gemacht." Zweifel beschleichen ihn; er fragt sich, „ob alles noch zu schaffen sei", was er sich vorgenommen hat. Insbesondere treibt ihn die Sorge um, ob nicht „ein mißverständliches 'Lebensbild' entsteht, wenn nur die Arbeiten aus dem Grenzgebiet Literaturgeschichte/Rechtsgeschichte veröffentlicht werden und diejenigen aus dem Grenzgebiet der Medizingeschichte, die doch vorrangig gewesen wären, ausgespart bleiben. Für dieses Buch – ich habe es für mich selbst abgekürzt das 'Medizinbuch' genannt – hatte ich eine sehr aufwendige Darbietung des Stoffes vorgesehen: eine medizingeschichtliche Einleitung zu jedem Epochenkapitel, von der mir immer deutlicher zu Bewußtsein kam, daß ich sie wohl zeitlich nicht mehr bewältigen würde" (ebda.).

Beim „Überdenken des Dilemmas" entscheidet sich Müller-Seidel, das Medizinbuch gleichfalls als Aufsatzsammlung anzulegen und eine „bereits vorhandene Einleitung zu verwenden." (ebda.)[3]

Die Zusammenstellung der Beiträge zum Rechtsbuch unterzieht er gleichzeitig einer Revision. Gegenüber der ersten Liste sollte ein Vortrag über den späten Storm hinzukommen, der zu diesem Zeitpunkt in Vorbereitung war und zunächst noch in Würzburg sowie anschließend in München zur Diskussion gestellt werden sollte. Anregungen aus den jeweiligen Diskussionen wollte Müller-Seidel dann noch berücksichtigen und einarbeiten.

Das Manuskript des Vortrags *Schillers Rechtsdenken*, den er erstmals 2002 im Deutsch-französischen Kulturinstitut in Genshagen bei Potsdam gehalten hat, legt er seinem Brief vom 27. November 2003 bereits bei, allerdings mit dem Hinweis, dass „noch zwei Kapitel vorgesehen waren, die nachzutragen sind". Zu diesen Erweiterungen, ebenso wie zu den vorgesehenen Anmerkungen, ist es dann nicht mehr gekommen.

Ein ursprünglich geplanter Beitrag über Georg Büchner (*Kranke Verbrecher. Büchners Dramenfragment „Woyzeck" und die Anfänge forensischer Psychiatrie in Deutschland*) wird gestrichen. Er wurde zur Emeritierung von Karl Richter in Saarbrücken vorgetragen und sollte nicht aus dem Zusammenhang

3 Das Medizinbuch, das von *Thomas Anz* herausgegeben wird, erscheint 2018 zum 100. Geburtstag Müller-Seidels.

einer aus diesem Anlass von der Universität Saarbrücken herausgegebenen Publikation herausgelöst werden.

Ein Beitrag über Kafka schien wünschenswert. Mit Rücksicht aber auf das 1986 erschienene Kafka-Buch Müller-Seidels *Die Deportation des Menschen. Kafkas Erzählung In der Strafkolonie im europäischen Kontext* konnte darauf verzichtet werden. Allerdings erschien ihm ein Beitrag zu Hans Groß, Kafkas akademischem Lehrer „im Gebiete des Strafrechts“, wichtig, nicht zuletzt deshalb, weil dessen Wirken „tatsächlich der Ausgangspunkt der Kafkaschrift war“ (ebda.). Die entsprechenden Abschnitte (S. 50 ff.) des Kafka-Buches sollten zu diesem Zwecke zusammengefügt und neu strukturiert werden.

So entstand die Aufstellung der Aufsätze, wie sie am Inhaltsverzeichnis des vorliegenden Bandes ablesbar ist. Den Untertitel des Sammelwerks hat Müller-Seidel zuletzt noch umformuliert und so festgelegt, wie er jetzt gedruckt erscheint.

Der plötzliche Tod Müller-Seidels hat verhindert, dass so manches Detail der Planung umgesetzt werden konnte.[4] So fehlen jetzt die Manuskripte zu Storm und Hans Groß. Auch das Schiller-Manuskript hat Müller-Seidel nicht mehr für den Druck fertigstellen können. Ein Schlusspunkt, der noch „etwas Lichteres“ bringen sollte nach den „düsteren Dingen“, gemeint waren der Hoche-Beitrag (Die Vernichtung lebensunwerten Lebens) und die Giftmordgeschichte Döblins, sollten „Erinnerungen an Gustav Radbruch“ sein. Mit einem Kapitel über dessen „Bild Goethes und die Weimarer Republik“ sollte das Rechtsbuch schließen. Dazu ist es leider nicht mehr gekommen. Die hier nun vorliegende Aufsatzsammlung repräsentiert den Planungsstand, so wie Müller-Seidel ihn zuletzt vorgeschlagen hat.

Die Texte werden so wiedergegeben, wie sie zuletzt vorlagen. Eingriffe in die Manuskripte wurden nicht vorgenommen, allenfalls unbedeutende Druck- bzw. Schreibfehler stillschweigend korrigiert. Die wenigen handschriftlichen Ergänzungen Müller-Seidels wurden berücksichtigt.

Keineswegs aber kann der Eindruck entstehen, die hier zusammengestellten Schriften Müller-Seidels verkörperten den Status des Nicht-zu-Ende-Gebrachten. Was hier als wissenschaftliches Vermächtnis vorliegt, ist im Detail wie im Gesamtkonzept Dokument einer geisteswissenschaftlichen Erkenntnisleistung, die ihresgleichen sucht. Müller-Seidels literaturwissenschaftliche, historische und wissenschaftsgeschichtliche Auseinandersetzung mit mehr als einem Jahr-

4 Verzögerungen bei der Herausgabe der Aufsätze entstanden auch durch die Unklarheit in der Nachlassregelung. Dank der umsichtigen und konstruktiven Führung der Nachlassverhandlungen durch Herrn Dr. Blumberg sind die komplexen Fragen des Nachlasses inzwischen gelöst. Ihm gilt mein besonderer Dank in diesem Zusammenhang.

hundert Ideologiegeschichte der Geisteswissenschaft eröffnet in vielen Punkten beklemmende Einsichten und ist weit mehr als nur der Aufriss einer *Geschichte des humanen Denkens im wissenschaftlichen Zeitalter* (wie er das Medizinbuch im Untertitel nennen wollte).

Das Rechtsbuch zu beschreiben ist eine Herausforderung besonderer Art: Es kann sich nicht in dem additiven Referieren einer Kette von Aufsätzen erschöpfen, ebenso wenig wie es sich entlang der herangezogenen literarischen Texte von Goethe bis Heinrich Mann um eine historiographische Skizze der in der Literatur verarbeiteten Rechtsfälle als spezielle Literaturgeschichte handeln kann. Es ist auch mit Blick auf das Komplementärwerk über die medizinhistorischen Gegenstände in summa ein wissenschaftsgeschichtliches Monumentalwerk, das die literaturwissenschaftlichen Grenzen sprengt – im Grunde der Entwurf einer Standortbestimmung geisteswissenschaftlichen Handelns im Bereich von Literatur, Recht und Medizin, der auch die daraus resultierende Verantwortung des Wissenschaftlers in unserer Gegenwart zum Thema hat.[5]

I.

Am Beispiel von Goethes früher Ballade *Vor Gericht*, einem Text, der von der Goethe-Forschung lange kaum beachtet wurde, entwickelt Müller-Seidel schon 1983 einige der Kernthesen seiner justizkritischen Betrachtungen. Die Einordnung in gängige Konventionen der Balladenbestimmung wird gar nicht erst angestrebt. Die für die frühen Balladen Goethes naheliegende „Verbindung von Naturmagie und Sozialkritik" (3)[6] interessiert nicht primär. Auch die sich scheinbar aufdrängende Thematik einer Kindsmörderin, wie sie zum Beispiel im Kontext der Sturm- und Drang-Dichtung augenfällig wäre, liegt nur bedingt vor. Müller-Seidels Interpretation folgt der „ganz anderen Wendung" (6), die Goethe der Kindsmörderthematik in der Ballade gegeben hat. (6) Vor Gericht steht eine selbstbewusste Frau, die nicht ins Schema verwandter „Frauengestalten in den zeitgenössischen Kindsmördergeschichten" (8) – zum Beispiel bei Wagner und Lenz – passt. Mitgeteilt wird ein Verhör, das in der dargestellten Redeform keines ist. Die Frau tritt „monologisch" (8) auf, obgleich die Situation schon durch die Gedichtüberschrift eindeutig definiert erscheint. „Was die

5 Vgl. hierzu die am Ende des Heinrich Mann-Beitrags vorgetragenen Überlegungen zum „Grenzgebiet zwischen Literatur, Literaturwissenschaft und Rechtswissenschaft" und die daraus entwickelte grundsätzliche ethisch-moralische Standortbestimmung des Geisteswissenschaftlers (117 f.).

6 Zitate aus Müller-Seidels Abhandlungen werden im Folgenden lediglich durch Seitenzahlen nachgewiesen.

Verhörenden gesagt haben könnten, ist nur indirekt über die Redeweise der der werdenden Mutter zu erfahren.“ (8) Als schwangere unverheiratete Frau steht sie nicht direkt als Kindsmörderin vor Gericht. Nach „dem im 18. Jahrhundert [...] gehandhabten Strafrecht“ (5) aber durchaus unter diesem Verdacht, weil auch „die Mutter eines totgeborenen Kindes belangt und wie eine Kindsmörderin bestraft werden konnte.“ (5) Kindsmord wurde „zum Teil bis ins 19. Jahrhundert hinein“ aufs „strengste geahndet.“ (5) Die Todesstrafe war von vorneherein beschlossene Sache, die praktizierte Todesart – von lebendig begraben, gepfählt bis geköpft – „an Grausamkeit kaum zu überbieten“. (5)

Das Gedicht ist in seiner komplexen Bedeutung aus sich selbst heraus zunächst kaum zu verstehen, vielmehr setzt es „rechtsgeschichtliche Kenntnisse“, wie Müller-Seidel anmerkt (5), voraus, und Müller-Seidels Interpretation ist auch auf diese einschlägigen rechtlichen Rahmenbedingungen fokussiert. Der Blick richtet sich dabei allerdings nicht nur auf die Vorgaben und Praktiken des römischen Rechts, sondern thematisiert auch die ebenso drastischen Auswirkungen der Kirchenstrafen, die aus dem geltenden Kirchenstrafrecht resultieren. In diesem Kontext stehen also Gedicht und Hauptfigur der Ballade. Umso auffälliger erscheint die geradezu unbeugsame Haltung der Frau, die sich von den Vertretern der Rechtsinstitutionen, dem Amtmann und dem Pfarrer, nicht einschüchtern lässt. Sie bejaht die außereheliche Partnerschaft, die hier in Frage steht; sie verteidigt ihren Liebhaber, er ist nicht der „Typus des Verführers von der Art Fausts“ oder ähnlicher Figuren (6), auch die Standesfrage erscheint hier als nebensächlich.

Es geht eben nicht um eine Kindsmörderinnengeschichte, es geht um anderes: Müller-Seidels Interpretation zielt darauf, dass es sich um eine Frau handelt, die eine „Revolutionierung der Denkart“ (9) einleitet, indem sie allem Spott und allem Hohn zum Trotz ihr Tun verantwortet; denn wenn andere auch beginnen, so zu denken wie sie, wenn die „öffentliche Anprangerung“ in Fällen wie diesen unterbleibt, kann auch die Furcht vor dieser Anprangerung unterbleiben, die dem „Tatbestand des Kindsmordes häufig zugrundeliegt.“ (Vgl. 9)

Und dann fällt hier in dieser ersten, noch stark von literaturwissenschaftlichem Erkenntnisinteresse geleiteten Auseinandersetzung mit Fragen der Justizkritik im literarischen Text der entscheidende Satz, der Müller-Seidels Kritik an den an diesem Diskurs beteiligten Wissenschaften auf den Punkt bringt: „Justizreform sei Geistesreform, hat der Staatsrechtslehrer Gustav Radbruch in den zwanziger Jahren bemerkt“ (9). Um „Änderungen in der Denkweise“ (9) geht es.[7] Und diese „betreffen in erster Linie diejenigen, die Justiz ausüben, also die urteilenden Staatsanwälte und Richter im heutigen Sinn, aber darüber hinaus auch diejenigen, die durch ihr von Vorurteilen geprägtes Denken anderen Schaden zufügen." (9)

Die „Sprecherin vor Gericht nimmt eine solch neue Denkart vorweg" (9) und geht „im Grunde auch über [Goethes] eigene Gretchen-Tragödie hinaus." (9) Als „literarische[s] Zeugnis einer solchen Geistesreform" (9) ist die Ballade aber auch mehr als die Darstellung einer starken Frauengestalt, vielmehr ist sie zugleich die Aufforderung zu einem Bewusstseinswandel, den Goethes „reformerische Tätigkeit" im Dienste des Herzogs Karl August (9) als Mitglied des conseils bei der Abschaffung von Kirchenstrafen auch realiter mit bewirkt hat. Denn 1781 wurde eine Reform der Kirchenbuße, die „im Sommer 1777 durch die Stände des Eisenachischen Fürstentums in Gang gekommen war", endlich im Sinne Goethes entschieden (9).

Für die Interpretation der Ballade ist dieser juristische Hintergrund unverzichtbar. Müller-Seidel hat dabei nicht nur die literarhistorische Verortung des Textes im Auge gehabt, die Modifizierung der Motive des Sturm und Drang (vgl. 9) sowie das von der Aufklärung geprägte und für die frühe Weimarer Klassik charakteristische Humanitätsdenken (vgl. 9), sondern er beginnt mit dieser Interpretation jene lange Reihe seiner Auseinandersetzung mit der jenseits der Texte befindlichen rechtshistorischen Wirklichkeit, deren Befunde er zuletzt insbesondere in Werken des 20. Jahrhundert erhebt. Müller-Seidel liefert in den einzelnen Beiträgen des Rechtsbuchs u.a. auch Bausteine zu einer Sozialgeschichte bzw. rechtssoziologischen Betrachtung der Literatur. Seine Interpretationen überschreiten allerdings die Grenzen des Faches und liefern die Elemente einer Mentalitäts- und Ideologiegeschichte der literarischen und rechtlichen Entwicklungen der letzten 250 Jahre.

Das, was sich hier als Musterbeispiel sozialgeschichtlicher Literaturwissenschaft präsentiert, wandelt sich in den Beiträgen der späteren Jahre zur radikalen Wissenschaftskritik und zum Entwurf eines politischen Handelns, für das Müller-Seidel in Bezug auf seine Protagonisten, den Gelehrten und den literarischen Autor, nachdrücklich ethische Verantwortlichkeit einfordert. Dort, wo diese nicht eingelöst wird, unterzieht Müller-Seidel diese Protagonisten massiver Kritik.

---

7 Wie wichtig für *Müller-Seidel* dieser Gedanke Radbruchs ist, zeigt sich daran, dass er auch in anderem Zusammenhang auf ihn zurückgreift. Vgl. die Schlussabschnitte des Heinrich Mann-Aufsatzes (115 ff.).

Die Errungenschaften der literaturwissenschaftlichen Arbeit bleiben indes eindeutig erhalten: der literarische Text in seiner höchsten sprachlichen Qualität als zeithistorische Quelle, die Geschichtlichkeit des Verstehens und die Bereitschaft, die eigenen Rezeptionsbedingungen zu reflektieren.

Am Ende seiner Goethe-Interpretation betont Müller-Seidel eine nicht nur für das Gedicht zentrale Erkenntnis, indem er „ein auf Selbstbestimmung des mündigen Menschen gerichtetes Denken, das auch der Frau zugute kommt" (10) als Kernaussage des Goethe-Textes betont. Müller-Seidel wird in der Folge seiner weiteren Arbeiten immer wieder auf eine „Geistesreform in dichterischer Form" abheben, „damit die Vorurteile beseitigt werden, die dem Bild des Menschen abträglich sind" (10).

II.

Die in der Ballade *Vor Gericht* geäußerte Justizkritik zielt maßgeblich auf die in den Satzungen und Institutionen manifest gewordene Rechtswirklichkeit, die zugleich Herrschaftsanspruch wie Herrschaftsausübung des Staates abbilden. Im bislang noch nicht veröffentlichen Aufsatz über Schillers Rechtsdenken mit dem *Titel Verschwörung, Widerstandsrecht und Tyrannenmord* wird dann am Gegenstand des dramatischen Werkes von Schiller dieser Gedanke weitergeführt und geschärft. Auch für dieses noch nicht veröffentlichte Manuskript gilt, was Gert Sautermeister in seiner Rezension von Müller-Seidels Schiller-Buch bereits angemerkt hat, dass „manche Überlegung" aus verschiedenen vorausgehenden Schiller-Aufsätzen und – Vorträgen in dieses letzte Werk Müller-Seidels eingegangen ist.[8] Da in verschiedenen Besprechungen solche Zusammenhänge dargestellt worden sind verzichte ich an dieser Stelle auf eine detaillierte Würdigung des Aufsatzes.[9]

Unverzichtbar erscheint jedoch die Feststellung, dass Müller-Seidel in diesem Schiller-Aufsatz ausführlich die rechtshistorischen Verhältnisse des 18. Jahrhunderts heranzieht und die Konstellationen der Dramenfiguren auf dem Hintergrund dieses Rechtsdiskurses begreift. Auslöser dieses engen Kontextbezugs ist die Beobachtung, dass Schiller, „entsetzt über den Gang der Revoluti-

---

8 Vgl. *Gert Sautermeister*, Tyrannenmord und Widerstandsrecht. Das letzte Werk des Literaturwissenschaftlers Walter Müller-Seidel: Friedrich Schiller und die Politik. In: literaturkritik.de vom 9. Sept 2014. 1–10. Eine Fortführung seiner Auseinandersetzung mit dem Schiller-Bild Müller-Seidels hat Sautermeister in Marbach 2016 unter der Fragestellung „Erkenntnisinteressen und methodische Implikationen des Schiller-Bildes von Walter Müller-Seidel" vorgetragen [Druck in Vorbereitung].

9 Vgl. *Sautermeister* und *Wulf Segebrecht*, Anm: 2.

on in Frankreich" (13) und die Hinrichtung des französischen Königs, mit Abscheu diesen „Akt des institutionalisierten oder staatlichen Tötens" (13) geißelt. Für Müller-Seidel ist das „staatliche Töten" die zentrale Koordinate, die er mit seiner Kritik im Spannungsfeld von Widerstandrecht und Tyrannenmord durchgängig in den Schillerschen Dramen verfolgt. Die Legitimität von Verschwörungen und Rebellionen als politische Aktionen gegen den Staat wird im „späten 18. Jahrhundert [...] auf dem Hintergrund jüngerer Naturrechtslehren" (15) neu definiert.

> „Den auf Umsturz bestehender Herrschaftsverhältnisse gerichteten Erhebungen wird zunehmend das Stigma politischer Verbrechen genommen. Das ist die Situation Schillers, wenn er als Dramatiker in die Geschichte der deutschen Literatur eingreift." (15)

Schillers Antwort auf diesen Umbruch im Rechtsdenken ist vorsichtig und mündet eher in eine Problematisierung des revolutionären Agierens in den Dramen. Für Müller-Seidel erscheinen die „Regierungssysteme in diesen Dramen, Fürstentümer wie Königreiche, [...] weithin in düsteren Farben." (17) Der Tyrannenmord jedoch wird nicht einfach propagiert. In den Analysen einzelner Dramen beschreibt Müller-Seidel politische Strukturen, die für die zeitgeschichtliche Einordnung Schillers aufschlussreich sind, zugleich aber den hermeneutischen Abstand zu unserer Gegenwart drastisch verkürzen. Müller-Seidel interpretiert Schiller mit aufregenden Einsichten in dessen Modernität, verliert aber niemals sein eigenes Erkenntnisinteresse als heutiger Wissenschaftler aus dem Auge. Im *Carlos* gibt es „ein tyrannisches System mit seinen Spähern und Henkern, das an einen modernen Polizeistaat denken lässt" (22). Der durchaus naheliegende Gedanke, in diesem Stück handele es sich um eine „Rebellion auf der Grundlage eines wie immer deutbaren Widerstandrechtes" (22), wird relativiert und nicht von einer „Verführung der Macht wie im Fall Fiescos" (22) hergeleitet. So gibt es keinen Mordplan, wenn Posa sich zur „Audienzszene begibt" (22). Müller-Seidel:

> „Wir haben es mit einer Unterredung im besten Sinne dieses Wortes zu tun. Das Pathos der Szene ist nicht zu verdächtigen, denn es steht im Dienste edler Zwecke. Es geht in dieser Szene, um einen Ausdruck von Jürgen Habermas aus seinem Buch *Der philosophische Diskurs der Moderne* aufzunehmen, um Verständigungsverhältnisse. Verständigung [...] soll sein – wie es am Ende der Einleitung zu Hegels *Phänomenologie des Geistes* gesagt wird: daß es die Natur der Humanität sei, auf Übereinstimmung mit anderen zu dringen." (22)

„Daß Verständigung gesucht wird, damit nicht getötet werden muß" (22) – das ist der Kern der Audienzszene im *Carlos*. Diese Einsicht entspricht zugleich Müller-Seidels argumentativer Generallinie in allen seinen Arbeiten. Als Literaturwissenschaftler, der immer wieder und grundsätzlich die „literarische

Qualität" (101 vgl. auch 182) seiner Gegenstände betont, reagiert er mit der gebotenen Sensibilität auf die sprachlichen Schieflagen im Rechtsdiskurs. In der *Betrachtung über Heinrich von Kleist* aus dem Jahre 1984 diskutiert Müller-Seidel mit Bezug auf Foucaults Buch *Überwachen und Strafen* die Vermischung von Theologie und Jurisprudenz am Ritual der Hinrichtung, die als sakrale „Opferhandlung" nach wie vor in einem mittelalterlichen Denkschema wurzelt (46/47).

Der „Gedanke des Gottesgerichts" (47), versinnbildlicht in den „biblischen Bildern" Sodom und Gomorrha (47), findet sich auch in der Novelle *Das Erdbeben in Chili*. Müller-Seidels Fazit:

> „Die Gewalttätigkeiten als Folge solchen Denkens werden durch Sprache herbeigeführt. Es ist ein im Eifer handelnder Priester, der mit seiner Rede und Beredsamkeit nach der Naturkatastrophe die menschliche Katastrophe herbeiführen hilft." (47)

Kleist entzieht „solchen Gottesurteilen und Gedanken der Gottesgerichte den [...] theologischen Boden. Er zieht Gott sozusagen aus dem juristischen Alltagsverkehr." (47) Die „Rechtstheologie" (48), die auf solchen Denkschemata und Glaubensmodellen gründet, erfährt in Kleists Texten „eine Entmythologisierung" (48). Dort, wo sich diese Theologie auf Todesstrafe und Hinrichtungen bezieht, wird sie in doppelter Hinsicht kritisiert – „an den Institutionen der Kirche und der die Herrschaft ausübenden Geistlichkeit" (48). Kleists Kritik zielt im vorliegenden Beispiel ganz besonders auf den „Widersinn solchen Denkens, sofern es sich um christliches Denken handelt" (KL 48).

III.

In seinen Kleist-Analysen deckt Müller-Seidel immer wieder die in den dargestellten Gewalttaten implizit zum Ausdruck kommenden Widersprüche zwischen den Institutionen des Rechts und den die Rechtspraxis bestimmenden Rechtspersonen auf. Offenkundig ist die in diesem Spannungsverhältnis vorliegende Paradoxie: Es handelt sich um „Rechtshandlungen, die Rechtsbrüche, Gewalttätigkeit und Totschlag zur Folge haben; und nicht um außergewöhnliche Rechtshandlungen, sondern um solche, wie sie in einem Rechtsstaat die üblichen sind; und wie es innerhalb der Rechtspraxis kaum anders sein kann, handelt es sich stets um fixiertes Recht, um schriftlich niedergelegte Gesetze, Dokumente und Verträge." (42) Und weiter: „Schriftlich fixiertes Recht ist herrschendes Recht, wie es von vorhandenen Institutionen ausgeübt wird, die sich zu seiner Durchsetzung der Gewalt bedienen, über die sie verfügen." (44) Mit Kleists entschiedener, teilweise sogar radikaler Ablehnung dieser Institutionen sieht sich Müller-Seidel im Einklang. Auch für ihn ist „Gesellschaftskritik [...] in hohem Maße Institutionenkritik" (44). In solcher Kritik an den Institutionen des Rechts, der Justiz und den bestehenden Staatsformen unterscheidet sich Kleist auch grundlegend von der populären (Kriminal)-Literatur des 19. Jahrhunderts und der beginnenden Moderne, die eine nennenswerte Kritik dieser Art nicht kennt.[10]

Das Kernproblem des institutionellen Rechtszustands zeigt Müller-Seidel unter anderem am Amazonenstaat der *Penthesilea*:

> „Den einmal in vordenklicher Zeit fixierten Gesetzen des Amazonenstaates fehlt jede Unmittelbarkeit: sie gehen in eine mythische Ferne zurück, der eine lebendige Kraft nicht mehr innewohnt." (42)

Die „Totschlägerreihe, die hier entsteht und durch das ganze Werk zu verfolgen ist, geht auf bestimmte Denkweisen zurück, die vielfach solche des Rechtsdenkens, des bloß geschäftlichen Denkens oder rein instrumentellen Denkens sind – ausgerichtet auf berechenbare Zwecke, ohne echte menschliche Beziehungen." (42) Der Mangel in einem solchen Rechtsdenken ergibt sich nach Müller-Seidel aus der fehlenden „mündliche[n] Rede" und dem Ausbleiben des „unmittelbaren persönlichen Bezug[s] zu denjenigen, die Recht im eigentlichen Sinn des Wortes verkörpern" (42). Als Paradebeispiel für diesen abhanden gekommenen „Personalbezug" erweist sich die „Leidensgeschichte des Roßhändlers aus Kohlhaasenbrück" (42). „Alle seine Versuche sind nicht nur darauf gerichtet, verletztes Recht wiederherzustellen, sondern darauf nicht zuletzt, Recht personal zu erfahren." (42)

Die Diskrepanz zwischen Gesetzeswerk und Rechtspersonen, die Kleist offenlegt und kritisiert, erklärt Müller-Seidel mit einer „tiefsitzende[n] Angst vor der Anonymität der Bürokratie" (43) und formuliert zugleich seine These, „daß Justizkritik mit Bürokratiekritik vielfach identisch ist" (43), eine Einsicht, die Kleist der Moderne naherückt und die Müller-Seidel dann auch „nirgends deutlicher [verifiziert sieht] als im literarischen Werk Franz Kafkas." (43)

IV.

Die Schärfe, mit der Müller-Seidel am Kleist-Beispiel Kritik an Institutionen und Personen des Rechts interpretatorisch entfaltet, bringt er in den Schlussüberlegungen seiner *Betrachtung über Heinrich von Kleist* dennoch auf einen ausgleichenden Nenner. Kleists Rechtsverständnis, exemplifiziert zuletzt im

---

10 Vgl. hierzu *Jörg Schönert*, Kriminalität erzählen. Studien zu Kriminalität in der deutschsprachigen Literatur (1570–1920). Berlin/Boston 2015 (Juristische Zeitgeschichte. Abt. 6. Bd. 42). S. 34.

Zerbrochenen Krug an der Schlussszene der Komödie, relativiert den Anspruch derer auf Vollkommenheit, die „im Richter oder im Monarchen den Beauftragten oder Stellvertreter Gottes sehen möchten." (63)

> „Im Bereich der Justiz am wenigsten gibt es bei Kleist den vollkommenen, den womöglich gottgleichen Menschen und Souverän von Gottes Gnaden." (63)

Bei aller „Rechtskritik als Kritik am bestehenden Recht, an der bestehenden Staatsform oder an der ausübenden Justiz" (63) gehört auch zum „Bild des Menschen bei Kleist", dass das „Recht als menschliches Recht verstanden wird, als von Menschen geübtes Recht mit eben denjenigen Unvollkommenheiten, die zu ihm gehören." (64) Auf das „Unvollkommene aber, wie es sich in der gebrechlichen Einrichtung der Welt bezeugt, reagieren seine Menschen, wie es im *Zerbrochenen Krug* einerseits oder in der *Penthesilea* oder im *Michael Kohlhaas* andererseits geschieht." (64). Die „Radikalität Kleists, die nicht mörderisch ist, aber Mörderisches im Menschen aufdeckt, ist neu und unerhört. Sie ist dennoch nur die eine Seite in der Vielgestaltigkeit des Ganzen, wie sie an Todesarten und Todesstrafen dargestellt erscheint. Weil es sich um Kunstwerke handelt, wird dem Tode nirgends die Herrschaft über den Menschen und seine Gedanken eingeräumt." (64)

Ein geradezu versöhnliches Fazit, das freilich bei Müller-Seidel nicht wirklich überrascht, bleibt doch das Kunstwerk mit seinen komplexen Antworten bei aller Schärfe seiner Argumentation zur Rechtskritik als Gesellschaftskritik stets Zentrum und Bezugspunkt seines Entwurfes. Aus der Sicht des überaus hellhörigen Wissenschaftlers, der stets das bleibt, was er vor allem ist, nämlich Literarhistoriker, entwirft er eine Ethik, die ihre Maßstäbe primär aus dem Kunstwerk gewinnt.

V.

Deshalb ist für Müller-Seidel auch der Stellenwert der Sprache von so zentraler Bedeutung. Gerade seine Auseinandersetzung mit den Erscheinungsformen der Justiz im 20. Jahrhundert ist immer wieder auf die Funktion der Sprache bezogen. Das betrifft vor allem die literarischen Dokumente, die er heranzieht: die Texte von Kafka, Benn, Heinrich Mann und vielen anderen. Die in den herangezogenen Texten dargestellte Sprachverwendung analysiert Müller-Seidel dort, wo es um rechtliche Befunde geht, mit scharfer Kritik an der Rechtswirklichkeit. Die schon beschriebene Institutionenkritik verschärft sich besonders dort, wo er einen „mechanisch funktionierende[n] Justizapparat" (107) dargestellt sieht oder – bei Horvath – „automatisches Denken" (107) als wiederkehrenden Begriff konstatiert. Charakteristisch dafür ist eine von Müller-Seidel herangezogene Bemerkug des Anwalts aus Georg Kaisers Drama *Hölle. Weg. Erde*: „‘Ich bin ein Automat, der die vorhandenen Gesetze anwendet’“ (107).

Die literarische Moderne des 20. Jahrhunderts ist jedoch nicht nur der üppige Materialfundus für Müller-Seidel, der ihm die Absicherung seiner Thesen liefert. Er gewinnt auf dieser Basis auch den Blick für die wissenschaftlichen Hintergründe, auf die es ihm nicht zuletzt ankommt. Sein Interesse verlagert sich von den literarischen Gegenständen zu den Bewusstseinsprozessen, die die geistige Situation der „Moderne“ nachhaltig bestimmen. Dabei geht es ihm auch um die Entwicklung der neuen Wissenschaften seit 1900, der Soziologie und der Psychoanalyse. Dem Spannungsfeld von Psychiatrie und Strafrecht widmet er in einer umfangreichen Abhandlung über den Psychiater Alfred Erich Hoche, dessen Lebensgeschichte er als typisches zeitgeschichtliches Dokument versteht, große Aufmerksamkeit. Müller-Seidels Interesse an der Justizkritik wird zur grundsätzlichen Wissenschaftskritik. Auch für diese Verlagerung der Schwerpunkte ist vor allem sein Blick auf Phänomene der Sprachkritik ausschlaggebend.

Die Bedeutung der Sprache für den Ansatz seiner Kritik betont Müller-Seidel in den zahlreichen Äußerungen zur Justiz immer wieder an prominenter Stelle. Am Beispiel von Döblins Erzählung *Die beiden Freundinnen und ihr Giftmord* von 1924, die Strafrecht und Psychiatrie verknüpft, wird Sprachkritik zum erklärten Erkenntnisziel, insbesondere gegenüber einer Wissenschaft, deren Sprache die Zuverlässigkeit der von ihr transportierten Diagnosen mit vorgeblicher Sachlichkeit behauptet. Dass „Wissenschaft [...] auf die Zuverlässigkeit ihrer Aussagen und Begriffe angewiesen [ist]“ (184), bezweifelt Müller-Seidel grundsätzlich nicht, sieht aber gerade im Epilog der Erzählung durch die Figur des Betrachters diese Zuverlässigkeit radikal in Frage gestellt. Der immanente Betrachter dieses Epilogs, dem unverkennbar die Sympathie des Erzählers gehört, kritisiert „die im Psychogramm [der angeklagten Frau] gebrauchten Wörter“ (184). Das „Gefährliche solcher Worte ist immer, daß man mit ihnen zu erkennen glaubt; dadurch versperren sie den Zugang zu den Tatsachen“ heißt es bei Döblin.(vg.l 184) Müller-Seidel greift diese Zeilen aus dem Epilog des Döblin-Textes auf, spitzt sie zu, indem er diese „an Nietzsche erinnernde Sprachkritik“ (184) zum Bestandteil seiner eigenen Argumentation macht:

> „Man könnte auch sagen, sie haben dazu beigetragen, daß man sich im Gebrauch solcher Worte beruhigt; und nicht zuletzt hat dieser Text seinen Sinn darin, gegen Beruhigungen im Verstehen psychischer Abläufe gerichtet zu sein.“ (184)[11]

---

11 Wie zentral dieser sprachkritische Kern der Döblin-Erzählung für *Müller-Seidel* ist, macht er unmißverständlich klar in einer Kritik des Romans *Die Giftmörderinnen*, in

Die in Döblins Text gegenüber der Wissenschaftssprache der psychiatrischen Begutachtung vorgebrachten Zweifel treffen generell die Aussagefähigkeit des gerichtsverwertbaren Befundes, wie sie zum Zweck der Urteilsfindung nötig wäre. Ein psychiatrisches Gutachten hätte eindeutige Bestimmungen zu liefern für das, „was in der Sprache des Strafrechts Zurechnungsfähigkeit oder Vorsätzlichkeit genannt wird" (185). An anderer Stelle, in der Abhandlung über Hoche und der Auseinandersetzung mit der entsetzlichen Schrift über die „Freigabe der Vernichtung lebensunwerten Lebens", die Hoche als Co-Autor des Strafrechtlers Karl Binding mit verantwortet, beschreibt Müller-Seidel eine „Begriffsverwirrung anderer Art" (153), die zu „folgenreichen Begriffsvertauschungen" (152) führt, an deren oberster Stelle die „Tätigkeitswörter 'heilen' und 'töten'" stehen. „Tötungshandlungen, so lesen wir, seien 'reine Heilhandlung'". (152)

Von „Vollidioten", „Defektmenschen" oder „Ballastexistenzen" wird in dieser Schrift gesprochen. (153,154) Diese Begriffe, „die bald wie Todesurteile verwendet" (154) werden, hat Hoche in die Welt gesetzt. Den Vorwurf, Hoche habe dergleichen erfunden, relativiert Müller-Seidel: „Er fand alles vor – in der Tradition der Rassenbiologie und ihrer Sprache" (154). Aus der Erkenntnis

> „Aber wie sehr die Welt nicht mehr in Ordnung ist, wenn die Begriffe nicht mehr in Ordnung sind, sieht man hier" (152)

erwächst Müller-Seidels Kritik an dem auf dem Kausalitätsdenken des 19. Jahrhunderts beruhenden Wissenschaftsverständnis vornehmlich der Naturwissenschaften. Die Biographie Hoches dient ihm als Beispiel für den gedankenlosen Umgang mit der Sprache in Psychiatrie und Strafrecht sowie für die Verstrickungen des Wissenschaftlers in Politik und Ideologie.

VI.

Am Vorabend des Ersten Weltkriegs dokumentiert eine Jubiläumsschrift auf das Jahr 1913 mit dem selbstgewissen Titel *Das Jahr 1913. Ein Gesamtbild der Kulturentwicklung* ungeschminkt und aufschlussreich das auf Herrschaft und Eroberung gerichtete Denken der damaligen gelehrten Welt:

> In diesem repräsentativen Monumentalband „kamen vor allem die Vertreter der Naturwissenschaften, der Medizin, der Technik, aber auch des Heeres und der Flotte, zu

---

dem die österreichische Schriftstellerin *Elfriede Czurda* 1991 das Thema „erneut aufgegriffen und gegen Döblin gewendet [hat]; aus dem mehrdeutigen Geschehen im Text der zwanziger Jahre ist jetzt eine im Ganzen eindeutige Geschichte geworden." [181]. Diese Vereinfachung des Falls hat *Wulf Segebrecht* in der FAZ vom 10.10.1991 in seiner Rezension auf den Nenner gebracht: „So ist der Fall zu eindeutig. Elfriede Czurda geht hinter Alfred Döblin zurück".

> Wort, und sie nutzten den Raum, der ihnen geboten wurde, zu exzessiven Selbstdarstellungen auch aus. Selbstbewußtsein der eigenen wissenschaftlichen Disziplin und Machtbewußtsein politischen Gepräges sind ununterscheidbar eins geworden in diesen Beiträgen; auch in solchen, die auf den Krieg hin vorbereiten oder mit ihm bereits sicher rechnen, fehlt es nicht. Der Fortschrittsglaube lebt in nahezu allen Aufsätzen ungebrochen fort, und von der Machbarkeit aller Dinge wie von der Lösbarkeit aller Welträtsel ist man überzeugt. Ein Jahr zuvor war ein stolzes Passagierschiff, die 'Titanic', in den Fluten des Ozeans versunken. Das ist für den Verfasser des Artikels über Schiffbautechnik Grund genug, über die 'Unsinkbarkeit' von Schiffen nachzudenken, wie der hierzu erfundene Terminus lautete." (81/82)

Eine „'monströse Wissenschaft'", die nicht mehr nach dem Menschen fragt, hat Gottfried Benn ein solches „Gesamtbild" im Rückblick auf die „Bewußtseinslage dieser Zeit" (77) genannt, ganz im Sinne Müller-Seidels, der sich in seiner Kritik an der „allerorten wuchernden Bürokratie" (72) auch hier bestätigt sieht. Es ist eine „'juristisch verbaute Welt' mit ihren Gesetzen, Prozeßführungen und ihrer Strafjustiz" (95) von der Kafka „nicht nur allegorisch, metaphorisch oder metaphysisch, [...] sondern auch konkret in Hinsicht auf bestehende Rechtsverhältnisse der Donaumonarchie" (95/96) erzählt, und die mit Max Weber „'nichts weiter als diese Ordnungsmenschen kennt'" (72). Die von Max Weber auf der Tagung des Vereins für Sozialpolitik in Wien 1909 aufgeworfene Frage, „'was wir dieser Maschinerie *entgegenzusetzen* haben, um einen Rest des Menschentums freizuhalten von den Parzellierungen der Seele, von dieser Alleinherrschaft bürokratischer Lebensideale'" (72) – diese Frage beantwortet Müller Seidel am Ende seines Aufsatzes *Justizkritik im Werk Heinrich Manns* mit einer programmatischen Aufforderung an die Schriftsteller und Wissenschaftler:

> „Wer nur ästhetische Maßstäbe gelten läßt und nur auf Texte sieht, wie den 'Schwierigen' von Hofmannsthal die 'Duineser Elegien' von Rilke oder den 'Zauberberg' von Thomas Mann – jeder in seiner Art großartig, ist auf eine fast nicht mehr entschuldbare Weise geschichtsblind. Wer so nur nach ästhetischen Gesichtspunkten denkt und urteilt, verkennt die Dramatik einer Literaturgeschichte, die man geneigt sein könnte, tragisch zu nennen. Denn Rechtsgeschichte, die auf Strafrechtsreformen denkt, ohne sie durchsetzen zu können, und Literaturgeschichte, die nicht über den Zeiten schwebt, sondern sich der Zeit verpflichtet weiß, haben gemeinsam, auf Geistesreform bedacht zu sein und Ungeist zu verhindern. Das ist ihnen bekanntlich nicht gelungen. Es ist anders gekommen. Aber mag die Weltgeschichte sich am Erfolg als dem Maßstab orientieren, – dem einzigen womöglich, den man gelten läßt, – die Literaturgeschichte kann es nicht. Sie hat allen Grund, den Scheiternden und Erfolglosen ihre Sympathie nicht zu versagen: es seien die Gestalten der Dichtung oder gegebenenfalls auch, [...] ihre Schöpfer – diejenigen Schriftsteller, die getan haben, was sie als Schriftsteller tun konnten. Und das sind so wenige nicht gewesen". (117/118)

Vor Gericht. Balladendichtung und Justizkritik. Zu einem wenig bekannten Gedicht Goethes

Vor Gericht

Von wem ich es habe, das sag ich euch nicht,
Das Kind in meinem Leib. –
Pfui! speit ihr aus: die Hure da! –
Bin doch ein ehrlich Weib.

Mit wem ich mich traute, das sag ich euch nicht.
Mein Schatz ist lieb und gut,
Trägt er eine goldene Kett am Hals,
Trägt er einen strohernen Hut.

Soll Spott und Hohn getragen sein,
Trag ich allein den Hohn.
Ich kenn ihn wohl, er kennt mich wohl,
Und Gott weiß auch davon.

Herr Pfarrer und Herr Amtmann ihr,
Ich bitte, laßt mich in Ruh!
Es ist mein Kind, es bleibt mein Kind,
Ihr gebt mir ja nichts dazu.

(*Johann Wolfgang Goethe*)*

Goethes Balladendichtung zeichnet sich durch eine ungewöhnliche Vielfalt der Töne, Themen und Motive aus, obgleich man zumeist an eine bestimmte Gruppe von Gedichten denkt, wenn von seinen Balladen die Rede ist. Man denkt an Gedichte wie *Heidenröslein*, *Der Fischer*, *Erlkönig* oder *Der König in Thule* vor allem, die in Lesebüchern oder Anthologien kaum je fehlen. Wir bezeichnen sie als naturmagische Balladen, und diese Bezeichnung erscheint gerechtfertigt in Hinsicht auf die eigentümliche Suggestion, die von ihnen ausgeht. Es sind dies jene Gedichte, auf die in besonderer Weise zutrifft, was in der bekannten *Betrachtung* (1821) ausgeführt wird:

> „Die Ballade hat etwas Mysterioses, ohne mystisch zu sein; diese letzte Eigenschaft eines Gedichts liegt im Stoff, jene in der Behandlung. Das Geheimnisvolle der Ballade entspringt aus der Vortragsweise.“

---

* Abdruck nach: Johann Wolfgang Goethe – Sämtliche Werke. Gedenkausgabe der Werke, Briefe und Gespräche – 24 Bde., 3 Erg.-Bde. Hrsg. von *Ernst Beutler*, Zürich: Artemis, 1948–71. Bd. 1, S. 128. Erstdruck: Goethes Werke. 20 Bde. Stuttgart/Tübingen: Cotta, 1815–19. Bd. 1.

Die Magie dieser Gedichte, ihre Sprachmagie, drängt zur Musik hin; Vertonungen gibt es in großer Zahl. Zu dieser Gruppe stehen andere Gedichte im Gegensatz, die sich nicht gleichermaßen zu Vertonungen zu eignen scheinen. Es sind dies vor allem die Balladen der klassischen Zeit, in denen Didaktik und Artistik unverkennbar den Vorrang erhalten haben. Ein scherzend lehrhafter Ton ist ihnen eigen – wie im *Schatzgräber* oder im *Zauberlehrling*; die erzählte Handlung mündet gegen Ende in eine spruchhafte Lyrik ein. So in der *Legende*, wenn es zum Schluß heißt:

Wer geringe Ding' wenig acht't,
Sich um geringere Mühe macht.

Im sogenannten Balladenjahr (1797) bezieht sich der scherzhafte Ton wiederholt auf die Balladen selbst: auf ihre Inhalte wie auf ihre Herstellung. Von ihrer „Dunst- und Nebelwelt", von ihrem „Reim- und Strophendunst" wird gesprochen. Über einen der bekannten Balladenhelden Schillers heißt es im unverkennbar humoristischen Ton:

„Leben Sie recht wohl und lassen Ihren Taucher je eher je lieber ersaufen. Es ist nicht übel, da ich meine Paare in das Feuer und aus dem Feuer bringe, daß Ihr Held sich das entgegengesetzte Element aussucht" (10. Juni 1797).

Manche dieser Gedichte nehmen sich wie Späße aus, die man sich über der strengen Arbeit an Epen und Tragödien von Zeit zu Zeit gönnt.

In solchem Umgang mit den Erzeugnissen der eigenen Poesie verrät sich, zumal in den späteren Balladen, eine ihnen eigentümliche Artistik, das Erproben neuer Formen und Techniken des poetischen Ausdrucks. Die Freude an der Mache, am virtuosen Klangspiel dominiert über Inhalt und Handlungsverlauf. Den ernstesten Themen wird im Spiel mit den poetischen Formen ihre Schwere genommen – wie im Gedicht Der *Totentanz* (1815):

Nun hebt sich der Schenkel, nun wackelt das Bein,
Gebärden da gibt es vertrackte;
Dann klipperts und klapperts mitunter hinein,
Als, schlüg man die Hölzlein zum Takte.

Im *Hochzeitlied* verbindet sich die Lust an der Artistik mit einem Humor, der einem Nichts an Handlung zu einem Sprachwerk ersten Ranges verhilft:

Da pfeift es und geigt es und klinget und klirrt,
Da ringelts und schleift es und rauschet und wirrt,
Da pisperts und knisterts und flisterts und schwirrt,
Das Gräflein, es blicket hinüber,
Es dünkt ihn, als läg er im Fieber.

Aber eine solcherart virtuose Artistik kündigt sich schon in der frühen Lyrik an. Im Gedicht *Der untreue Knabe*, das der Räuber Crugantino im Singspiel

Claudine von Villa Bella (1774) vorträgt, wird die Schauerballade des 18. Jahrhunderts schon fast parodiert. Und von den frühesten Gedichten bis hin zur späten Lyrik gibt es die Gruppe der sozialkritischen Balladen, die sich von der Freude am artistischen Spiel ebenso abheben wie vom 'Irrationalismus' der Naturmagie.

Zu den Gedichten mit sozialer Motivik oder sozialkritischem Akzent gehört die *Paria*-Trilogie, die 1823 abgeschlossen wird. Sie ist im Blick auf die untersten Schichten und Randgruppen eines Volkes mit dem 1797 entstandenen Gedicht *Der Gott und die Bajadere* verwandt. Aber vertraut sind Goethe solche Motive, seit er sich auf Anregung Herders mit Balladendichtung zu beschäftigen begann. Die Sammlung der Lieder, die er von seinen Streifzügen durchs Elsaß heimbrachte, handelt von Herr und Knecht, von Unterdrückten und von Standesgegensätzen der verschiedensten Art – auch von solchen, die ein außereheliches Verhältnis zwischen einem Fuhrknecht und einer Gräfin zum Inhalt haben. Sie aufgrund einer engen Definition aus dem Umkreis der sozialen Ballade auszuschließen, weil in ihnen eine kritische Haltung nicht erkennbar sei, geht nicht an; denn nicht so sehr auf das, was die 'Hersteller' solcher Volksballaden gedacht und gemeint haben, kommt es an als darauf, wie sie in der Zeit des Sturm und Drang aufgenommen wurden und wirkten. Goethes Auswahl ist deutlich vom Interesse an sozialer Motivik bestimmt. Aber auch in den eigenen Balladen dieser Zeit wie der späteren Zeit gibt es sie, und erst eigentlich in der Verbindung von Naturmagie und Sozialkritik beruht die Einheit seiner frühen Balladendichtung. Das ist am Beispiel des *Königs in Thule* zu zeigen. Die Buhle des Königs, der dieser seine Treue über den Tod hinaus erweist, indem er den goldenen Becher ins Wasser versenkt, kann „im guten Verstande" aufgefaßt werden, wie Adelungs Wörterbuch erläutert: „Ehedem bedeutete dieses Wort auch unter vornehmern Personen so viel als einen Gemahl […]." Aber dasselbe Wörterbuch kennt den Ausdruck auch im „nachtheiligen Verstande", wie gesagt wird: im Sinne nämlich von unerlaubter Liebe. Im Lied vom *Herrn von Falckenstein*, mit dem Goethes elsässische Balladensammlung beginnt, wird er so gebraucht:

> Wohin wonaus du schöne Magd?
> Was machen ihr hier alleine,
> Wollen ihr die Nacht mein Schlafbule seyn,
> So reiten ihr mit mir heime.

An eine solche Bedeutung hat man auch im Fall des *Königs in Thule* nicht zu denken. Eheliche Treue, die sich gegenüber der Verstorbenen über ihren Tod hinaus bezeugt, muß nicht unbedingt angenommen werden. Handelt es sich aber um eine Geliebte des Königs, nicht um seine Gemahlin, so sind damit

Standesgegensätze verbunden. Sie sind unüberhörbar im Kontext des Liedes, als einer Verseinlage im *Urfaust*, die Gretchen in einer bestimmten Situation singt, um der Angst zu wehren, die sie überkommt. Ihr eigenes Verhältnis, dasjenige eines einfachen Bürgermädchens zum höher situierten Gelehrten, kann als Widerspiegelung des Gedichts mit vorausdeutender Symbolik verstanden werden: Wie der König das Symbol seiner Liebe im Wasser versenkt, so wird Gretchen mit dem Symbol ihrer Liebe verfahren: „Meine Mutter hab ich umgebracht. Mein Kind hab ich ertränkt." So oder so: die Naturmagie der Ballade steht im Kontext einer sozialkritischen Kindsmörderthematik. Auch das in der Zeit der Klassik entstandene Gedicht Die *Spinnerin* hat es noch einmal mit ihr zu tun. Doch die Ballade *Vor Gericht* sucht man in den meisten unserer Anthologien vergeblich. Das im Stil der Volksballade gehaltene Gedicht gehört aber ganz in diese Tradition.

Über seine Entstehung wissen wir wenig. Daß es vor 1778 entstanden sein muß, steht fest: in dem Sammelheft der Frau von Stein, das 1777 oder 1778 angelegt wurde, ist es aufgeführt; ebenso in einem Verzeichnis der Frau Schultheß, hier mit der Überschrift *Verantwortung eines schwangeren Mädchens*. Als Goethe 1788 eine Auswahl seiner Gedichte für die Schriften bei Göschen zusammenstellte, wurde ihm, mit anderen bedeutenden Texten, die Aufnahme verwehrt. Erst während des Sommers in Karlsbad und Teplitz, im Jahre 1810, wird es hervorgeholt und Zelter zur Vertonung übergeben. Mit geringfügigen Abweichungen im Text hat es in seiner Bearbeitung die Überschrift *Das Geheimniß* erhalten. Im Jahre 1815 erscheint es zum erstenmal im Druck. Von 'Anthologisten' und Interpreten wurde es seither wenig beachtet. Die mit reichhaltigem Kommentar versehene Festausgabe von 1926, die Robert Petsch besorgt hat, hält es kaum der Erwähnung wert. Emil Staiger handelt in seiner dreibändigen Monographie ausführlich über die Balladen *Der Fischer* und *Der König in Thule*. *Vor Gericht* wird gänzlich übergangen. Auch Max Kommerell, der die einzelnen Balladen nacheinander charakterisiert, hält offensichtlich von seiner literarischen Qualität nicht viel. Nach kurzem Eingehen auf die schon genannte Ballade *Die Spinnerin* heißt es in seinem Buch *Gedanken über Gedichte*:

> „Das zweite Gedicht ist in den Mitteln altertümlich, aber vielleicht überzeugen sie nicht ganz, zumal der unsichere Schluß. Die Balladenwendungen wirken ein wenig zusammengetragen."

Anders Erich Trunz! Er zum erstenmal hat das Gedicht in der Hamburger Ausgabe gebührend herausgestellt – mit einem kurzen, aber prägnanten Kommentar:

> „Das Thema der Mutterschaft ohne Ehe, von der Dichtung der Zeit als etwas ganz Neues ergriffen, wurde entweder moralisch-aburteilend oder sentimental-bedauernd dargestellt […]. Ganz anders hier Goethe. Die aufrechte, klare, sichere Haltung erinnert an Klärchen in *Egmont*." (I, 516)

Gewiß ist damit das Gedicht in der Vielfalt seiner Bedeutungen noch nicht erfaßt. Es ist auch kaum aus sich selbst heraus zu verstehen, sondern setzt rechtsgeschichtliche Kenntnisse voraus, wie es schon der Titel andeutet.

Obwohl wir es mit einer Kindsmörderin nicht zu tun haben, sondern mit einer schwangeren unverheirateten Frau, ist von dem im 18. Jahrhundert noch weithin rigide gehandhabten Strafrecht in Fällen von Kindesmord nicht abzusehen, weil auch die Mutter eines totgeborenen Kindes belangt und wie eine Kindsmörderin bestraft werden konnte. Zum Teil noch bis ins 19. Jahrhundert hinein wurde Kindsmord in den meisten deutschen Staaten nach der *Constitutio Criminalis Carolina*, der *Peinlichen Gerichtsordnung Karls V.*, aufs strengste geahndet. Nicht nur war die Todesstrafe beschlossene Sache im vorhinein; einige Artikel dieser Gerichtsordnung waren auch hinsichtlich der praktizierten Todesart an Grausamkeit kaum zu überbieten. Artikel 131 Absatz 1 sah vor:

> „Item, welches weil jre kind, das leben und glidmass empfangen hett, heymlicher bosshaftiger williger weiss ertödtet, die werden gewohnlich lebendig begraben und gepfelt.“

Es ist keine Frage, daß es seit der Aufklärung zumal auf diesem Gebiet beträchtliche Wandlungen im Rechtsverständnis gegeben hat. Schon 1740 hatte Friedrich der Große die einfache Enthauptung eingeführt, wenn auf Todesstrafe zu erkennen war. Dennoch konnten bis zum Ende des Jahrhunderts Totgeburten wie Kindsmord behandelt werden, wenn die Schwangerschaft verheimlicht worden war. In der Erzählung *Zerbin oder die neuere Philosophie* von Jakob Michael Reinhold Lenz, ist das der Fall; und zweifellos handelt es sich nicht um eine erfundene Geschichte. „Nach den Gesetzen ist eine verhehlte Schwangerschaft allein hinlänglich, einer Weibsperson das Leben abzusprechen“, heißt es im Text der Erzählung. Erst seit 1794, seit der Einführung des *Allgemeinen Landrechts*, gab es in Preußen die Möglichkeit, die Todesstrafe in lebenslängliches Zuchthaus umzuwandeln, wenn Zweifel über Tot- oder Lebendgeburt bestehen blieb; und erst 1813 wurde in Bayern als erstem Staat die Todesstrafe für Kindsmord abgeschafft. Kein anderer als Anselm von Feuerbach hat sich um diese Abschaffung verdient gemacht, der so wenig aus der deutschen Rechtsgeschichte wie aus der Geschichte der klassischen Literatur in Deutschland wegzudenken ist.

Wenigstens seit der Mitte des 18. Jahrhunderts waren sich die Verfechter von Strafrechtsreformen darin einig, daß durch die Verhängung von Strafen bei Bekanntwerden einer Schwangerschaft die Fälle von Kindsmord erhöht wurden. Man begriff, daß solche Taten der Verzweiflung vielfach in der Furcht vor öffentlicher Schande ihren Grund hatten. Die Kirchenordnungen trugen hierzu das ihre bei. Im *Rechtslexikon für Juristen aller teutschen Staaten* (1839) wurden im geschichtlichen Rückblick die inzwischen abgeschafften Strafen behandelt:

> „Nicht sowohl durch das römische Recht, als durch die Geltendmachung kirchlicher Satzungen hat sich, besonders seit der Zeit der Reformation, in Teutschland der Grundsatz geltend gemacht, daß der außereheliche Geschlechtsgenuß an und für sich [...] strafbar sei. Das canonische Recht verhängte, ohne die weltliche Strafe auszuschließen, die blos kirchliche Strafe der Kirchenbuße, welche lange in Uebung erhalten, sich endlich durch ihre innere Verwerflichkeit selbst das Grab bereitete."

Mehrere Edikte Friedrichs des Großen hatten wegweisende Wirkung. Im Jahre 1765 erließ er das *Edikt wider den Mord neugeborener unehelicher Kinder, Verheimlichung der Schwangerschaft und Niederkunft*, in dem die eingeführten Strafen für einfache Unzucht abgeschafft wurden. Im Herzogtum Sachsen-Weimar waren die Landstände schon 1763 bei der Herzogin Anna Amalia mit einer Eingabe auf Abschaffung von Kirchenstrafen vorstellig geworden. Vierzehn Jahre später, im Jahre 1777, brachten die Stände des Eisenachischen Fürstentums dieses Anliegen erneut vor, und diesmal nahm sich Herzog Karl August der Sache an. Seit dieser Zeit war auch Goethe als Mitglied des Conseils mit der Angelegenheit offiziell befaßt. Anders als der 'Kirchenmann' Herder votierte er für weitgehende Beseitigung in einem vom 14. Dezember datierten Memorandum. Ihm zufolge sollen die bußfertigen „Sünder" nicht mehr öffentlich angeprangert werden, allenfalls die ungehorsamen und „unverbesserlichen": „Kein Glied der Gemeinde wird sein Societätsrecht für gekränkt halten, wenn man menschlich, ordentlich und geziemend mit einem andern Gliede verfährt", heißt es in den *Betrachtungen über die abzuschaffende Kirchenbuße*. Diese im Sommer 1777 erneut in Gang gekommene Diskussion macht es wahrscheinlich, daß die Ballade *Vor Gericht* im Zusammenhang solcher Diskussionen entstand, nachdem ein für die Literaturbewegung des Sturm und Drang so zentrales Thema wie dasjenige des Kindsmords 1776 in mehreren maßgeblichen Texten behandelt worden war: von Heinrich Leopold Wagner in dessen Drama *Die Kindermörderin*, in dem Goethe eine Art Plagiat seiner Faust-Dichtung zu erkennen vermeinte, von Lenz in dessen schon genannter Erzählung *Zerbin oder die neuere Philosophie*; und vor allem mit Lenz, aber auch mit Klinger, war Goethe im Sommer 1776 wiederholt zusammengekommen, wie es die Eintragungen im Tagebuch bezeugen. Aber anders als die früheren Mitstreiter im Gefolge dieser Literaturrevolution hat Goethe mit der Ballade *Vor Gericht* der Kindsmörderthematik eine ganz andere Wendung gegeben, als es in den genannten Texten von Wagner und Lenz geschehen war.

Sowohl den Typus des Verführers von der Art Fausts, Zerbins oder des Offiziers von Groeningseck in Wagners Drama schließt Goethes Ballade aus; ebenso den Fall einer Kindsmörderin, die man hin und wieder, wie z.T. auch bei Heinrich Leopold Wagner, als weinerliche Märtyrergestalt dargestellt fand. Auch Lenz entgeht dieser Gefahr nicht ganz. In Goethes Gedicht bleibt der Liebhaber unbehelligt. Die junge Frau steht zu ihm und verteidigt ihn mit Entschiedenheit. Die Standesfrage – „Trägt er eine goldene Kett am Hals / Trägt er einen strohernen Hut" (7 f.) – sieht sie als durchaus nebensächlich an. Nichts Belastendes wie in Fällen der verführten Unschuld steht hier in Frage. Die außereheliche Partnerschaft, um die es geht, wird bejaht, und was einer Ehegemeinschaft entgegenstehen könnte, bleibt offen. Auf eine durch keine Ordnung sanktionierte Bindung freilich legt die Sprecherin den größten Wert. Der Amtmann und der Pfarrer sind die Vertreter solcher Ordnungen, denen sie sich gegenübersieht. Freigeisterei oder Abwendung von der Religion bleiben außer Betracht. Ausdrücklich versichert sie:

> Ich kenn ihn wohl, er kennt mich wohl,
> Und Gott weiß auch davon. (11 f.)

Aus der Unbedingtheit ihres Denkens heraus, die das Unmittelbare und Ursprüngliche höher stellt als das Abgeleitete menschlicher Satzungen und Institutionen, versteht sich auch die nicht leicht erklärbare Aussage der zweiten Strophe: „Mit wem ich mich traute" (5). Sie nimmt Bezug auf die erste Verszeile, in der bereits die Weigerung – „das sag ich euch nicht" – ausgesprochen war, die sich refrainartig wiederholt. In der ersten wie in der zweiten Strophe wird am Verschweigen des Geliebten festgehalten. Aber während es in der ersten um das Verschweigen der Vaterschaft geht, handelt es sich in der zweiten Strophe um ihr Verhältnis zu ihm allgemein. Nach Auskunft der Wörterbücher könnte das reflexiv gebrauchte Verbum 'trauen' bzw. 'sich trauen' nur bedeuten: etwas wagen, sich auf etwas risikohaft einlassen. In Adelungs Wörterbuch sind als Beispiele eines solchen Gebrauchs angeführt: „Ich traue mir nicht, dieses zu unternehmen. Er trauete sich nicht, die Augen aufzuschlagen." Die andere Bedeutung im Sinne von 'vermählen' kennt nur den transitiven Gebrauch: daß jemand einen anderen oder mehrere traut, also 'kopuliert' – es sei dies ein Pfarrer oder ein Standesbeamter. Angeführt werden Wendungen wie die folgenden: „Er hat getraut, d.h.: er hat geheurathet [...]. Der Priester trauet ein Paar"; und schließlich: „Sich mit einer Person trauen lassen". Aber diese Wendung ist passivisch, während sie in Goethes Gedicht bezeichnenderweise im Aktivum verwendet wird: nicht sie hat sich durch einen anderen, einen Pfarrer, trauen lassen, wie es dem üblichen Wortgebrauch entspricht; sie selbst hat sich mit dem Geliebten getraut. Sie hat die Trauung für ihre Person selbst vorgenommen, natürlich im übertragenen, im symbolischen Sinn. Die Wendung kann kaum anders gemeint sein – nämlich so, wie es in keinem Wörterbuch steht. Wir hätten es mithin mit einer kühnen und eigenwilligen, mit einer poetischen Ausdrucksweise zu tun. Eine solche Trauung ohne den

Segen der Kirche wird in unserem Gedicht durch die Einbeziehung Gottes in der Rede der jungen Frau bestätigt; und daß sie selbst es ist, die sich mit jemand traut, entspricht dem gesunden Selbstbewußtsein, von dem die Frauengestalt Goethes ein so eindringliches Zeugnis ablegt.

Solches Selbstbewußtsein findet in der Redeform seinen Ausdruck. Sie ist monologisch, aber doch anders, als es Monologe sonst sind; denn vom Dialog hat sich die Redeform der Sprecherin nicht gänzlich entfernt, und von Dialogen macht zumal die Ballade gern Gebrauch. Auch bei Goethe ist das der Fall. Dem Dialog nähert sich das Gedicht schon von der Situation her an, worauf die Überschrift verweist. Wir haben uns mithin sowohl den Amtmann wie den Pfarrer hinzuzudenken als diejenigen Personen, zu denen hier gesprochen wird. In seiner Schrift *Ueber Gesetzgebung und Kindesmord* (1780/81) hat Pestalozzi solche Verhöre wiedergegeben:

> Von wem sie schwanger?
> Von Rudolf H.**
> Ob sie mit selbigem versprochen gewesen?
> Er habe schon sollen einen Schein vom Ehegericht holen, sei aber weggegangen.
> Ob man ihr im Dorf die Schwangerschaft vorgeworfen?
> Ja, und sie habe bekannt, daß sie schwanger […].

Nichts davon findet sich in Goethes Ballade. Was die Verhörenden gesagt haben könnten, ist nur indirekt über die Redeweise der werdenden Mutter zu erfahren. „Pfui“ und „Hure“ (3) haben sie gesagt. Sie aber beharrt darauf, dennoch ein ehrliches Weib zu sein. Eine dialogähnliche Rede wird zum Monolog, aber nicht zum Monolog einer alleinstehenden Person, sondern zu einer Redeform, in der die Angesprochenen nur noch als Statisten zugelassen sind, denen ein Rederecht nicht erteilt wird. Im Grunde ist Goethes Ballade kein Monolog, sondern eine Aussageform, in der nur eine Person spricht, die Rede und Antwort steht, in einem ganz wörtlichen Sinn. Daß ihre Redeform nichts mit Anmaßung und Überheblichkeit zu tun hat, ist dem Ton und Tenor der Ballade unmißverständlich zu entnehmen. Aber zugleich zeigt sich am gesunden Selbstbewußtsein dieser Frauengestalt – „ein Frauentyp, den Goethe liebte und den vor ihm noch niemand dichterisch geformt hatte“, wie Erich Trunz anmerkt (I, 516) –, in welcher Weise er mit diesem Gedicht über verwandte Frauengestalten in den zeitgenössischen Kindsmördergeschichten hinausführt.

Auch Marie in der Erzählung von Lenz und Evchen Humbrecht in Heinrich Leopold Wagners Drama sind nicht ohne Selbstbewußtsein dargestellt. Die Kindsmörderin Wagners ist kein ungebildetes Mädchen. Sie ist weit entfernt, nur verführte Unschuld zu sein oder zu bleiben. Daher läßt sie nichts unversucht, den Fehltritt zu legalisieren und alles wieder in Ordnung zu bringen.

Aber ihre Pläne werden durch billige Intrigen durchkreuzt, so daß sie der Melancholie verfällt, die sie in die Verzweiflung hineintreibt. Die soziale Anklage ist unüberhörbar, aber sie wird in grellen und effektvollen Szenen dargeboten; eine ungetrübte Sympathie stellt sich zu keiner Figur des Dramas her. Die Marie in der Erzählung von Lenz hat mit der jungen Frau in Goethes Gedicht gemeinsam, daß auch sie den Liebhaber verschweigt – aber doch einen solchen, der es eigentlich nicht verdient. Sie wird zur Märtyrergestalt in Texten der sozialen Anklage, die nur Ruchlosigkeit und Opfer kennen. Am Ende bleibt alles beim alten, weil die Frauengestalten in die Rollen zurückfallen, die ihnen die Gesellschaft zugedacht hat. Das ist in Goethes Gedicht sehr anders. Hier ist es gerade die Frau, die eine Revolutionierung der Denkart einleitet, indem sie allem Spott und allem Hohn zum Trotz ihr Tun verantwortet; denn wenn andere auch so denken, wenn die öffentliche Anprangerung in Fällen wie diesen unterbleibt, kann auch die Furcht vor ihr unterbleiben, die dem Tatbestand des Kindsmordes häufig zugrunde liegt. Justizreform sei Geistesreform, hat der Strafrechtslehrer Gustav Radbruch in den zwanziger Jahren bemerkt. Er wollte damit zum Ausdruck bringen, daß es hier vor allem auf Änderungen in der Denkweise ankommt. Sie betreffen in erster Linie diejenigen, die Justiz ausüben, also die urteilenden Staatsanwälte und Richter im heutigen Sinn; aber darüber hinaus diejenigen doch auch, die durch ihr von Vorurteilen geprägtes Denken anderen Schaden zufügen. Die Sprecherin vor Gericht nimmt eine solch neue Denkart vorweg. In diesem Punkt geht Goethe im Grunde auch über seine eigene Gretchen-Tragödie hinaus. Seine Ballade ist das literarische Zeugnis einer solchen Geistesreform. Reformerische Tätigkeit im Dienste des Herzogs und literarische Tätigkeit, die sich einem von der Aufklärung geprägten Humanitätsdenken verpflichtet weiß, wirken zusammen. Das Gedicht *Vor Gericht* nimmt die Motive des Sturm und Drang auf und modifiziert sie in Richtung eines Denkens, wie es für die frühe Weimarer Klassik bezeichnend ist. Von beiden Texten – von den *Betrachtungen über die abzuschaffende Kirchenbuße* wie von der Ballade *Vor Gericht* – hat Bernhard Suphan als einer der wenigen Interpreten dieses Gedichts gesagt: „Der Zeitgeist [...] spricht aus beiden, der Geist des Zeitalters der Humanität" (Suphan, S. 607). Über die Reform in Fragen der Kirchenbuße, die im Sommer 1777 durch die Stände des Eisenachischen Fürstentums in Gang gekommen war, wurde 1781 im Sinne Goethes entschieden. Auch Herder hat schließlich der neuen Regelung zugestimmt.

Im Blick auf die Ballade als literarische Gattung ist eine abschließende Beobachtung angezeigt. In ihrer Geschichte, in der Geschichte der Kunstballade, hat man nicht unberechtigt das ‘Nordische’ als ein konstituierendes Merkmal erkannt und einen Drang zur Heldenballade (wie bei Strachwitz) oder zu den ritterlichen Liedern (wie zuletzt noch einmal bei Börries von Münchhausen) wahrgenommen. Aber damit ist allenfalls eine Linie, ein Strang neben anderen bezeichnet: ein solcher, der den männlichen Helden bevorzugt wie ähnlich das klassische Drama, sieht man von der Sonderform des bürgerlichen Trauerspiels ab. Schillers Balladen, die vom Merkmal des 'Nordischen' zwar kaum zu erfassen sind, zeigen es überdeutlich: der Taucher, die Freunde in der *Bürgschaft*, der Ritter Delorges, der Ritter von Toggenburg, der Graf von Habsburg – und so fort. Dennoch beginnt die Geschichte der deutschen Kunstballade mit einer rebellierenden Frau, mit Bürgers Lenore, die aus der Bahn gerät; und die Kindsmörderthematik, die um die Mitte der siebziger Jahre ihren Höhepunkt erreicht, klingt 1781 mit seinem sozialkritischen Gedicht *Des Pfarrers Tochter von Taubenhain* ab. In Goethes Balladendichtung ist solche Prävalenz zugunsten von Frauen oder Mädchen um vieles deutlicher ausgeprägt. Sowohl *Heidenröslein* wie *Der König in Thule*, trotz des Titels, wären zu nennen. Die Situation unterdrückter Frauen in einer fremden, vom Orient bestimmten Kultur behandelt die 1774/75 entstandene Volksballade *Klaggesang von der edlen Frauen des Asan Aga*; und mehrere der klassischen und späteren Balladen könnten mit gutem Grund als Frauenballaden bezeichnet werden: *Der Gott und die Bajadere, Johanna Sebus* und die *Paria*-Trilogie. Für mehrere dieser Gedichte ist kennzeichnend, daß sie fremde oder vergangene Kulturkreise zum Schauplatz haben, an denen vergleichend die Stellung der Frau verdeutlicht werden kann, wie sie ist, aber vielleicht nicht unbedingt sein sollte. Das gilt auch für *Die Braut von Korinth.* Mit dem Gedicht *Vor Gericht* als einem solchen der Frühklassik ist die hochklassische Ballade trotz unterschiedlicher Thematik in mehrfacher Hinsicht verwandt. Ein auf Selbstbestimmung des mündigen Menschen gerichtetes Denken, das auch der Frau zugute kommt, bildet hier wie dort den Kern der Aussage: gerichtet auf eine Geistesreform in dichterischer Form damit die Vorurteile beseitigt werden, die dem Bild des Menschen abträglich sind.

Zitierte Literatur

KOMMERELL, Max: Gedanken über Gedichte. Frankfurt a.M. 1944.

SUPHAN, Bernhard: Goethe im Conseil. In: Vierteljahrsschrift für Literaturgeschichte 6 (1893). S. 597–608.

TRUNZ, Erich (Hrsg.): Goethes Werke. Hamburger Ausgabe. 14 Bde. München 1981 (Zit. mit Band- und Seitenzahl).

Weitere Literatur

BENZMANN, Hans: Die soziale Ballade in Deutschland. Typen, Stilarten und Geschichte der sozialen Ballade. Nördlingen 1912.

FISCHER-LAMBERG, Hanna (Hrsg.): Der junge Goethe. Neu bearb. Ausg. in 5 Bdn. Berlin [West] 1963. Bd. 2. S. 34–53.

HINCK, Walter: Die deutsche Ballade von Bürger bis Brecht. Göttingen 1968.

HIRSCHENAUER, Rupert / WEBER, Albrecht (Hrsg.): Wege zum Gedicht. München 1963.

KAYSER, Wolfgang: Geschichte der deutschen Ballade. Berlin 1936.

LAUFHÜTTE, Hartmut: Die deutsche Kunstballade. Grundlegung einer Gattungsgeschichte. Heidelberg 1978.

MÜLLER-SEIDEL, Walter (Hrsg.), Balladenforschung. Königstein (Ts.) 1980.

STROBACH, Hermann (Hrsg.): Volkslieder, gesammelt von Johann Wolfgang Goethe. Weimar 1982.

TRUMPKE, Ulrike: Balladendichtung um 1770. Ihre soziale und religiöse Thematik. Stuttgart 1975.

WEBER, Beat: Die Kindsmörderin im deutschen Schrifttum von 1770–1795. Bonn 1974.

Schillers Rechtsdenken. Verschwörung, Widerstandsrecht und Tyrannenmord im dramatischen Werk

Am 8. Februar 1793 äußert sich Schiller in einem Brief an seinen Freund Körner entsetzt über den Gang der Revolution in Frankreich. Er schreibt:

> „Was sprichst Du zu den französischen Sachen? Ich habe wirklich eine Schrift für den König schon angefangen gehabt, aber es wurde mir nicht wohl darüber, und da liegt sie mir nun noch da. Ich kann seit 14 Tagen keine französischen Zeitungen mehr lesen, so ekeln diese elenden Schindersknechte mich an." (NA 26/183)

Die Schrift für den König betrifft ein Memorandum, das Schiller auszuarbeiten gedachte. Aber daß dieser Schriftsteller, der wiederholt erklärt hatte, keinem Fürsten dienen zu wollen, über Nacht zum überzeugten Monarchisten geworden sei, ist nicht anzunehmen. Von Staatsformen wäre vermutlich in diesem Memorandum allenfalls am Rande die Rede gewesen. Was ihn in diesen Wintertagen bedrängt und nicht zur Ruhe kommen läßt, ist etwas anderes. Wenn es ihm um die Sache des Königs geht, woran nicht zu zweifeln ist, so vor allem deshalb, weil ihn offensichtlich die zu befürchtende Hinrichtung besorgt machte. Darauf deuten zwei Aussagen dieses Briefes hin. Daß er seit 14 Tagen keine französischen Zeitungen mehr lesen könne, bezieht sich auf den Tag genau auf den Tag der Hinrichtung, die am 21. Januar 1793 vollzogen worden war; und hinsichtlich der elenden Schindersknechte hat man ohne Frage in erster Linie an die Richter und Henker zu denken, die an dieser Hinrichtung beteiligt waren. Schillers Entsetzen gilt einem Akt des institutionalisierten oder staatlichen Tötens. Aber schon im Brief vom 21. Dezember 1792, wiederum an Körner, war die Sache des Königs mit Schillers Theorie des Schönen verknüpft worden, und daß die *Briefe über die ästhetische Erziehung des Menschen* den entscheidenden Anstoß zu ihrer Ausarbeitung einem Akt des Tötens zuzuschreiben sind, ist zu vermuten. Von einer Flucht aus der Zeit in das Reich des zeitlosen Schönen kann angesichts solcher Tötungsfragen nicht die Rede sein. Unnötig zu sagen, daß wir es mit dem Fall eines Tyrannenmordes nicht zu tun habe, sondern mit einem Tötungsakt aus Gründen der Staatsraison, der Raison eines ganz neuartigen Staates. Der Widerspruch zwischen der Erklärung der Menschenrechte und dieser Hinrichtung, der weitere folgen werden, mußte sich jedem aufdrängen, der in den Naturrechtslehren der europäischen Aufklärung herangewachsen war – erst recht einem Autor wie Schiller, der wenige Jahre zuvor in seinem Drama *Don Carlos* die Sache der Menschenrechte als eines Kernstücks dieser Lehren in großem Stil inszeniert hatte. Daher sein Entsetzen, wie es der zitierte Brief vom 8. Februar 1793 zum Ausdruck bringt.

Das hier benannte Entsetzen hat seinen Grund in einem Problemfeld, das es aufzuklären gilt, und dabei ist auf bestimmte Wandlungen im deutschen Rechtsdenken seit den achtziger Jahren des 18. Jahrhunderts zu achten. In der neueren Rechtsgeschichte, vor allem in Arbeiten von Michael Stolleis und Diethelm Klippel, wird zwischen einem älteren und jüngeren Naturrecht unterschieden. In seinem Buch *Politische Freiheit und Freiheitsrechte im deutschen Naturrecht des 18. Jahrhunderts* führt der letztere (Diethelm Klippel) aus:

> „Mit dem jüngeren Naturrecht sind die ab 1780 vereinzelt und ab 1790 in verstärktem Maße publizierten naturrechtlichen Schriften gemeint [...] die sich als liberale Theorie erweisen. Als älteres deutsches Naturrecht werden dagegen die seit Pufendorf bis in die letzten Jahrzehnte des 18. Jahrhunderts erschienenen Naturrechtssysteme bezeichnet, die [...] als politische Theorie von Absolutismus und aufgeklärtem Absolutismus anzusehen sind."

Die Unterscheidung ist mit anderen Worten als eine solche des wesentlich staatstreuen Denkens aufzufassen, wie es für die älteren Naturrechtssysteme kennzeichnend ist, während das jüngere Naturrecht sich sehr viel stärker staatskritisch versteht. Es ist dieses Naturrecht, das vorrangig als Wissenschaft der Menschenrechte zu bezeichnen ist, und eben hier ist ein Widerstreit erkennbar, der ein dramatisches Potential enthält. Die Einforderung von Menschenrechten entspricht humanem Denken, wie es in der europäischen Aufklärung angelegt ist. Aber die Beseitigung von Herrschaftsmißbrauch oder tyrannischen Regenten durch Verschwörungen und Aufstände muß ein solches Denken verfehlen, wenn mit der Beseitigung tyrannischer Herrschaft Mord oder Totschlag als Ziele von Aktionen gegen den Staat verfolgt werden. Der dem jüngeren Naturrecht eingeschriebene Widerstreit muß sich eo ipso auf die Verschwörungen übertragen: Sie sollen um besserer Staatsordnungen willen sein, aber Totschlag, Mord oder Tyrannenmord sollten aus menschenrechtlichen Erwägungen, humanem Denken entsprechend, wenn irgend möglich nicht sein. Welchen Niederschlag dieser Widerstreit im Drama Schillers findet, ist zu zeigen; aber zu zeigen ist auch und zuvor, daß Verschwörungen, Rebellionen, Aufstände oder wie man auch die Sache bezeichnen mag, aus seinen Dramen nicht wegzudenken sind. Von den *Räubern* bis zum *Wilhelm Tell* (hier mit Einschränkungen) gibt es sie.

Verschwörungen haben eine, man ist versucht zu sagen: ehrwürdige Tradition, die bis in die Antike zurückreicht. Ihren klassischen Ausdruck hat sie in Sallusts Geschichtswerk *De Conjuratione Catilinae*, um 40 vor Christus, gefunden. Es gibt sie in allen Ländern Europas, im Altertum, im Mittelalter wie in der Neuzeit mit Unterschieden der Bezeichnung wie der Wertung. Unter den literarischen Texten, die solche Themen aufnehmen, verdient Christian Weises *Trauerspiel von dem Neapolitanischen Haupt-Rebellen Masaniello*, erschienen 1683, vor allem deshalb Beachtung, weil sich hier ein Mensch niederen Standes, der Fischer Tommaso Aniello, zum Anführer einer Erhebung gegen den Regenten macht – sehr im Unterschied zu den meisten in die Geschichte oder Literatur eingegangenen Rebellionen, die vorwiegend solche des Adels sind, der sich gegenseitig die Herrschaft streitig macht. Ihrer Beschaffenheit nach sind Verschwörungen und Rebellionen Aktionen politischen Charakters – nicht eigentlich Staatsaktionen, sondern Aktionen gegen den Staat, wenigstens, wie schon ausgeführt, seit den letzten Jahrzehnten des 18. Jahrhunderts. Kaum je haben wir es mit wertfreien Begriffen zu tun, deren man sich zur Bezeichnung solcher Aktionen bedient. Sie galten lange Zeit in Übereinstimmung mit einem klassischen Autor wie Sallust als verpönt.

Aber zunehmend seit dem späten 18. Jahrhundert wird auf dem Hintergrund jüngerer Naturrechtslehren kräftig umgewertet und aufgewertet. Den auf Umsturz bestehender Herrschaftsverhältnisse gerichteten Erhebungen wird zunehmend das Stigma politischer Verbrechen genommen. Das ist die Situation Schillers, wenn er als Dramatiker in die Geschichte der deutschen Literatur eingreift. Es ist weithin die Situation des Sturm und Drang. Schillers Interesse für Aufstandsgeschichten ist in dem Jahrzehnt vor Ausbruch der Französischen Revolution ausgeprägt, und es ist auffällig, daß er seine Kenntnisse hinsichtlich solcher Geschichten vorwiegend aus dem französischem Schrifttum holt. *Histoire Générale des Conjurations et Revolutions Célèbres. Tant Anciennes que Modernes*, heißt ein von Duport Du Tertre herausgegebenes Sammelwerk, das 1763 erschienen war. Die *Conjurations de Fiesque, contre les Dorias* ist mit 27 Seiten ein Teil dieses Werkes. Der von Schiller wegen seiner Aufstandsgeschichte vor allem geschätzte Autor ist der Kardinal de Retz, der Verschwörungen nicht nur aus Büchern kannte, sondern selbst aktiv an der Fronde gegen Mazarin beteiligt war und zeitweilig außer Landes gehen mußte. Das Geschichtswerk des Kardinals *Histoire De La Conjurations Du Comte Jean-Louis de Fiesque*, erschienen 1682, wurde eine der Hauptquellen seines Dramas; und im Falle des Don Carlos ist es die erzählte Geschichte desselben Autors, die Schiller vor anderen Texten wichtig wurde. Auch die *Conjuration des Espagnols contre la République de Venise* hat den Kardinal de Retz zum Verfasser und war Schiller bekannt; er hat es in der Übersetzung seines Freundes Huber in das von ihm herausgegebene Sammelwerk *Geschichte merkwürdiger Verschwörungen und Rebellionen* aufgenommen, das 1788 bei Crusius in Leipzig erschien. So sehr hatte Schiller an den Schriften des Kardinals de Retz Gefallen gefunden, daß er an ein Porträt seiner Person dachte. Er teilt den Plan in einem Brief an

Körner vom 1. Dezember 1788 mit. Aber auch Körner ist mit Aufstandsgeschichten befaßt, genauer: mit einer Darstellung der Fronde gegen Mazarin, und was Körner darzustellen vorhabe, nennt Schiller die Darstellung einer politischen Revolution im Ganzen (25/150) – ein im Hinblick auf die Zeitlage beachtenswerter Ausdruck. Dieses anhaltende Interesse für Aufstandsgeschichten sollte gegenüber Auffassungen der älteren Forschung, wonach Schiller mit der Gedankenwelt der Französischen Revolution vor der Revolution wenig oder nichts zu tun habe, zu denken geben. Es ist ganz im Gegenteil geeignet, einen pointiert formulierten Satz des Basler Literarhistorikers Walter Muschg in Erinnerung zu bringen; und er lautet: „Nicht einmal nationale Stoffe ließ dieser größte politische Aktivist der deutschen Literatur gelten.“

Keine der Rebellionen, die Schiller in seinen Dramen und Geschichtswerken dargestellt hat, hat er einseitig verherrlichend oder verklärend dargestellt. Das ist auch kaum zu erwarten; denn Verschwörungen und verwandte Aktionen sind ihrer Natur nach zweideutige Geschäfte. Sie begünstigen verdecktes Handeln und bewirken Mißtrauen unter den Beteiligten. Das sicher ungünstigste Bild einer Rebellion erhalten wir aus dem Gang der Handlung in den *Räubern*. An der guten Sache des Adligen Karl von Moor, wenn man sie als eine solche gelten läßt, sind Mordbrenner und Spießgesellen beteiligt, die im Personenverzeichnis als Banditen bezeichnet werden. Auch in der *Verschwörung des Fiesco zu Genua* sind die meisten der Aufständischen nicht in erster Linie an der Durchsetzung idealer Staatsformen interessiert, sondern an eigenen Vorteilen, die auch in der Umgebung Wallensteins wahrzunehmen sind. Selbst dort, wo Sympathie des Historikers die Darstellung begleitet wie in der *Geschichte des Abfalls der Vereinigten Niederlande von der Spanischen Regierung* fehlen die Schatten nicht, die das im Ganzen lichtvolle Bild trüben. Es gibt die Empörung des Geschichtsschreibers über die Bilderstürmer, die ihn dahin bringt, zwischen Bürgerwelt und Pöbel zu unterscheiden; und es ist der letztere, der vor allem, für die Verfehlungen dieser im Ganzen gerechtfertigten Rebellion verantwortlich gemacht wird:

> „Eine rohe zahlreiche Menge, zusammengeflossen aus dem untersten Pöbel, viehisch durch viehische Behandlung, von Mordbefehlen, die in jeder Stadt auf sie lauern [...] hinausgestoßen aus der bürgerlichen Gesellschaft in den Stand der Natur [...].“

Eine genauere Analyse dieser Textpassage würde ergeben, daß nicht ausschließlich Empörung den Duktus der Darstellung prägt, sondern von Verstehen begleitet wird. Viehisch sind diese Massen aufgrund viehischer Behandlung und in Armut werden sie durch lachenden Wohlstand getäuscht. Diese Sensibilität für politische und soziale Gärungen im Jahre 1788, in dem das Geschichtswerk erschien, ist bemerkenswert. Was aber die meisten im Drama dargestellten Aufstände zweideutig macht und zum Scheitern verurteilt, ist die Macht, deren es bedarf, sie in Gang zu setzen und durchzusetzen; und mehr noch ist es die der Macht innewohnende Verführung, durch die im Ansatz gute Sache einer Rebellion verraten wird, der Dialektik des Handelns entsprechend, die Max Kommerell wiederholt in einprägsamen Sätzen formuliert hat, um hier nur einen dieser Sätze anzuführen:

> „Denn keine Tat verwirklicht die Idee, ohne sie zugleich zu verleugnen. Mensch sein ist nicht nur Handelnkönnen, sondern Handelnmüssen, Handelnmüssen im Stoff der Welt mit sinnlichen Mitteln, und also handelnde Untreue an der Idee."

Im Drama Schillers ist es immer wieder die Macht, die solche Verführungen bereit hält, und es sind die großen Charismatiker wie Fiesco, Posa oder Wallenstein, die Rebellionen in Gang setzen und der Macht, deren sie zu ihrer Durchsetzung bedürfen, erliegen. Darin liegen die Aspekte, die solche Handlungen zur Tragödie disponieren. Aber durch keine Zweideutigkeit, durch kein menschliches Versagen und durch kein Scheitern wird die im Ansatz gute Sache einer Rebellion, wenn sie sich als berechtigt erweist, widerlegt, und alles muß wieder von vorn beginnen, wie in einer Notiz der *Demetrius*-Fragmente gesagt wird.

Dennoch erscheinen die Regierungssysteme in diesen Dramen, Fürstentümer wie Königreiche, trotz aller Schattenseiten im Bild solcher Aufstandsgeschichten weithin in düsteren Farben. Die Feudalherren, die wir kennen lernen, sind vielfach nicht wert, daß es sie gibt. In dem Fürstentum, an dessen Hof der Präsident von Walter tätig ist, sind Willkür und Intrige verbreitet, und an dem durch den amerikanisch-englischen Krieg entstandenen Menschenhandel wird gut verdient. Hier wie später ähnlich in Goethes Trauerspiel *Die Natürliche Tochter* ist eine neuartige Klasse wahrnehmbar, die erschaudern läßt. Es ist dies die Klasse der Sekretäre. Sie sind auf Übergriffe und Erpressungen spezialisiert. In *Kabale und Liebe* wird Mätressenwirtschaft nicht der feinsten Art gezeigt und vorgeführt. Im Herzogtum Genua – die historische Entfernung hat nicht viel zu bedeuten – sind Frauen bürgerlichen Standes vor Vergewaltigung nicht sicher, und es ist der Neffe des regierenden Herzogs, der sich solche Gewalttätigkeiten zuschulden kommen läßt – ein beispiellos moralischer Sumpf. Was Schiller die Gemahlin Fiescos sagen läßt, muß nicht ihm selbst zugeschrieben werden. Aber eine kühne Sprache ist es in jedem Fall, die wir vernehmen:

> „Fürsten, Fiesco? Diese mißratenen Projekte der wollenden und nicht könnenden Natur – sitzen so gern zwischen Menschheit und Gottheit nieder, – heillose Geschöpfe, schlechtere Schöpfer!" (II/268)

Aber was er seine Figuren sagen läßt, entspricht weithin seinem eigenen Denken. In diesem Punkt spricht die Einleitung zur *Geschichte des Abfalls der Niederlande* eine deutliche Sprache.

> „Groß und beruhigend," heißt es hier, „ist der Gedanke, daß gegen die trotzigen Anmaßungen der Fürstengewalt endlich noch eine Hilfe vorhanden ist, daß ihre berechnetsten Pläne an der menschlichen Freiheit zu Schanden werden [...]."

Dolf Sternberger hat in einem lesenswerten Essay die Herrschergestalten Schillers charakterisiert und wenig Anziehendes an ihnen gefunden:

> „Die Reihe dieser ränkevollen, larvenhaften Politiker, die mit Franz Moor begann und mit dem Präsidenten Walter, noch deutlicher dem Sekretär Wurm weiterging [...] die Reihe dieser Figuren der absoluten und eben unmenschlichen Staatsraison, der regierenden Intriganten und regierenden Regenten oder Regentenhelfer setzt sich fort – auch über den Carlos hinaus [...]."

Die in diesen Dramen dargestellten Verschwörungen und Rebellionen sind gegen die jeweils legale Staatsordnung, für die ihre Anstifter, die Hauptrebellen, um Christian Weises Begriff aufzunehmen, ein zumeist ungeschriebenes Widerstandsrecht in Anspruch nehmen. Es wird kaum je thematisiert, auch im Drama Schillers nicht. Der Betrachter hat es aus dem historischen Kontext zu erschließen, wie es in einer Interpretation der *Räuber* (von Klaus Scherpe) geschieht; in seinen Worten:

> „Schillers *Räuber*, dramatisch eingefaßt in die Geschichte vom verlorenen Sohn und dramaturgisch aufbereitet als minutiöses Seelendrama, ist zweifellos ein Stück über die politische Macht, den Machtkampf, die Frage nach der gerechten und ungerechten Herrschaft und auch über die Legitimität des Widerstandes."

Während aber die Begriffe Widerstand oder Widerstandsrecht im literarischen Text kaum je vorkommen, sind die Begriffe aus dem Wortfeld der Tyrannis reichhaltig belegt. Obwohl der Kampfruf „In tirannos" in der Vignette der zweiten Auflage nicht auf Schiller zurückgeht, erledigt sich deshalb seine Bedeutung keineswegs, weil damit eine für die Zeitlage bezeichnende Stimmung zum Ausdruck kommt. Im Umkreis des jungen Hölderlin ist man begeistert über solche Sprüche. Tyrannenhaß war noch am Ende des 18. Jahrhunderts lebendiger Bestandteil in der Mentalitätsgeschichte des Zeitalters. Davon handelt ein Brief Schillers an Körner aus dem Jahre 1787, der von einem Besuch im Hause Herders, einem Antrittsbesuch, berichtet. Schiller schreibt:

> „Wir haben erstaunlich viel über diesen [gemeint ist Goethe] gesprochen [...]. Auch über politische und philosophische Materien einiges, über Weimar und seine Menschen, über Schubart und den Herzog von Wirtemberg, über meine Geschichte mit diesem. Er haßt ihn mit Tirannenhaß." (24/110)

Einen Aufruf an die deutsche Nation schließt der mit Schiller befreundete Philosoph Johann Benjamin Erhard mit einem Appell an die Tyrannen ein, sie möchten endlich Frieden geben, was heißen soll, sie mögen nur bald verschwinden. Daß der Gebrauch des Wortes zunehmend jede spezifische Bedeutung verloren hat, hängt mit dem Kampfruf zusammen, von dem schon die Rede war. Vielfach wird die Bedeutung des Wortes auf die Repräsentanten der Feudalgewalt im Ganzen übertragen. Die Verbreitung des Begriffs in Deutschland ist um so erstaunlicher, als der Begriff des Tyrannen in den Staatsrechtslehren Montesquieus weithin durch denjenigen des Despoten verdrängt worden war. Und was für den Begriff des Tyrannen im Sprachgebrauch der Zeit gilt, gilt gleichermaßen für Begriff und Bedeutung des Tyrannenmordes, wie sich noch nach der Jahrhundertwende an *Wilhelm Tell*, zeigt. Die lebendige Präsenz des Wortes Tyrannenmord hat verschiedene Gründe. Shakespeares Drama mit seinen Kontrahenten Caesar und Brutus war im literarischen Gedächtnis allgegenwärtig, und auch in der Entstehungsgeschichte des *Wilhelm Tell* hat es seinen Ort. Auf eine vertrackte Art ist Tyrannenmord Bestandteil humanistischer Traditionen, obschon sich Töten und humanes Denken eigentlich ausschließen sollten. Für Hölderlin ist Tyrannenmord ein Geschehen, das er in Gedichten wie im *Hyperion* förmlich feiert. Das betrifft vor allem das Freundespaar Hermodius und Aristogeiton, die im 6. Jahrhundert v. Chr. den Tyrannen Hipparch zu töten suchten. Der Versuch mißlang. Aber in Gedichten und Denkmälern wurden sie von der Nachwelt geehrt. In einer wohl 1793 vor dem Weggang aus Tübingen entstandenen Übersetzung, *Reliquie von Alzäus*, werden die Freunde gerühmt. Das übersetzte Gedicht schließt mit der folgenden Strophe:

> „Schmücken will ich das Schwerdt! Mit der Myrthe Ranken!
> Wie Harmodius einst und Aristogiton
> Da sie bei Athenes Opferfest den Tyrannen
> Hipparch, den Tyrannen ermordeten." (StA V/31)

Tyrannenmord ist kein isolierbares Phänomen. Es ist Bestandteil eines Strukturmodells, in dem das Eine geschehen sein muß, ehe das andere geschehen kann. Es handelt sich stets um eine Folge von Plänen und ausgeübtem Widerstand: aufgrund eines wie immer berechtigten Widerstandsrechts mit dem Ziel, Herrschaftsmißbrauch durch Ermordung des Tyrannen zu beseitigen. In einer klugen Studie aus der Schule von Wilhelm Hennis in Freiburg mit dem Titel *Tyrannislehre und Widerstandsrecht* hat ihre Verfasserin, Hella Mundt, dieses Strukturmodell mit ihrer consecutio temporis – erst Widerstand und Aufstand, ehe Tyrannenmord erfolgen kann – von der Antike bis zum Ende des 19. Jahrhunderts untersucht und beschrieben. Aber mit der einzigen Ausnahme des *Wilhelm Tell* trifft dieses auf einer Zeitfolge beruhende Modell auf das Drama Schillers nicht zu. Die in diesen Dramen dargestellten Verschwörungen und Rebellionen werden im Ansatz gutgeheißen und gerechtfertigt. Aber staatliches Töten wird desavouiert. Der Typus des Tyrannen wird ebenso problematisiert wie seine Ermordung. Das ist am Trauerspiel *Verschwörung des Fiesco zu Genua* zu zeigen.

Der Tyrann als Person wie die Tyrannei als System werden in diesem Text reichhaltig thematisiert. Leonore, Gräfin von Lavagna, überläßt sich ihrer Begeisterung und ist überzeugt, daß ihr Gatte Genua von den Tyrannen befreien werde. Sie spricht im Plural, wie das auch Fiesco tut. Die Tyrannen habe er in Schlummer gesungen, teilt er seinen Verschwörern mit. Auch diese reden im Plural. Auf die Frage Fiescos, wer fallen solle, antwortet einer von ihnen: „Die Tyrannen". Fiesco nimmt die Antwort auf und problematisiert seinerseits den Gebrauch des Plurals:

> „Wohlgesprochen, die Tyrannen. Ich bitte euch, gebt genau Acht auf die ganze Schwere des Worts. Wer die Freiheit zu stürzen Miene macht, oder Gewicht hat? Wer ist *mehr* Tyrann?"

Fiesco hätte auch fragen können: Wer denn unter all diesen Tyrannen ist wirklich ein Tyrann? Verrina, der Republikaner, ist sich in diesem Punkt ganz sicher, daß der Graf Fiesco einmal ein Tyrannenhasser gewesen ist. Aber er ist davon immer weniger überzeugt, sondern glaubt, daß der Tyrannenhasser von einst im Begriff sei, selbst ein Tyrann zu werden. Die Rede vom Tyrannen, das macht der Text deutlich, ist zum Topos geworden, zur leeren Formel, die offen läßt, wer denn mit Fug und Recht ein Tyrann genannt werden darf. Mit der Problematisierung des Tyrannen wird die Berechtigung der Verschwörung mit dem Ziel eines Tyrannenmords in Frage gestellt. Die Herrschaft in Genua befindet sich in einem moralischen Sumpf und die Gewalttaten des Neffen Ginattino sind nicht länger hinzunehmen. Aber der Neffe ist kein Tyrann, denn er ist kein Regent; und daß der Onkel, der noch amtierende Herrscher von Genua, seinen Neffen sich vornimmt und mit ihm abrechnet, zeigt überdem, daß wir es hinsichtlich des Andrea Doria gleichfalls nicht mit einem typischen Tyrannen zu tun haben. Der regierende Herzog wird im Personenverzeichnis als ehrwürdiger Greis und im Drama selbst als „jener sanftmütige Andreas" bezeichnet; ihn einen Tyrannen zu nennen, ist offensichtlich sprachlicher Widersinn. Dennoch ist er verantwortlich für den moralischen Sumpf in seinem Herzogtum. Es liegt offensichtlich im System, daß ein hilfloser alter Mensch regieren soll und hierzu aufgrund seines Alters nicht mehr fähig ist. Das Modell einer nicht mehr funktionsfähigen Herrschaft aus Altersgründen wird aus den *Räubern* übernommen. Die ältere Forschung, ich meine diejenige der ersten Nachkriegszeit, spricht merkwürdig geschichtslos von der gestörten Vaterordnung, als habe man es mit privaten Familiendingen zu tun. Aber das Modell der hilflosen Greise, die keine Tyrannen sind, ist sehr wohl aus dem historischen Kontext der Zeit deutbar: als Ablösung des älteren Naturrechts und seiner paternalistisch verstandenen Regierungssysteme, gegen die sich Kant mit unmißverständlicher Schärfe wendet. Er hält das Väterliche im Bild des Regenten, der für die Glückseligkeit seiner Untertanen zu sorgen habe, für despotisch und unnatürlich. Er sieht darin die Fortsetzung praktizierter Unmündigkeit.

Wenn aber die Dorias, Onkel wie Neffe, nicht als Tyrannen im typischen Sinn gelten können, so noch weniger der zum Herzog aufgestiegene Graf Fiesco. Nur der dogmatische und ideologisch verblendete Republikaner Verrina hält ihn für einen solchen und ermordet ihn. Auch wenn manche Züge im Charakterbild Fiescos für den Typus des Tyrannen sprechen könnten – das frivole Spiel mit Liebe und Leidenschaft, der Hang zur Größe und Selbsterhöhung, der skrupellose Gebrauch in der Anwendung von Mitteln, die seinem Zweck dienlich sind – mit den verbrecherischen Machenschaften des jungen Doria hat er nichts zu tun. Zweideutig in allem, was er tut, wird aus der Optik des Dramas keineswegs der Stab über ihn gebrochen. Wenn er darauf drängt, der Souverän der Verschwörung zu sein, so bestätigt dieses Verlangen seinen Hang zu Größe, Macht und Herrschaft ebenso wie den Umstand, daß Verschwörungen einen solchen Souverän brauchen. Trotz der vielfach dubiosen Machenschaften in seinem Vorgehen ist er den subalternen Krämerseelen seiner Mitverschworenen weit überlegen. Das zeigt sich in der Szene, in der man berät, wie der Tyrannenmord vor sich gehen soll. Von dem Vorschlag des Verschwörers Sacco, die Dorias zum Gastmahl zu laden, um sie zwischen Speise und Trank zu erdolchen, will er nichts wissen. Ob er einen Mord überhaupt will, darf bezweifelt werden. Nach gelungener Erhebung begibt er sich zum alten Doria, den er warnt, aber am Leben läßt. Bleibt noch zu klären, wie wir die Tat des Republikaners Verrina zu beurteilen haben. Daß kein Sinn darin liegt, daß dieser starre Dogmatiker seinen früheren Mitverschworenen tötet, indem er ihn auf eine ziemlich schäbige Art ins Wasser stößt, sollte kaum umstritten sein. Seine Tat ist voreilig und unüberlegt. Er führt sie aus, ehe sich gezeigt hat, wie der neue Regent Genuas regieren wird. Der Sinn des Dramas liegt in dem, was ich die Desavouierung des Tötens und Mordens nennen möchte. Er liegt in der erwiesenen Sinnlosigkeit solchen Tuns, und bezieht man die im Tumult erstochene Gemahlin Fiescos ein – es handelt sich um eine Tötung aus seiner Hand – so kann man sich an Kleists Erstlingsdrama erinnert fühlen:

> „Wenn ihr euch totschlagt, ist es ein Versehen.“

Diese Desavouierung des Tötens zeigt sich in sprachlichen Exzessen, wenn sich der junge Doria seinen Tötungsphantasien überläßt:

> „Donner und Doria! Dieses Gelüst müssen sie niederschlucken, oder ich will über den Gebeinen meines Oheims einen Galgen aufpflanzen, an dem ihre genuesische Freiheit sich zu Tode zappeln soll.“

Wenn an dem Republikaner Verrina inhumane Züge wahrnehmbar sind, so wird damit republikanische Freiheit so wenig widerlegt wie die Berechtigung der Verschwörung. Aber dem damit einhergehenden Töten und Morden wird entgegengewirkt – aus menschenrechtlichen Gründen, wie hinzugefügt werden sollte.

Im nächsten Verschwörerdrama, im *Don Carlos*, zeigt sich der Widerstreit im Zusammenhang von Verschwörung, Widerstandsrecht und Tyrannenmord um vieles deutlicher. Die Problematisierung des Tyrannentums gibt es auch hier, obgleich Begriffe aus diesem Wortfeld kaum je gebraucht werden. Sie beruht darin, daß es die Person des Tyrannen im typischen Sinn nicht gibt. Philipp II. kann kaum als ein solcher angesehen werden: Tyrannen weinen nicht. Aber ein tyrannisches System mit seinen Spähern und Henkern, das an einen modernen Polizeistaat denken läßt, gibt es sehr wohl. Wie in den vorausgegangenen Dramen gibt es die Rebellion auf der Grundlage eines wie immer deutbaren Widerstandsrechtes. Aber sie ist gegenüber der Verschwörung in Genua von gänzlich anderer Qualität. Zwar muß sie im Rücken der Regierenden und seines Königs in Gang gesetzt werden, weil es nicht anders geht. Aber unlautere Motive sind damit nicht verbunden. Hier wird nicht mit Größe geprahlt, und auch von Verführung der Macht wie im Falle Fiescos kann nicht die Rede sein. Wenn sich Marquis Posa zur Audienzszene begibt, trägt er nicht, wie Damon in der Ballade *Die Bürgschaft*, den Dolche im Gewande. Er trachtet seinem König nicht nach dem Leben. Wir haben es mit einer Unterredung im besten Sinne dieses Wortes zu tun. Das Pathos der Szene ist nicht zu verdächtigen; denn es steht im Dienst edler Zwecke. Es geht in dieser Szene, um einen Ausdruck von Jürgen Habermas aus seinem Buch *Der philosophische Diskurs der Moderne* aufzunehmen, um Verständigungsverhältnisse. Verständigung soll nicht durch Überredung bewirkt werden. Aber Überzeugung durch Redeformen soll sein – wie es am Ende der Einleitung zu Hegels *Phänomenologie des Geistes* gesagt wird: daß es die Natur der Humanität sei, auf Übereinstimmung mit anderen zu dringen. Humanität: das schließt hier mit Beziehung auf die Audienzszene ein, daß Verständigung gesucht wird, damit nicht getötet werden muß. An keiner Stelle dieses großen Dramas, wo immer Schiller seinem Abgesandten der Menschheit das Wort gibt, sind Tötungsabsichten erkennbar. Dieser Anwalt der Menschenrechte ist es, der eine Staatsform beseitigt sehen möchte, in der es Hinrichtungen, Folter und Entwürdigungen des Menschen gibt, als habe Schiller vorausgedacht. Er will ein System der Unmenschlichkeit beseitigt sehen. Aber an Tyrannenmord oder irgendeine Form des Tötens ist nicht gedacht. Wenn Posa sich im Umgang mit dem Freund einer Überhebung schuldig macht, für die Schiller selbst den Begriff Despotismus gebraucht, so sind damit keinerlei Tötungsabsichten verbunden. Daher ist es aus meinem Verständnis des Dramas eine hermeneutische Ungeheuerlichkeit, den Marquis

Posa dieses Dramas mit Robespierre zu vergleichen oder gleichzusetzen. Von dessen Tötungsphantasien ist Schillers Abgeordneter der Menschheit trotz der *Briefe über Don Karlos* durch eine Welt getrennt. Die Desavouierung des Tötens beruht mithin darin, daß dieser Figur Schillers Tötungsabsichten nicht zu unterstellen sind. Hinsichtlich seiner Gegenwelt, der Inquisition, fällt sie deutlich und drastisch aus. Das stets bewunderte Schlußwort des Großinquisitors, das lakonische Diktum „Kardinal, ich habe das Meinige getan, tun Sie das Ihrige“ gibt indirekt dem Vorhaben recht, das der Marquis von Posa in Gang gebracht hatte. Kein Mord und schon gar kein Tyrannenmord auch hier. Sichtbar wird die Unmenschlichkeit eines Systems und die Dominanz einer Staatsraison, der gegenüber sich der humane Sinn der Tragödie zu behaupten hat. Der spanische Edelmann bleibt in dem, was er wollte, im Recht.

Im Hinblick auf neuere staatsrechtliche und rechtsgeschichtliche Arbeiten, von denen schon die Rede war, gewinnt man den Eindruck, die zehnjährige Unterbrechung seiner Dramenproduktion war in mehr als einer Hinsicht geboten. Zur Einarbeitung in das neue Fach der Geschichte, zur Verarbeitung der Revolutionsereignisse und der Bekanntschaft mit Kants kritischer Philosophie kam etwas weiteres hinzu. Auch die neuen Rechtslehren und die politische Philosophie Kants waren zur Kenntnis zu nehmen. In ihrem Zentrum steht die Abrechnung mit dem absolutistischen Regierungssystem und ihren Glückseligkeitslehren, aber auch die strikte Ablehnung des Widerstandsrechts durch Kant. Diese Ablehnung ist in dem Aufsatz *Über den Gemeinspruch: Das mag in der Theorie richtig sein, taugt aber nicht für die Praxis*, den er 1793 in der *Berlinischen Monatsschrift* veröffentlicht hat, deutlich ausgesprochen. Hier heißt es fast apodiktisch:

> „Hieraus folgt: daß alle Widersetzlichkeit gegen die oberste gesetzgebende Macht, alle Aufwiegelung [...] aller Aufstand, der in Rebellion ausbricht, das höchste strafbare Verbrechen im gemeinen Wesen ist, weil es dessen Grundfeste zerstört.“ (Foi, S. 202)

Solche Lehren konnten Schiller nicht gleichgültig sein, hatte er doch in seiner bisherigen Dramenproduktion, obschon in fiktionaler Form, nichts anderes getan, als das in Szene zu setzen, was Kant mit Begriffen wie Aufwiegelung, Aufstand oder Rebellion in unerbittlicher Diktion verwirft. Der Widerstand gegen eine solche Verwerfung des Widerstandsrechts unter Einschluß der Lehren über Tyrannenmord ließ nicht lange auf sich warten. Der Popularphilosoph Christian Garve, mit dem Schiller korrespondierte, ist einer unter denen, die Kant widersprachen. Das ist in dem Aufsatz von Maria Carolina Foi (im letzten Jahrbuch der deutschen Schillergesellschaft) nachzulesen, ebenso wie die Abweichung von Kant des sonst so strengen Kantianers Johann Benjamin

Erhard in seiner Schrift *Über das Recht des Volks zu einer Revolution.* Hierzu nur einige ergänzende Bemerkungen. Die Art, wie Schiller in einem Brief aus dem Jahre 1791 den neuen Freund und späteren Mitarbeiter an den *Horen* vorstellt, ist ungewöhnlich:

> „Ich habe in den letzten Zeiten meines Jenaer Aufenthalts einige Bekanntschaften gemacht [...] Darunter ein gewisser Erhard aus Nürnberg, Doctor medicinae, der hier gekommen ist, um Reinhold und mich kennen zu lernen. Es ist der reichste vielumfassendste Kopf, den ich noch je habe kennen lernen [...].“

Solche Hochschätzung bestätigt die heutige Philosophie. Dieter Henrich, der eine größere Veröffentlichung vorbereitet, hält ihn für eine der herausragenden Persönlichkeiten unter denen, die sich damals mit Kant befaßten. Sein Verhältnis zu Kant ist von großer Zuneigung geprägt. Um so erstaunlicher ist der Dissens in Fragen des Widerstandsrechts. Mit Kant stimmt er darin überein, daß es eine gesetzliche Regelung dieses Rechts nicht geben könne. Aber das moralische Recht eines Volkes zu einer Revolution wird aus naturrechtlichen Gründen ausdrücklich bejaht. Wie eine Revolution zu planen und durchzuführen sei, wird nicht gesagt, weil solches im Verständnis des Philosophen nicht zu seinem Thema gehört. Über Gewalt äußert er sich zurückhaltend, wenn gesagt wird, es dürfe keine Entscheidung über Recht und Unrecht durch bloße Gewalt zugelassen werden. Auch über Tötungen oder Tyrannenmord, als hätte es sie nicht zu geben, wird nicht gesprochen. Insofern entspricht der Duktus der Argumentation Schillers Denken: Aufstände und Rebellionen ja, aber ohne Tötungen im staatlichen Zusammenhang, es handle sich um Mord oder Totschlag. Die im ganzen radikale Tonart lag Schiller sicher fern, und statt Revolution hätte er lieber Reform gesagt, Reform der Denkungsart. Aber das Drängen auf Veränderungen des Bestehenden durch Aufstände und Revolutionen hat er mit diesem Revolutionsfreund gemeinsam. Darauf war sein Denken vor der Revolution gerichtet, und dabei bleibt es in hohem Maße auch nach der Rückkehr zum Drama. Aber die Auseinandersetzung mit den Ereignissen in Frankreich wird in einigen Dramen expressis verbis vorgenommen. Das betrifft vor allem die *Wallenstein*-Trilogie und das letzte abgeschlossene Drama, das Schauspiel *Wilhelm Tell.*

In einem beachtenswerten Kapitel seines Buches *Freiheitssonne und Revolutionsgewitter* hat Helmut Koopmann die Verbindungslinien der *Wallenstein*-Trilogie zur Französischen Revolution, nicht nur vom Prolog her, aufgezeigt und bemerkt:

> „*Wallenstein* ist die eigentliche Antwort Schillers auf die Französische Revolution“

und zusammenfassend gegen Ende dieses Kapitels:

> „*Wallenstein* ist die Geschichte einer gescheiterten Revolution, die Tragödie einer verhinderten Selbstbestimmung. Sie endet in tiefem Pessimismus, denn vor der Botschaft 'Dem Fürsten Picolomini' ruft Gordon aus: 'O Haus des Mordes und Entsetzens [...]'."

Die Verbindungslinien betreffen den herbeizuführenden Wandel, notfalls durch Aufstand und Erhebung, die notwendige Veränderung des Bestehenden, die in erster Linie eine solche des Feldherrn ist, der den Frieden sucht. Selten hat Schiller die Notwendigkeit revolutionären Wandels im Wege einer Rebellion mit solcher Schärfe an der bestehenden Herrschaftsordnung verbunden wie hier, wozu Dolf Sternberger in dem schon angeführten Essay bemerkt:

> „Es läßt sich wahrhaftig keine schlimmere, keine ätzendere Charakteristik der legitimen Ordnung denken als diese [...]."

Nun ist hier schon aus zeitlichen Gründen nicht aufzuzeigen, wie es zum Scheitern dieser Rebellion kommen konnte, die Koopmann mit dem Scheitern der Revolution in Frankreich vergleicht, wenn es denn berechtigt ist, hier von einem Scheitern zu sprechen. In jedem Fall ist zu bedenken, daß das Scheitern Wallensteins nicht über Gebühr aus seinem Charakter herzuleiten ist, wozu ein großer Teil der Forschung neigt. Gegenüber seinen Fehlern, die ihm als Handelndem anzurechnen sein mögen, hat man Grund, dieses Scheitern in einer anthropologisch-geschichtsphilosophisch deutbaren Spaltung zu suchen: einer solchen zwischen Idee und Tat, zwischen dem Zweck und den Mitteln, dem Politischen und dem Menschlichen – in Personen ausgedrückt: zwischen Wallenstein und Max Piccolomini. Von der so beschaffenen Spaltung hat Max Kommerell bemerkt:

> „Die Haupttragik, der geistige Grund des Tragischen, ist, daß Wallenstein und Max auseinandertreten müssen, daß sie [...] nicht ein Gemeinsames bilden können, ja sich ausschließen und vernichten. Daraus folgt alle übrige Tragik." (S. 154)

Daß Wallenstein zu spät das von ihm zurückgesetzte Menschliche, wofür der junge Piccolomini steht, begriffen hat, hat Goethe gegenüber Schiller in einem bedeutenden Brief geltend gemacht. Das ist hier nicht weiter zu verfolgen. Aber über die Desavouierung des Tötens, wie sie als Leitmotiv dieser Betrachtung verfolgt wurde, ist noch ein Wort zu sagen. Nicht alles in Schillers Tragödie *Wallensteins Tod* ist Tragödie hohen Stils. Dem Akt des Tötens, der Ermordung Wallensteins, kommt die Dignität des Tragischen nicht zu – in Erinnerung dessen, was Hegel so verstörte: „Wenn das Stück endigt, so ist Alles aus, das Reich des Nichts, des Todes hat den Sieg behalten; es endigt nicht als Idee." Diese Deutung ist verständlich, aber zu folgen ist ihr nicht, weil den untragischen Teilen dieser Tragödie eine andere Bedeutung zukommt, als Hegel wahrhaben will. Was zu Anfang des fünften Aktes geplant und an seinem Ende ausgeführt wird, ist schäbig und gemein, ist gemeines

Verbrechen, aber in staatlichem Zusammenhang. Es ist staatliches Töten. Und was immer der von so manchem Interpreten arg gescholtene Feldherr zufolge einer mysteriösen Nemesis verdient haben mag – diesen Tod, wie er durch die Geschichte vorgegeben war, hat er nicht verdient. Die poetische Gerechtigkeit lasse man auf sich beruhen. Schiller hat die Desavouierung des Tötens – und darin liegt ein Sinn – mit unerbittlicher Schärfe zu Eingang des fünften Aktes dargestellt. Wallenstein sei schon von vielen Tausenden verlassen, bemerkt der spätere Mörder. Aber das genüge nicht. „Wir müssen ihn töten," sagt er; „Töten" wiederholen die verdutzten Hauptleute, und Buttler setzt nach: „Töten sag ich." In keinem Drama zuvor und danach hat Schiller die Kritik am Bestehenden und das Widerstandrecht auf Rebellion so wohlwollend artikuliert wie hier. Aber auch in keinem anderen Drama hat er die Desavouierung staatlichen Tötens mit derart schneidender Schärfe betrieben, wie es am Ende dieses großen Dichtwerkes geschieht. Im vermeintlich Sinnlosen solchen Geschehens liegt der Appell, die Totschlägerreihe zu durchbrechen und zu beenden. Die Mentalität des Tötens, hier im Bereich politischen Handelns, wird in ihrer Sinnlosigkeit vorgeführt; darin liegt der Sinn. Ob in der aufgezeigten Sinnlosigkeit des Tötens nicht auch ein versteckter Bezug zu den Tötungsexzessen im Verlauf der Revolution liegen könnte, bleibt zu fragen. Aber festzustellen bleibt auch: Bis zu *Wilhelm Tell* hat Schiller alles getan, Töten und Morden auf sozusagen staatlichen Grundlagen zu desavouieren. Um so erstaunlicher nimmt sich der ohne Frage bejahte Tyrannenmord in seinem letzten abgeschlossenen Drama aus. Ein solches Erstaunen liegt auch den abgekürzten Ausführungen *zu* diesem, fast hätte ich gesagt: einzigartigem Text zugrunde.

Anders als die meisten der vorausgegangenen Dramen ist *Wilhelm Tell* kein Verschwörerdrama, wenngleich es nach erfolgtem Tyrannenmord zur Beseitigung aller noch verbliebenen Reste von Tyrannenherrschaft kommt. Die Erstürmung von Zwingburgen, die Befreiung von Gefangenen wie die Zerstörung von Denkmälern zeigen es. Wenn sich die Einwohner der Kantone unter freiem Himmel auf dem Rütli zusammenfinden, beschwören sie mancherlei, aber sie verschwören sich nicht. Der Aufstand wird nicht geprobt und Tyrannenmord wird nicht geplant. Die Schwüre gelten einem Einigungswerk, das es herbeizuführen gilt, und das betrifft auch die Überwindung der Klassenschranken zwischen Adel und Bürgertum. Die Verbindungslinien zwischen den Rütliszenen und den Ereignissen der Französischen Revolution sind offenkundig. Zwar ist man zunächst auf die Wiederherstellung alter Rechtsformen gerichtet. Aber zunehmend steht ein neuer Bund im Mittelpunkt der Vereinbarungen, auf die man schwört. Es ist zunächst der am Alten hängende Freiherr von Attinghausen, der das Wort im Zeichen alter Rechte führt; und doch ist er es, der die Wendung zum neuen Bund in den vielzitierten Versen beschwört:

„Das Alte stürzt, es ändert sich die Zeit,
Und neues Leben blüht aus den Ruinen.“

Die Schwüre und Beschwörungen auf dem Rütli lassen an die Erklärung der Menschenrechte denken, die es in der Vorgeschichte der Französischen Revolution gegeben hat. Das letzte Wort des Dramas, ein ungemein lichtvolles Wort, bringt diesen Zug zu menschenrechtlichen Erklärungen zum Ausdruck, wenn Ulrich von Rudenz nach manchen Irrwegen ausruft: „Und frei erklär ich alle meine Knechte.“ Alle diese naturrechtlichen Bezüge werden hochsymbolisch in Szene gesetzt. Man trifft sich und schwört unter freiem Himmel, bei den ewigen Sternen. Der gestirnte Himmel über ihnen ist verweisend für das, was hier in einem symbolischen Sinn als zeitüberdauerndes Naturrecht verstanden werden soll. Das alles findet auf dem Hintergrund eines Staatswesens statt, das bis in Einzelheiten hinein als Tyrannenmacht dargestellt wird. Das war so im Drama Schillers noch nicht geschehen: Weder Fiesco noch Kaiser Ferdinand stehen für eine Tyrannenmacht wie diese; und was in *Don Carlos* hinsichtlich der Inquisition damit verglichen werden könnte, steht nicht im Vordergrund des Geschehens. Es entspricht der Trennung der Geschworenen von Wilhelm Tell, daß über Tyrannenmord kaum je gesprochen wird, wohl aber von Tyrannenjoch, Tyrannenschwert, Tyrannenmacht oder Tyrannenhaß, schließlich von den Grenzen dieser Macht. Es ist Stauffacher, der seine Landsleute daran erinnert:

„Denn eine Grenze hat Tyrannenmacht,
Wenn der Gedrückte nirgends Recht kann finden.“

Der Staat, den Schiller auf gedrängtem Raum dieser fünf Akte erstehen läßt, ist ein Unrechtsstaat oder – im Vorgriff auf Kommendes – ein autoritärer Staat, eine Diktatur. Wie in späterer Zeit auch gibt es den Haupttyrannen und die Vielzahl der Schergen des Systems, die sich ihrerseits in der Anwendung von Gewalt überbieten. Die Ausübung von Gewalt erzeugt Gegengewalt, und die Wahrnehmung des Hausrechts kann wie im Falle Baumgartens darin beruhen, daß man den Angreifer kurzerhand erschlägt. Eine pervertierte Rechtswelt, wohin man auch sieht. Es gibt Schikanen, die die Entwürdigungen des Menschen zum Ziel haben; von Folterknechten ist die Rede, von schreiender Gewalt und praktizierter Unmenschlichkeit: „Unmenschlich ist's/ Mit eines Vaters Angst also zu spielen [...]“ hält Berta von Bruneck dem Landvogt vor. Und dann gibt es die Szene, die Ungeheuerliches auf die Bühne der Weimarer Klassik bringt: die Szene des Fronvogts. Mit einem Stab in der Hand treibt er die zu Zwangsarbeit Verurteilten an; einen alten Mann, der sich ausruhen will, herrscht er an: „Frisch, Alter an die Arbeit.“ Im Hinblick auf solche Entwürdigungen des Menschen sollten verharmlosende Begriffe wie dramatische Legende, Festspiel oder ästhetischer Staat vorsichtig gebraucht werden. Das betrifft auch die Gattungsbezeichnung Idylle. Das Drama beginnt nicht mit einer solchen, sondern allenfalls mit einer Erinnerung an sie. Wenn wir zu Eingang in eine vermeintliche Alpenidylle blicken, ist der Landvogt Wolfenschießen schon nicht mehr am Leben, und die Verfolgung des Totschlägers hat begonnen. Nicht zufällig heißt er Wolfenschießen, und der bezeichnende Name sollte vorsichtig machen, um nicht in diese Welt der Hirten und Jäger zuviel archaische Idyllik hineinzubringen. Der Zustand, in den die erste Szene einführt, ist der Zustand einer gespaltenen Welt: ein solcher der Hirten, die Leben bewahren und hüten, und der Jäger, die töten. Hirten und Jäger bezeichnen nicht den Naturzustand einer Idylle sondern Gegensätze. So auch erklärt es sich, daß es bei diesen Gegensätzen nicht bleibt, sondern eine friedliche Welt an ihrem Ende steht, die auf Waffen nicht mehr angewiesen ist: Die Armbrust Tells hat ausgedient; sie wird verwahrt. Damit sieht man sich auf die Linie verwiesen, die für Schillers Dramenkonzeption kennzeichnend ist: daß die Herstellung menschenwürdiger Staatsformen über Rebellionen nicht in Mord oder Totschlag einmünden darf. Die sich auf dem Rütli zusammengeschlossen haben, wollen durchaus, daß die Vögte aus ihren Burgen vertrieben werden, aber sie wollen auch, daß dies ohne Blutvergießen geschieht, wie es einer der Ihren, Walter Fürst, ausspricht:

> „Was sein muß, das geschehe, doch nicht drüber.
> Die Vögte wollen wir mit ihren Knechten
> Verjagen und die festen Schlösser brechen,
> Doch, wenn es sein muß, ohne Blut [...]“

Das wird zwar nicht zu machen sein, gibt Stauffacher zu bedenken. Er glaube nicht, daß der Landvogt das Feld ohne Blutvergießen räumen werde. Aber tatsächlich gelingt es den Landleuten von Uri, Schwyz und Unterwalden, ohne Blutvergießen auszukommen, weil Tell bereit war, den Tyrannenmord auf sich zu nehmen.

Seine Tat – das wird deutlich gesagt – ist eine solche der ultima ratio. Sie war dramaturgisch von den Rütliszenen abzutrennen, weil es um die mit Verschwörungen verbundenen Verführungen der Macht nicht gehen sollte. Der Monolog hat deutlich gemacht, daß Tell ein Machtmensch von der Art Fiescos oder Wallensteins nicht sein sollte. Er handelt so, wie er handeln muß, weil er erkannt hat, daß eine Rückkehr zu Recht, Gesetz und einem auf Menschenwürde beruhendem Staatswesen nur möglich ist, wenn der Rechtsbrecher beseitigt wird, der die Menschenrechte durch sein Tun verhöhnt. Widerstandsrecht in der Form des Tyrannenmords wird in diesem kühnen Drama gerechtfertigt, weil Mord und Totschlag, staatlich gesehen, nicht anders aus der Welt zu schaffen sind. Am vermeintlich Privaten einer Familienidylle wird das Ausmaß der Unmenschlichkeit um so deutlicher erkennbar. In alledem ist Tell keineswegs der in allem selbstsicher handelnde Mensch wie der Fechter in Kleists *Marionettentheater*. Er wird von Reflexionen eingeholt, die solche einer höheren Kulturstufe sind. Die schroffe Abweisung Parricidas, als sei sein Mord kein richtiger Mord, wird er korrigieren. Er wird es bei der Abweisung nicht belassen, sondern sich menschlich verhalten gegenüber einem Menschen, der getötet hat wie er auch. Auch insofern wird er nicht bleiben, wie er war, wenn er die Armbrust weglegt und verwahrt. Tatsächlich ist dieser auf dem Rütli in Aussicht genommene Staat ohne Blutvergießen, ohne Armbrust und ohne alle Schießerei eine Idee, ein Symbol – und ist doch in einem anderen Sinn etwas ganz Konkretes. Diese Idylle, in die wir blicken, ist diejenige einer an Verklärung grenzenden Rechtswelt, die sich dadurch auszeichnet, daß sich Rache als eine Verhaltensweise niederer Kulturstufen künftig verbietet. Es ist dies ein Recht, auf das alle Anspruch haben: Adel, Bürgertum wie einfachstes Volk, dieses auch. Ein höchster Richter, wo man Recht schöpfen kann, wird anerkannt, aber Fürstenherrlichkeit in Rechtsdingen wird entschieden abgelehnt. Dieses höchste Recht ist – als Naturrecht – religiösen Charakters. Das wird in denkwürdigen Versen zum Ausdruck gebracht:

> „Doch Gott
> Ist überall, wo man das Recht verwaltet,
> Und unter seinem Himmel stehen wir.“

In diesem auf einer Art Rechtstheologie gegründeten Staat wird es Tyrannen, Despoten und Landvögte von der Art, wie sie hier aufgetreten sind, nicht mehr geben – sofern die Grundlagen dieser Rechtswelt nicht zerstört werden. Tyrannenmord mußte sein, damit es Tyrannenmord nicht mehr gibt. Humanität war zu suspendieren, damit sie wiedergestellt werden kann. Aber Schiller scheint zu meinen, daß wir vor Rückfällen nicht sicher sein können und daß es jederzeit Rückfälle von der Art geben kann, wie er sie in seinem letzten Drama, dem Vermächtnis eines großen Rechtsdenkers, gibt. Das Erstaunen über dieses Drama, von dem ich meine, daß es Schiller vor Ausbruch der Revolution oder vielmehr nach Kenntnis ihres Verlaufs nicht in den Sinn gekommen wäre, ist damit nicht erklärt. Denn der opernhafte Schluß, die Deutung des Dramas als eines Festspiels können nicht darüber hinwegsehen lassen, daß hinter dem lichtvollen Ausklang düstere Visionen zu vermuten sind. Daß das Drama des Tyrannenmords die Erschütterung und das mit der Schreckensherrschaft verbundene Entsetzen voraussetzt, halte ich, hätte ich das gesagt, für erwiesen. Die Figur des Tyrannen Geßler ist weder auf die Person des französischen Königs noch gar auf Napoleon als dem Bändiger der Revolution noch auch auf Robespierre, den Schiller kaum je nennt, zu beziehen, wohl aber auf die Schreckensherrschaft mit ihren Rückfällen in eine Praxis des sinnlosen Tötens. Die Erfahrung der Schreckensherrschaft hat Schreckensvisionen bewirkt, die dem Drama des Tyrannenmordes zugrunde liegen, und Schiller scheint zu meinen, daß es Rückfälle dieser Art jederzeit, und an jedem Ort geben kann, womit er ja recht behalten hätte, wenn er solches gedacht haben sollte. Für die düsteren Visionen, die hinter dem lichtvollen Ausgang des Telldramas stehen, gibt es Belege. Ich meine die Verse aus einem Gedicht, dem man ein visionäres Futur attestieren kann:

> „Das Jahrhundert ist im Sturm geschieden,
> und das neue öffnet sich dem Mord."

Er kann nur das 19. Jahrhundert gemeint haben, aber das 20., das Jahrhundert der Extreme, hat er antizipiert.

Es hätten noch zwei Kapitel folgen sollen, auf die nur noch verwiesen werden kann. Ein solches über die Tyrannislehre im 19. Jahrhundert, wie es in dem Buch von Hella Mandt nachzulesen ist. Das Interesse für Tyrannenmacht und Tyrannenmord tritt zurück gegenüber dem Interesse des großen Menschen, und sei er Despot – bei Hegel wie bei Treitschke. Eine Blickwendung vom düsteren Brutus zum lichtvollen Caesar findet statt. Selbst die Ausnahme der deutschen Gelehrtengeschichte, ich meine Theodor Mommsen, reiht sich hier ein, erst recht Friedrich Gundolf und später Oswald Spengler mit seinem rüden Caesarismus. Das zweite Kapitel hätte zeigen sollen, daß es nicht nur einen Zusammenhang zwischen Georgekreis und der Verschwörung des 20. Juli 1944 gibt, sondern auch zwischen dem durch Max Kommerell vermittelten Schillerbild und diesem Geschehen. Das ist in meinem Aufsatz zur Festschrift für Hans-Jürgen Schings ausgeführt, worauf ich verweise. Meine abschließende Bemerkung gilt noch einmal der Desavourierung des staatlichen Tötens als dem Leitmotiv der Betrachtung. In der Spruchsammlung *Aus Makariens Archiv* am Ende der *Wanderjahre* findet sich ein denkwürdiger Ausspruch über die Abschaffung des Todes bei gleichzeitiger Hinnahme der Todesstrafe, wenn es denn sein muß. Dieser Spruch lautet:

> „wenn man den Tod abschaffen könnte, dagegen hätten wir nichts; die Todesstrafen abzuschaffen, wird schwer halten. Geschieht es, so rufen wir sie gelegentlich wieder zurück."

Die Werke Schillers habe ich in den letzten Jahrzehnten, mit immer wachsender Bewunderung so gelesen, daß es mit geringfügiger Veränderung gegenüber dem Ausspruch Goethes vielleicht auch heißen könnte: „Gegen die Abschaffung des Tötens hätten wir nichts [...]."

Todesarten und Todesstrafen.*
Eine Betrachtung über Heinrich von Kleist

Für Karl Otto Conrady zum 60. Geburtstag

I.

Sein Buch über die Geschichte des Todes beginnt Philippe Ariès mit dem Kapitel *Der gezähmte Tod.* Und von einem solchen in Texten der mittelalterlichen Literatur könne gesprochen werden, weil es nicht der plötzliche Tod ist, der in diesen Texten dargestellt erscheint, vielmehr ein solcher, der sich ankündigt und auf den man sich vorbereiten kann; wörtlich heißt es in diesem Zusammenhang:

> „In dieser mit dem Tode so vertrauten Welt war der plötzliche Tod häßlich und gemein; er flößte Angst ein – ein fremdartiges und schreckliches Phänomen, über das man nicht zu sprechen wagte.“[1]

Mit dem solcherart gezähmten Tod verwandt ist der sanfte Tod. Er ist aus der neueren Literatur seit der Aufklärung nicht wegzudenken. Zur Entwicklung dieses Bildes hat Lessing mit seiner Abhandlung *Wie die Alten den Tod gebildet* nicht wenig beigetragen. Nicht als Skelett habe man ihn sich vorzustellen, sondern ähnlich wie den Schlaf als einen jungen Genius mit Flügeln und Fackel. In Goethes *Wahlverwandtschaften* gehört das Bild des sanften Todes zum Stil des Werkes. Das Ungeheuerliche des Geschehens wird im Schlußwort mit versöhnender Geste ausgeglichen, wenn es heißt:

> „So ruhen die Liebenden nebeneinander. Friede schwebt über ihrer Stätte, heitere verwandte Engelsbilder schauen vom Gewölbe auf sie herab, und welch ein freundlicher Augenblick wird es sein, wenn sie dereinst wieder zusammen erwachen.“[2]

Mit seinem Ebenbild geht Gottfried Keller nicht immer schonend um, und in der ersten Fassung schließt er die Erzählung gar mit seinem Tod. Aber um ein Bild des sanften Todes handelt es sich auch hier, wenn wir erfahren, daß Heinrich Lee an einem schönen freundlichen Sommerabend zu Grabe getragen

---

* Vortrag, gehalten am 1. November 1984 auf der Jahrestagung der Kleist-Gesellschaft in Marbach a.N.

1 *Philippe Ariès*, Geschichte des Todes, Dt. Ausgabe München 1978, S. 20.

2 Gedenkausgabe der Werke, Briefe und Gespräche. Hrsg. von *Ernst Beutler*, Zürich 1949, Bd. IX, S. 275 (= GA).

wurde.[3] Als einen der späten Realisten hat man Fontane wiederholt an die Schwelle der Moderne herangerückt. Aber mit der Erzählung vom Tode der jungen Effi Briest verbleibt er durchaus im Raum der Tradition:

> „Effi [...] setzte sich an das offene Fenster, um noch einmal die kühle Nachtluft einzusaugen. Die Sterne flimmerten, und im Parke regte sich kein Blatt. Aber je länger sie hinaushorchte, je deutlicher hörte sie wieder, daß es wie ein feines Rieseln auf die Platanen niederfiel. Ein Gefühl der Befreiung überkam sie. 'Ruhe, Ruhe'."[4]

Noch der junge vom Jugendstil geprägte Georg Heym kennt dieses Bild. *Der Tod der Liebenden* heißt eines seiner Gedichte, und eine seiner Strophen ist diese:

> „Der Tod ist sanft. Und die uns niemand gab,
> Er gibt uns Heimat. Und er trägt uns weich
> In seinem Mantel in das dunkle Grab,
> Wo viele schlafen schon im stillen Reich."[5]

Dieses Gedicht wurde nicht zufällig, sondern um solcher Bilder willen wiederholt in älteren Anthologien aufgenommen, in die es sich vorzüglich einfügte. Aber Bilder wie diese erweisen sich in der Literatur seit der beginnenden Moderne zunehmend als historisch und überholt: sie sind moderner Ästhetik immer weniger gemäß. Die abschließenden Sätze aus Arthur Schnitzlers Novelle *Sterben* sind bezeichnend für den neuen Stil: Den lungenkranken Schriftsteller, um dessen Krankheit und Tod es hier geht, findet man eines Tages tot am Fenster auf dem Boden liegend vor –

> „im weißen Hemde, lang ausgestreckt, mit weit auseinandergespreizten Beinen und neben ihm einen umgestürzten Sessel, dessen Lehne er mit der einen Hand festhielt. Vom Munde floß ein Streifen Blut über das Kinn herab. Die Lippen schienen zu zucken und auch die Augenlider. Aber wie Alfred aufmerksamer hinschaute, war es nur der trügerische Mondglanz, der über dem bleichen Antlitz spielte."[6]

Zur neuen Ästhetik gehört von Anfang an der häßliche Tod, und ein solcher ist auch derjenige, von dem Rilke in den *Aufzeichnungen des Malte Laurids Brigge* handelt:

> „Dieses ausgezeichnete Hôtel ist sehr alt, schon zu König Chlodwigs Zeiten starb man darin in einigen Betten. Jetzt wird in 550 Betten gestorben. Natürlich fabrik-

---

3 *Gottfried Keller*, Sämtliche Werke. Hrsg. von Jonas Fränkel, Bd. 19, Erlenbach-Zürich und München 1926, S. 329.

4 Werke, Schriften und Briefe. Hrsg. von *Walter Keitel* und *Helmut Nürnberger*, Abt. I, Bd. 4, München 1974, S. 294.

5 Dichtungen und Schriften. Hrsg. von *Karl Ludwig Schneider*, Hamburg 1964, Bd. 1, S. 153.

6 Gesammelte Werke. Die Erzählenden Schriften, Frankfurt 1961, Bd. 1, S. 175.

mäßig. [...] Man stirbt, wie es gerade kommt; man stirbt den Tod, der zu der Krankheit gehört, die man hat (denn seit man alle Krankheiten kennt, weiß man auch, daß die verschiedenen letzten Abschlüsse zu den Krankheiten gehören und nicht zu den Menschen [...]).“[7]

Und wie man den häßlichen Tod im Raum dieser Tradition fernzuhalten sucht, so auch bestimmte Todesarten, die Tötungsarten sind. Zu ihnen gehören die Hinrichtungen in Verbindung mit Todesstrafen nicht zuletzt. Sie sind verständlicherweise keine herausragenden Themen „schöner Literatur“, eher Randphänomene oder gelegentlich vorkommende Motive. Im Traditionsraum bis zur beginnenden Moderne fehlt es an Gegenbeispielen nicht völlig. An ein Kapitel in Goethes *Theatralischer Sendung* ist zu erinnern, an das fünfte des zweiten Buches, das nicht gerade zu den vielzitierten Textstellen unserer Wissenschaft gehört. Von der Lust der Menge an grausamen Szenen ist hier die Rede, und es ist wohl richtig, daß der junge Goethe solche Phänomene ohne sonderliche Entrüstung, ohne die „aufklärerischen Vorbehalte“, erörtert.[8] Im Text heißt es:

„Wie viele Tausende werden unwiderstehlich nach einer Exekution, die sie verabscheuen, hingerissen, wie ängstet sich die Brust der Menge für den Übeltäter, und wie viele würden unbefriedigt nach Hause gehen, wenn er begnadigt würde und ihm der Kopf sitzen bliebe? Das sprudelnde Blut, das den bleichen Nacken des Schuldigen färbt, besprengt die Einbildungskraft der Zuschauer mit unauslöschlichen Flecken [...].“[9]

Dagegen sind die „aufklärerischen Vorbehalte“, die man in Goethes Text vermissen kann, in Schillers historischer Darstellung, in seiner *Geschichte des Abfalls der vereinigten Niederlande von der spanischen Regierung*, unüberhörbar. Auf die Praxis der Inquisitionsgerichte kommt er im ersten Buch mit den folgenden Sätzen zu sprechen:

„Die Vermessenheit ihrer Urteilssprüche kann nur von der Unmenschlichkeit übertroffen werden, womit sie dieselben vollstrecket. [...] Mit feierlichem Pompe führt man den Verbrecher zur Richtstatt, eine rote Blutfahne weht voran, der Zusammenklang aller Glocken begleitet den Zug; zuerst kommen Priester im Meßgewande und singen ein heiliges Lied. Ihnen folgt der verurteilte Sünder, in ein gelbes Gewand gekleidet, worauf man schwarze Teufelsgestalten abgemalt sieht. [...] Weggekehrt von den ewig Verdammten wird das Bild des Gekreuzigten getragen;

7 *Rainer Maria Rilke*, Sämtliche Werke. Besorgt durch Ernst Zinn, Bd. 6, Frankfurt/M. 1966, S. 713 f.

8 Die Auffassung, daß Goethe die Gelüste der Menge in solchen Szenen ohne aufklärerische Vorbehalte konstatiere, vertritt *Carsten Zelle* in seinem Aufsatz *Strafen und Schrecken*, in: Jahrbuch der Deutschen Schiller-Gesellschaft 28, 1984, S. 81.

9 GA VIII, S. 617 f.

ihm gilt die Erlösung nicht mehr. Dem Feuer gehört sein sterblicher Leib, wie den Flammen der Hölle seine unsterbliche Seele [...].“

und so fort.[10]

Aber es handelt sich hier bereits um eine Schilderung jenseits des poetischen Raumes. Demgegenüber sind die Kerkerszenen im Drama, die uns den Verurteilten vor seiner Hinrichtung zeigen, durchaus „schöne Literatur“, und den Traditionsraum bis zur beginnenden Moderne hat man mit solchen Bildern und Szenen noch nicht verlassen. Der lebensfrohe Graf Egmont, die unglückliche Maria Stuart, die schöne Agnes Bernauerin oder der gewesene Revolutionär Georges Danton sind solche Gestalten, und der Grad der Poetisierung bleibt von Fall zu Fall zu untersuchen.

Das gilt erst recht für den klassischen Fall innerhalb unserer klassischen Literatur: für die Kerkerszene in Goethes *Faust*, in der die Kindsmörderin ihrer Hinrichtung entgegensieht. Aber eigentlich versteht man das, was hier Dichtung geworden ist, angemessen nur dann, wenn man weiß, was in der Wirklichkeit geschehen ist, die Goethe nicht unbekannt war. Doch wer kannte schon bis vor nicht allzu langer Zeit die Umstände und die Einzelheiten dieses Geschehens – der Hinrichtung der Susanna Margaretha Brandt? Ernst Beutler hat sie zuerst 1940 in dem von ihm herausgegebenen Jahrbuch mitgeteilt, und vermutlich keinem, der diesen Bericht damals gelesen hat, blieb die Betroffenheit erspart, die von seinem Verfasser – mitten in dieser Zeit! – zweifellos beabsichtigt war. Wo sich das Schafott befand, und wie sich der Umzug dorthin bewegte, wer die Seelsorge übernommen hatte; wie der Stab gebrochen wurde, und wie der Henker die Delinquentin bei der Hand nahm und sie beruhigte – dies alles ist in diesem bewegenden Beitrag über den Frankfurter Faust nachzulesen; und nachzulesen ist auch, wie die Henkersmahlzeit vonstatten ging:

> „Während das Mädchen dann unter geistlichem Beistand in das *Armesünderstübchen* geführt wurde, deckte man in einem größeren Zimmer des Turmes die Tafel für die Henkersmahlzeit, die – es ist mehr als grotesk-grausige Zeremonie – im Stil des 16. oder 17. Jahrhunderts mit üppigen Gängen aufgetragen wurde, um vor Zeugen den Scharfrichter zu kräftigen [...] die Geistlichen nahmen nur ein wenig, die Delinquentin nur einen Schluck Wasser zu sich. Dazwischen läutete jede Viertelstunde die Glocke.“[11]

Alle diese Begleitumstände der Hinrichtung sind inzwischen, genau zweihundert Jahre später, in einem sozusagen wohlfeilen Band der altehrwürdigen

10 Sämtliche Werke. Hrsg. von *Gerhard Fricke* und *Herbert G. Göpfert*, München 1962, Bd. 4, S. 83.

11 *Ernst Beutler*, Der Frankfurter Faust. In: Jahrbuch des Freien Deutschen Hochstifts 1936–1940, Halle 1940, S. 597 f.

Insel-Bücherei zusammengestellt worden. *Leben und Sterben der Kindsmörderin Susanna Margaretha Brandt* lautet sein Titel. Was alles in dieser auf die Prozeßakten zurückgehenden Darstellung makaber ist, wird nicht verdrängt, sondern gezeigt; und wenn man bedenkt, daß diese traditionsreiche Reihe einmal mit der freundlich getönten *Weise von Liebe und Tod des Cornets Christoph Rilke* eröffnet wurde, so ermißt man die veränderte Einstellung gegenüber dem, wovon nicht zu schweigen, sondern worüber durchaus zu sprechen ist, auch und gerade im wissenschaftlichen Diskurs.[11a] Den Traditionsraum, in den auch die Geschichte des sanften Todes gehört, hat man mit solchen Schriften zweifellos verlassen – mit einer Archäologie, die ausgräbt, was vergraben war, auch Entsetzliches, wie es in den Büchern Michel Foucaults nachzulesen ist.

II.

Wo in solchem Wechsel und Wandel vom Sanften zum Entsetzlichen ein Dichter wie Heinrich von Kleist seinen Ort hat, bleibt zu fragen. Mit „Todesproblemen“ und „Todesgedanken“ bei Kleist hat sich die ältere Forschung wiederholt befaßt. Aber auch hier blieb man vorzugsweise auf den sanften und versöhnenden Tod gerichtet, auf Todeswünsche und Todessehnsucht. „Von früh an“, heißt es in der Darstellung Walther Rehms, „steht ihm der Tod nahe, Tod tönt als ewiger Refrain des Lebens [...].“ Von Todesreife wird in dieser älteren Forschung gern gesprochen: „Seine Dichtung, die den Tod in allen seinen Beziehungen gestaltet, spiegelt diesen inneren Werdegang wieder: vom Todgeweihtsein zur Todesreife [...];“[12] auch Zusammenhänge zwischen Tod und Schlaf, ganz im Sinne des von der deutschen Klassik vorgezeichneten Denkens, werden wahrgenommen.[13] Auf eine manchmal bedenkliche Art wird in diesem Schrifttum der Tod zur mythischen Größe überhöht, und Formen solchen Todesverlangens sind denn auch im Werk wie im Leben Kleists nicht zu übersehen. An Lessings schon erwähnte Abhandlung werden wir erinnert, wenn sich Homburg im Monolog, von Todeslust bewegt, vernehmen läßt:

11a Leben und Sterben der Kindsmörderin Susanna Margaretha Brandt. Nach den Prozeßakten dargestellt von *Siegfried Birkner*, Frankfurt/M. 1973.

12 *Walther Rehm*, Der Todesgedanke in der deutschen Dichtung vom Mittelalter bis zur Romantik, Halle 1928, S. 441 f.

13 Auch in *Rudolf Ungers* Studie zum Todesproblem bei Kleist wird von Todesreife gesprochen: Herder, Novalis und Kleist. Studien über die Entwicklung des Todesproblems in Denken und Dichten vom Sturm und Drang zur Romantik, Darmstadt 1968, S. 106. Zum Vergleich zwischen Tod und Schlaf: ebda., S. 117.

„Nun, o Unsterblichkeit, bist du ganz mein!
Du strahlst mir, durch die Binde meiner Augen,
Mir Glanz der tausendfachen Sonne zu!
Es wachsen Flügel mir an beiden Schultern,
Durch stille Ätherräume schwingt mein Geist;
[...]" (I, Vs. 1830–34)[14]

Verwandte Töne sind den Erzählungen nicht völlig fremd;

> „die Söhne aber starben, im späten Alter, eines heitern und vergnügten Todes, nachdem sie noch einmal, ihrer Gewohnheit gemäß, das gloria in excelsis abgesungen hatten,"

lautet der abschließende Satz in der Erzählung *Die heilige Cäcilie oder die Gewalt der Musik* (II, S. 228). Auch die Briefe bestätigen vielfach das Bild des sanften Todes, sofern es nicht unverhüllte Todeswünsche sind, die sich regen, wie in einem 1801 an den Maler Heinrich Lohse gerichteten Schreiben:

> „Ich will Abschied von Dir nehmen auf ewig, und dabei fühle ich mich so friedliebend, so liebreich, wie in der Nähe einer Todesstunde." (II, S. 709)

Daß das Leben nichts Erhabeneres kenne, „als nur dieses, daß man es erhaben wegwerfen kann," teilt er eines Tages unvermittelt der Schwester mit (II, S. 725). Solche Todeswünsche – keine Frage! – begleiten seinen Lebensweg und seinen Werdegang bis zum sehr bitteren Ende, um das es sich handelt; denn Verklärungen dieses Geschehens im November 1811 sind hier nicht angebracht. Dennoch ist damit nur eine Seite bezeichnet. Die andere sieht gänzlich anders aus, und es ist diese Seite vor allem, die heute im Brennpunkt mannigfacher Interessen steht. Vollends im Blick auf das Drama der Penthesilea verbietet sich jeder verklärende Ton. Das Entsetzliche gestattet nicht, daß man es verdrängt. Christa Wolf, dem Dichter Heinrich von Kleist durchaus verstehend zugewandt, nimmt solches wahr:

> „Kleists Helden, flatternden Gewissens zwischen unsichere Gebote gestellt, die einander ausschließen, [...] zerfleischen sich selbst. Kein schöner Anblick. Die Moderne beginnt."[15]

Darstellungen des Entsetzlichen gibt es im Werk dieses Dichters wie nirgends sonst in der Zeit der Klassik, und das Interesse für solche Seiten ist in neuerer Zeit deutlich gewachsen. Nicht zufällig befassen sich zwei Arbeiten der letzten Jahre (von Helmut Arntzen und Lawrence Ryan) mit dem Phänomen der Gewalt

---

14 Kleist-Zitate nach Ausgabe *Helmut Sembdners*, Sämtliche Werke und Briefe, 3. Aufl. München 1964.

15 *Heinrich von Kleist*, Penthesilea. Mit einem Nachwort von *Christa Wolf*, Wiesbaden o. J., S. 162.

oder mit der Kritik an ihr.[16] Es ist auch sicher richtig, daß diese Seite – des Entsetzlichen und der dargestellten Gewalt – in den Novellen mit erhöhter Intensität hervortritt, so daß man von der Heiterkeit, die Goethe an dieser Kunstform so außerordentlich schätzte, wenig vernimmt. Vielmehr habe man es mit einer mörderischen Prosa zu tun, wie Karl-Heinz Bohrer einen Tatbestand umschreibt, den es nicht zu verdrängen, wohl aber zu präzisieren gilt:

> „Der grausame Charakter der Prosa ist schon durch den reinen Handlungsverlauf, vornehmlich das jeweilige Ende gegeben, ein Faktum, das seltsamerweise von der Kleist-Forschung nicht betont wird, sich aber aus dem angedeuteten Überhang metaphysischer Fragestellungen erklärt. Es handelt sich durchweg um Morde, Hinrichtungen, Metzeleien [...].“[17]

Daß zumal in Kleists Erzählungen Grausames geschieht und daß diese Seite von der Forschung nicht besonders betont worden ist, trifft zu. Aber hat man den Charakter einer Prosa schon grausam zu nennen, weil Grausames in ihr dargestellt wird? Und wieso mörderisch? Gemordet wird bei Kleist so oft keineswegs. Der heimtückische Mord des Grafen Rotbart in der Erzählung *Der Zweikampf* ist eher die Ausnahme als die Regel; daher sind auch Kriminalgeschichten – anders als bei E.T.A. Hoffmann – nur im Ansatz vorhanden. Aber natürlich ist man gehalten, die seit der Carolina vorhandene Unterscheidung zwischen Mord und Totschlag zu beachten, und bei den meisten der gewaltsam herbeigeführten Todesarten, die es bei Kleist gibt, handelt es sich um Totschlag, nicht um Mord. Gustav von der Ried in der Erzählung *Die Verlobung in St. Domingo* handelt im Affekt, und Penthesilea hat sich in eine Raserei hineingesteigert, wenn sie Achill zerfleischt. Kohlhaas glaubt einen gerechten Krieg zu führen, wenn er als Rebell sengend das Land durchzieht. Sie alle sind letztlich keine Mörder, auch wenn Luther den Roßhändler gelegentlich einen Mordbrenner nennt. Auch die Fälle von Lynchjustiz sind nicht Fälle von vorsätzlichem Mord. Es gibt sie im Drama *Die Familie Schroffenstein*, als das Volk über Jeronimus herfällt (Vs. 1785 ff.); und es gibt sie im *Erdbeben in Chili*. Der „grausame Charakter“ in solchem Geschehen ist offenkundig, aber mit Mord hat man es gleichwohl nicht zu tun. Diese wie andere Grausamkeiten sind Ausgeburten jener Mentalität, von der eine Tagebuch-Notiz Kafkas handelt:

---

16 *Helmut Arntzen*, Gewalt und Sprache. In: Die Gegenwärtigkeit Kleists. Reden zum Gedenkjahr 1977 [...], Berlin 1980 (= Jahresgabe der Heinrich-von-Kleist-Gesellschaft 1977), S. 62–78. *Lawrence Ryan*, Zur Kritik der Gewalt bei Heinrich von Kleist. In: Kleist-Jahrbuch 1981/82, Berlin 1983, S. 349–357.

17 *Karl-Heinz Bohrer*, Kleists Selbstmord. In: Merkur 32, 1978, Heft 11, S. 1089–1103, jetzt in: Kleists Aktualität. Neue Aufsätze und Essays 1966–1978. Hrsg. von *Walter Müller-Seidel*, Darmstadt 1981 (= Wege der Forschung 586), S. 281–306. Das angeführte Zitat S. 290.

„Merkwürdiger, geheimnisvoller, vielleicht gefährlicher, vielleicht erlösender Trost des Schreibens; das Hinausspringen aus der Totschlägerreihe [...].“[18]

Aber obwohl es den Mord im strengen juristischen Sinn nur ausnahmsweise gibt, fällt die Bilanz der gewaltsam herbeigeführten Todesfälle erschreckend aus; und umso erschreckender, als es oft die nächsten Blutsverwandten sind, die sich des Totschlags schuldig machen. Mit der Familientragödie *Die Familie Schroffenstein* wird diese Totschlägerreihe eröffnet: man tötet versehentlich die eigenen Kinder, indem man die Kinder seiner Verwandten zu töten glaubt. Im *Erdbeben in Chili* wird Jeronimo Rugera nicht von irgendeinem Angehörigen der aufgebrachten Volksmenge erschlagen; vielmehr ist es der eigene Vater, der den Sohn erkennt und tötet:

„Doch kaum waren sie auf den von Menschen gleichfalls erfüllten Vorplatz derselben getreten, als eine Stimme aus dem rasenden Haufen, der sie verfolgt hatte, rief: dies ist Jeronimo Rugera, ihr Bürger, denn ich bin sein eigener Vater! und ihn an Donna Constanzens Seite mit einem ungeheuren Keulenschlage zu Boden streckte.“ (II, S. 157)

Daß es im *Findling* nicht der leibliche Vater, sondern der Adoptivvater ist, der Ähnliches tut, ändert am Tatbestand nichts:

„Durch diesen doppelten Schmerz gereizt, ging er, das Dekret in der Tasche, in das Haus, und stark, wie die Wut ihn machte, warf er den von Natur schwächeren Nicolo nieder und drückte ihm das Gehirn an der Wand ein.“ (II, S. 214)

Um zeitgeschichtliche Ereignisse, um solche in der Zeit der Französischen Revolution, handelt es sich, die in der Novelle *Die Verlobung in St. Domingo* geschildert werden; denn die Grausamkeiten, die auf der mittelamerikanischen Insel zu Beginn des Jahrhunderts geschehen, haben ihr Analogon in dem, was kurz zuvor im Verlauf der Revolution geschehen war. Von dem, was dem Schweizer in Straßburg widerfahren ist, erzählt er dem gespannt zuhörenden Mädchen, kaum daß sie sich kennengelernt haben:

„Gott weiß [...], wie ich die Unbesonnenheit so weit treiben konnte, mir eines Abends an einem öffentlichen Ort Äußerungen über das eben errichtete furchtbare Revolutionstribunal zu erlauben.“

Er wird verklagt, und da man seiner nicht habhaft werden konnte, bemächtigt man sich seiner Braut und schleppt sie zur Guillotine, dem zur Zeit Kleists „modernsten“ Tötungsgerät –:

„worauf unter Trommeln und Lärmen, von den ungeduldigen Blutmenschen angezettelt, das Eisen wenige Augenblicke nachher, herabfiel, und ihr Haupt von seinem Rumpfe trennte.“ (II, S. 174)

---

18 *Franz Kafka*, Tagebücher 1910–1923. Hrsg. von Max Brod, Frankfurt 1948, S. 563.

Grausamkeiten in der Gegenwart wie hier und solche in grauer Vorzeit wie in der *Penthesilea* lassen sie als ein zeitloses Phänomen erscheinen; und was in der Tragödie geschieht, geschieht in der zeitgeschichtlichen Novelle gleichermaßen: die Tötung des Geliebten (oder der Geliebten) durch ihre Partner:

> „Zärtlichen Herzen gefühlvoll geweiht! Mit Hunden zerreißt sie,
> Welchen sie liebet, und ißt, Haut dann und Haare, ihn auf."

lautet die *Dedikation* zur *Penthesilea* (I, S. 20) – zu einem entsetzlichen Schauspiel, wie Christa Wolf in dem schon erwähnten Nachwort befindet:

> „Die *Penthesilea* bleibt ein entsetzliches Schauspiel, selbst uns, die wir an Entsetzliches gewöhnt sind. An eine Wurzel des Grauens muß Kleist gerührt haben, daß ihm, über solche anderthalb Jahrhunderte, ein Vorgriff auf unsere nicht leicht zu bewegenden Gemüter gelang."[18a]

Man kann die Bilanz der Gewalttätigkeiten mit Todesfolge wohl nicht besser umschreiben, als es in der *Familie Schroffenstein* geschieht: „Wenn ihr euch totschlagt, ist es ein Versehen" (Vs. 2705). Ist das nicht doch vielleicht Sadismus, den es psychoanalytisch „herauszuholen" gilt?

III.

Spätestens hier gilt es innezuhalten. Die Frage stellt sich, wie wir die dargestellten Gewalttaten verstehen sollen und wie sie in der Optik der Texte zu bewerten sind. Daß es in einem Teil dieses Werkes Züge von Todeslust gibt und in einem anderen Tötungsakte von beträchtlicher Grausamkeit, darf doch wohl nicht so aufgefaßt werden, als verstehe sich das eine aus dem anderen; als gehe es um Todeslust hier wie dort, auch als Lust am Töten. Aber Todeslust als Herbeiwünschen des eigenen Todes und Tötungslust sind zwei sehr verschiedene Dinge. Beide Todesarten sind von sehr unterschiedlicher Qualität. Das Verlangen nach dem eigenen Tod ist etwas gänzlich anderes als die Tötung eines Menschen von anderer Hand. Beide Todesarten ergeben keinen Zusammenhang, sondern einen schroffen Gegensatz weit mehr; und nichts berechtigt uns zu der Annahme, als bezeuge sich in den zahlreichen Tötungsfällen ein mehr oder weniger deutlich bekundetes Einverständnis seitens des Dichters mit dem, was in Drama und Novelle geschieht, wie Kleist unterstellt worden ist – daß nämlich der Selbstmord in seinem Denken, wie er sich im Brief wiederholt bezeugt, auf die Art dieser Prosa vorausweise:

> „einer Prosa, die mörderisch ist, weil das Schrecklichste gelassen, kalt und unbeteiligt vorgetragen wird, eine verborgene Komplizenschaft des Autors ahnen lassend."[19]

18a *Wolf* (wie Anm. 15), S. 157.

19 *Bohrer* (wie Anm. 17), S. 289.

Aber die Rede von der Gelassenheit und dem unbeteiligten Vortrag ist so etwas wie eine wissenschaftliche Legende. Daß die im Text dargestellte Gewalt nicht ohne weiteres mit der Textintention übereinstimmt, berechtigt uns, von Kritik der Gewalt zu sprechen,[20] von der *Hermannsschlacht* als einem Sonderfall allenfalls abgesehen, falls es sich denn um einen solchen handelt; denn auch hier stellt sich manches doch sehr anders dar, als man zumeist wahrhaben will, und an Verbindungslinien, die dieses vielfach gescholtene Stück weniger isoliert erscheinen lassen, fehlt es keineswegs.[21] Aber Kritik der Gewalt – was heißt das? Sie kann auch bedeuten, daß Gewalttaten zwar nicht ausdrücklich gerechtfertigt werden, aber doch als etwas Verständliches und Verstehbares aufzufassen sind – als Folge von etwas, auf das die Kritik in erster Linie zielt; und sie zielt auf diejenigen Einrichtungen und Ordnungen der Gesellschaft vor allem, aus denen Gewalttaten hervorgehen. Es handelt sich mithin um Formen der Gesellschaftskritik, und natürlich geht es immer erneut um sie – um die schärfste, die es in Texten der sogenannten Goethezeit gibt.[22]

Daher ist für das Verständnis dieser Texte auch wenig gewonnen, wenn man die vielfach katastrophalen Ausgänge in Drama und Novelle im Charakter der Personen angelegt sieht, wie es vor allem in der älteren Forschung der Fall ist, die den Begriff der Charakternovelle gern bevorzugt. Von Darstellungen dämonischer Charaktere wird gesprochen,[23] und es ist dann aufgrund solchen Denkens nur folgerichtig, wenn man in Michael Kohlhaas den Typus des

---

20 Hierzu *Ryan* (wie Anm. 16), S. 349–357. Über Walter Benjamins Beitrag *Zur Kritik der Gewalt* ebda., S. 350.

21 Die Bedenken, die gegen Kleists *Hermannsschlacht* vorzubringen sind und vorgebracht wurden, faßt *Norbert Miller* neuerdings noch einmal zusammen: Verstörende Bilder in Kleists *Hermannsschlacht*. In: Kleist-Jahrbuch 1984, S. 98–105. Auf die entkräfteten Bedenken, die Lawrence Ryan schon 1981 vorgetragen und begründet hat, geht dieser Beitrag nicht ein. Ryan sieht an diesem „Tendenzstück“ noch anderes als nur Tendenz; er sieht in der Rachetat der Thusnelda ähnlich wilde Reaktionen wie im Verhalten der Amazonenkönigin. Das Stück erscheint hier keineswegs so isoliert, wie es üblicherweise erscheint. Auch *Claus Peymann* vertritt solche Auffassungen, wenn er sagt: „Ich finde, es ist ein Drama wie alle anderen Dramen Kleists. Es steht überhaupt nicht, wie man immer behauptet, fremd zwischen *Käthchen* und *Homburg*“ (Kleist-Jahrbuch 1984, S. 82).

22 Die Art, in der *Helmut Arntzen* in seinem Vortrag über Gewalt und Sprache bei Kleist (vgl. Anm. 16) die Bedeutung von Gesellschaftskritik einschränkt, leuchtet nicht ein. Mit Beziehung auf die Novelle *Der Findling* heißt es (S. 70 f.): „Hiervon sollte nicht abgelenkt werden durch die Rede von Gesellschaftskritik, die das Verhältnis von Gewalt und Sprache [...] auf das Thema klerikaler Herrschaft eingrenzt“.

23 *Hermann Pongs*, Das Bild in der Dichtung, Bd. 2: Voruntersuchungen zum Symbol, Marburg 1963, S. 153. Daß es hinsichtlich des *Michael Kohlhaas* um eine Charakternovelle gerade nicht geht, macht u.a. *Benno von Wiese* geltend. Die deutsche Novelle von Goethe bis Kafka. Interpretationen, Düsseldorf 1959, S. 48.

Querulanten erkennt, eine pathologische Gestalt womöglich, der „querulatorischer Größenwahn" zuerkannt wird.[24] Deutungen wie diese, die das Geschehen auf den individuellen Fall reduzieren, unterschlagen den Rechtszustand, wie er tatsächlich ist: ein solcher mit Rechtsbrüchen und Rechtsbeugungen, die vor allem den sächsischen Staat und seinen Kurfürsten innerhalb dieser Novelle in ein schlechtes Licht setzen. – Auch der zweifellos leichtsinnige Nicolo in der Novelle *Der Findling* ist nicht der allein Schuldige, sondern möglicherweise der am wenigsten Schuldige der Katastrophe, in die das Geschehen einmündet – einer Familienkatastrophe ohnegleichen. Er ist wenigstens partiell in Schutz zu nehmen, eben weil es um mehr und anderes geht als um den Typus oder Charakter des unverbesserlichen Verbrechers. Auch in diesem vielleicht unerbittlichsten Text, den Kleist geschrieben hat, stehen bestimmte Rechtshandlungen und Rechtsregelungen in Frage, die nicht geeignet sind, eine Atmosphäre des Vertrauens in der Familie herzustellen, in die Nicolo als Findling aufgenommen wird. Verträge und Erbverträge – wie in der *Familie Schroffenstein* oder im Fragment *Robert Guiskard* – sind solche Rechtshandlungen, um die es auch in dieser Kaufmannsnovelle geht. Zweimal ist von solchen Handlungen die Rede; so eingangs, wenn es heißt:

> „Kurz, als Piachi sein sechzigstes Jahr erreicht hatte, tat er das Letzte und Äußerste, was er für ihn tun konnte: er überließ ihm, auf gerichtliche Weise, mit Ausnahme eines kleinen Kapitals, das er sich vorbehielt, das ganze Vermögen, das seinem Güterhandel zugrunde lag, und zog sich, mit seiner treuen, trefflichen Elvire, die wenige Wünsche in der Welt hatte, in den Ruhestand zurück." (II, S. 202)

Aufgrund solcher Abmachungen erklärt sich Nicolo später und zur Überraschung seines Adoptivvaters als Eigentümer des Hauses, der nicht gesonnen ist, es zu räumen, und die Regierung bestätigt die Abmachung ihrerseits in einem Dekret. Mit diesem Dekret in der Tasche führt Piachi den Totschlag aus, und daß alle Wut, die ihn völlig außer sich gebracht hat, in erster Linie diesem Rechtsvorgang zuzuschreiben ist, kann kaum zweifelhaft sein. Er stopft das Dekret dem verhaßten Adoptivsohn in den Mund – als einer, dem rechtliche Abmachungen über alles gehen. Der Umschlag in die Hyperbolik der Rache ist die Folge – eine Hyperbolik, die im *Michael Kohlhaas* mit anderer Motivierung wiederkehrt, wenn der zum Tode Verurteilte vor seinem Tod das Papier verschluckt, um dem sächsischen Kurfürsten wehzutun.

---

24 *Hubert Tellenbach*, Die Aporie der wahnhaften Querulanz. Das Verfallen an die Pflicht zur Durchsetzung des Rechts in H. v. Kleists *Michael Kohlhaas*. In: Colloquia Germanica 1, 1973, S. 5; zitiert und diskutiert von *Adolf Fink* in dem umfangreichen Beitrag: Michael Kohlhaas – ein noch anhängiger Prozeß. Geschichte und Kritik der bisher ergangenen Urteile. In: Fs. A. Erler, Aalen 1976, S. 68; vgl. ferner *Heinz Müller-Dietz*, Literatur und Kriminalität. In: Juristen-Zeitung 39, 1984, S. 700.

Die Paradoxie in solchem Geschehen ist offenkundig: es sind Rechtshandlungen, die Rechtsbrüche, Gewalttätigkeit und Totschlag zur Folge haben; und nicht um außergewöhnliche Rechtshandlungen geht es, sondern um solche, wie sie in einem Rechtsstaat die üblichen sind; und wie es innerhalb der Rechtspraxis kaum anders sein kann, handelt es sich stets um fixiertes Recht, um schriftlich niedergelegte Gesetze, Dokumente und Verträge. Auch dem Amazonenstaat der Penthesilea ist seit seiner Gründung eine solche Paradoxie eigentümlich. Den einmal in unvordenklicher Zeit fixierten Gesetzen des Amazonenstaates fehlt jede Unmittelbarkeit; sie gehen in eine mythische Ferne zurück, der eine lebendige Kraft nicht mehr innewohnt. So doch wohl ist zu verstehen, was Penthesilea dem mit Recht skeptischen Achill zu erläutern sucht:

> „Fern aus der Urne alles Heiligen,
> O Jüngling: von der Zeiten Gipfeln nieder,
> Den unbetretnen, die der Himmel ewig
> In Wolkenduft geheimnisvoll verhüllt.
> Der ersten Mütter Wort entschied es also,
> [...]“ (Vs. 1905–09)

Die Totschlägerreihe, die hier entsteht und durch das ganze Werk zu verfolgen ist, geht auf bestimmte Denkweisen zurück, die vielfach solche des Rechtsdenkens, des bloß geschäftlichen Denkens oder eines rein instrumentellen Denkens sind – ausgerichtet auf berechenbare Zwecke, ohne echte menschliche Beziehungen. Um einen blanken Rechtsnihilismus handelt es sich keineswegs; denn mit etwas Positivem in solchem Rechtsdenken hat man es ohne Frage zu tun. Es beruht in dem, was aller Schriftlichkeit und aller schriftlichen Fixierung entgegengesetzt ist: in mündlicher Rede und im unmittelbaren personalen Bezug zu denjenigen, die Recht im eigentlichen Sinne des Wortes verkörpern. Nirgends deutlicher als in der Leidensgeschichte des Roßhändlers aus Kohlhaasenbrück, dem auf der Tronkenburg zweifellos Unrecht widerfahren war. Alle seine Versuche sind nicht nur darauf gerichtet, verletztes Recht wiederherzustellen, sondern darauf nicht zuletzt, Recht personal zu erfahren.[25] Das ist am deutlichsten in einer Unterredung mit seiner Frau ausgesprochen, der er den Verkauf seines Hauses zu erläutern und zu begründen sucht; hier heißt es:

> „[...] so habe ich mich entschlossen, meine Klage noch einmal, persönlich bei dem Landesherrn selbst, einzureichen.“

25 Den personalen Bezug betont *Benno von Wiese*: „Für Kohlhaas haben die Institutionen des Staates eine gleichsam persönliche Bedeutung; er redet sie [...] wie ein Du an [...]“ (wie Anm. 23, S. 49). Auf einen Beitrag *Gerhard Frickes* wird in diesem Punkt aufmerksam gemacht: Kleists *Michael Kohlhaas*. In: DU 1953, S. 17–38.

Es folgt der Satz, der für den personalen Bezug in einem Rechtsdenken bezeichnend ist:

> „Der Herr selbst, weiß ich, ist gerecht; und wenn es mir nur gelingt durch die, die ihn umringen, bis an seine Person zu kommen, so zweifle ich nicht, ich verschaffe mir Recht, und kehre fröhlich, noch ehe die Woche verstreicht, zu dir und meinen alten Geschäften zurück." (II, S. 27)

Nicht darauf also kommt es offensichtlich an, daß Gesetzeswerke gerecht sind, sondern daß Rechtspersonen es sind. Das sind vermutlich rechtswissenschaftliche Unmöglichkeiten, die sich gleichwohl in dem rechtfertigen lassen, was sie dichterisch bedeuten; und in dieser Bedeutung sind sie möglicherweise auch nicht gänzlich ohne juristische Relevanz. Hinter Kleists gefordertem Personalbezug steht unverkennbar eine tiefsitzende Angst vor der Anonymität der Bürokratie. Hier nimmt er wahr, was im Gebiet der schönen Literatur mit Deutlichkeit erst die Moderne wahrnimmt: daß Justizkritik mit Bürokratiekritik vielfach identisch ist; und nirgends deutlicher als im literarischen Werk Franz Kafkas zeigt es sich. Auf den Anteil der Bürokratie im Bereich des Strafrechts kommt auch Foucault in seinem Traktat gelegentlich zu sprechen. Er führt aus:

> „Der Vollzug der Strafe wird allmählich zu einem autonomen Sektor, welcher der Justiz von einem Verwaltungsapparat abgenommen wird; die Justiz befreit sich von diesem geheimen Unbehagen, indem sie die Strafe in Bürokratie vergräbt."[26]

Die Verwerfung schriftlich fixierter Gesetze und Verträge wird aus der Zeit heraus verständlich, in der wir uns befinden. Sie ist keineswegs zu verallgemeinern. Gesetze und Gesetzgeber wurden im Gegenteil vielfach verherrlicht, wie lange Zeit im Denken Hölderlins, und nicht nur in seinem Fall war Rousseau als Schöpfer des *Contrat social* das Vorbild, an das man sich hielt.[27] In einem Brief an Neuffer vom November 1791 werden Rechtsfragen über alles gestellt. Von einem Hymnus an die Menschheit ist die Rede, und anschließend heißt es:

> „Sonst hab ich noch wenig gethan; vom großen *Jean Jacque* mich ein wenig über Menschenrechte belehren lassen, und in hellen Nächten mich an Orion und Sirius, und dem Götterpaar Kastor und Pollux gewaidet, das ists all!"[28]

---

26 *Michel Foucault*, Überwachen und Strafen. Die Geburt des Gefängnisses. Dt. Ausgabe von W. Seitter, Frankfurt 1976, S. 17.

27 Vgl. *Gregor Thurmaier*, Einfalt und einfaches Leben. Der Motivbereich des Idyllischen im Werk Friedrich Hölderlins, München 1980, S. 196. Ferner *Paul de Man*, Hölderlins Rousseaubild. In: Hölderlin-Jahrbuch 1967/68, S. 180–208.

28 Sämtliche Werke, Bd. 6: Briefe. Hrsg. von *Adolf Beck*, Stuttgart 1954, S. 70 f.

Noch 1797 wird die Mathematik begeistert herausgestellt – als die einzige Wissenschaft, die der möglichen Vollkommenheit des Naturrechts an die Seite zu setzen sei. Wörtlich heißt es in diesem Zusammenhang:

> „Ich beschäfftige mich häufig mit dieser herrlichen Wissenschaft, und finde, um es noch einmal zu sagen, daß diese – und die Rechtlehre, wie sie werden kann und muß, die einzigen, in diesem Grade vollkommenen reinen Wissenschaften sind im ganzen Gebiete des menschlichen Geistes.“[29]

Solcher Hochschätzung der Rechtslehre und des Naturrechts entspricht die Verehrung Rousseaus, den er in seiner Lyrik wiederholt feiert. Dagegen wird den Gesetzen in späterer Zeit nicht mehr vorbehaltlos vertraut. Gesetze und Staatsformen können sich vom Lebensstrom entfernen; sie können erstarren.

> „Dies erfährt Kreon in der *Antigonae*, als er zu sehr Gottes Wesen als das eines Eingesetzten ehrt und ein Edikt absolut setzt [...],“

führt Jochen Schmidt in einem Beitrag zu Hölderlins Spätwerk aus und fährt fort:

> „Kreon ist der Vertreter des Gesetzes, der positiven Vorschrift, Antigone dagegen wurzelt in der Sphäre [...] der ungeschriebenen Gesetze des Herzens.“[30]

Solchen Gegensätzen im Denken Hölderlins entspricht bei Kleist die Zurücksetzung schriftlich fixierten Rechts gegenüber dem Positivum der Unmittelbarkeit, der Mündlichkeit und des personalen Bezugs.

IV.

Schriftlich fixiertes Recht ist herrschendes Recht, wie es von vorhandenen Institutionen ausgeübt wird, die sich zu seiner Durchsetzung der Gewalt bedienen, über die sie verfügen. Diesen Institutionen gegenüber verhält sich Kleist von Anfang an mißtrauisch und nicht selten ablehnend. Die in seinen Dramen wie in seinen Erzählungen erkennbare Gesellschaftskritik ist in hohem Maße Institutionenkritik, und sie ist es von Anfang an. Sie äußert sich wiederholt entschieden und radikal; so in einem 1801 in Paris geschriebenen Brief. Der Verlobten in Frankfurt an der Oder wird mitgeteilt:

> „Manches, was die Menschen ehrwürdig nennen, ist es mir nicht, vieles, was ihnen verächtlich scheint, ist es mir nicht. Ich trage eine innere Vorschrift in meiner Brust, gegen welche alle äußern, und wenn sie ein König unterschrieben hätte, nichtswürdig sind. Daher fühle ich mich ganz unfähig, mich in irgendein konven-

29 Ebda., S. 231.

30 *Jochen Schmidt*, Der Begriff des Zorns in Hölderlins Spätwerk. In: Hölderlin-Jahrbuch 1967/68, S. 131, S. 154.

tionelles Verhältnis der Welt zu passen. Ich finde viele ihrer Einrichtungen so wenig meinem Sinn gemäß, daß es mir unmöglich wäre, zu ihrer Erhaltung oder Ausbildung mitzuwirken. Dabei wüßte ich doch oft nichts Besseres an ihre Stelle zu setzen –.“ (II, S. 692)

Veraltete Institutionen werden abgelehnt, aber neue sind nicht in Sicht. Fünf Jahre später hat sich in diesem Punkt kaum etwas geändert, wenn es im Brief an den Freund Rühle von Lilienstern heißt:

> „Die Zeit scheint eine neue Ordnung der Dinge herbeiführen zu wollen, und wir werden davon nichts, als bloß den Umsturz der alten erleben.“ (II, S. 761)

In solcher Kritik an den Institutionen des Rechts, der Justiz und der bestehenden Staatsformen unterscheidet sich Kleist grundlegend von der Literatur des 19. Jahrhunderts und der beginnenden Moderne, die eine nennenswerte Kritik dieser Art nicht kennt. In dem von Jörg Schönert herausgegebenen Sammelband *Literatur und Kriminalität* wird diese fehlende Kritikfunktion ausdrücklich vermerkt:

> „Im Untersuchungszeitraum werden gesellschaftliche Basiswerte durch die Literatur im allgemeinen nicht kritisiert. Dagegen wird punktuelle Kritik an der Praxis der Rechtspflege geübt, für deren Fehlleistungen jedoch zumeist Einzelpersonen verantwortlich sind, nicht aber Defekte der Institutionen.“[31]

Bei Kleist kann von fehlender Kritik im Gebiet des Rechts und der Justiz nicht die Rede sein. Am Ende des schrecklichen Geschehens in der *Penthesilea* steht der Staat der Amazonen zur Disposition, aber der Staat der Griechen nicht minder. Im *Findling* erscheint die ausübende Justiz des Kirchenstaates in höchst zweifelhaftem Licht, erst recht im Staat des sächsischen Kurfürsten, in dessen Ränken und Intrigen sich Kohlhaas verstrickt. Vielfach läßt die Kritik an den Institutionen der Kirche und ihrer Geistlichkeit nichts zu wünschen übrig. Aber vielfach werden auch Justiz und Kirche gemeinsam von Kritik nicht verschont, wenn sich Juristisches und Religiöses eigentümlich vermischen. Das betrifft vor anderem die Ausübung der Todesstrafe und ihre Vollstreckung.

Verflechtungen des Juristischen mit dem Religiösen gibt es vielerorts in der Geschichte der menschlichen Institutionen. Sie liegen vor in der Art, wie man Gott in das Rechtsdenken einbezieht, indem sich der Staat als sein Beauftragter und Stellvertreter ausgibt. Die Rechtstheologie, die auf solche Weise entsteht, bleibt auf die Zeitalter vor der Aufklärung keineswegs beschränkt.[32] Noch

---

31 Literatur und Kriminalität. Die gesellschaftliche Erfahrung von Verbrechen und Strafverfolgung als Gegenstand des Erzählens. Deutschland, England und Frankreich 1850–1880. Hrsg. von *Jörg Schönert*, Tübingen 1983, S. 30.

32 Der Begriff Rechtstheologie mit Beziehung auf ein Buch des Historikers Ernst Kantorowicz findet sich in der deutschen Ausgabe des mehrfach erwähnten Buches

1943 gelingt es einem namhaften Schweizer Theologen, keinem Geringeren als Emil Brunner, die Todesstrafe in seinem Buch *Gerechtigkeit* theologisch zu begründen. Der Sinn der vergeltenden Strafe, führt er aus, liege auch der religiösen Strafidee zugrunde; sie komme im Gedanken des Gottesgerichts am reinsten zum Ausdruck. Die Rechtstheologie, um die es sich handelt, wird vollends offenkundig, wenn wir Sätze wie die folgenden lesen:

> „Alle irdische Strafgerechtigkeit beruht auf der Voraussetzung einer göttlich-heiligen Ordnung, die nicht verletzt werden darf, deren Verletzung darum wiederherstellende Sühne, Strafe fordert. Der menschliche Richter ist also, recht verstanden, bloss ein Stellvertreter Gottes; er handelt im Namen der gottgesetzten Ordnung der Gemeinschaft. Darum führt die Obrigkeit das strafende Schwert [...]. Was sie im Namen des Staates tut, das tut sie, vielleicht unwissend, im Auftrag Gottes. Gerade das Schwert, die Todesstrafe, ist und soll sein: Ausdruck des göttlich heiligen Zornes über die verletzte Gottesordnung. Es ist darum durchaus im Einklang mit der biblischen Lehre, wenn zu allen Zeiten gerade das Straf- und Blutgericht als eine heilige Sache aufgefaßt und gehandhabt wurde.“[33]

Erst recht vermischen sich Theologie und Jurisprudenz in Theorie und Praxis der Hinrichtung, im Ritual, das aus ihrer Geschichte nicht wegzudenken ist. *Das Fest der Martern* lautet beziehungsreich eine Kapitelüberschrift in Foucaults Buch *Überwachung und Strafen*, in dem der sakrale Charakter der Hinrichtung anschaulich beschrieben wird.[34] Die Hinrichtung wird als eine Art Opferhandlung verstanden, wie sie ein Schweizer Rechtsphilosoph (Otmar Scheiwiller) deutet: Vom Verbrecher wird hier gesagt:

> „Er ist nicht ein unnützes Glied der Gesellschaft, das wir abschlachten und mit der Miene des Ekels und der Verachtung wegwerfen, nein, er ist uns ein heiliges Opfer, das der sittlichen Ordnung Sühne leisten muß [...].“[35]

Nicht minder vermischen sich Juristisches und Theologisches im Gottesurteil, als einem Denkschema, das man auf die Welt des Mittelalters nicht beschränkt sehen muß. Auch später noch, so im 18. Jahrhundert, konnte der Verurteilte begnadigt werden, wenn die Hinrichtung nicht gelungen war und Foucault folgert:

---

von *Foucault* (wie Anm. 26); dort heißt es S. 40: „Kantorowicz hat dem *Körper des Königs* eine bemerkenswerte Untersuchung gewidmet: nach der Rechtstheologie des Mittelalters handelt es sich um einen zweifachen Körper [...]“.

33 *Emil Brunner*, Gerechtigkeit. Eine Lehre von den Grundgesetzen der Gesellschaftsordnung, Zürich 1943, S. 265 f.

34 Ebda., S. 44 ff. Über den quasireligiösen Charakter von Hinrichtungen vgl. auch *J. Evans* in: Räuber, Volk und Obrigkeit – Studien zur Geschichte der Kriminalität. Hrsg. von Hans Reif, Frankfurt 1984.

35 *Otmar Scheiwiller*, Die Todesstrafe im modernen Recht, Einsiedeln 1919, S. 61.

„Noch lag in der Hinrichtungszeremonie eine Spur von Gottesurteil und Kampfgericht, wobei der Scharfrichter der Vorkämpfer des Königs war.“[36]

Mit dem durch das Christentum legitimierten Gottesurteil des Mittelalters ist der Gedanke des Gottesgerichts verwandt, wie er noch in moderner Theologie fortwirkt, wenn vom „biblischen Gedanken des Gottesgerichts“ gesprochen wird oder wenn Vorgänge des Weltlaufs als Gericht Gottes gedeutet werden.[37] Die biblischen Bilder solcher Gottesgerichte heißen Sodom und Gomorrha.[38] Beide Städte werden in Kleists Novelle *Das Erdbeben in Chili* erwähnt, ganz im Sinne eines solchen Gottesgerichts und solchen Denkens. Die Gewalttätigkeiten als Folge solchen Denkens werden durch Sprache herbeigeführt.[39] Es ist ein im Eifer handelnder Priester, der mit seiner Rede und Beredsamkeit nach der Naturkatastrophe die menschliche Katastrophe herbeiführen hilft:

„Er schilderte, was auf den Wink des Allmächtigen geschehen war; das Weltgericht kann nicht entsetzlicher sein; und als er das gestrige Erdbeben gleichwohl, auf einen Riß, den der Dom erhalten hatte, hinzeigend, einen bloßen Vorboten davon nannte, lief ein Schauder über die ganze Versammlung. Hierauf kam er, im Flusse priesterlicher Beredsamkeit, auf das Sittenverderbnis der Stadt; Greuel, wie Sodom und Gomorrha sie nicht sahen, straft' er an ihr; und nur der unendlichen Langmut Gottes schrieb er es zu, daß sie noch nicht gänzlich vom Erdboden vertilgt worden sei.“ (II, S. 155)

Solchen Gottesurteilen und Gedanken der Gottesgerichte entzieht Kleist den theologischen Boden. Er zieht Gott sozusagen aus dem juristischen Alltagsverkehr. Sein Gott ist ein deus absconditus und dies von Anfang an, wie schon das erste seiner Dramen zeigt. An der Figur des auf Vermittlung bedachten Sylvester wird es vor anderen deutlich:

„Ich bin dir wohl ein Rätsel?
Nicht wahr? Nun, tröste dich, Gott ist es mir.“ (Vs. 1213 f.)

---

36 *Foucault* (wie Anm. 26), S. 69 f. Zum Gottesurteil vgl. *Hans Fehr*, Der Zweikampf, Berlin 1908; *Ders.*, Gottesurteil und Folter in: Fs. G. Stammler, Berlin/Leipzig 1926, S. 231. *Adalbert Erler*, Der Ursprung der Gottesurteile. In: Paideuma 2, 1941/43, S. 44–65. *Claudius von Schwerin*, Rituale für Gottesurteile. In: Sitz.-Berichte der Heidelberger Akademie der Wissenschaften. Phil.-Hist. Klasse, Bd. 23, 1932/33. *Charlotte Leitmaier*, Die Kirche und die Gottesurteile, Wien 1953. *Hermann Nottarp*, Gottesurteil-Studien, München 1956. *Wolfgang Schild*, Alte Gerichtsbarkeit. Vom Gottesurteil bis zum Beginn der modernen Rechtsprechung, München 1980.

37 *Brunner* (wie Anm. 33), S. 265; vgl. auch S. 266: „Es heisst die Dinge auf den Kopf stellen, wenn man behauptet, die Rede von einem Gericht Gottes sei einfach eine Uebertragung der menschlichen Strafgerechtigkeit auf Gott“.

38 Vgl. Die Religion in Geschichte und Gegenwart, 3. Aufl. Tübingen 1962, 6. Bd., Sp. 114/115.

39 Hierzu *Arntzen* (wie Anm. 16), S. 70.

Er sieht sich unvermögend, das Unbegreifliche zu begreifen, obgleich er es begreifen möchte (vgl. Vs. 636–42); denn er möchte wissen, was Gott nun eigentlich will:

> „[...] Gott der Gerechtigkeit!
> Spricht deutlich mit dem Menschen, daß ers weiß
> Auch, was er soll!“ (Vs. 2609–11)

Aber die Figuren in Kleists dichterischer Welt erfahren gerade nicht, wie Gott denkt, urteilt und straft. Die Eindeutigkeit, die sie sich erhoffen, wird ihnen versagt. Auch außerhalb der Dichtung sind solche Vorstellungen bezeugt, wenn es 1806 in gleichlautenden Briefen an Karl Freiherrn von Stein zum Altenstein und an den Freund Otto August Rühle von Lilienstern heißt: „Es kann kein böser Geist sein, der an der Spitze der Welt steht; es ist ein bloß unbegriffener!“[40] Wenn man solche Denkschemata und Glaubensmodelle als Rechtstheologie bezeichnen kann, so betreiben nicht wenige Texte Kleists eine Entmythologisierung dieser Theologie, und sofern sich diese auf Todesstrafe und Hinrichtungen beziehen, wird Kritik in zweifacher Weise vernehmbar: als Kritik an den Institutionen der Kirche und der die Herrschaft ausübenden Geistlichkeit. Sodann aber am Widersinn solchen Denkens, sofern es sich um christliches Denken handelt.

Solchen Widersinn deckt zumal die Erzählung *Der Findling* auf. Dem Kaufmann Piachi ist der Umgang seines Adoptivsohnes mit den Mönchen des Karmeliterklosters suspekt, weil er zu Recht befürchtet, daß sie es in erster Linie auf sein Vermögen abgesehen haben. In demselben Staat herrscht ein Gesetz, so erfahren wir, „nach welchem kein Verbrecher zum Tode geführt werden kann, bevor er die Absolution empfangen“. Die Art, wie der von seiner Rache besessene Kaufmann sie verweigert, bringt die amtierende Justiz in Verlegenheit, und mitten im Bereich des Hinrichtungszeremoniells wird Komik vernehmbar, denn die Anstrengungen, die man macht, damit dem Gesetz Genüge geschieht, nehmen sich verzweifelt aus. In diesem Zusammenhang wird gesagt, daß einer der Priester dem Verurteilten die Schrecken der Hölle schildert; er schildert sie „mit der Lunge der letzten Posaune“, wie es in einem schon fast humoristischen Ton heißt, während der andere ihm „die Wohnungen des ewigen Friedens“ pries (II, S. 214). Der Widersinn von gesetzlich geregelter Absolution und staatlichem Töten ist evident, und um einen solchen ist es Kleist

40 An Karl Freiherrn von Stein zum Altenstein vom 4.8.1806 (II, S. 766) und an Otto August Rühle von Lilienstern vom 31.8.1906 (11, S. 768). Zur Theologie des deus absconditus vgl. u.a. *Bernhard Blume* (Kleist und Goethe. In: Monatshefte 38, 1946, S. 90): „Niemand kann Gott erkennen, noch seinen Nebenmenschen, noch sich selber [...]. Bei Kleist aber ist das Verborgene undurchdringlich“.

offensichtlich zu tun. Im *Erdbeben in Chili* wird der Widersinn in der Handhabung der Todesstrafe mit außerordentlich kritischer Schärfe beleuchtet, und spätestens hier sollte sich die Legende von der Gelassenheit und dem unbeteiligten Vortrag erledigen; denn die Rede von den frommen Töchtern der Stadt ist ironische Rede des Erzählers, der von außen her urteilt, indem er so spricht, wie er spricht. Auf zwei Begleiterscheinungen im Hinrichtungszeremoniell ist die hier geübte Kritik in Formen ironischer Rede vor allem gerichtet: auf die abgestuften Todes- oder Tötungsarten, die es gibt, ehe in den meisten europäischen Staaten nach der Französischen Revolution gleicher Tod für alle gesetzlich eingeführt wird; und auf das öffentliche Schauspiel der Hinrichtung, wie es sich bis in unser Jahrhundert hinein zu erhalten vermochte.

V.

Zur Bezeichnung der unterschiedlichen Tötungsarten gibt es einen semantischen Reichtum der Begriffe, der betroffen macht. In einer kritischen Untersuchung zur Todesstrafe neueren Datums (von Dieter Keller) wird hierzu ausgeführt:

> „Es schadet nichts, sich die verschiedenen Hinrichtungsarten einmal vor Augen zu halten: Kreuzigen, Gabeln, Herabstürzen vom Felsen, Erdrosseln im Kerker, Ersticken im Schlamm, Totgeißeln, Steinigen, Eiserne Jungfrau, Enthaupten, Erhängen, Rädern, Vierteilen, Lebendigverbrennen, Lebendigvergraben, Ertränken oder Säcken, Pfählen, in Öl sieden, Erwürgen oder Garottieren, Erschießen, Eingießen von flüssigem Blei in den Mund [...].“[41]

Diese Aufzählung ist so eindrucksvoll wie schrecklich. Auch Foucault führt auf, was alles es gibt, indem er aus einem 1762 in Frankreich erschienenen Traktat der Verbrechen zitiert:

> „Die Todesstrafe umfaßt alle Arten des Todes: die einen werden zum Tod durch Erhängen verurteilt; anderen wird die Hand abgeschlagen oder die Zunge abgeschnitten oder durchbohrt und dann werden sie erhängt; für schwerere Verbrechen werden andere bei lebendigem Leib gerädert und ihnen dann die Glieder zerschlagen; wieder andere werden so lange gerädert, bis sie eines natürlichen Todes sterben; andere werden erdrosselt und anschließend gerädert; wieder andere werden bei lebendigem Leibe verbrannt oder zuerst erdrosselt und dann verbrannt; einigen wird die Zunge abgeschnitten oder durchbohrt und sie werden dann lebendig ver-

41 *Dieter Keller*, Die Todesstrafe in kritischer Sicht, Berlin 1968, S. 4. Der Vf. bezieht sich auf ein 1898 erschienenes Buch von *J. George* (Humanität und Kriminalstrafen), das einen solchen Katalog – dort S. 70 – erstellt. Vgl. auch *Schild* (wie Anm. 36), S. 197 ff. Erst angekündigt ist in einem Prospekt des Verlages C. H. Beck ein Buch des Historikers *Richard van Dülmen*, Theater des Schreckens. Gerichtspraxis und Strafrituale der frühen Neuzeit.

> brannt; andere werden mit Pferden gevierteilt; wieder anderen wird der Kopf abgeschlagen und zertrümmert."[42]

Das ist „Wirklichkeitsliteratur", die das Dichterische hinter sich läßt. Wenn man indessen bedenkt, daß Kleist als Dichter der Dichtung einiges schuldet, so zeigt sich rasch, daß sein Werk einer solchen Wirklichkeitsliteratur nicht so fern steht. Über das erste ergangene Urteil im Verfahren gegen Michael Kohlhaas wird gesagt: „so ward er verurteilt, mit glühenden Zangen von Schinderknechten gekniffen, gevierteilt, und sein Körper, zwischen Rad und Galgen, verbrannt zu werden" (II, S. 77). Es kommt schließlich nicht ganz so schlimm, aber doch noch immer schlimm genug. Was Littegarde und Friedrich von Trota im *Zweikampf* zu erwarten gehabt hätten, wenn es nicht anders gekommen wäre, ist dieses:

> „Inzwischen war, vor dem zu Basel von dem Kaiser eingesetzten Tribunal, gegen Herrn Friedrich von Trota sowohl, als seine Freundin, Frau Littegarde von Auerstein, die Klage wegen sündhaft angerufenen göttlichen Schiedsurteils eingeleitet, und beide, dem bestehenden Gesetz gemäß, verurteilt worden, auf dem Platze des Zweikampfs selbst, den schmählichen Tod der Flammen zu erleiden." (II, S. 254)

Daß hier eine Tötungsart als schmählich bezeichnet wird, zeigt an, daß es andere gibt, die als weniger schmählich, als weniger entehrend angesehen werden. Der Tod durch das Schwert – und später durch das Fallbeil – gilt als eine „ehrenhafte" Tötungsart und als ein „Fortschritt" in der Geschichte der Todesstrafe obendrein. Entsprechende Abstufungen kennt auch Kleist. Im *Erdbeben in Chili* wird das zunächst verhängte Urteil des Feuertodes durch einen Machtspruch des Vizekönigs – nicht des regierenden Erzbischofs – in eine Todesstrafe. durch Enthauptung umgewandelt – „zur großen Entrüstung der Matronen und Jungfrauen von St. Jago" (II, S 145). Auch im *Michael Kohlhaas* gibt es Abstufungen dieser Art und gibt es die ehrenhafte Tötungsart im Akt der Vollstreckung, wenn es heißt:

> „Demnach traf es sich, daß grade am Tage der Ankunft des Kämmerers, das Gesetz über ihn sprach, und er verurteilt ward mit dem Schwerte vom Leben zum Tode gebracht zu werden; ein Urteil, an dessen Vollstreckung gleichwohl, bei der verwickelten Lage der Dinge, seiner Milde ungeachtet, niemand glaubte, ja, das die ganze Stadt, bei dem Wohlwollen, das der Kurfürst für den Kohlhaas trug, unfehlbar durch ein Machtwort desselben, in eine bloße, vielleicht beschwerliche und langwierige Gefängnisstrafe verwandelt zu sehen hoffte." (II, S. 94 f.)[43]

---

42 *Foucault* (wie Anm. 26), S. 44. Verfasser des hier zitierten Traktats ist *J. A. Soulatges*.

43 Hierzu die Erläuterung *Peter Goldammers*: „Die Enthauptung galt, im Vergleich zur Hinrichtung durch Rad oder Galgen, als mildere Art der Todesstrafe." Kleist, Werke und Briefe, Bd. 3, Berlin/Weimar 1978, S. 647.

Todesstrafen, die weniger ehrenrührig sind, und solche, die eine gewisse Humanisierung gewährleisten, gibt es ja in der Tat. Man spricht in solchen Fällen gern von milden Todesstrafen, und sehr viel kommt darauf an, ob man solche Redeformen und Rechtfertigungen wörtlich nimmt oder den Widersinn in der Denkungsart vernehmbar macht, der hier vorliegt.[44] In dem kurzen Beitrag *Ein Wort über das Alter der Guillotine* rechtfertigt Lichtenberg die damals neue Tötungsart:

> „Der Lyoner Arzt Jean Baptiste Guillotin wird gewöhnlich, und wie ich glaube, mit Recht, für den Erfinder der berüchtigten Maschine gehalten, durch die er selbst am 14. März 1794, weil er einer verdächtigen Korrespondenz mit Turin beschuldigt wurde, sein Leben endigen mußte. Des Mannes Absicht war gut, denn, wenn doch einmal Köpfe abgeschlagen werden sollen, so ist nicht leicht eine vollkommnere Maschine zu dieser Absicht möglich, als die Guillotine."[45]

Die Rechtfertigung wird hier mit dem Vorbehalt versehen, der mit dem Nebensatz „wenn doch einmal Köpfe abgeschlagen werden sollen" auch sprachlich unüberhörbar zum Ausdruck gebracht wird. Auch in Kleists *Michael Kohlhaas* ist von Milde des Urteils die Rede – „seiner Milde ungeachtet" –, aber der Widersinn ist gleichwohl vernehmbar, wenn gesagt wird, daß niemand an die Vollstreckung des Urteils glaubte.

Eine zweite Begleiterscheinung betrifft das Schauspiel, das man veranstaltet, wenn Hinrichtungen stattfinden. Der kritische Ton ist kaum zu überhören, wenn Kleist im *Erdbeben in Chili* schildert, was geschehen soll und fast geschehen wäre:

> „Man vermietete in den Straßen, durch welche der Hinrichtungszug gehen sollte, die Fenster, man trug die Dächer der Häuser ab, und die frommen Töchter der Stadt luden ihre Freundinnen ein, um dem Schauspiele, das der göttlichen Rache gegeben wurde, an ihrer schwesterlichen Seite beizuwohnen." (II, S. 145)

Daß wir es mit dem unbeteiligten Erzähler nicht zu tun haben, wie vielfach versichert wird, deutet sich in der Wendung von der göttlichen Rache an, die den Widersinn offenkundig macht; und alles spricht dafür, daß auch die „schwesterliche Seite" und die „frommen Töchter" nicht wörtlich, sondern

---

44 Der Begriff der milden Todesstrafe ist in der juristischen Literatur vielerorts belegt; daß es sich gleichwohl um einen sprachlichen Widersinn handelt (wenn man die Anführungszeichen unterläßt), spricht mit erfreulicher Deutlichkeit Kurt Rossa in seiner Schrift über die Todesstrafen aus: „In Wahrheit ist der Begriff 'humane Hinrichtung' ein Monstrum wie der Begriff 'humane Kriegführung'. Das eine wie das andere eine contradictio in adiecto [...]". (*Kurt Rossa*, Todesstrafen, Oldenburg 1966, S. 25).

45 *Georg Christoph Lichtenberg*, Schriften und Briefe. Hrsg. von Wolfgang Promies, Bd. 3, München 1972, S. 488.

ironisch aufzufassen sind.[46] Daß solche Schilderungen nicht der dichterischen Einbildungskraft zuzuschreiben sind, sondern der geschichtlichen Wirklichkeit entsprechen, kann kaum zweifelhaft sein. Zur Hinrichtung gehört der prozessionsartige Hinrichtungszug, ein Zeremoniell, in dem sich, wie schon ausgeführt, religiöse Feier mit strafrechtlicher Jurisprudenz verbindet. Im Frankfurt Goethes ging das im Januar 1771 wie folgt vonstatten:

> „Dann wurde die Verurteilte mit Stricken umwunden die Stiege hinab und in militärisch-geistliche Prozession, unter fortwährendem Singen und Beten über den Liebfrauenberg, über die Mainbrücke nach Sachsenhausen bis zum Aschaffenburger und Neuen Tor und zurück geführt. Der Obristrichter ritt voran und wies mit dem Zepter den Weg. Ihm folgten, das Mädchen am Strick, der Scharfrichter und seine Knechte, die Geistlichen und die Soldaten. Um 10 Uhr war man am Schafott angekommen.“[47]

Auch das Vermieten der Fenster wird von der geschichtlichen Wirklichkeit bestätigt. Casanova handelt davon in seinen Memoiren, und daß man es sich hinsichtlich der begehrten Fensterplätze etwas kosten ließ, wird hier ausgeführt.[48] „Für die höfische Gesellschaft, in der Casanova in Paris verkehrte, trifft das Konzept des Zeitvertreibs sicherlich am schlagendsten zu. In den Logen der Fenster wurde geschäkert und getändelt, während man dem ‘horrible spectacle’ zuschaute“, so sind solche Vorgänge unlängst in einem Beitrag (von Carsten Zelle) über die Parallele zwischen dem Schauspiel der Tragödie und der Tragödie der Hinrichtung erläutert worden.[49] Bis um die Mitte des 19. Jahrhunderts werden solche Schauspiele veranstaltet, und noch in unserem Jahrhundert sind sie bezeugt, wie einem Beitrag Kurt Tucholskys aus dem Jahre 1912 zu entnehmen ist. Die Zuschauer sind nunmehr Eingeladene des Opfers; in seinen Worten:

> „Unter den Zuschauern befanden sich drei Söhne und ein Schwiegersohn der Ermordeten! [...] Was die Söhne wohl bei dieser Scheußlichkeit gedacht haben? Rache? Befriedigung? – Im ganzen waren es diesmal nur 60 (sechzig) Zuschauer. Bei Grete Beier fand ja ein kleines Volksfest statt: damals zierten 200 den Hof. Diesmal war es ein kleines, aber gewähltes Publikum, das den spannenden Vorgängen auf der Bühne mit Interesse folgte und nach Schluß der Aufforderung der Beamten Folge leistend, sogleich den Hof verließ. Also: eine mäßige Vorstellung.“[50]

---

46 Die Auffassung vom Erzähler, der bloß Berichterstatter und Vermittler ist, vertritt auch *Wolfgang Kayser*, Kleist als Erzähler. In: German Life and Letters 1854/55, jetzt in: Heinrich von Kleist. Aufsätze und Essays. Hrsg. von *Walter Müller-Seidel*, Darmstadt 1967 (= Wege der Forschung 147), S. 232.

47 *Beutler* (wie Anm. 11), S. 598.

48 *Giacomo G. Casanova*, Histoire de ma vie, Wiesbaden/Paris 1960/62, Bd. 5, S. 50–55.

49 *Zelle* (wie Anm. 8), S. 86.

50 Gesammelte Werde, Hamburg 1975. I, S. 45. – Zum Öffentlichkeitscharakter der Hinrichtung als eines Schauspiels vgl. u.a. *Foucault* (wie Anm. 26), S. 24, S. 64 u.a.;

Auch die Hinrichtung des Roßhändlers Kohlhaas in Kleists Novelle hat man sich als eine Art Schauspiel zu denken, obgleich ihm der Racheakt als sein letzter Akt deutlich untergeordnet wird: das Geschehen, daß er in Anwesenheit des sächsischen Kurfürsten den Zettel verschlucken wird, um diesem wehzutun. Der öffentliche Charakter des Schauspiels wird daher eher beiläufig erwähnt:

> „Eben knüpfte er sich das Tuch vom Hals ab und öffnete seinen Brustlatz: als er, mit einem flüchtigen Blick auf den Kreis, den das Volk bildete, in geringer Entfernung von sich [...] den wohlbekannten Mann mit blauen und weißen Federbüschen wahrnahm." (II, S. 102 f.)

Als eine „poetische Zutat", die vermutlich in keiner historischen Quelle zu belegen sein dürfte, hat man anzusehen, was im Zusammenhang mit dieser Hinrichtung außerdem geschieht: daß der Verurteilte in einen Sarg gelegt und „anständig" auf einem Friedhof begraben wird; und während dies alles geschieht, „rief der Kurfürst die Söhne des Abgeschiedenen herbei und schlug sie, mit der Erklärung an den Erzkanzler, daß sie in seiner Pagenschule erzogen werden sollten, zu Rittern" (II, S. 103). Wir sind damit als Leser zu Zeugen einer der merkwürdigsten Hinrichtungen geworden, die man sich denken kann, und spätestens hier stellt sich die Frage, wie wir sie verstehen sollen; wie man die Todesstrafe zu verstehen hat, die vollstreckt wird, und mehr noch: wie Kleist selbst sie verstanden hat, wenn sie so dargestellt wird, wie es der Fall ist.

Das betrifft die Schlüsselfrage, wie man sie bezeichnet hat: diejenige

> „nach der Schuld oder Unschuld des Helden und damit, in Folge davon, nach der Angemessenheit seiner Bestrafung: rechtfertigen seine kriminellen Handlungen die gerichtliche Verhängung der Todesstrafe?"[51]

Die Bejahung dieser Frage mit Verweis auf die Zeit, in der wir uns befinden, kann nicht befriedigen.[52] Kleist ist als Erzähler kein Historist; das Historische ist nicht Selbstzweck, sondern Mittel zu erzählerischen Zwecken. Darüber hinaus bedeutet die Feststellung, die Todesstrafe werde zu Recht verhängt und vollstreckt, wenigstens partiell das Einverständnis des Interpreten mit ihr, der solches womöglich auch dem Dichter Kleist unterstellt. Eben diese Unterstellung, hier werde zu Recht zum Tode verurteilt, geschieht nicht zu Recht, sieht man auf den Verlauf der Handlung. Daß sie sich von der künstlerischen Form her rechtfertigen läßt, steht auf einem anderen Blatt. Es steht fest: dieser Roßhändler hat sich schrecklicher Gewalttaten schuldig gemacht; er hat getötet,

---

Keller (wie Anm. 41), S. 107: „Die religiöse Schau, der Staat als Beauftragter Gottes", S. 138 heißt es: „Für ein geheimes aggressives Gelüst der Gesellschaft spricht weiter einer der seltsamsten Charakterzüge des Strafens, seine Festlichkeit".

51 *Fink* (wie Anm. 24), S. 89.

52 Vgl. *Hans Fehr*, Das Recht in der Dichtung, Bern 1931, S. 464.

das Land mit Brandschatzung überzogen und einen lediglich privaten Krieg entfacht, auf den damals wie heute vielerorts die Todesstrafe zu erkennen war oder zu erkennen wäre. Aber gegen die Verhängung der Todesstrafe und gar gegen ihre Vollstreckung spricht, daß ihm Amnestie zugesichert ist – nicht bloß freies Geleit; und nicht irgendeine Amnestie, sondern eine solche, die ihm feierlich angelobt worden war:

> „Kohlhaas fragte: ob er ein Gefangener wäre, und ob er glauben solle, daß die ihm feierlich, vor den Augen der ganzen Welt angelobte Amnestie gebrochen sei? worauf der Freiherr sich plötzlich glutrot im Gesichte zu ihm wandte, und, indem er dicht vor ihn trat, und ihm in das Auge sah, antwortete: ja! ja! ja! – ihm den Rücken zukehrte, ihn stehen ließ, und wieder zu den Nagelschmidtschen Knechten ging." (II, S. 73)

Das schlechte Gewissen dieses Freiherrn wird damit zum Ausdruck gebracht. Der Einwand, daß das Urteil vom Kaiser selbst gesprochen werde, der an eine Amnestie nicht gebunden sei, kann nicht verfangen, da dieses Urteil ohne die Machenschaften im Umkreis des sächsischen Kurfürsten nicht zustande gekommen wäre. Diese Machenschaften sind weitreichend. Sie schließen Rechtsverdrehungen, „Wendungen arglistiger und rabulistischer Art", Verschleppungen der Rechtssache und anderes ein. An diesen Machenschaften sind die Herren Hinz und Kunz, die negativen Jedermanns im Gebiete des Rechts, maßgeblich beteiligt. Kohlhaas gerät in die Mühlen einer Justiz, die Recht manipuliert. Er ist für seine Rechtsbrüche im Grunde schon bestraft, ehe er bestraft wird. Sein Wille ist längst gebrochen, und seine Seele ist von Gram sehr gebeugt: er will daher mit seinen Kindern das Land verlassen (II, S. 70); und keineswegs ist er von Rache besessen, sondern mehrfach zu Vergebung bereit. Andererseits ist das Vorgehen der Gegenpartei nicht frei von Rachemotiven, indem man sich der Mittel des Rechts bedient. Daß nach der erfolgten Mordbrennerei und nach der zeitweiligen „Verrückung" vieles für den Roßhändler spricht und vieles gegen seine Verfolger, bestätigt unmißverständlich der brandenburgische Kurfürst, wie er hier geschildert wird: als er von den Unziemlichkeiten des Erzkanzlers und von dessen Verwandtschaft Kenntnis erhält, läßt er ihn entsetzen (II, S. 77). Dem Roßhändler Gerechtigkeit zu verschaffen, ist er entschlossen; und dem sächsischen Hofe wird mitgeteilt, „daß man die Vollstreckung des [...] Todesurteils für eine Verletzung des Völkerrechts halten würde" (II, S. 78). Das ist, obgleich nicht ganz ungetrübt, die lichte Seite dieser Rechtsgeschichte. Schließlich bestätigen die Begleitumstände der Hinrichtung, daß hier Recht nicht durchweg zu Recht gesprochen wurde: entgegen sonstigem Gebrauch wird Kohlhaas, wie ausgeführt, anständig begraben, und seine Söhne werden zu Rittern geschlagen, womit partiell das Rechtsvergehen und partiell sein berechtigtes Vorgehen anerkannt werden. Damit sind aber auch der Erzählschluß und die hier vollstreckte Todesstrafe künstlerisch gerechtfertigt. Wo das Recht verdreht wird, ist der Rückfall in den „vorrechtlichen" Zustand der Rache die Folge; bei Kleist schon dort, wo man, wie in der *Familie Schroffenstein* oder im *Findling*, das Recht über alles setzt und ihm übermäßig vertraut; und ein solcher, der dem Recht, so wie es gehandhabt wird, über Gebühr vertraut, ist auch dieser Kämpfer ums Recht in Kleists Erzählung. Mit der gebrechlichen Einrichtung der Welt ist er nicht hinreichend, sondern nur teilweise vertraut. Aber solche Kenntnis kann nicht dazu verleiten, daß Rechtsbrüche und Rechtsverdrehungen ungeahndet bleiben: in der Art, wie Kohlhaas glanzvoll zum Tode verurteilt wird, wird ihm wenigstens partiell das Widerstandsrecht zuerkannt, das die Bereitschaft zum Tode einschließt. Es ist eine Art tragischer Gebrochenheit, die mit dem Erzählschluß zum Ausdruck gebracht wird. Ein Einverständnis Kleists mit der Todesstrafe ist aus diesem Schluß nicht herauszulesen.[53] Eher das Gegenteil ist der Fall, wenn man andere Werke zum Vergleich heranzieht.

VI.

Daß Hinrichtungen verhindert werden, erweist sich bei Kleist in Drama wie Novelle als ein wiederkehrendes Motiv. Die Erzählung *Die Marquise von O...* kann so verstanden werden. Im Bereich der Militärgerichtsbarkeit, die hier gilt, herrschen strenge Gesetze, und nicht selten macht man kurzen Prozeß. Das müssen die Soldaten erfahren, die sich angeschickt hatten, sich an der Marquise zu vergehen, bis ihr der russische Graf, ihr vermeintlicher Retter, zu Hilfe kommt und einen aus dieser Rotte niederschlägt. Es kommt zu einer Art Standgericht:

> „In diesem Augenblick berichtete jemand, der sich aus dem hintern Kreise hervordrängte, daß einer von den, durch den Grafen F [...] verwundeten, Frevlern, da er in dem Korridor niedergesunken, von den Leuten des Kommandanten in ein Behältnis geschleppt worden, und darin noch befindlich sei. Der General ließ diesen hierauf durch eine Wache herbeiführen, ein kurzes Verhör über ihn halten; und die ganze Rotte, nachdem jener sie genannt hatte, fünf an der Zahl zusammen, erschießen." (II, S. 107 f.)

Aber was jene nur hatten tun wollen, hat der russische Graf, der vermeintliche Retter, in Wirklichkeit unbemerkt getan. Er wäre nach den geltenden Gesetzen vor anderen zu erschießen gewesen. Mit seinem Überleben ist ihm die Chance der Wiedergutmachung verblieben, so daß auch diese Erzählung als eine sol-

---

53 Sehr im Unterschied zu der noch während des Krieges abgeschlossenen juristischen Dissertation von *Ingeborg Becker* (bei Erik Wolf), der die Bereitschaft, ein solches Einverständnis Kleists aus den Texten herauszulesen, nur allzu sehr anzumerken ist (Die Todesstrafe in der Dichtung Heinrich von Kleists, Diss. Masch. Freiburg i.B. 1944).

che verstanden werden könnte, die gegen die Verhängung von Todesstrafen gerichtet ist. In verwandter Weise läßt sich die *Zweikampf*-Novelle als eine mit dichterischen Mitteln dargestellte Verhinderung der Todesstrafe und ihres Vollzugs lesen. Die Vorbereitungen, die zur Hinrichtung Littegardes und Friedrichs von Trota getroffen werden, kehren sich unversehens in ihr Gegenteil um: in eine Apotheose ihres Überlebens mit einem glücklichen Ende, das über Todesstrafe und Hinrichtung siegt. Nicht einmal am sterbenden Graf Rotbart kann die Hinrichtung vollstreckt werden, und daß der Kaiser, mittelalterlicher Rechtssprechung ([sic]) folgend, seine Leiche dem Henker übergibt, damit die Hinrichtung des Toten noch auf dem Scheiterhaufen stattfinden kann, spricht nicht unbedingt für den Kaiser, der als höchster Gerichtsherr noch eben die Hinrichtung der Unschuldigen betrieben hatte. Daß er schließlich in die Statuten des „geheiligten göttlichen Zweikampfs", wie es im Text heißt, die Worte „wenn es Gottes Wille ist" einsetzen läßt, macht den Widersinn offenkundig, um den es sich abermals handelt: denn da die Erzählung deutlich gemacht hat, daß es dem Menschen verwehrt ist, die Entscheidung Gottes in solchen Zweikämpfen eindeutig zu erkennen, kann der Erzählschluß nur als eine erheiternde Pointe auf Kosten dessen aufgefaßt werden, der eine solche „Novellierung" der Gesetze veranlaßt.

Als das zweifellos großartigste Schauspiel – nicht einer Hinrichtung, sondern der Verhinderung einer solchen – kann der *Prinz von Homburg* interpretiert werden; und so auch hat man ihn, wie Jochen Schmidt, bereits interpretiert:

> „Die höchste Steigerung allerdings bietet erst die Vorstellung vom Menschen vor der Hinrichtung. Sie ist eine Schlüsselvorstellung Kleists wie Kafkas. Gerade auf die Hinrichtung hin inszeniert Kleist [...] mit dem vollen Apparat seiner theatralischen Möglichkeiten nicht nur das Homburg-Drama, sondern auch das *Erdbeben*, den *Kohlhaas* und den *Zweikampf*."[54]

Daß in diesem Drama die Todesstrafe als reale Bedrohung im Raume steht und aufgrund der Rechtslage jederzeit vollzogen werden könnte, ist eine Voraussetzung der konflikthaften Situation. Der Kurfürst ist innerhalb dieser Möglichkeitswelt eine Figur wie andere auch; die Bedrohung wird auch von ihm als real und die Hinrichtung als jederzeit möglich erfahren. Aber die eigentliche Prämisse des Ganzen ist dennoch die, daß nicht sein soll, was sein kann, weil es auf die erkenntnisfördernde Situation des Todes ankommt, die ihren Sinn nur erfüllt, wenn die aus dieser Situation gewonnene Erkenntnis ins Leben zurückführt. Darauf ist das Stück aufgebaut, und auch vom Kurfürsten kann man nicht erwarten, daß er diesen kunstvollen Aufbau und die eigentliche

---

54 *Jochen Schmidt*, Heinrich von Kleist. Studien zu seiner poetischen Verfahrensweise, Tübingen 1974, S. 45.

Prämisse voll und ganz durchschaut. Diese Prämisse beruht in dem Argument, daß Homburg frei ist, wenn er den Spruch für ungerecht hält:

> „Bei meinem Eid! Ich schwörs dir zu! Wo werd ich
> Mich gegen solchen Kriegers Meinung setzen?
> Die höchste Achtung, wie dir wohl bekannt,
> Trag ich im Innersten für sein Gefühl:
> Wenn er den Spruch für ungerecht kann halten
> Kassier ich die Artikel: er ist frei! – “ (Vs. 1181–86)

Das heißt: die preußische Moral funktioniert in der Sicht des Kurfürsten nur dann, wenn jeder „mitspielt“. Da sich Homburg aber aufgrund seiner Todesfurcht und seiner Rechtsbegriffe gewissermaßen als Spielverderber erweist, kann die Todesstrafe an ihm nicht vollzogen werden. Sodann aber beruht die eigentliche Prämisse des Dramas in dem zweiten Argument, daß Homburg den Spruch schließlich doch akzeptiert, so daß eine Begnadigung möglich wird.[55] Beide Argumente zusammen ergeben, daß nicht sein soll, was sein kann. Daß hinsichtlich Todesurteil und Todesstrafe Spieler wie Gegenspieler, der Kurfürst und Homburg, ihre Positionen gegenseitig in Frage stellen und später auch korrigieren, ist eine nicht wegzudenkende Voraussetzung des Gelingens. Aber nicht an diesem Drama soll die Darstellung verhinderter Hinrichtungen aufgezeigt werden. Das hierfür sich anbietende Drama ist ein anderer Text. Von dem Rechtsdrama *Der zerbrochne Krug* soll die Rede sein; und schon die Gattungsbezeichnung der Komödie läßt erwarten, daß hier nicht dem Töten das Wort geredet wird, sondern seiner Verhinderung.

Kleists Lustspiel beginnt – und das kann ja von der hier verfolgten Fragestellung her kaum übersehen werden – mit einer von den Interpreten wenig beachteten Anspielung auf peinliche Gerichtsordnungen. Das erste Wort hat der Schreiber Licht, und das erste Hauptwort, das er gebraucht, heißt Henker: „Ei was, zum Henker, sagt, Gevatter Adam!“ Das ist natürlich keine aussagekräftige Rede, sondern eine Redefloskel weit mehr. Dennoch hat sie Gewicht, wie sich rasch zeigt. Der Schreiber bedient sich dieser Redewendung wiederholt, aber nicht nur er. Sie ist allen hier agierenden Personen geläufig. „Ei, so zum Henker, sags, es ist mir recht“ (Vs. 1185), läßt sich Ruprecht vernehmen; und so auch der Gerichtsrat! „Tut Eure Schuldigkeit, sag ich, zum Henker!“, weist er den Dorfrichter zurecht (Vs. 845). Vielfach ist diese Redewendung der Ausdruck von Verdrossenheit und Verärgerung darüber, daß man nicht recht weiß, wie es weiter-

55 Die Auffassung von der verdienten Begnadigung – aufgrund besserer Einsicht oder auch aufgrund der vorausgegangenen Todesfurcht – ähnlich auch in der rechtswissenschaftlichen Literatur: bei *Paul Bockelmann* (Das Problem der Kriminalstrafe in der deutschen Dichtung, Karlsruhe 1967, S. 27) und bei *Arthur Kaufmann* (Recht und Gnade in der Literatur. In: Neue Juristische Wochenschrift 1984, S. 1068).

gehen soll. Während der Verhandlung wird Ruprecht an das Gericht nach Utrecht verwiesen; er ist betroffen und fragt: „Was? Ich?“, worauf der Gerichtsrat unwillig erwidert: „Zum Henker, ja [...]“ (Vs. 1887). Erst recht ist Adam mit dieser Redewendung rasch bei der Hand. „Von solchem Vorwurf bin ich rein, / Der Henker hols!“ (Vs. 152 f.), erwidert er unwillig auf die Art, wie ihn der Schreiber bedrängt. Überhaupt sind es vor allem Situationen der Bedrängnis, wenn er sich dieser Floskel bedient:

> „Ei! Hols der Henker auch! Zwei Fälle gibts,
> Mein Seel, nicht mehr, und wenns nicht biegt, so brichts.“ (Vs. 553 f.)

Das ist sprichwörtliche Rede, wie sie der Umgangssprache eigentümlich ist. Sprüche, Sprichwörter und Floskeln wie diese sind kennzeichnend für die sprachliche Form des Lustspiels. Da es sich um ein solches handelt, muß man sie nicht mit Ernst überfrachten. Dennoch haben sie offensichtlich eine Funktion, die es zu ermitteln gilt. Eine wiederkehrende Floskel, die ihrerseits auf peinliche Gerichtsordnung anspielt, ist die Redewendung „den Hals ins Eisen ihm“. Der Dorfrichter bezieht sie gelegentlich auf sich selbst – in Erinnerung an einen Traum, den man kaum anders als einen Alptraum nennen kann:

> „– Mir träumt’, es hätt ein Kläger mich ergriffen,
> Und schleppte vor den Richtstuhl mich; und ich,
> Ich säße gleichwohl auf dem Richtstuhl dort,
> Und schält’ und hunzt’ und schlingelte mich herunter,
> Und judiziert den Hals ins Eisen mir.“ (Vs. 269–73)

Im Gang der Verhandlung oder der Verhöre bedient sich Adam dieser Wendung, um den ihm mißliebigen Ruprecht zu treffen:

> „Den Hals erkenn ich
> Ins Eisen ihm, und weil er ungebührlich
> Sich gegen seinen Richter hat betragen,
> Schmeiß ich ihn ins vergitterte Gefängnis.“ (Vs. 1876–79)

Eve ist entsetzt, als sie solches hört: „Den Hals ins Eisen stecken. Seid Ihr auch Richter?“ Aber gegen Ende dieser Unterredung greift selbst der Gerichtsrat unwillig diese Wendung auf und bezieht sie seinerseits auf Ruprecht:

> „Er ungezogner Mensch – Schafft hier mir Ordnung!
> – An Ihm, wenn Er sogleich nicht ruhig ist,
> Ihm wird der Spruch vom Eisen heut noch wahr.“ (Vs. 1905–07)

Zutreffend nennt er Wendungen wie diese Sprüche. Stets handelt es sich um Formen gedankenloser Rede, die etwas über das aussagen, was im Unbewußten des Menschen vor sich geht; und eine zweite Art der gedankenlosen und floskelhaften Rede ist hier anzuführen. Es sind jene Sprüche, die den Tod des anderen meinen, obschon sie nicht so gemeint sind. Ruprecht berichtet, daß er dem Eindringling einige Schläge versetzt habe, und fügt hinzu:

> „Hätt ich ihn erschlagen,
> So hätt ich ihn. Es wär mir grade recht.“ (Vs. 1544 f.)

Sein Vater denkt da nicht wesentlich anders, falls er überhaupt denkt:

> „Hör, du, verfluchter Schlingel, du, was machst du?
> Dir brech ich alle Knochen noch;“ (Vs. 1352 f.)

und im Fortgang seiner Rede vor Gericht: „Doch dann der Teufel soll den Hals ihm brechen“ (Vs. 1392). Reich an Wendungen des Totschlagens oder gewünschter Hinrichtungen ist die Redeweise der Frau Marthe. Wenn es ihre Ehre oder den Krug wiederherzustellen gilt, ist ihr jedes Mittel recht:

> „Und auf den Scheiterhaufen das Gesindel,
> Wenns unsre Ehre weiß zu brennen gilt,
> Und diesen Krug hier wieder zu glasieren.“ (Vs. 495–97)

Sie stellt Ruprecht zur Rede, und was sie ihm wünscht, sagt sie frei heraus:

> „Der Unverschämte! Der Halunke, der!
> Aufs Rad will ich ihn sehen [...].“ (Vs. 766 f.)

Später drückt sie sich noch etwas deutlicher aus:

> „Was Recht liebt, sollte zu den Keulen greifen,
> Um dieses Ungetüm der Nacht zu tilgen.“ (Vs. 1050 f.)

Auch mit der eigenen Tochter geht sie nicht sehr rücksichtsvoll um:

> „Hör, dir zerschlag ich alle Knochen!“ (Vs. 1199),

sagt sie gelegentlich, und daß jemand an den Pranger kommen kann oder dorthin gehört, geht ihr leicht über die Lippen (Vs. 1287). In ihrer Rede ist das Gewalttätige am stärksten ausgeprägt. Sie ist aber auch diejenige, die wohl am wenigsten über sich und andere weiß. Über das, was auf ihrem Krug abgebildet war, berichtet sie in völliger Unkenntnis dessen, was das Abgebildete bedeutet: der Krug zeige die Szene, in der die niederländischen Provinzen dem spanischen Philipp übergeben wurden – demselben immerhin, der die Inquisition in die Niederlande gebracht hatte und unter dessen Regentschaft von der peinlichen Gerichtsordnung des Vaters der schrecklichste Gebrauch gemacht worden ist.[56] Daß der Frau Marthe in Anbetracht solcher Unkenntnis der Krug entzweigeschlagen wurde, geschieht ihr aus höherer Sicht völlig zu Recht: es

56 Vgl. hierzu *Albert M. Reh* (Der zerbrochene Krug. In: Kleists Dramen. Neue Interpretationen. Hrsg. von Walter Hinderer, Stuttgart 1981, S. 103) mit Hinweis auf einen Aufsatz von *Oskar Seidlin*, der die Abbildung auf dem Krug anders interpretiert: What the bell tolls in Kleist's *Der zerbrochene Krug*. In: DVjs 51, 1977, S. 88.

wurde höchste Zeit, daß hier etwas zum Zweck besserer Menschenkenntnis in die Brüche ging. Aber etwas weiteres wird vornehmlich an ihrer Art zu sprechen offenkundig: ein wortspielhaftes Sprechen, das nicht der Ausdruck ihres Sprachbewußtseins, sondern weit mehr ihres Sprachunbewußtseins ist:

> „O ja. Entscheiden. Seht doch. Den Klugschwätzer.
> Den Krug mir, den zerbrochenen, entscheiden.
> Wer wird mir den geschiednen Krug entscheiden?
> Hier wird entschieden werden, daß geschieden
> Der Krug mir bleiben soll. Für so'n Schiedsurteil
> Geb ich noch die geschiednen Scherben nicht." (Vs. 417–22)

Natürlich weiß sie nicht, was alles sie hier zusammenbringt. Aber Kleist weiß es. Zwei semantische Bereiche grenzen hier – aus seiner Sicht – aneinander: der Bereich des Geschiedenen, des Entzweigebrochenen, der nicht mehr vorhandenen Einheit einerseits; und der juristische Bereich mit Wörtern wie „entscheiden" und „Schiedsurteil" zum andern. Das wortspielhafte Sprechen, weit entfernt, lustspielhafter Selbstzweck zu sein, leuchtet wie die Sprüche und Floskeln in Bereiche des Unbewußten hinein und macht offenkundig, wie bedrohlich Entgegengesetztes beieinander liegen kann, so daß es, als Wortspiel, in die Tragödie einzugehen vermag: „Küsse, Bisse, / Das reimt sich [...]" (I, S. 425, Vs. 2981 f.).

Ein weiteres Beispiel aus dem *Zerbrochnen Krug* sei angeführt. In einem der zahlreichen Verhöre – fast besteht das Drama nur aus ihnen – wird die Klinke erwähnt, die Ruprecht in der Hand gehabt hat, als er in das Zimmer Eves eindrang. Aber der Schreiber bringt nicht zufällig den Degen ins Spiel:

> „Je nun!
> Man kann sich wohl verhören. Eine Klinke
> Hat sehr viel Ähnlichkeit mit einem Degen." (Vs. 984–86)

Daß an Klinge gedacht wird, wenn Klinke gesagt wird, scheint auf Triebwünsche und Vorstellungen hinzudeuten, auf einen Bereich des Unbewußten, in dem sich gewaltsamer Tod und Töten dicht neben dem Häuslichen im Bild einer Türklinke befinden. Der Mensch, dessen Unbewußtes diese Lustspielsprache aufdeckt, ist das eine wie das andere und ist beides zugleich, aber nicht als Einheit, sondern als einer, der sich selbst als ein Gespaltener erfährt. „Ich will von ungespaltnem Leibe sein", sagt der Dorfrichter beiläufig (Vs. 1232). Wenn Frau Marthe dasselbe Wort benutzt, so kommt ihm dieselbe Bedeutung zu, deren sie selbst sich nicht bewußt ist. Bezogen auf Ruprecht sagt sie zum Gerichtsrat:

> „Und wie die Fabel, die er aufgestellt,
> Vom Kopf zu Fuß dadurch gespalten wird,
> Durch diese einzge Zung, ihr hohen Richter:
> Das überlaß ich selbst euch einzusehn." (Vs. 1336–39)

Im Wortspiel vom Geschiedenen und Entscheiden (durch ein Schiedsurteil) kommt es deutlicher zum Ausdruck. Die Spaltung des Menschen in entgegengesetzte Triebe, Wünsche und Vorstellungen, die mit dem zerbrochenen Krug zur Sprache gebracht wird, beleuchtet den jederzeit offenkundig werdenden Fall des Menschen als Folge des schon etwas zurückliegenden Sündenfalls. Aber eines Sündenfalls doch wohl, in dem der Begriff des Sünders nicht in dem Sinn gerechtfertigt wird, wie er aufgrund peinlicher Gerichtsordnungen praktiziert wird. Was Eve über Adam vorwurfsvoll sagt – „Ei, was! Der Richter dort! Wert, selbst vor dem / Gericht, ein armer Sünder, dazustehn" (Vs. 1212 f.) –, ist aus der Optik des Lustspiels nachsichtsvoll gesagt, wie bezeichnenderweise ein Wort des Gerichtsrates lautet;[57] und er selbst ist die Nachsicht in Person. Er setzt sich dafür ein, daß dem Dorfrichter die Ausweisung aus dem Lande erspart bleibt. Während der beflissene Schreiber noch einmal die peinliche Gerichtsordnung beruft – „als flöh er Rad und Galgen" – gibt der Gerichtsrat die Anweisung, ihn zurückzurufen:

> „Von seinem Amt zwar ist er suspendiert,
> [...]
> Doch sind die Kassen richtig, wie ich hoffe,
> Zur Desertion ihn zwingen will ich nicht." (Vs. 1962–66)

Daß man dieser Schlußszene Satire und Groteske unterstellt hat, ist erstaunlich.[58] Aber die etwas komischen Verhältnisse im Rechtswesen und im Menschenwesen dieser niederländischen Dörflichkeit sind kein Gegenstand der Satire, sondern Voraussetzung dafür, daß Nachsicht sein soll, wie es der Fall ist.

Mit der Nachsicht, wie sie hier wiederholt geübt wird, hängt ein Begriff aufs engste zusammen, den man als einen Schlüsselbegriff im Denken Kleists bezeichnen könnte. Es ist derjenige der Gebrechlichkeit. Sie ist in seinem Sprachverständnis etwas sehr anderes als das, was Goethe mit den Gebrechen meint, die reine Menschlichkeit zu sühnen vermag; denn Gebrechen bedeutet hier vornehmlich das, was schuldhaft getan wurde, damit es gesühnt werden kann; und eben dies könne durch reine Menschlichkeit geschehen. „Aber Gebrech-

57 Der Gerichtsrat zu Adam: „Ihr seid sehr nachsichtsvoll, Herr Richter Adam [...]" (Vs. 1243).

58 Satire und Groteske hat *Hans Joachim Schrimpf* wahrgenommen: „Jenes Quälende, Düstere, Beklemmende zu fassen, das sich einstellt, wenn die Wirklichkeit sich verfremdet [...] bietet sich annäherungsweise nur eine Stilkategorie an: die des Grotesken" (Das deutsche Drama. Vom Barock bis zur Gegenwart. Hrsg. von Benno von Wiese, Düsseldorf 1958, S. 360). Anders *Karl Ludwig Schneider*, der geltend macht, „daß dieses Werk Kleists durchgängig das Gepräge des Lustspiels besitzt und nicht nur einer an und für sich tragischen Konzeption mühsam ein paar komische oder groteske Lichter aufsetzt" (Das deutsche Lustspiel. Hrsg. von H. Steffen, Göttingen 1968, S. 179).

lichkeit ist Kleists Wort, nicht das des über fünfzigjährigen Goethe“, bemerkt Christa Wolf;[59] Gebrechlichkeit bei Kleist zielt auf die Beschaffenheit der Welt als einer gebrechlichen Einrichtung, mit der sich Michael Kohlhaas bereits vertraut zeigt, wie wir als Leser erfahren. Solche Gebrechlichkeit liegt vor, wenn festgestellt wird, daß das Rechtsproblem im *Kohlhaas* nicht nur nicht gelöst werde, sondern sich letztlich als unlösbar erweise: „als [...] verworrener Bestandteil einer verworrenen Welt.“[60] Zum andern versteht sich Gebrechlichkeit als die Gebrechlichkeit des Menschen, aber nicht als Hinfälligkeit des alternden Menschen, sondern als etwas, das seine condition humaine bezeichnet. Aus Erfahrungen wie diesen – daß Welt und Mensch gebrechlich sind – resultiert eine bestimmte menschliche Verhaltensweise. Die Einsicht in die Einrichtung der Welt, wie sie ist, und die Antwort auf sie gehören zusammen, und diese Antwort ist weithin von Nachsicht geprägt. Das bezeugt Prothoe in der *Penthesilea* als die vielleicht wichtigste Gestalt unter den Nebengestalten, wenn es darum geht, Entsetzliches erträglich zu machen. Ihr abschließendes Wort – „Ach, wie gebrechlich ist der Mensch, ihr Götter!“ – ist ein verstehendes Wort, ein Wort der verhaltenen Klage. Ein Schuldspruch ist es gerade nicht. Deutlicher noch ist der Zusammenhang von Gebrechlichkeit und nachsichtig-verzeihendem Verhalten am Ende der *Marquise von O...* ausgesprochen, wenn es heißt:

> „Er fing, da sein Gefühl ihm sagte, daß ihm von allen Seiten, um der gebrechlichen Einrichtung der Welt willen, verziehen sei, seine Bewerbung um die Gräfin, seine Gemahlin, von neuem an.“ (II, S. 143)

Keine Frage, daß Kleists Bild des Menschen nicht von reiner Menschlichkeit bestimmt ist, sondern von Mischungen der verschiedensten Art in jeweils einer Person: von Todesfurcht und Todeslust, von Menschenfuß und Pferdefuß oder von Engel und Teufel wie hier: „er würde ihr damals nicht wie ein Teufel erschienen sein, wenn er ihr nicht, bei seiner ersten Erscheinung, wie ein Engel vorgekommen wäre“. Ein solches Menschenbild, das der Zeit Sigmund Freuds näher zu sein scheint als der Goethezeit, bringt Folgerungen im Gebiete des Strafrechts mit sich, wie es sich in Kleists literarischem Werk darstellt. Sprechen wir von der strengsten dieser Strafen, von der hier zu sprechen war, so bleibt anzumerken, daß in keinem Werk das Thema explizit verhandelt wird, wie es etwa in der Literatur der zwanziger Jahre unseres Jahrhunderts der Fall ist. Aber es gibt auch keinen Text, dem zu entnehmen wäre, daß seinem Verfasser der Gegenstand gleichgültig ist oder daß Strafen als Todesstrafen gar befürwortet werden. Eine bekannte Anekdote bestätigt diesen Sachverhalt weit

---

59 Wie Anm. 15, S. 162.

60 *Fink* (wie Anm. 24), S. 103.

mehr, als daß sie ihn widerlegt. Sie handelt von einem Kapuziner, der einen Verurteilten bei scheußlichem Wetter zum Galgen begleiten muß, und als sich der Verurteilte über solche Unfreundlichkeit des Wetters beklagt, erwidert ihm dieser: „du Lump, was klagst du viel, du brauchst doch bloß hinzugehen, ich aber muß, bei diesem Wetter, wieder zurück, denselben Weg“. Soweit die bearbeitete Vorlage. Der folgende Zusatz ist Kleists Eigentum: „Wer es empfunden hat, wie öde einem, auch selbst an einem schönen Tage, der Rückweg vom Richtplatz wird, der wird den Ausspruch des Kapuziners nicht so dumm finden“ (II, S. 270).[61] Doch geht es Kleist letztlich nicht um bestimmte Rechtsprobleme, weit mehr um die Institutionen des Rechts im ganzen und um die Personen vor allem, die Recht üben. Was er zum Recht im positiven Sinn zu sagen hat, sagt er zumeist mit den Personen seiner Dichtung. Zu ihnen gehört Friedrich von Trota im *Zweikampf*, den wir kennenlernen, wie er über Akten grübelt, weit entfernt, lediglich ein Aktenmensch zu sein; und natürlich gehören in die Reihe der weithin positiv gemeinten Rechtspersonen der Kurfürst im *Prinzen von Homburg* wie der brandenburgische Kurfürst im *Michael Kohlhaas*, trotz mancher Unvollkommenheiten, die es auch in ihren Herrschaftsbereichen gibt. Nicht zuletzt aber gehört zu diesem Personenkreis der Gerichtsrat unseres Lustspiels mit dem unaufdringlichen Namen Walter. Was er mitteilt, wenn er im Gerichtsbereich des Dorfrichters Adam eintrifft, kann auf Kleists Rechtsverständnis bezogen werden:

> „Doch *mein* Geschäft auf dieser Reis ist noch
> Ein strenges nicht, sehn soll ich bloß, nicht strafen,
> Und find ich gleich nicht alles, wie es soll,
> Ich freue mich, wenn es erträglich ist.“ (Vs. 301–04)

Das ist nicht im Sinne derer gesagt, die im Richter oder im Monarchen den Beauftragten oder Stellvertreter Gottes sehen möchten. Die Rede des Dorfrichters vom göttlichen Richtstuhl versteht sich in der Optik der Komödie nur im Gegensinn des hier Gesagten. Im Bereich der Justiz am wenigsten gibt es bei Kleist den vollkommenen, den womöglich gottgleichen Menschen und Souverän von Gottes Gnaden. Seine Kaiser sind solche Gestalten keineswegs. Die Art, wie die Kaiser im *Zweikampf* wie im *Michael Kohlhaas* mit dem Recht umgehen, läßt über die Rechtskritik nicht hinwegsehen, um die es sich handelt; und Rechtskritik als Kritik am bestehenden Recht, an der bestehenden Staatsform oder an der ausübenden Justiz stellt einen wesentlichen Bestandteil seines Werkes dar. Aber auch die „positiven Helden“ innerhalb der juristisch verbauten Welt, wie sie hier erscheint, bezeugen auf ihre Art, daß nichts vollkommen

61 Die Vorform der Anekdote teilt *H. Sembdner* in den Erläuterungen seiner Ausgabe mit (II, S. 914).

ist. Zum Bild des Menschen bei Kleist gehört, daß Recht als menschliches Recht verstanden wird, als von Menschen geübtes Recht – mit eben denjenigen Unvollkommenheiten, die zu ihm gehören. Von Vollkommenheit im Sinne einer klassischen Ästhetik kann nicht entfernt die Rede sein. Auf das Unvollkommene aber, wie es sich in der gebrechlichen Einrichtung der Welt bezeugt, reagieren seine Menschen, wie es im *Zerbrochnen Krug* einerseits oder in der *Penthesilea* und im *Michael Kohlhaas* andererseits geschieht: sie reagieren komisch oder tragisch, „nachsichtsvoll“ oder rebellisch und radikal. Diese Radikalität, die nicht mörderisch ist, aber Mörderisches im Menschen aufdeckt, ist neu und unerhört. Sie ist dennoch nur die eine Seite in der Vielgestaltigkeit des Ganzen, wie sie an Todesarten und Todesstrafen dargestellt erscheint. Weil es sich um Kunstwerke handelt, wird dem Tode nirgends die Herrschaft über den Menschen und seine Gedanken eingeräumt.

Wissenschaftskritik und literarische Moderne. Zur Problemlage im frühen Expressionismus

Der Begriff Moderne ist seit längerem undeutlich geworden. Nicht erst dadurch, daß es das gibt – oder nicht gibt –, was man Postmoderne nennt; eher schon im Hinblick auf die unterschiedlichen Zeiträume, die er umspannt. Für den Soziologen Richard Münch (*Die Kultur der Moderne*, 1986) beginnt sie ab ovo, im Grunde mit unserer Zeitrechnung. Anders Jürgen Habermas: er führt ihre Anfänge in die europäische Aufklärung zurück und bezeichnet sie ausdrücklich als ein unabgeschlossenes Projekt.[1] Vollends zur Undeutlichkeit ist der Begriff dadurch verurteilt, daß er sehr Unterschiedliches bedeuten kann. Die Modernisierung in Wissenschaft, Technik oder Kriegstechnik ist eines; die Moderne, ästhetisch oder literarisch verstanden, ein anderes. Die Undeutlichkeit des Begriffs wird in erhöhtem Maße spürbar, wenn man ein Symptom wie den Nationalsozialismus in Deutschland in das Begriffsfeld einbezieht. Das geschieht wiederholt in den Schriften des Historikers Rainer Zitelmann. In einer Veröffentlichung neueren Datums, in dem von ihm herausgegebenen Sammelband mit dem Titel *Nationalsozialismus und Modernisierung*, ist die geforderte begriffliche Unterscheidung noch durchaus gewahrt. Aber schon das Vorwort weicht von der im Titel des Buches zum Ausdruck gebrachten Unterscheidung – daß hier Modernisierung gesagt wird und nicht Moderne – deutlich ab, wenn von der „Diskussion über das Verhältnis von Nationalsozialismus und Moderne“ gesprochen wird.[2] Es gibt mithin zwei Begriffe, die es mit dem zu tun haben, was wir modern nennen. Es gibt die empirische, weithin wertfreie „Sache“, die Modernisierung; und es gibt die Antwort auf die Sache in Literatur, bildender Kunst oder Musik. Es handelt sich mit anderen Worten um eine Spaltung der Begriffe, die es gibt, seit das Substantiv „die Moderne“ Ende der achtziger Jahre des vorigen Jahrhunderts in Kreisen des deutschen Naturalismus eingebracht wurde.[3] Diese Spaltung gilt es sich bewußt zu hal-

---

1 *Jürgen Habermas*, Die Moderne – ein unvollendetes Projekt (1980). In: Ders., Kleine politische Schriften I–IV, Frankfurt a.M. 1981, S. 444–464.

2 *Michael Prinz / Rainer Zitelmann* (Hrsg.), Nationalsozialismus und Modernisierung, Darmstadt 1991, S. VIII.

3 Vgl. *Fritz Martini*, Modern, die Moderne. In: Werner Kohlschmidt / Wolfgang Mohr (Hrsg.), Reallexikon der deutschen Literaturgeschichte, Berlin 1965, Bd. II, S. 409: „Die Geburtsstunde der 'Moderne' wurde der Berliner Verein 'Durch' [...] Dort formulierte *E. Wolff* in dem Vortrag *Die Moderne zur Revolution und Reform der Literatur mit den zehn Thesen* (veröff. in der Allgem. Dt. Universitätszeitung I, Nr. 1, 1. Jan. 1887,

ten. Aber sie wird vernachlässigt, wenn man Nationalsozialismus und Moderne gedankenlos zusammenbringt – wenn man die Verfolger mit den Verfolgten begrifflich „verbrüdert“. Dieser Spaltung im Wortfeld „modern“ – moderne Kriegstechnik dort und literarische Moderne hier – entspricht diejenige des Fortschritts, den wir uns seit Beginn der Moderne (im engeren Sinne verstanden) nur als gespaltenen Fortschritt denken können. Die Fortschritte in der Technik des Tötens – immer schneller, immer massenhafter – stellen eine Pervertierung derjenigen Fortschritte dar, die es mit der Humanisierung unserer Lebenswelt zu tun haben. Die Modernisierung in Gesellschaft und Wissenschaft, die Fortschritte dieser Modernisierung, will die literarische Moderne nicht rückgängig machen; sie ist weit entfernt, vormoderne Zeiten zu beschwören. Aber sie verhält sich gegenüber allen Modernisierungen und dem damit einhergehenden Fortschritt weder affirmativ noch negierend, sondern auf ihre Art: nämlich zurückhaltend, skeptisch, kritisch oder, um ein Wort dieser Moderne zu gebrauchen, ambivalent. Diese für die Moderne von Anfang an bezeichnende Ambivalenz zeigt sich bei Nietzsche in einem Aphorismus seiner Schrift *Menschliches, Allzumenschliches*. Er hat ihn mit der paradoxen Wendung *Trostrede eines desparaten Fortschritts* überschrieben. Hier heißt es:

> „Unsere Zeit macht den Eindruck eines Interim-Zustandes; die alten Weltbetrachtungen, die alten Culturen sind noch theilweise vorhanden [...]. Wir schwanken, aber es ist nöthig, dadurch nicht ängstlich zu werden und das Neu-Errungene etwa preiszugeben. Ueberdies *können* wir in's Alte nicht zurück, wir *haben* die Schiffe verbrannt; es bleibt nur übrig, tapfer zu sein, mag nun dabei dieses oder jenes herauskommen. – *Schreiten* wir nur zu, kommen wir nur von der Stelle! Vielleicht sieht sich unser Gebahren einmal wie *Fortschritt* an.“[4]

Die Einstellung zum Fortschritt ist hier in einem für Nietzsche bemerkenswert konzilianten Ton formuliert. Mit einem Gläubigen dieser Fortschrittsgeschichte, mit David Friedrich Strauß, dem Verfasser des Buches *Der alte und der neue Glaube*, geht er in der ersten der *Unzeitgemäßen Betrachtungen* weniger konziliant um. Gläubige in diesem Sinn sind auch die Schriftsteller des Naturalismus, um hier nur an weniges zu erinnern. In der Schrift *Darwins Weltanschauung* von Bruno Wille wird 1906 vom Streben nach einer harmonischen Bestätigung unserer Kräfte gesprochen, „nach jener lebendigen Wissenschaft [...], die zugleich Religiosität, Andacht ist.“[5] An solcher Gläubigkeit läßt auch

---

S. 10) das neue Programm. Nicht H. Bahr, wie überall zu lesen ist, sondern E. Wolff prägte diese Substantivierung“.

4 *Friedrich Nietzsche,* Sämtliche Werke. Kritische Studienausgabe, hrsg. von Giorgio Colli und Mazzino Montinari, München/Berlin 1980, Bd. II, S. 206.

5 *Bruno Wille,* Darwins Weltanschauung, 1906.

Gerhart Hauptmann im Rückblick auf seine Jugendjahre keine Zweifel. In der Autobiographie *Das Abenteuer meiner Jugend* hat er sich hierüber geäußert:

> „Der Grundzug unseres damaligen Wesens und Lebens war Gläubigkeit. So glaubten wir an den unaufhaltsamen Fortschritt der Menschheit. Wir glaubten an den Sieg der Naturwissenschaft und damit an die letzte Entschleierung der Natur [...]. Dieser Optimismus war schlechthin Wirklichkeit. Man mag sich durch den scheinbar verzweifelten Pessimismus der ‘Modernen Dichter-Charaktere’ nicht täuschen lassen.“[6]

Die Schriftsteller des deutschen Naturalismus verhalten sich gegenüber der modernen Naturwissenschaft und gegenüber den Modernisierungsprozessen der Gesellschaft – wie Zola – weithin affirmativ, abhängig und sich unterordnend, nachzulesen in einer der gedanklich schwächsten Schriften, in Wilhelm Bölsches Programmschrift *Die naturwissenschaftlichen Grundlagen der Poesie.* Bezeichnend ist die Gesundheitsideologie, die mit der klassizistischen Ästhetik des 19. Jahrhunderts vollkommen übereinstimmt, wenn es heißt:

> „Die Krankheit kann nicht verlangen, den Raum der Gesundheit für sich in Anspruch nehmen zu wollen, das unausgesetzte Experimentieren mit dem Pathologischen [...] nimmt der Poesie [...] ihren eigentlichsten Charakter.“[7]

Die Schriftsteller des Naturalismus sehen keine andere Möglichkeit, als im Strome der allgemeinen Kulturentwicklung mitzuschwimmen, wie sich Julius Hart 1896 in einem Beitrag über die Lyrik der Zeit ausdrückt.[8] Die literarische Moderne in dem so verstandenen Sinn ist in dem Augenblick da, in dem sich die Literatur aus ihrer Umklammerung durch die Naturwissenschaft löst und sich von ihrer Herrschaft befreit. Es handelt sich um den Akt einer zweiten Emanzipation nach der im 18. Jahrhundert vorausgegangenen Emanzipation von der Theologie. Mit dieser Befreiung sind Unabhängigkeit, Widerständigkeit und Formen kritischer Distanz, verbunden. Wo es um mehr geht als um Skepsis und Distanz, haben wir Grund, von Wissenschaftskritik zu sprechen. Sie geht einher mit einer Trennung der Kulturen, die der Physiker und Romancier C. P. Snow seinerzeit nicht begriff, weil er die Moderne in Kunst und Literatur nicht begriff.[9] Wissenschaftskritik kann sich gelegentlich in schroffen Redefor-

---

6 *Gerhart Hauptmann*, Sämtliche Werke, hrsg. von Hans-Egon Hass, Darmstadt 1962, Bd. VII, S. 1071.

7 *Wilhelm Bölsche*, Die naturwissenschaftlichen Grundlagen der Poesie. Prolegomena einer realistischen Ästhetik, Leipzig 1887, S. 12.

8 *Julius Hart*, Die Entwicklung der neueren Lyrik in Deutschland. In: Pan 4 (1896), H. 1, S. 33–40. Hier zit. nach *Erich Ruprecht* und *Dieter Bänsch*, Literarische Manifeste der Jahrhundertwende 1890–1910, Stuttgart 1970, S. 7.

9 *Helmut Kreuzer* (Hrsg.), Die zwei Kulturen. Literarische und naturwissenschaftliche Intelligenz. C. P. Snows These in der Diskussion, Stuttgart 1987.

men äußern und in Wissenschaftsfeindlichkeit umschlagen, wie etwa in dem George nachgesagten Diktum: „Von mir führt kein Weg zur Wissenschaft."[10]

Wissenschaftskritik, die ein neuartiges Verhältnis zwischen Naturwissenschaft und Literatur nach dem Naturalismus bezeichnet, ist nicht durchaus neu, wie sich an Rousseaus radikaler Akademieschrift aus dem Jahre 1750 zeigt. Aber neu ist die Verbindung, die sie nunmehr eingeht: die Verbindung mit Sprachkritik; denn das eine ist hinfort vom andern nicht mehr zu trennen. In der Entstehungszeit der Tragödienschrift Nietzsches, die dem Optimismus des wissenschaftlichen Zeitalters gründlich abschwört und deren spätere Ausgabe den Untertitel *Griechentum und Pessimismus* erhält, entsteht auch die erst 1896 veröffentlichte Schrift *Ueber Wahrheit und Lüge im außermoralischen Sinne.*[11] Von der Sprache und ihrem Trieb zur Metaphernbildung her wird der Wahrheitsgehalt von Wissenschaft problematisiert und in Frage gestellt, wie es ähnlich in *Menschliches, Allzumenschliches* geschieht, in dem Aphorismus mit der bezeichnenden Überschrift *Die Sprache als vermeintliche Wissenschaft.* Hier heißt es:

> „er [der Mensch] meinte wirklich in der Sprache die Erkenntnis der Welt zu haben [...]. Sehr nachträglich – jetzt erst – dämmert es den Menschen auf, dass sie einen ungeheuren Irrthum in ihrem Glauben an die Sprache propagiert haben."[12]

Der Neuartigkeit solcher Kritik war sich Nietzsche deutlich bewußt, und so kann es auch nicht überraschen, daß Wissenschaftskritik als Begriff von ihm explizit gebraucht und erläutert wird, wie es im *Versuch einer Selbstkritik* geschieht, die der späteren Ausgabe der Tragödienschrift vorangestellt wird:

> „Was ich damals zu fassen bekam, etwas Furchtbares und Gefährliches, ein Problem mit Hörnern, nicht nothwendig gerade ein Stier, jedenfalls ein *neues* Problem: heute würde ich sagen, daß es das *Problem der Wissenschaft* selbst war – Wissenschaft zum ersten Male als problematisch, als fragwürdig gefasst."[13]

Die Verknüpfung von Sprachkritik und Wissenschaftskritik setzt sich im Werk des jungen Hofmannsthal fort. In einem der frühen Essays, geschrieben noch vor Erscheinen von Nietzsches sprachkritischer Schrift, wird sie in einem unüberhörbar aggressiven Ton formuliert, wenn es heißt:

> „Die unendlich komplexen Lügen der Zeit, die dumpfen Lügen der Tradition, die Lügen der Ämter, die Lügen der einzelnen, die Lügen der Wissenschaften, alles

---

10 *Edgar Salin,* Um Stefan George. Erinnerung und Zeugnis, München und Düsseldorf 1954, S. 250.

11 *Nietzsche*, Kritische Studienausgabe, Bd. I, S. 873–890.

12 *Nietzsche*, Kritische Studienausgabe, Bd. II, S. 31.

13 *Nietzsche,* Kritische Studienausgabe, Bd. I, S. 13.

das sitzt wie Myriaden tödlicher Fliegen auf unserem armen Leben. Wir sind im Besitz eines entsetzlichen Verfahrens, das Denken völlig unter den Begriffen zu ersticken."[14]

Es ist üblich, von Sprachskepsis zu sprechen, wenn von Hofmannsthals *Brief des Lord Chandos* gesprochen wird[15] – einem „Dokument, das, an Konsequenz und Bedeutung, die Thesen des Naturalismus weit übertrifft", wie Walter Jens bemerkt hat.[16] Aber Sprachskepsis ist eigentlich kein zutreffender Begriff für das, was hier über Sprache gesagt und gegen sie vorgebracht wird. Es ist fundamentale Sprachkritik weit mehr, und auch hier ist sie von Wissenschaftskritik nicht zu trennen, um die es sich handelt. Der *Brief* enthält eine Absage in der Form eines Abschiedsbriefes. Sie gilt dem früheren Mentor des jungen Lord, keinem Geringeren als Sir Francis Bacon, dem Inaugurator neuzeitlicher Wissenschaft und ihrer Technik. Sie gilt einer in der Geschichte der Wissenschaften hochgeachteten Persönlichkeit, mit der sich verbindet, was fortan Epoche machen wird: ausgeprägtes Nützlichkeitsdenken, rücksichtslose Naturbeherrschung und die Devise „Wissen ist Macht" obendrein. Man muß sich die Verklärung seiner Person im 19. Jahrhundert von Macaulay bis Du Bois-Reymond vergegenwärtigen, um den abrupten Wechsel zu begreifen, der um die Wende zu unserem Jahrhundert stattfindet, einen Paradigmawechsel, wie hier mit gutem Grund gesagt werden darf. Die in Hofmannsthals *Brief* sich vorsichtig äußernde Kritik und die höflichen Formen, die gegenüber dem Mentor gewahrt werden, weichen sehr bald einer schärferen Tonlage. So in der Schrift *Entpersönlichung* von Ricarda Huch, erschienen 1922. Das dem Naturforscher gewidmete Kapitel beginnt mit dem von wenig Respekt zeugenden Satz:

> „Der Herold der modernen Weltanschauung, die den selbstbewußten Menschen oder den Verstand in den Mittelpunkt stellt, von ihm ausgeht, war der Engländer Francis Bacon, ein merkwürdiger Mann, der Grauen erregen könnte, wenn er nicht ans Komische streifte."[17]

Nicht weniger kritisch wird in einer Schrift des Prager Philosophen Oskar Kraus geurteilt, der auch im Louvre-Kreis verkehrte, den man aus der Biographie Kafkas kennt. Der Friedensgedanke Benthams wird in der 1926 veröffentlichten Schrift gegen den Machtgedanken Bacons ausgespielt.[18] Es überrascht

---

14 *Hugo von Hofmannsthal*, Gesammelte Werke in Einzelausgaben. Prosa I, Frankfurt a.M. 1950, S. 265.

15 Hierzu *Karl Pestalozzi*, Sprachskepsis und Sprachmagie im Werk des jungen Hofmannsthal, Züricher Beiträge zur deutschen Sprach- und Stilgeschichte, Zürich 1958.

16 *Walter Jens*, Statt einer Literaturgeschichte, Pfullingen 1957, S. 61.

17 *Ricarda Huch*, Entpersönlichung, Leipzig 1922, S. 43.

18 *Oskar Kraus*, Der Machtgedanke und die Friedensidee in der Philosophie der Engländer, Leipzig 1926.

nicht, daß Bacon in kritischer Beleuchtung bald auch im Theater der Weimarer Republik erscheint, in dem Stück *Elisabeth von England* von Ferdinand Bruckner (1930). Die Verbindung, die es zwischen der Entstehung der neuzeitlichen Wissenschaft und der Entstehung des Nationalismus und Imperialismus gibt, soll gezeigt werden. Alle diese Darstellungen grenzen an Abrechnung, und um eine solche handelt es sich auch in Theodor W. Adornos und Max Horkheimers Schrift *Die Dialektik der Aufklärung*. In dem Kapitel *Begriff der Aufklärung* lesen wir Sätze wie die folgenden:

> „Trotz seiner Fremdheit zur Mathematik hat Bacon die Gesinnung der Wissenschaft, die auf ihn folgte, gut getroffen. Die glückliche Ehe zwischen dem menschlichen Verstand und der Natur der Dinge, die er im Sinne hat, ist patriarchal: der Verstand, der den Aberglauben besiegt, soll über die entzauberte Natur gebieten. Das Wissen, das Macht ist, kennt keine Schranken, weder in der Versklavung der Kreatur noch in der Willfährigkeit gegen die Herren der Welt [...] Was die Menschen von der Natur lernen sollen, ist, sie anzuwenden, um sie und die Menschen vollends zu beherrschen. Nichts anderes gilt.“[19]

Auch an den Physiker und Nobelpreisträger Wolfgang Pauli ist zu erinnern, der über Bacon schreibt:

> „Sein praktisches Ziel war ausdrücklich die Beherrschung der Naturkräfte durch Entdeckungen und Erfindungen [...] Ich glaube, daß dieser stolze Wille, die Natur zu beherrschen, tatsächlich hinter der neuzeitlichen Naturwissenschaft steht.“[20]

Von einer Denkart wie dieser hat sich der junge Lord in Hofmannsthals *Brief* gelöst. Er hat nunmehr ein verändertes Verhältnis zu den Dingen und beschreibt es so:

> „Eine Gießkanne, eine auf dem Felde verlassene Egge, ein Hund in der Sonne, ein ärmlicher Kirchhof, ein Krüppel, ein kleines Bauernhaus, alles dies kann das Gefäß meiner Offenbarung werden.“[21]

Der zeitkritische Sinn solcher Aussagen ist nicht zu verkennen. Er beruht darin, daß zu der geltenden Art, die Welt und die Natur zu beherrschen, noch etwas anderes hinzutritt: ein inniger Bezug zu den Dingen gegenüber der Praxis des Zugriffs und des Verfügens, ein Gegengewicht. Mit der Absage an die bezeichnete Denkart sind in Hofmannsthals *Brief* Krankheitsmotive verbun-

---

19 *Max Horkheimer / Theodor W. Adorno*, Dialektik der Aufklärung. Philosophische Fragmente, Frankfurt a.M. 1988, S. 10.

20 *Wolfgang Pauli*, Die Wissenschaft und das abendländische Denken. In: Hans-Peter Dürr (Hrsg.), Physik und Transzendenz, 2. Aufl., Bern/München/Wien 1986, S. 200. Zur Wirkung Bacons im 19. und 20. Jahrhundert vgl. *Friedrich Wagner*, Wissenschaft und die gefährdete Welt, München 1970, dort das Register; und neuerdings *Lothar Schaefer*, Das Bacon-Projekt, Frankfurt a.M. 1993.

21 *Hofmannsthal*, Gesammelte Werke. Prosa II, Frankfurt a.M. 1951, S. 15.

den: solche des Schreibenden. Sie sind deutbar als Folgen einer krankmachenden Denkweise, die zu überwinden gesucht wird zugunsten einer veränderten Einstellung gegenüber der Natur und dem, was Hofmannsthal wie Rilke die Dinge nennen. Dieses Strukturmodell als Zusammenhang von Naturbeherrschung und krank machender Denkweise kehrt wieder in Döblins Erzählung *Die Ermordung einer Butterblume.* Macht- und Herrschaftsdenken, die krank machen, sind hier so dargestellt, daß die Natur ihr Recht einfordert, in der am Ende der Kaufmann Michael Fischer verschwindet. Mit dem Etikett einer Schizophreniestudie, wie es vergeben wurde, kann man sich nicht zufrieden geben,[22] da es neben dem Krankheitsgeschehen ein Herrschaftsdenken der Hauptfigur gibt, das der Text nicht entschuldigt. Daß das Krankheitsgeschehen bei Döblin im Vergleich mit Hofmannsthal fremdartig und verstörend dargestellt erscheint, obgleich es trotz kritischer Distanz auch Annäherungen des Erzählers zu seiner Hauptfigur gibt, hängt mit den vielfach schroffen und schockierenden Darstellungsformen zusammen, die den literarischen Expressionismus von der Literatur der Jahrhundertwende unterscheidet. Aber Kritik, sofern es sich um Wissenschaftskritik handelt, ist hier nicht eine solche von außen her, sondern von innen heraus: sie ist zumal bei Döblin „fachgebunden", von Fachwissen begleitet.

Daß Wissenschaftskritik in Wissenschaftsfeindlichkeit umschlagen kann, wurde schon gesagt, und besonders bei einigen Schriftstellern wie Benn oder Einstein ist es der Fall; nämlich dort, wo, wie in Einsteins *Bebuquin*, das Prälogische und Alogische, das gegenüber der Wissenschaft ganz andere herausgestellt wird. Aber solche als Wissenschaftsfeindlichkeit deutbaren Aussagen sind keineswegs zu verallgemeinern. Davon abgesehen gibt es bei Benn auch Aussagen der entgegengesetzten Art, Bekenntnisse zur naturwissenschaftlich-medizinischen Herkunft, wenn in der autobiographischen Schrift *Lebensweg eines Intellektualisten* gesagt wird:

> „Rückblickend scheint mir meine Existenz ohne diese Wendung zur Medizin und Biologie völlig undenkbar [...] Härte des Gedankens, Verantwortung im Urteil, Sicherheit im Unterscheiden von Zufälligem und Gesetzlichem, vor allem aber die tiefe Skepsis, die Stil schafft, das wuchs hier."[23]

Wissenschaftskritik als Stilelement moderner Literatur ist selten total. Die Schriftsteller der Moderne sind weithin poetae docti, aber nicht im trauten Beisammensein mit den Repräsentanten der gelehrten Welt. Sie sind poetae

22 *Leo Kreutzer*, Alfred Döblin, Sein Werk bis 1933, Stuttgart/Berlin/Köln/Mainz 1970, S. 32. Hier der widerlegbare Satz: „Die Erzählung ist eine regelrechte Schizophrenie-Studie".

23 *Gottfried Benn*, Gesammelte Werke, Bd. IV, hrsg. von Dieter Wellershoff, Wiesbaden 1961, S. 28.

docti auf ihre Art, nicht ergeben, beflissen oder in dienender Funktion, indem sie Wissenschaft illustrieren und verklären; sie sind es in der Unabhängigkeit kritischer Distanz. Robert Musil findet Ende der zwanziger Jahre Worte hohen Lobes für Zolas Hinwendung zur Naturwissenschaft und macht die Befassung mit ihr dem modernen Schriftsteller nachgerade zur Pflicht. Aber er beanstandet Zolas unvollständige Vorstellung von ihrem Wesen und die unrichtige Übertragung auf die Literatur.[24] Der nie ganz abgerissene Kontakt zu den Wissenschaften, aus denen diese poetae docti kommen, macht es möglich, daß nach vollzogener Emanzipation neuartige Annäherungen stattfinden; vor allem solche zwischen neuer Literatur und neuer Wissenschaft. Neue Wissenschaften – das sind um 1900 die Soziologie mit Max Weber, Alfred Weber, Werner Sombart oder mit dem der neuen Literatur verbündeten Georg Simmel; daneben sehr bald die Psychoanalyse Sigmund Freuds, dem sich von Stefan Zweig bis Thomas Mann nicht wenige Schriftsteller der literarischen Moderne verbunden fühlen. Die Bürokratiekritik in Döblins chinesischem Roman *Die drei Sprünge des Wang-lun* (1915) oder in Kafkas Amerika-Roman *Der Verschollene* (1912) liest sich partienweise so, als hätten ihre Verfasser an der Wiener Tagung des Vereins für Sozialpolitik im Jahre 1909 teilgenommen.[25]

Was Max Weber, sekundiert von seinem Bruder Alfred, gegen die Vertreter der älteren Richtung in diesem Verein wie Gustav von Schmoller ins Feld führte, hätte ebenso gut ein Schriftsteller der expressionistischen Generation sagen können. Er hat auf dieser Tagung einen denkwürdigen Diskussionsbeitrag beigesteuert und ausgeführt:

> „Daß die Welt nichts weiter als diese Ordnungsmenschen kennt – in dieser Entwicklung sind wir ohnedies begriffen, und die zentrale Frage ist also nicht, wie wir das noch weiter fördern und beschleunigen, sondern was wir dieser Maschinerie *entgegenzusetzen* haben, um einen Rest des Menschentums freizuhalten von den Parzellierungen der Seele, von dieser Alleinherrschaft bürokratischer Lebensideale."[26]

Wendungen wie „letzter Rest des Menschentums" und „Parzellierung der Seele" zeigen an, wo man die bevorzugten Gegenstandsbereiche literarischer Wissenschaftskritik zu suchen hat. Es ist dies neben der allerorten wuchernden Bürokratie vornehmlich der medizinisch-biologische Bereich mit Krankheitsbildern und Krankheitsmotiven der verschiedensten Art. Die Konzentrierung

---

24 *Robert Musil*, Zu Kerrs 60. Geburtstag. In: Gesammelte Werke, Bd. VIII, hrsg. von Adolf Frisé, Reinbek 1978, S. 1183.

25 Vgl. *Paul. Heller*, Franz Kafka. Wissenschaft und Wissenschaftskritik, Tübingen 1989, hier bes. das Kap. *Bürokratische Herrschaft*, S. 194 ff.

26 *Max Weber*, Gesammelte Aufsätze zur Soziologie und Sozialpolitik, hrsg. von Marianne Weber, 2. Aufl., Tübingen 1988, S. 414.

auf diesen Bereich, die mit Aufwertungen von Krankheit und Décadence einhergeht, hat viele Gründe, die hier nur stichworthaft mit Hinweis auf Degenerationslehren, Selektionstheorien, Vernachlässigung alles Psychischen, Rassenhygiene und schließlich Antisemitismus anzudeuten sind. Das Eindringen des Antisemitismus in das Gebiet der Medizin hat Schnitzler am eindringlichsten in seinem Drama *Professor Bernhardi* dargestellt, und natürlich handelt es sich um eine betont wissenschaftskritische Darstellung aus seiner Sicht. Diese Konzentrierung auf Themen der Medizin wird verständlich, weil „Reste des Menschentums" hier, wenn irgendwo, zu bewahren sind. Die Kritik konkretisiert sich in den veränderten Arztbildern, die es in der ästhetischen Tradition des 19. Jahrhunderts, von Ausnahmen bei Jean Paul oder Büchner abgesehen, so nicht gegeben hat. Ganz in diese Tradition zurück führt noch einmal der letzte Roman Zolas aus der Reihe der Rougon-Macquarts, der Roman *Le docteur Pascal*, in dem der Arzt zum großen Helfer der Menschheit stilisiert erscheint. Er ist 1893 erschienen. In demselben Jahr veröffentlicht Ricarda Huch ihren ersten Roman, die *Erinnerung an Ludolf Ursleu den Jüngeren*. Sie läßt darin einen Arzt auftreten, den sie als Erzählerin denkbar schlecht behandelt. Er hat sich ganz der Verwissenschaftlichung der Medizin verschrieben und scheint Psychisches nicht zu kennen. Im Text des Romans heißt es:

> „er war, wie dies sein Beruf mit sich bringen mochte, bedeutend schneidiger, rücksichtsloser und ich möchte sagen noch beschränkter geworden, indem es nun mit seelischer Eigenschaft behaftete Menschen gar nicht mehr für ihn gab, sondern nur noch nach dem Zweck variierende Organismen."[27]

Arztkritik wie diese ist in den Dramen und Erzählungen Arthur Schnitzlers immer erneut anzutreffen. Wiederholt handelt es sich um Kritik an Ärzten, die versagen, weil sie über Psychisches nicht Bescheid wissen. So der Badearzt Gräsler, der nach Mittag den Freitod seiner psychisch gefährdeten Schwester verschläft. Aber Schnitzler kennt auch den neuen, von Rassenhygiene und Sozialdarwinismus geprägten Arzttypus, der den einzelnen um des allgemeinen Volkswohls willen zu opfern bereit ist und damit denjenigen verfehlt, der ihm ärztlich am nächsten stehen sollte, eben den einzelnen. Als Erzähler läßt er an der kritischen Einstellung gegenüber solchen Arztgestalten nicht die geringsten Zweifel. Eine solche warnend gemeinte Arztfigur ist der junge Berthold Stauber in dem wichtigen Roman *Der Weg ins Freie* (1907). Was dieser Arzt im Gespräch mit seinem Vater vorbringt, könnten zeittypische Persönlichkeiten der Medizin wie Wilhelm Schallmayer, Alfred Ploetz oder August Forel gesagt haben. In diesem Gespräch führt der junge Arzt aus:

---

27 *Ricarda Huch*, Erinnerungen von Ludolf Ursleu dem Jüngeren, Berlin o. J., hier das XXIV. Kap., S. 176.

„Und gerade, wenn man ganzen Menschengruppen helfen will, muß man gelegentlich hart sein können gegen den einzelnen, ja muß imstande sein ihn zu opfern, wenn's das allgemeine Wohl verlangt. Du brauchst nur dran zu denken, Vater, daß die ehrlichste und konsequenteste Sozialhygiene direkt darauf ausgehen müßte, kranke Menschen zu vernichten, oder sie wenigstens von jedem Lebensgenuß auszuschließen [...] Du brauchst dich nicht zu fürchten, Vater, daß ich gleich damit beginnen werde, den Mord der Schädlichen und Überflüssigen zu predigen. Aber philosophisch geht mein Programm ungefähr darauf hinaus."[28]

In einer angesehenen medizinischen Zeitschrift veröffentlicht der junge Arzt-schriftsteller 1889 eine Silvesterbetrachtung, in der vorweggenommen wird, was im deutschen Expressionismus zu einer Grunderfahrung gehört: daß im Prozeß der Verwissenschaftlichung auseinanderfällt, was eigentlich zusammengehören sollte. Es heißt hier:

„Wir werden auch im nächsten Jahre viele große Ärzte unter uns haben – aber wir fürchten, nur wenig große Menschen."[29]

Dennoch sind alle diese Arztbilder noch deutlich vom Stil der Jahrhundertwende geprägt. Die Kritik dieser Schriftsteller ist im ganzen maßvoll und dezent, und kaum je handelt es sich um Karikaturen ihres Standes. Die Ärzte in diesen Texten bleiben trotz der Schwächen, die ihnen anhaften und trotz der Kritik, die sie erfahren, was sie sind. Der Schritt von der beginnenden Moderne zur Literatur des Expressionismus ist auch hier wie sonst beträchtlich. Denn nunmehr haben wir es mit Ärzten ganz anderer Art zu tun: mit solchen, die wie Carossas Doktor Bürger (1913) am Leben wie am Beruf scheitern; die wie Benns Doktor Rönne (1916) selbst der Hilfe zu bedürfen scheinen oder die sich, wie Kafkas Landarzt, überfordert fühlen:

„So sind die Leute in meiner Gegend. Immer das Unmögliche vom Arzt verlangen. Den alten Glauben haben sie verloren, der Pfarrer sitzt zu Hause und zerzupft die Meßgewänder, eines nach dem andern; aber der Arzt soll alles leisten mit seiner zarten chirurgischen Hand."[30]

Alle diese kritischen Arztbilder stellt Gottfried Benns Gedichtzyklus *Der Arzt* in den Schatten, sofern es sich hier wie im Gedichtbuch *Morgue* im ganzen um Gedichte handelt, die alle Traditionen lyrischen Sprechens sprengen. Um ein Arztbild wie in den voraufgegangenen Texten der Jahrhundertwende handelt es sich nicht, und auch die wissenschaftskritische Komponente liegt nicht offen zutage, obschon es sie gibt. Dieser Arzt wird nicht von außen her gese-

---

28 *Arthur Schnitzler*, Gesammelte Werke. Die Erzählenden Schriften, Erster Band, Frankfurt a.M. 1961, S. 906.

29 Medizinische Schriften, zusammenges. und m. e. Vorw. vers. von *Horst Thomé*, Wien/Darmstadt 1988, S. 176.

30 *Franz Kafka*, Erzählungen, hrsg. von Max Brod, New York/Frankfurt a.M. 1946, S. 151.

hen oder von einem Erzähler kritisch vorgestellt. Er selbst ist es, der hier spricht, indem er sich ausspricht, wie es in lyrischer Dichtung geschieht. Der Arzt ist mit dem lyrischen Ich dieser Gedichte identisch, wie sogleich die ersten Verse deutlich machen:

> „Mir klebt die süße Leiblichkeit
> wie ein Belag am Gaumensaum"[31]

Das Gedicht – nicht nur in diesem Zyklus – wird der medizinischen Wirklichkeit mit Leichenhalle, Krebsbaracke oder Kreißsaal ausgesetzt, der Auffassung entsprechend, die in Rilkes *Aufzeichnungen des Malte Laurids Brigge* ausgesprochen ist:

> „Es war meine Aufgabe, in diesem Schrecklichen, scheinbar nur Widerwärtigen das Seiende zu sehen, das unter allem Seienden gilt. Auswahl und Ablehnung giebt es nicht."[32]

Diese Stiltendenz wird in den *Aufzeichnungen* selbst befolgt, und man bemerkt, wie sich ein Dichter der Jahrhundertwende der expressionistischen Generation annähert. Nicht um die Morgue wie bei Benn geht es in einer Stelle gleich zu Eingang des Buches, sondern um ein Hôtel in Paris, eine Krankenanstalt, in der vornehmlich gestorben wird:

> „Dieses ausgezeichnete Hôtel ist sehr alt, schon zu König Chlodwigs Zeiten starb man darin in einigen Betten. Jetzt wird in 599 Betten gestorben. Natürlich fabrikmäßig. Bei so enormer Produktion ist der einzelne Fall nicht so gut ausgeführt, aber darauf kommt es auch nicht an. Die Masse macht es."[33]

Der Arzt, den der Schreiber dieser Auszeichnungen kennenlernt, ist einer, der ihn nicht versteht:

> „Der Arzt hat mich nicht verstanden. Es war ja auch schwer zu erzählen [...] Ich mußte lange an verschiedenen Baracken vorüber, durch mehrere Höfe gehen, in denen da und dort Leute mit weißen Hauben wie Sträflinge unter den leeren Bäumen standen."[34]

Hier wie dort artikuliert sich Kritik in der Besorgnis, daß der einzelne als der dem Arzt Nächste nichts mehr gilt. Benns *Morgue*-Gedichte sind auf ihre Art dekonstruktivistisch, gerichtet gegen eine Sprache, die nicht mehr wahr ist, und gegen ein idealistisches und beschönigendes Menschenbild, das wenigstens in der Sicht des Dichters der Vergangenheit angehört. Dieses traditionelle

---

31 *Benn*, Gesammelte Werke, Bd. III, Wiesbaden 1960, S. 11.

32 *Rainer Maria Rilke*, Sämtliche Werke, Bd. VI, besorgt durch Ernst Zinn, Wiesbaden 1966, S. 775.

33 Ebda., S. 715.

34 Ebda., S. 758.

Menschenbild wird mit dem Eingangsvers des zweiten Gedichts rücksichtslos getroffen: „Die Krone der Schöpfung, das Schwein, der Mensch." Aber diese Gedichte sind weder zynisch noch nihilistisch, schon dadurch nicht, daß es Gedichte mit Rhythmen und Klangbildern sind wie andere Gedichte auch. Kurt Pinthus, dem Herausgeber der *Menschheitsdämmerung*, ist zuzustimmen, wenn er bemerkt, daß ihre „zerstörerische Leidenschaft nicht nihilistisch, sondern aufbauend" war.[35] Deformierte Menschlichkeit wird nicht verhöhnt. Weit mehr ist Zuwendung erkennbar, ein Nachdenken über den toten Menschen, der einmal war; eine Anteilnahme, die mehr ist als naturalistisches Mitleid. Um eine neuartige Ästhetik trotz alles Widerwärtigen geht es durchaus, um eine Ästhetik des Schreiens, wie im Gedicht *Saal der kreissenden Frauen*:

> „Es wird nirgend so viel geschrien.
> Es wird nirgend Schmerzen und Leid
> so ganz und gar nicht wie hier beachtet,
> weil hier eben immer was schreit"[36]

Abermals wird nicht von außen beobachtet; das lyrische Ich, der Arzt, ist einbezogen. Die Konfrontation von Lyrik mit der dunklen Seite der Medizin hat die Gewalt und die Wucht eines Zusammenpralls. Über ihr Stück *Fegefeuer in Ingolstadt* hat Marieluise Fleißer rückblickend gesagt:

> „Das Stück ist aus dem Zusammenprall meiner katholischen Klostererziehung (sechs Jahre Internat im Institut der Englischen Fräulein in Regensburg) und meiner Begegnung mit Feuchtwanger und den Werken Brechts entstanden. Das hat sich nämlich nicht miteinander vertragen."[37]

Um eine nur individuelle Erfahrung handelt es sich nicht; ihr kommt durchaus zeittypische Bedeutung zu. Die Erfahrung des Zusammenpralls wird zu einer Grunderfahrung der expressionistischen Generation vor dem Ersten Weltkrieg: sie wird zu einer Leiderfahrung, sofern sie frei ist von kriegsvorbereitendem Denken, und das ist bei den meisten Autoren dieser Generation der Fall, sieht man von den Tagebuchaufzeichnungen Georg Heyms ab, die den Krieg herbeiwünschen, von Gedichten Heymels und wenigen anderen Dichtern dieser Generation. Die wissenschaftskritische Komponente in der Erfahrung eines solchen Zusammenpralls ist nicht zu übersehen. In seinem einleitenden Essay

35 *Kurt Pinthus* (Hrsg.), Menschheitsdämmerung. Ein Dokument des Expressionismus, Hamburg 1959, S. 14.

36 *Benn*, Gesammelte Werke, Bd. III, S. 16.

37 *Marieluise Fleißer*, Gesammelte Werke, Bd. I, hrsg. von Günther Rühle, Frankfurt a.M. 1972, S. 437.

zur Anthologie *Das expressionistische Jahrzehnt* hat Benn mit dem Abstand der Jahre auf die Bewußtseinslage dieser Zeit zurückgeblickt und gesagt:

> „Wer fragte denn sonst noch eigentlich nach dem Menschen? Etwa die Wissenschaft, diese monströse Wissenschaft, in der es nichts gab als unanschauliche Begriffe, künstlich abstrahierende Formeln.“[38]

Diese wissenschaftskritische Komponente ist in René Schickeles Zeitschrift *Die weißen Blätter* unübersehbar. Er nimmt die Maschine zum Anlaß, um Enttäuschungen zu artikulieren:

> „Die Maschine! [...] Wir stellten uns unter den Schutz eines Gottes, wie wir ihn brauchten, und statteten ihn mit diktatorischer Gewalt aus: Wissenschaft hieß der Vater, Entmenschung der Sohn;“[39]

und daß man Wissenschaft mit Menschlichkeit verwechselt habe, ist in einem nach dem Krieg veröffentlichten Beitrag derselben Zeitschrift nachzulesen.[40] Die auf die Schriftsteller des Expressionismus übertragbare Erfahrung Marieluise Fleißers bezeichnet einen Zusammenprall von Sachlichkeit und Emotionalität, von Intellektualität und Irrationalität, wie gut an Georg Heyms Text *Die Sektion* zu zeigen wäre. Alle diese Erfahrungen werden in Stil umgesetzt, in einen Epochenstil, den man als pathographisch bezeichnen könnte. Von pathographischer Technik hat Walter Jens in seiner noch immer lesenswerten Schrift *Statt einer Literaturgeschichte* gesprochen. Er führt hier aus:

> „Nicht 1889, sondern 1910 bis 1912 vollzieht sich der Umbruch; nicht Holz und Schlaf, sondern Musil und Heym, Kafka und Benn füllen jenes Vakuum, das nach Hofmannsthals berühmten Satz aus dem Brief des Lord Chandos ‘Die Worte zerfielen mir im Munde wie modrige Pilze’ entstanden war. – Nicht Dialekt und Sekundenstil, sondern die pathographische Technik des Naturwissenschaftlers, kühn und präzise zugleich, wurde das literarische Ausdrucksmittel unseres Jahrhunderts. Ein Arzt, Georg Büchner aus Goddelau in Hessen, hatte 80 Jahre zuvor die medizinische Nomenklatur zum ersten Mal der Poesie unterstellt.“[41]

Das ist zutreffend, aber auch mißverständlich formuliert; mißverständlich deshalb, weil man meinen könnte, damit seien einmal mehr die naturwissenschaftlichen Grundlagen der Poesie erwiesen, wie sie Wilhelm Bölsche in seiner Programmschrift aufgezeigt hatte. Aber gerade er hatte ja alles Pathologische im literarischen Text verworfen. Das Pathologische, die pathographi-

---

38 *Benn*, Gesammelte Werke, Bd. IV, S. 387.

39 *René Schickele,* Rede vor Mitternacht, hier zit. nach *Eva Kolinsky*, Engagierter Expressionismus. Politik und Literatur zwischen Weltkrieg und Weimarer Republik, Stuttgart 1970, S. 42.

40 *Eduard Levi*, Vom Völkerbund und vom Menschen. In: Der Revolutionär I, 13 (16. und 23.6.1919), S. 6. Zit. ebd., S. 42.

41 *Jens*, Statt einer Literaturgeschichte, S. 140.

sche Technik, ist nicht Grundlage und Voraussetzung des beschriebenen Zusammenpralls, sondern Ausdruck einer Ästhetik des Schreiens, wie sie sich bereits in Texten Gottfried August Bürgers und Clemens Brentanos geäußert hatte.[42] Näherhin ist der pathographische Stil als psychopathographischer Stil zu beschreiben. Die Psychopathographik ist in den zwischen 1910 und 1913 entstandenen Texten vorherrschend und stilprägend. Aber sie ist innerhalb der literarischen Moderne nichts durchaus Neues. Schwermut und Depression sind auch der Literatur der Jahrhundertwende vertraute Themen und Motive; und auch zuvor, wie in Fontanes Roman *Unwiederbringlich*, gibt es sie. Aber die „Krankheit meines Geistes" in der Gestalt des Lord Chandos, wie er sie selbst nennt, oder die Depressivität Claudios im lyrischen Drama *Der Tor und der Tod* äußern sich noch in wohlklingender Prosa und in Versen von großer sprachlicher Schönheit. Am stärksten nähert sich Hofmannsthal mit der *Elektra* der expressionistischen Generation und ihrem expressiven Stil an; wie er denn – nicht zufällig im Jahre 1913 – mit einer schizophrenieartigen Erkrankung der Hauptfigur des Fragment gebliebenen Romans *Andreas oder die Vereinigten* befaßt ist. Aufs Ganze gesehen bleiben aber Irrenhaus und Wahnsinn in der Literatur um 1900 weithin ausgespart. Das trifft auch für Schnitzler zu. Die erst 1931 in seinem Todesjahr veröffentlichte Novelle *Flucht in die Finsternis*, die den Ausbruch einer paranoiden Psychose erzählt, wird im Tagebuch mit dem Bemerken zurückgestellt: „Das rein pathologische ist nun einmal für die Kunst verloren."[43] Dagegen nehmen die Schriftsteller des Expressionismus das rein Pathologische durchaus in ihre Texte auf. Sie erzählen Krankengeschichten, die es mit psychischer Krankheit zu tun haben; oder sie bekunden ihre Sympathie für Irre wie Heym, Döblin oder Herzfelde. Auch Musils Moosbrugger-Geschichte im Romanwerk *Der Mann ohne Eigenschaften* ist hier zu nennen. Der Befund zu *Phantasien über den Wahnsinn*, wie Thomas Anz seine Textsammlung genannt hat, liegt vor.[44] Er ist allenfalls um den Hinweis zu ergänzen, daß auch phantastische Literatur mit psychopathischer Technik arbeitet. Aber auch hier ist Psychopathographik nicht „naturwissenschaftliche Grundlage der Poesie", sondern Ausdruck einer betont wissenschaftskritischen Denkweise, wenn es in Alfred Kubins Roman *Die andere Seite* gleich eingangs heißt:

42 Näheres zur Ästhetik des Schreiens in dem Beitrag des Verfassers, Brentanos späte Lyrik. In: Beiträge des Kolloquiums im Freien Deutschen Hochstift 1978, hrsg. von *Detlev Lüders*, Tübingen 1980, S. 239–275.

43 *Arthur Schnitzler*, Tagebuch 1913–1916, hrsg. von Werner Welzig, Wien 1983, S. 78.

44 *Thomas Anz* (Hrsg.), Phantasien über den Wahnsinn. Expressionistische Texte, München/ Wien 1980. Hier auch der provokative Prosatext des oben genannten Autors *Wieland Herzfelde*, Die Ethik der Geisteskranken, S. 127–132.

„Patera hegt einen außerordentlich tiefen Widerwillen gegen alles Fortschrittliche im allgemeinen. Ich sage nochmals, *gegen alles Fortschrittliche*, namentlich auf wissenschaftlichem Gebiet.“[45]

Mit dem gesteigerten Interesse für Psychopathographik in der Literatur gehen mehrere Veröffentlichungen im Gebiet einer betont modernen Psychiatrie einher, die das erwähnte Zusammengehen von neuer Literatur und neuer Wissenschaft erleichtern. Die Symptome der Depersonalisation beschreibt Karl Jaspers sehr eindringlich in seinem 1913 erschienenen Buch *Allgemeine Psychopathologie*. Er führt hier aus:

„Diese Verdoppelungserlebnisse, die spärlich beschrieben sind, sind höchst merkwürdig. Das eine Ich erlebt sich doppelt und ist doch eines, es lebt in beiden Gefühlszusammenhängen, die getrennt bleiben, und doch weiß es von beiden. Die Tatsache dieser Verdoppelung ist nicht zu bestreiten [...] Es ist hinzuweisen auf Äußerungen von Kranken der schizophrenen Gruppe, die von ihrem ganzen früheren Leben [...] behaupten, das seien sie gar nicht selbst, das sei ein anderer gewesen.“[46]

Zwei Jahre zuvor war ein anderes Werk der Psychiatrie, nicht weniger epochemachend, erschienen: das Buch von Eugen Bleuler *Dementia praecox oder Gruppe der Schizophrenien*. Der Verfasser gehört zu den wenigen seiner Disziplin, die sich schon damals in der Psychoanalyse auskannten und mit Freud korrespondierten. Das genannte Werk ist deshalb höchst aufschlußreich, weil es nicht, Foucault fast vorwegnehmend, an der strikten Trennung von Normalität und Wahn festhält. Der Heidelberger Psychiater Helm Stierlin hat den erweiterten Sinn von Schizophrenie, wie ihn Bleuler verstand, sehr überzeugend erläutert:

„Bei solcher Untersuchung fügte sich die Störung jedoch fast unversehens in das Panorama geläufiger menschlicher Erfahrung ein. *Bleuler* relativierte den Schizophreniebegriff und machte dadurch das schizophrene Erlebnis verständlich. Die schizophrene Störung des Denkens und der Affektivität unterschieden sich nun von normalen Weisen des Denkens und der Erfahrung nur im Hinblick auf den Grad und die Gesamtkonstellation.“[47]

Aber die an Psychopathologie interessierten Schriftsteller des Expressionismus oder ganz allgemein der literarischen Moderne stellen ein solches Krankheitsgeschehen nicht dar, um einer wissenschaftlichen Disziplin, der Psychiatrie, dienstbar zu sein oder im Sinne dieser Disziplin Diagnosen zu illustrieren.

---

45 *Alfred Kubin*, Die andere Seite (1909), hier zit. nach der Ausg. der Nymphenburger Verlagsbuchhdlg., München 1968, S. 9.

46 *Karl Jaspers*, Allgemeine Pychopathologie, Bd. I, hier zit. nach d. 4. Aufl., Berlin und Heidelberg 1946, S. 105.

47 *Helm Stierlin*, Bleulers Begriff der Schizophrenie im Lichte unserer heutigen Erfahrung. In: Psyche XVIII, 1. H. (1964), S. 630.

Döblins Erzählung *Die Ermordung einer Butterblume* ist keine Schizophrenie-Studie, wie man gesagt hat, sondern eine Erzählung.[48] Auch dieser Text bestätigt die Grunderfahrung, von der die Rede war: eine solche der kritischen Distanz und mehr noch des Zusammenpralls. Die Vielzahl der dargestellten Spaltungen des Bewußtseins stehen nicht für sich, sondern gegen ein tradiertes Weltbild der Väter. Man nennt das üblicherweise den Generationenkonflikt dieser Zeit und denkt an Texte wie Hasenclevers Drama *Der Sohn*, an Bronnens Drama *Vatermord* oder an Kafkas *Brief an den Vater*. Doch hat man diesen Konflikt nicht zutreffend erfaßt, wenn man ihn nur soziologisch als das ansieht, was sich von Zeit zu Zeit in Familien abspielt. Der Generationenkonflikt in der Zeit vor dem Ersten Weltkrieg ist angemessen nur im wissenschaftsgeschichtlichen Zusammenhang und von wissenschaftskritischen Einstellungen her zu erläutern. Es sind nicht so sehr Konflikte zwischen Vätern und Söhnen im rein familiären Sinn, sondern solche zwischen akademischen Vätern und ihren akademisch gebildeten Söhnen, zwischen Doktorvätern und ihren promovierten Schülern. Den anschaulichsten Beweis zu solchem Verständnis liefern Hans und Otto Gross, Vater und Sohn; die Verhaftung des Sohnes durch den Vater zeigt es mit aller Deutlichkeit – ein Ereignis, auf das Herausgeber expressionistischer Zeitschriften, allen voran Pfemferts *Aktion*, mit Empörung reagierten.[49] Hier prallt Verschiedenes aufeinander, besonders aber eine an der Naturwissenschaft des 19. Jahrhunderts orientierte Kriminologie mit der Psychoanalyse Sigmund Freuds, die sein Schüler Otto Gross zu einer Sozialpsychiatrie hin zu erweitern suchte.[50] Das sehr aufregende Dokument eines solchen Zusammenpralls im wissenschaftsgeschichtlichen Sinn ist Gottfried Benns szenische Prosa *Ithaka*, veröffentlicht 1914, noch vor Ausbruch des Ersten Weltkriegs. Es handelt sich um den Zusammenstoß des Medizinassistenten Rönne und einiger Studenten mit einem etablierten Professor der Medizin. Dieser Zusammenstoß endet blutig und zum Nachteil des Professors, der regelrecht an die Wand gedrückt wird und zu Tode kommt. Joachim Kaiser ist überzeugt: dies sei präfaschistische Mentalität, und der Fall Benns im April 1933, seine Rundfunkrede mit dem Titel *Der neue Staat und die Intellektuellen*, muß zum Beweis dieser These herhalten. Wörtlich heißt es:

> „*Ithaka* scheint mir ein Schlüsseltext zu sein, wie Brechts ja auch auf Mord hinauslaufendes und verbotenes *Maßnahme*-Drama ein großartiges Schlüsselstück war.

---

48 Hierzu Anm. 22.

49 Näheres in der Schrift des Verfassers, Die Deportation des Menschen. Kafkas Erzählung *In der Strafkolonie* im europäischen Kontext, Stuttgart 1986, dort S. 67 ff.

50 Hierzu *Emanuel Hurwitz*, Otto Gross. Paradies-Sucher zwischen Freud und Jung, Zürich 1979.

> Wer dergleichen als Potentialis in sich hat, kann sich verwandeln, hinzulernen, Akademie-Mitglied und 'demokratisch' werden. Aber wenn dann die Stunde der rauschhaft veränderten historischen Lage schlägt – dann ist es kein seltsamer Zufall, daß für kurz oder länger alle Sicherungen durchbrennen [...] Über die Zusammenhänge zwischen Leidensdruck, expressionistischer Irrationalität und brutalfaschistischer Gewalt ist noch viel nachzudenken."[51]

Aber der Rausch – „Wir wollen Dionysos und Ithaka" – ist mit Hinweis auf Nietzsches Tragödienschrift nicht unbesehen als präfaschistischer Irrationalismus abzutun; und die Beseitigung des Medizinprofessors ist keine Anweisung zum Mord – so wenig hier wie in expressionistischen Dramen sonst oder in der Sprache Freuds. Die Veröffentlichung in Schickeles Zeitschrift *Die weißen Blätter* spricht gegen die unterstellte Mentalität. Mit kriegsvorbereitendem Denken hat dieser Text nichts zu tun – es sei denn im Hinblick auf den machtbewußten und von Herrschaftsdenken bestimmten Professor, der nur gelten zu lassen scheint, was seiner Wissenschaft dient:

> „Betreiben Sie Ihre Mystik! Berechnen Sie den Sitz der Seele aus Formeln und Korollarien, aber lassen Sie uns ungeschoren. Wir stehen über die Welt verteilt, ein Heer Köpfe, die beherrschen, Hirne, die erobern. Was aus Stein die Axt schnitt, was Feuer hütete, was Kant gebar, was die Maschinen baute, das ist in unserer Hut. Unendlichkeiten öffnen sich."[52]

Ohne Frage ein auf Herrschaft und Eroberung gerichtetes Denken, das hier ein Repräsentant der gelehrten Welt vertritt. Das ist, sieht man auf die geistige Situation am Vorabend des Ersten Weltkriegs, nicht erfunden. Nur von dem wissenschaftsgeschichtlichen Hintergrund her sind die Generationenkonflikte in diesen Texten deutbar. An den Kontext, an die Gegenwelt als die Vaterwelt der expressionistischen Generation, ist mit einigen Hinweisen zu erinnern.

Das Jahr 1913 war ein Jubiläumsjahr, ein Jubeljahr höchstkaiserlichen Gepräges. Es ist wissenschaftsgeschichtlich gesehen eine Epoche ungeheurer Triumphe. In politisch-gesellschaftlicher Hinsicht ist es das Jahr der hundertsten Wiederkehr der Völkerschlacht bei Leipzig, die zu feiern ist; und ein Wagnerjahr ist es obendrein. Mit Wissenschaft hat dieses Ereignis nicht viel zu tun, sieht man von der wenig glücklichen Architektur des Denkmals und der damit verbundenen Technik ab. Aber wie eng die Wissenschaft des Kaiserreichs mit seiner Politik und der Person des Kaisers verknüpft ist, zeigt sich auch hier. Ein repräsentativer Monumentalband mit dem Titel *1913. Ein Gesamtbild der Kulturentwicklung* war erschienen. In ihm kamen vor allem die Vertreter der

---

51 *Joachim Kaiser*, Beglaubigt Leidensdruck den terroristischen Rausch? Eine *Ithaka*-Betrachtung. In: Jahrbuch der Bayerischen Akademie der Schönen Künste, München 1987, S. 257 f.

52 *Benn*, Gesammelte Werke, Bd. II, S. 299.

Naturwissenschaften, der Medizin, der Technik, aber auch des Heeres und der Flotte zu Wort, und sie nutzten den Raum, der ihnen geboten wurde, zu exzessiven Selbstdarstellungen auch aus. Selbstbewußtsein der eigenen wissenschaftlichen Disziplin und Machtbewußtsein politischen Gepräges sind ununterscheidbar eins geworden in diesen Beiträgen; auch in solchen, die auf den Krieg hin vorbereiten oder mit ihm bereits sicher rechnen, fehlt es nicht. Der Fortschrittsglaube lebt in nahezu allen Aufsätzen ungebrochen fort, und von der Machbarkeit aller Dinge wie von der Lösbarkeit aller Welträtsel ist man überzeugt. Ein Jahr zuvor war ein stolzes Passagierschiff, die „Titanic", in den Fluten des Ozeans versunken. Das ist für den Verfasser des Artikels über Schiffsbautechnik Grund genug, über die „Unsinkbarkeit" von Schiffen nachzudenken, wie der hierzu erfundene Terminus lautet.[53] Auch außerhalb dieses Prachtbandes gibt das Gedenkjahr Anlaß zu kriegsermunternder Rede. Der 1908 mit dem Nobelpreis ausgezeichnete Philosoph Rudolf Eucken ruft fünf Jahre später, also 1913, zur *Sammlung der Geister* auf, wie der Titel einer Schrift lautet. Wir lesen die folgenden Sätze:

> „So ist zunächst von jedem Einzelnen zu verlangen, daß er den großen Fragen sich mehr verpflichtet fühle und mehr Verantwortlichkeit für das Ganze auf sich nehme. In ruhigeren Zeiten mag das minder notwendig sein, heute aber befinden wir uns in einem geistigen Kriegszustand, und wie im Kriege sich niemand der Mitwirkung entziehen darf, so sollte es auch in geistigen Kämpfen die eigene Überzeugung fordern."[54]

Ein anderer Nobelpreisträger, der Chemiker Wilhelm Ostwald, greift 1913 in die Debatte einer Zeitschrift ein, in der es um Straffreiheit bei Tod auf Verlangen geht. Der Nobelpreisträger rechtfertigt diese Forderung mit der sozialdarwinistisch gemeinten Begründung, daß Krankheiten, es handelt sich in erster Linie um unheilbare, eine Einengung und Verminderung der sozialen Leistungsfähigkeit der Leidenden bedeuten. Sie seien daher zunächst einzuschränken, später auszutilgen. In einer abschließenden Stellungnahme wird festgestellt: die einzig vertretbare wissenschaftliche Ethik sei die Nützlichkeit, und dies im Hinblick auf unheilbar Kranke![55] In dieser Debatte wird, soweit ich sehe, das Wort „Euthanasie" zum erstenmal gebraucht, um damit eine Tätig-

---

53 *P. Krainer*, Schiffbau. In: Das Jahr 1913. Ein Gesamtbild der Kulturentwicklung, hrsg. von D. Sarason, Leipzig 1913, S. 263. Zu den sonstigen Feiern ist hinzuweisen auf den Beitrag von *Wolfram Siemann*, Krieg und Frieden in historischen Gedenkfeiern des Jahres 1913. In: Dieter Düding / Peter Friedemann / Paul Münch (Hrsg.), Öffentliche Festkultur. Politische Feste in Deutschland von der Aufklärung bis zum Ersten Weltkrieg, Reinbek 1988, S. 298–320.

54 *Rudolf Eucken*, Zur Sammlung der Geister, Leipzig 1913, S. 123.

55 Das monistische Jahrhundert, H. 13 vom 28. Juni 1913, S. 339.

keit des Tötens zu bezeichnen. Diese schon vor dem Krieg geführte Diskussion mündet nach dem Krieg in die 1920 veröffentlichte Schrift mit dem Titel *Die Freigabe der Vernichtung lebensunwerten Lebens* ein, die der namhafte Strafrechtslehrer Karl Binding und der nicht weniger namhafte Psychiater Alfred Erich Hoche zu verantworten haben. Der Titel der Zeitschrift, in der diese Diskussion geführt wurde, ist dieser: *Das monistische Jahrhundert. Zeitschrift für wissenschaftliche Weltanschauung und Weltgestaltung.* Sie ist das Organ des von Ernst Haeckel begründeten Monistenbundes, in dem sich diejenigen zusammengeschlossen haben, die von der Einheit der Welt, der Wissenschaft, der Persönlichkeit und von der Einheit überhaupt überzeugt sind – so sehr, daß diese Überzeugung in eine Art von Religionsersatz übergegangen ist.

Die Stimmungslage der Schriftsteller, nicht nur der jüngeren des Expressionismus, ist dem Hochgefühl der gelehrten Väter weithin entgegengesetzt. Nur einige Äußerungen aus dem Jahre 1913 seien angeführt. Gegenüber dem von Schwermut gezeichneten Freund Leopold von Andrian-Werburg schreibt Hofmannsthal im August 1913:

> „Dieses Jahr hat mich Österreich sehen gelehrt, wie 30 vorhergehende Jahre es mich nicht sehen gelehrt hatten [...] ich habe das Vertrauen vor dem obersten Stand, dem hohen Adel [...] völlig verloren [...] wir haben eine Heimat, aber kein Vaterland – an dessen Stelle nur ein Gespenst. Daß man für dieses Gespenst vielleicht einmal das Blut seiner Kinder wird hingeben müssen, ist bitter zu denken.“[56]

Unmißverständlich lesen sich die Äußerungen Thomas Manns vom November 1913, geschrieben wenige Wochen nach den Feiern zum Gedenken an die Völkerschlacht bei Leipzig:

> „die immer drohende Erschöpfung, Skrupel, Müdigkeit, Zweifel, eine Wundheit und Schwäche, daß mich jeder Angriff wie auf den Grund erschüttert [...] eine wachsende Sympathie mit dem Tode, mir tief eingeboren: mein ganzes Interesse galt immer dem Verfall, und das ist es wohl eigentlich, was mich hindert, mich für Fortschritt zu interessieren.“[57]

Fügen wir noch hinzu, was der unglückliche Trakl in einem Brief aus demselben Jahr 1913 schreibt:

> „Es ist ein so namenloses Unglück, wenn einem die Welt entzweibricht, O, mein Gott, welch ein Gericht ist über mich hereingebrochen.“[58]

---

56 *Hugo von Hofmannsthal / Leopold von Andrian*, Briefwechsel, hrsg. von Walter H. Perl, Frankfurt a.M. 1968, S. 200.

57 *Thomas Mann / Heinrich Mann*, Briefwechsel 1900–1949, hrsg. von Hans Wysling, Frankfurt a.M./Wien/Zürich 1968, S. 104.

58 *Georg Trakl*, Nachlaß und Biographie, hrsg. von Wolfgang Schneditz, Salzburg 1949, S. 50.

Die entzweigebrochene Welt – damit sieht man sich abermals auf die Einheit der Welt verwiesen, an die die einen glauben, während sie von den anderen in Frage gestellt wird. Kurt Tucholsky ironisiert und persifliert den Monismus in der Gestalt der Medizinstudentin Lissy Aachner, die noch am Ende der idyllenartigen Erzählung *Rheinsberg* (1912) auftritt. Sie wisse über alles Bescheid, heißt es, und sie habe feste Begriffe, an denen nicht zu rütteln sei; und wörtlich:

> „Sie sei Monistin [...] Sie sei erfüllt von dem Glauben, daß alles sich auf natürlicher Grundlage nach Maßgabe der Umstände aufbaue [...] Und diese Umstände erkennen, das sei es, fuhr stud. med. Aachner fort, worauf es ankäme [...] *Erkenntnis*, das sei das Wort! Wohin sollte es führen, wenn wir auf der Stufe alter Barbarenvölker ständen [...] Wie wolle man sich denn vor Liebesschmerz hüten, ohne die Elemente dieses Affekts, die Liebe und den Schmerz, analysieren zu können."[59]

Die Schriftenreihe *Der jüngste Tag* wird 1913 mit Werfels Gespräch des Dichters mit dem Erzengel eröffnet, und beiläufig geäußerte Kritik am Monismus gibt es auch hier:

> „Kennt ihr euch denn, ihr Menschen? Ihr Armen, Armen, einfältig Schlauen! Und du, überlegener Herr Professor, wackerer Monist, was weißt du denn von dir und Welt? Armer, einfältiger Schlauer!"[60]

Erst recht wird den Einheitsdenkern in Carl Einsteins „verrückter" Prosa *Bebuquin oder die Dilettanten des Wunders* (1912) eine Lektion erteilt:

> „Es gibt viele Logiken, mein Lieber, in uns, welche sich bekämpfen, und aus deren Kampf das Alogische hervorgeht. Lassen Sie sich nicht von einigen mangelhaften Philosophen täuschen, die fortwährend von der Einheit schwatzen und den Beziehungen aller Teile aufeinander, ihrem Verknüpftsein zu einem Ganzen."[61]

Ihren literarisch überzeugenden Ausdruck findet der Widerwille gegen Monismus und Einheitsdenken im Motiv der Bewußtseinsspaltung. Die wissenschaftskritische Komponente zielt auf einen zur Religion gewordenen Wissenschaftsglauben, der in der Person Ernst Haeckels zu starrer Ideologie geworden ist und der zumal aus der Sicht moderner Psychiatrie mit Bleuler und Jaspers in Frage gestellt erscheint.

Von den Motiven der Bewußtseinsspaltung als Krankheitssymptomen in Hofmannsthals Romanfragment *Andreas oder die Vereinigten* war schon die Rede. Auffallend verwandt ist die Darstellung solcher Spaltungen dort, wo es um die Verselbständigung einzelner Gliedmaßen geht, die nicht mehr dem Zentral-

---

59 *Kurt Tucholsky*, Gesammelte Werke, Bd. I, hrsg. von Mary Gerold-Tucholsky / Fritz Raddatz, Reinbek 1975, S. 72.

60 *Franz Werfel*, Die Versuchung. In: Der jüngste Tag. Die Bücherei einer Epoche, Faksimile-Ausgabe, Bd. I, Frankfurt a.M./Wien/Zürich 1970, S. 28.

61 *Carl Einstein*, Gesammelte Werke, hrsg. von Ernst Nef, Wiesbaden 1962, S. 201.

nervensystem gehorchen, sondern sich zu eigenen Subjekten aufwerfen. So heißt es in Gustav Meyrinks Roman *Der Golem* (1915):

> „Meine Haut, meine Muskeln, mein Körper erinnerten sich plötzlich, ohne es dem Gehirn zu verraten. Sie machten Bewegungen, die ich nicht wünschte und beabsichtigte. Als ob meine Glieder nicht mehr mir gehorchten.“[62]

In Benns Novellenzyklus *Gehirne*, 1916 erschienen, erfährt der Nervenarzt Dr. Rönne mit der Subjektwerdung der eigenen Hände eine tiefgehende Verstörung und Entfremdung:

> „Oft, wenn er von solchen Gängen in sein Zimmer zurückgekehrt war, drehte er seine Hände hin und her und sah sie an [...] Oft fing er etwas höhnisch an: er kenne diese fremden Gebilde, seine Hände hätten sie gehalten. Aber gleich verfiel er wieder: sie lebten in Gesetzen, die nicht von uns seien und ihr Schicksal sei uns so fremd wie das eines Flusses, auf dem wir fahren.“[63]

Auch in Döblins Erzählung *Die Ermordung einer Butterblume* gibt es das Selbständigwerden der Teile gegenüber dem Ganzen, wie der Kaufmann Michael Fischer erfahren muß:

> „Die Füße begannen ihn zu grimmen. Auch sie wollten sich zum Herrn aufwerfen, ihn empörte ihr eigenwilliges Vorwärtsdrängen. Diese Pferdchen wollte er bald kirren. Sie sollten es spüren.“[64]

Schließlich das Selbständigwerden der eigenen Gliedmaßen, wie es Gregor Samsa in Kafkas Erzählung *Die Verwandlung* eines Morgens bemerkt:

> „Seine vielen im Vergleich zu seinem sonstigen Umfang kläglichen dünnen Beine flimmerten ihm hilflos vor den Augen.“[65]

Wie den *Prozeß*-Roman hat man auch diese aus der deutschen Literatur des 20. Jahrhunderts herausragende Erzählung als eine Krankengeschichte im klinischen Sinne interpretiert, als den Ausbruch einer Psychose.[66] Daß hier mit Symptomen psychischer Krankheit, mit solchen der Depersonalisation und der

---

62 *Gustav v. Meyrink*, Der Golem (1915), hier zit. nach der Ausg. der Büchergilde, Frankfurt a.M./Wien/Zürich 1969, S. 34.

63 *Benn*, Gesammelte Werke, Bd. II, S. 16 f.

64 *Alfred Döblin*, Die Ermordung einer Butterblume. Ausgewählte Erzählungen 1910–1950, hrsg. von Walter Muschg, Olten/Freiburg i. Br. 1962, S. 46.

65 *Kafka*, Erzählungen, S. 71.

66 *Gerhard Irle*, Der psychiatrische Roman, Stuttgart 1965, S. 84: „[...] dem Psychiater will es darüber hinaus scheinen, als ob hier ganz konkret eine Art des Erlebens dargestellt wird, wie sie sich beim Sturz in eine Psychose ergeben kann.“ So auch neuerdings *Gabriele Michel, Die Verwandlung* von Franz Kafka – psychopathologisch gelesen. Aspekte eines schizophren-psychotischen Zusammenbruchs. In: Jahrbuch für Internationale Germanistik XXIII (1991), H. 1, S. 69–92.

Bewußtseinsspaltung, gearbeitet wird, ist keine Frage. Dennoch ist die Deutung der Erzählung als einer Krankengeschichte aus meiner Sicht völlig abwegig, weil ganze Motivkomplexe – der Gang zum Fenster, das Geld, die Schläfrigkeit – unberücksichtigt bleiben. Eben diese Schläfrigkeit läßt Gregor Samsa in dem Maße hinter sich, in dem er sich als Tier erkennt und mit seiner Lage zunehmend abfindet. Er tritt, weit entfernt, sich in einer Psychose zu befinden, in einen Erkenntnisprozeß ein, und das Ergebnis dieses Prozesses ist die Einsicht, daß er sterben müsse, daß das Physische und das Geistige nicht zusammenkommen. Das Ergebnis seines Nachdenkens ist die Erfahrung einer Spaltung, wie sie bereits mit dem Aufwachen aus unruhigen Träumen erfahren worden war, wenn er sich zum Tier verwandelt sah, aber nicht verwandelt *war*. Im Reflexivpronomen und der damit verbundenen Reflexion liegt der Schlüssel des Verständnisses. Daher kein Märchen und auch kein Antimärchen! Indem er sich verwandelt findet, erkennt er, was er immer war, ohne es vorher erkannt zu haben. Die Situation des Menschen in der modernen Welt als die eines Tieres lernt er begreifen, und im Prozeß dieses Begreifens wird sich Gregor Samsa auch seiner Spaltung bewußt. Die psychiatrischen Symptome dienen dazu, die Situation des Menschen in der modernen Welt zu verdeutlichen. Krankheit ist Metapher für anderes. Das Bild des Menschen erhält eine Schattierung zum Dunkeln hin und ist gegenüber der Vätergeneration und gar gegenüber der Fortschrittsgläubigkeit Ernst Haeckels und seines Monistenbundes ein gänzlich anderes, vergleichbar mit Gedanken Freuds, wenn er von den Kränkungen spricht, die dem Menschen seit Beginn der Neuzeit zugefügt wurden, und die jüngste beruhe darin, „daß das Ich nicht mehr Herr ist im eigenen Haus“.[67]

Dennoch ist der pathographische Stil im wissenschaftskritischen Sinn nicht das augenfällige Stilmerkmal in der Verfahrensweise Kafkas. Das Juristische, dieses im weitesten Sinne verstanden, ist es weit mehr. Und dabei geht es durchaus noch um anderes als lediglich um inhaltliche Themen und Gegenstandsbereiche. Die Begriffe des Rechtswesens und besonders des Strafrechts wie Verhör, Urteil, Schuldspruch oder Strafe zeigen es an. Sie lassen sich um so eher in Literatur überführen, als es sich um Redeformen handelt.[68] Der Schuldfrage, als Existenzschuld, Schuldgefühl oder Schuldspruch, kommt dabei eine Bedeutung zu, wie es zuvor nur bei Dostoevskij der Fall gewesen

---

67 *Sigmund Freud*, Studienausgabe, 10 Bde., hrsg. von Alexander Mitscherlich, Angela Richards und James Strachey, Frankfurt a.M. 1969–1974, Bd. I, S. 284.

68 Hierzu die erhellenden Studien von *Ulf Abraham*, Der verhörte Held. Recht und Schuld im Werk Franz Kafkas, München 1985; *Hans Helmut Hiebel*, Die Zeichen des Gesetzes. Recht und Macht bei Franz Kafka, München 1983.

war, dem Kafkas Denken viel verdankt.[69] Die wissenschaftskritische Komponente kommt in diesem Rechtsbereich ebenso zu ihrem Recht wie die „Verinnerung des Erzählens" im Graben nach der Schuld in sich selbst.[70] Und auf einzigartige Weise erhält die doppelte Optik im Erzählen ihren Rang, die darin beruht, daß kritisch nach zwei Seiten hin gedacht wird: die Schuldsprüche der Richter werden ebenso zur Rede gestellt wie die Schuld des einzelnen, der sie nicht annehmen will. Das Psychopathologische und das Juristische bilden im Werk Kafkas eine Art Personalunion. Es gibt sie in verwandter Weise auch in der Dichtung Georg Heyms, in seiner Sympathie für Gefangene und Irre, im pathographischen Stil des Prosatextes *Die Sektion* wie in den als Karikaturen vorgeführten Professoren, die Rechtsprofessoren sind:

> „Doch plötzlich wächst ihr Maul. Ein weißer Sturm
> Von Geifer. Stille dann. Und auf dem Rand
> Wiegt sich der Paragraph, ein grüner Wurm."[71]

Aber nicht um solche Formen der Personalunion soll es in einem letzten Kapitel gehen, sondern um Rechtswissenschaft: als Gegenstand literarischer Kritik, die sich deutlicher erst in der Zeit des Expressionismus selbst entfaltet. In der Literatur um 1900 gibt es sie kaum, von Karl Kraus gewiß abgesehen, dessen *Fackel* 1899 zu erscheinen beginnt. In ihr werden die Beiträge veröffentlicht, die 1908 in dem Buch *Sittlichkeit und Kriminalität* eingegangen sind. In demselben Jahr (1899) erscheint auch das Erfolgsbuch des Jahrhunderts, Haeckels *Welträtsel*, in dem ein Kapitel über Rechtspflege enthalten ist. Kritisch wird angemerkt:

> „Niemand wird behaupten können, daß deren heutiger Zustand mit unserer fortgeschrittenen Erkenntnis des Menschen und der Welt in Einklang steht."[72]

Aber was kann das heißen und woran hat man zu denken? Sicher nicht an eine Liberalisierung des Strafrechts bei einem Gelehrten, der es gewohnt ist, strafverschärfend zu denken. In einer Umfrage in der *Deutschen Juristen-Zeitung* von 1911 über die Beibehaltung oder Abschaffung der Todesstrafe spricht er sich entschieden für ihre Beibehaltung aus, und in der Schärfe der Tonart übertrifft er alle übrigen Beiträger, die sich wie der Strafrechtslehrer Karl Binding

---

69 Diesen Zusammenhang behandelt ausführlich *Claus Hebell* in seiner Münchner Dissertation (1981), Rechtstheoretische und geistesgeschichtliche Voraussetzungen für das Werk Franz Kafkas, analysiert an dem Roman *Der Prozeß*, Hamburg 1981, bes. S. 220 ff.

70 Zur Verinnerung des Erzählens vgl. *Erich von Kahler*, Untergang und Übergang. Essays, München 1970, S. 52–197.

71 *Georg Heym*, Dichtungen und Schriften. Gesamtausgabe, Bd. I, hrsg. von Karl Ludwig Schneider, Hamburg 1964, S. 157.

72 *Ernst Haeckel*, Die Welträtsel, Stuttgart 1899, S. 16.

oder der Graecist Ulrich von Wilamowitz-Moellendorff ihrerseits kein Blatt vor den Mund nehmen. Haeckel führt aus, und immerhin ist es ein gewesener Arzt, der hier spricht:

> „Gemeingefährliche *geisteskranke* Verbrecher, bei denen an keine Besserung zu denken ist – z. B. Mörder, die rein aus krankhafter Mordlust unschuldige Menschen umgebracht haben –, sind ebenfalls aus leicht ersichtlichen Gründen möglichst bald aus der Welt zu schaffen."[73]

Diese Umfrage und die deutliche Tendenz ihrer Initiatoren ist kein Ruhmesblatt in der Geschichte der deutschen Jurisprudenz und derjenigen, die sich daran beteiligt haben, unter den Schriftstellern sind es Ludwig Fulda und Paul Heyse. Aber ausgelöst wurde diese Umfrage offensichtlich durch einige Schriftsteller, die ihrerseits eine Umfrage veranstaltet hatten, aber mit gegenläufiger Tendenz, also für die Abschaffung dieser Strafart. Diese Diskussion fand statt im ersten Jahrgang der von Wilhelm Herzog herausgegebenen Zeitschrift *Pan* (1911). Hermann Bahr leitet sie ein mit dem lapidaren Satz: „Mord bleibt Mord, auch wenn er verstaatlicht wird."[74] Auch Heinrich Mann beteiligt sich an dieser Debatte. Er macht geltend:

> „Ich halte dafür, daß das Menschengeschlecht verantwortlich zu machen ist für Alles, was es hervorbringt. Wenn es auf seine großen Männer stolz sein möchte, soll es gefälligst auch seine Verbrecher leben lassen, und zwar als Menschen."[75]

Heinrich Mann hat nicht aufgehört, sich für die Abschaffung der Todesstrafe zu verwenden, sicher am eindringlichsten in dem Roman *Der Kopf*, dem letzten aus der Trilogie der Kaiserreich-Romane (1925). Schon im Hinblick auf solche Aktivitäten wäre es angebracht gewesen, sie wenigstens zu erwähnen, als man unlängst in Tages- und Wochenzeitungen, wie verabredet, sein literarisches Werk zu erledigen suchte. Diese Aktivitäten des politischen Schriftstellers Heinrich Mann sind keineswegs als bloße Gesinnung oder als „Gesinnungsästhetik" abzutun. Einige Jahre später, im Jahre 1915, mitten im Krieg gegen Frankreich, veröffentlicht er seinen von leidenschaftlicher Fürsprache bestimmten Essay über Zola. Man fragt sich, wie das geschehen kann, wie ein dem Expressionismus nahestehender Schriftsteller auf den Wortführer des Naturalismus zurückkommt, einer literarischen Epoche, von der man sich weit entfernt hatte. Aber das Interesse Heinrich Manns gilt am wenigsten dem Romancier und dem Naturalisten. Mit der Wissenschaftsgläubigkeit Zolas hat

---

73 Deutsche Juristen-Zeitung, XVI. Jg. 1911, Sp. 14.

74 Pan I (1911), S. 177.

75 Ebda., S. 179 f.

Heinrich Mann nichts im Sinn, noch weniger mit dessen Sozialdarwinismus, von dem gesagt wird:

> „Der Überschwang seiner Selbstbehauptung im neunzehnten Jahrhundert, ist rauher Darwinismus [...] und der Kampf des Lebens blieb geheiligt.“[76]

Dagegen fällt alles Licht auf den Verfasser des offenen Briefs *J'accuse*. Der unerbittliche Kritiker der Justiz in der Nachfolge Voltaires wird gefeiert. Der Essay ist ganz auf dieses Engagement Zolas hin komponiert: auf seinen Durchbruch zur Moderne; denn mit der neuartigen Kritik an Gegenständen der Rechtswissenschaft, an Recht, Gesetz und Justiz, läßt Zola die ungebrochene Wissenschaftsgläubigkeit hinter sich, die für den europäischen Naturalismus charakteristisch gewesen war und die sein Schaffen geprägt hatte. Diese Justizkritik, das bleibt festzuhalten, wird verstanden als Ausdruck demokratischer Kultur, wie Heinrich Mann 1915 in der von Wilhelm Herzog herausgegebenen Zeitschrift *Forum* sagt.[77]

Der Dreyfus-Skandal, um den es geht, wenn hier Zola gefeiert wird, ist im Blick auf die Entstehung der literarischen Moderne nichts Nebensächliches. Er ist im Gegenteil ein Ereignis auch der Literatur, das stilbildend wirkte, eine Art Initialzündung. Und auch insofern trägt er zur Entstehung der literarischen Moderne bei, als durch ihn eine für die Moderne kennzeichnende Widerständigkeit verstärkt wird. Vor allem aber wird von nun an eine Verbindung befestigt, die man so nur im deutschen Sprachgebiet wahrnimmt und die aus der modernen Literatur, im Deutschen Reich wie in Österreich, im ersten Drittel unseres Jahrhunderts nicht wegzudenken ist: die Verbindung von literarischer Moderne und Judentum. Daß sich die erwähnte Widerständigkeit nicht nur auf die etablierte Ordnung in Verwaltung und Regierung richtet, sondern ebenso auf Wissenschaften, in denen es Fehlentwicklungen gibt, kann nach dem Gesagten kaum überraschen.[78] Die Wunde Dreyfus als eine solche der europäischen Kultur hat mancherlei mit Fehlentwicklungen in den Wissenschaften zu tun: in Eugenik, Rassenbiologie oder Rassenhygiene. Der Antisemitismus ist ungeachtet aller Ruhmestaten in Wissenschaft und Technik ein Produkt solcher Fehlentwicklungen; wenigstens ist er ein Nebenprodukt. In Zeiten wie diesen, die von Minderheiten als Bedrohung erfahren werden, sind Anwälte gefragt – Rechtsanwälte, nicht Staatsanwälte. Die jüdischen Schriftsteller des deutschen Expressionismus haben die durch den Dreyfus-Prozeß bewirkte Bedrohung als

---

76 *Heinrich Mann*, Essays, Düsseldorf 1960, S. 170.

77 Forum (1915), S. 179.

78 *Wolf Lepenies*, Die Idee der deutschen Universität – ein Blick von außen. In: Ders., Die Idee der Universität. Versuch einer Standortbestimmung, Berlin/Heidelberg 1988, S. 62.

heranwachsende Menschen erlebt. Daß sie sich in großer Zahl der Rechtswissenschaft zuwandten, leuchtet ein. Diese Hinwendung zum Recht hat sicher ihren Grund oder einen ihrer Gründe darin, daß sie auf diesem Gebiet als staatsfreie Juristen tätig werden konnten, also zugelassen waren. Aber ein anderer Grund mag auch darin liegen, daß man das Studium der Rechte aufnahm, um in ihnen bewandert zu sein, wenn Unrecht droht. Zu nennen sind unter den Juristen des Expressionismus, jüdischen und nicht jüdischen, Franz Kafka, Max Brod, Kurt Tucholsky, Kurt Hiller, Georg Heym, Alfred Lichtenstein, Alfred Wolfenstein, Ernst Blass, Walter Serner, Armin T. Wegner. Nicht wenige von ihnen haben mit Arbeiten promoviert über Themen, die als brisant galten wie Arbeitsrecht (Kafka), Streikrecht (Wegner) oder das Recht über sich selbst (Hiller). Aber erst in der Zeit der Weimarer Republik geht die Saat auf, die in der Frühzeit des Expressionismus gesät worden war. Jetzt um vieles deutlicher werden die beiden Wissenschaften – Psychiatrie und Strafrecht – als diejenigen erkennbar, auf die sich die Wissenschaftskritik in moderner Literatur immer erneut richtet; und oft auch sind es beide Gebiete in ein und demselben Text, die zu Gegenständen wissenschaftskritischer Darstellung werden, wie im Bild des kranken Verbrechers bei Musil, Döblin, Ernst Weiß oder Theodor Lessing. Von Büchner über Dostoevskij bis in die Moderne hinein setzt sich ein neues Denken durch, ein humanes Denken neuer Art, ein solches nach unten hin. Foucaults *Geschichte des Wahns* wie seine Schrift *Überwachen und Strafen* bezeichnen die Eckpfeiler der Systeme, zwischen denen moderne Literatur ihren Ort hat, in kritischer Distanz zu beiden, wie sich versteht. Beide Gebiete haben es auf ihre Art mit Heilen und Töten zu tun, und es ist das Aufregende, daß das eine in das andere übergehen kann, wenn wir in der genannten Schrift des Strafrechtslehrers Binding lesen, daß auch Töten Heilwerk sei.[79] Daß es sich hinsichtlich solcher Übergänge und Vertauschungen des einen Begriffs mit dem anderen um Formen pervertierten Denkens handelt, ist keine Frage.[80]

Eine abschließende Bemerkung, eine Art Aperçu, sei angefügt. Es gibt in der sehr komplex beschaffenen Moderne Humoristisches, Spielerisches und das, was man Unsinnspoesie nennt. Alle diese Formen in Ehren oder in begrenzten Ehren! Dennoch: der Ernst, die geistigen Situationen der Zeit als solche auf

---

79 *Karl Binding*, Die Freigabe der Vernichtung lebensunwerten Lebens. Ihr Maß und ihre Form, Leipzig 1920. Über die zulässige Lebensverkürzung unter bestimmten Umständen heißt es hier (S. 18): „*Das ist keine 'Tötungshandlung im Rechtssinne'*, sondern nur eine Abwandlung der schon unwiderruflich gesetzten Todesursache, deren Vernichtung nicht mehr gelingen kann: *es ist in Wahrheit eine reine Heilhandlung*".

80 Hierzu das aufregende Buch von *Robert Jay Lifton*, Ärzte im Dritten Reich, Stuttgart 1988.

Tod und Leben, ist dieser Literatur tief eingeprägt. Ihr Rang hat in einem solchen Ernst seinen Grund. Ob es in Zukunft eine Literatur ohne diesen Ernst und Leidensdruck gibt und geben kann, eine solche, die es vornehmlich mit dem Spielerischen und Ästhetischen hält, darf man bezweifeln. Denn jede Literatur, welche es auch sei, bleibt bis auf weiteres eine solche des wissenschaftlichen Zeitalters, in dem wir uns seit längerem befinden. Und aus ihm ist das Paradoxon nicht wegzudenken, daß die Menschheit nur durch Wissenschaft überleben kann und daß es die Wissenschaften sind, die das Leben bedrohen.

Justizkritik im Werk Heinrich Manns.
Zu einem Thema der Weimarer Republik

Justizkritik ist im Gebiet des Rechts und der Rechtswissenschaft alles andere als ein zentraler Begriff. Auch im Grenzgebiet zwischen Jurisprudenz und Literaturforschung wird er nur selten gebaucht. Erik Wolfs Studien über das Recht in der Dichtung kommen ohne ihn aus. Sie gelten dem Sieg des Rechtsgedankens und der Idee der Gerechtigkeit; und vor allem gelten sie dem, was die großen Rechtsdenker gedacht und geleistet haben.[1] Der Sache nach zielt Justizkritik auf ein Anderssein bestimmter in der Justiz tätiger Personen, auf veränderte Einstellungen und Denkweisen in der Handhabung geltender oder zu ändernder Gesetze. Aber solche Ziele betreffen nicht jedes Gebiet gleichermaßen. Das Strafrecht steht zweifellos im Vordergrund; und sofern in diesem Bereich durch Kritik Reformen herbeigeführt werden, sollen, handelt es sich um solche des Strafrechts und der Strafjustiz. Ihre Unterschiede hat Gustav Radbruch, zeitweilig sozialdemokratischer Reichsjustizminister in der Weimarer Republik, Mitte der zwanziger Jahre in einem Bericht zum Strafgesetzentwurf dahingehend zusammengefaßt:

> „Deshalb steht die Strafrechtsreform im engsten Zusammenhang mit der Strafjustizreform. Die Justizreform aber ist überwiegend nicht Gesetzes-, sondern Geistesreform."[2]

Die erstere wird in erster Linie den Juristen zu überlassen sein, während die letztere – als eine Geistesreform – etwas Umfassenderes meint: Beseitigung von Vorurteilen z. B. oder Änderung des Denkens im ganzen, nicht nur der Betroffenen. Aber im Grunde kann das eine wie das andere als Reform nur betrieben werden, wenn ihr Kritik zu Hilfe kommt, die sich freilich als Justizkritik im weiten Feld der Jurisprudenz keines sehr hohen Ansehens erfreut.

---

1 *Erik Wolf*, Vom Wesen des Rechts in deutscher Dichtung. Hölderlin / Stifter / Hebel / Droste. Frankfurt a.M. 1946. – In der Sache, und das heißt hier vor allem aus der Sicht der Dichter, geht es wiederholt um etwas, das man so, nämlich als Justizkritik, bezeichnen könnte, wenn es im Aufsatz über Hölderlin heißt: „Ist nun aber das Rechtsgesetz [...] dem eigentlichen sittlichen und rechtlichen Wesen des Menschen gar nicht gemäß, sondern eine Folge seiner Entartung [...] so muß es überwunden werden"; und es wird zur Aufgabe des Dichters, das also Entartete zu kritisieren, damit es überwunden werden kann: „Damit wird der Ruf zur Überwindung bloßer Gesetzlichkeit eine der wesentlichen Pflichten des Dichters" (S. 17).

2 Der Strafgesetzentwurf. Ein erster Bericht. In: Die Gesellschaft (1925), S. 102–109; der hierzu zitierte Passus S. 108. Vgl. auch: Strafrechtsreform und Strafprozeßreform. In: Juristische Rundschau 4 (1928), S. 189/190.

Selbst ein so liberaler und für Reformen aufgeschlossener Rechtsdenker wie Gustav Radbruch wehrt sie ein wenig ab: damit erreiche man das Gegenteil dessen, was man erreichen will.[3] Solche Kritik der Justizkritik muß nicht überraschen, am wenigsten im Gebiet weltlicher Gerichtsbarkeit, in der die in ihr tätigen Personen auf eine bestimmte Hoheitlichkeit angewiesen bleiben. Auch reagiert jeder Berufsstand so oder ähnlich, wenn er sich getroffen fühlt; und mehr als andere Berufsstände sind Juristen daran gewöhnt, Bestehendes zu bewahren und sich vorwiegend an das zu halten, was gilt und als geltendes Recht geachtet sein will. Als Rechtshistoriker sind sie in hohem Maße in das Verstehen dessen eingeübt, wie es eigentlich war; und in solchen Traditionen seit Ranke ist für Kritik wenig Raum; wenigstens in Hinsicht auf neuere Entwicklungen hätte sie sich als eine Art Ideologiekritik zu verstehen, die Otto Kirchheimer in dem Buch *Politische Justiz* (1965) als fehlend vermerkt:

> „Die Geschichte der Strafrechtspflege in der Weimarer Republik ist bis jetzt ungeschrieben geblieben, deutsche Historiker und Juristen sind offenbar wenig geneigt, einen so ‘umstrittenen’ Gegenstand zu ergründen,“

heißt es hier.[4] Juristen sind als Rechtsgelehrte wie als praktizierende Richter gehalten, gerecht zu sein und nach vielen Seiten hin abwägend zu urteilen. Gerechtigkeitssinn und Objektivität gegenüber parteilich-politischer Justiz zeichnet ihr Wollen aus. Aber zu Zeiten kann es geschehen und ist es geschehen, daß man für Gerechtigkeit hält, was in Parteinahme und Befangenheit beruht; daß geurteilt wird, wo Vorurteile walten. In solchen Fällen und in solchen Zeiten ist Kritik gefordert, und gegebenenfalls nicht unbedingt eine solche der „sanften Gesetze“. Es kann nicht ausbleiben und vielleicht ist es sogar zu wünschen, daß sie auch von Außenstehenden geübt wird. Das darf uns nicht hindern zu betonen, daß es in der Zeit der Weimarer Republik an Justizkritik in den eigenen Reihen keineswegs gefehlt hat. Die Mitarbeiter der Zeitschrift *Justiz* – Robert W. Kempner, Ernst Fraenkel, Hugo Sinzheimer, Gustav Radbruch, Ernst Fuchs oder Wilhelm Hoegner – sind zu nennen;[5] und den später an das Haager Schiedsgericht berufenen Völkerrechtler Walther

---

3 „Und die Kritik! Und da muß ich nun ein sehr ernstes Wort sagen. Ich bin der Meinung, daß die Kritik, wie sie jetzt an der Justiz geübt wird, zum großen Teil das Gegenteil dessen bewirken muß, was sie bewirken soll [...].“ Doch ist zuzugeben: *Radbruch* wendet sich in stärkerem Maße gegen einseitige Kritik, die verbittert, als gegen Kritik überhaupt (Allgemeine Deutsche Wirtschafts-Nachrichten vom 3.6.1922).

4 Politische Justiz. Düsseldorf 1965; von *Heinrich Hannover* und *Elisabeth Hannover-Drück* in ihrer Schrift *Politische Justiz 1918–1933*. Frankfurt 1966, S. 14 zitiert; auf *Kurt Kreiler*, Traditionen der Justiz. Politische Prozesse 1914–1932. Ein Lesebuch zur Geschichte der Weimarer Republik (1980) ist in diesem Zusammenhang zu verweisen.

5 Über Ernst Fuchs vgl. die von *Albert S. Foulkes* und *Arthur Kaufmann* herausgegebenen Schriften zur Freiheitslehre: Gerechtigkeitswissenschaft. Karlsruhe 1965.

Schücking sollte man in diesem Zusammenhang nicht vergessen.[6] Aber in der Aufdeckung von Morden, Fememorden, Justizmorden und anderen ungeahndeten Verbrechen hat ein Außenseiter Unabsehbares geleistet.

> „Das größte Verdienst um die Aufklärung der Öffentlichkeit über das Versagen der Justiz der Weimarer Republik hat ein Mann, der weder Jurist noch Politiker war, der Mathematiker Emil Julius Gumbel,"

urteilen Heinrich Hannover und Elisabeth Hannover-Drück in ihrer Schrift *Politische Justiz 1918–1833*.[7] Karl Dietrich Bracher hat sie mit einer Einführung versehen.

In der solcherart geforderten Kritik kommt es zweifellos auf Scharfsinn, Unerschrockenheit und Genauigkeit an, aber nicht weniger auf sprachliche Darbietung – daher auch auf Schriftsteller, die solche Kritik mit ihren Mitteln zur Sprache bringen. An Gegenständen der Justiz, an Rechtsfällen und Kriminalgeschichten haben sie seit je Gefallen gefunden. Auch Justizkritik, wie in Schillers *Verbrecher aus verlorener Ehre*, in Kleists *Michael Kohlhaas* oder in den Kindsmörderdramen des Sturm und Drang, mischt sich ein. E.T.A. Hoffmann hat ihr, als Dichter und Jurist, eine vielfach zentrale Stellung zuerkannt, so in seinem Märchen *Meister Floh*. Aber erst mit dem Aufbruch zur Moderne gewinnt Justizkritik umfassende Geltung, auch und gerade im Gebiet der literarischen Formensprache. Nur einige Hinweise seien angeführt. Im Werk Franz Kafkas, einem der namhaftesten Vertreter literarischer Moderne im deutschen Sprachgebiet, ist die „juristisch verbaute Welt" mit ihren Gesetzen, Prozeßführungen und ihrer Strafjustiz nicht nur allegorisch, metaphorisch oder metaphysisch zu deuten, sondern auch konkret in Hinsicht auf bestehende

6 Sein Wirken würdigt die *Weltbühne* in ihrer Ausgabe vom 10. April 1919, dort S. 407: „Ein solcher Charakter ist Walther Schücking, den man anderthalb Jahrzehnte hat bitter fühlen lassen, was es heißt, gegen den Strom zu schwimmen und zu bekennen, wo alle abwehrend die Hände ausstreckten"; ähnlich *Hugo Sinzheimer* in der *Justiz* vom 10. IX. 1925: „In dieser Wende haben wir Juristen die Pflicht einer Erinnerung. Ein deutscher Jurist war es, der schon vor dem Kriege, um ihn zu verhüten, die Formen und den Geist verkündete, für die jetzt – nach dem Kriege! – seine früheren Gegner eintreten. Es ist Walther Schücking, der allerdings heute nicht mehr auf einer deutschen Universität, sondern auf der Berliner Handelshochschule lehrt".

7 Politische Justiz 1918–1933, S. 18. Eine seiner ersten Schriften (*Zwei Jahre Mord*) erschien 1921; über seine letzte in der Zeit der Weimarer Republik führen *Heinrich Hannover* und *Elisabeth Hannover-Drück* aus: „Gumbels letzte, 1932 erschienene Veröffentlichung während der Weimarer Republik *Laßt Köpfe rollen* war eine klarsichtige Einschätzung des Gewaltcharakters der nationalsozialistischen Bewegung" (S. 19). In dem schon genannten Beitrag weist *Gustav Radbruch* hin „auf das erschütternde Buch von Dr. Gumbel *Zwei Jahre Mord*, das gewissenhaft und zuverlässig die ungesühnten Mordfälle, die an linksstehenden Politikern begangen sind, verzeichnet [...]." (Allgemeine Deutsche Wirtschafts-Nachrichten vom 3.6.1922).

Rechtsverhältnisse der Donaumonarchie; und hier, wenn irgendwo, ist Justizkritik mit Bürokratiekritik aufs engste verknüpft. Sie gewinnt in der Literatur der zwanziger Jahre zunehmend an Bedeutung, und heute müssen wir hinzufügen: in beiden Wirtschaftssystemen der Welt gleichermaßen.[8] Unabhängig voneinander befassen sich um dieselbe Zeit (vor dem ersten Weltkrieg) zwei Autoren mit der Eigenart einer bestimmten Bürokratie, derjenigen in China: der eine (Max Weber) untersuchend in seinen Studien über Konfuzianismus und Taoismus; der andere (Alfred Döblin) erzählend in seinem Roman *Die drei Sprünge des Wang-lun.*[9] Und um diese Hinweise fortzuführen – denn um mehr kann es sich nicht handeln –: Zwei der namhaften Vertreter moderner Justizkritik, Karl Kraus und Kurt Tucholsky, sind zugleich und aufgrund solcher Kritik herausragende Satiriker in der deutschen Literatur unseres Jahrhunderts. Seit der Jahrhundertwende häufen sich die Karikaturen von Richtern in epischen und dramatischen Texten (Ludwig Thomas Amtsrichter Beringer in der *Lokalbahn*, Heinrich Manns Gerichtsvorsitzender Sprezius im *Untertan*, Carl Zuckmayers vom Korpsstudententum geprägter Assessor Knuzius im *Fröhlichen Weinberg*). Wiederholt werden Fälle der Justizkritik als diese schon im Titel von Romanen oder Tatsachenberichten angezeigt: *Der Fall Maurizius* (von Jakob Wassermann), *Der Fall des Generalstabschefs Red* (von Egon Erwin Kisch), *Der Fall Strauß* (von Karl Otten). Die letzteren wurden veröffentlicht in der seit 1925 von Rudolf Leonhard herausgegebenen Schrif-

---

8 Als ein wichtiges „Sachbuch" der zwanziger Jahre ist zu nennen die Schrift von *Friedrich Dessauer*, *Recht, Richtertum, Ministerialbürokratie*. Berlin/Leipzig 1928. Literarische Texte anzuführen, ist in Hinsicht auf die Zahl kaum angebracht. Aber als einer, der das neuartige Phänomen auch in sozialistischen Systemen frühzeitig wahrnimmt, ist *Joseph Roth* als Verfasser des romanartigen Berichts *Flucht ohne Ende* vor anderen zu nennen. Hier heißt es (S. 90): „Aber es ist ein großes und breites, verworrenes, mit Absicht, Kunst und viel Raffinement verworrenes Verwaltungssystem in den Sowjetstaaten, innerhalb dessen jeder einzelne nur ein kleiner oder größerer Punkt ist".

9 Über Max Webers Untersuchungen vgl. *Martin Green* (Else und Frieda die Richthofen-Schwestern, München 1980, S. 24): „Eng verbunden mit der zentralen Institution des Militärs war der Zivildienst – die Bürokratie, deren Entwicklung Max Weber in seiner Funktion als Soziologe so aufmerksam verfolgte, weil er in ihr den unvermeidlichen zukünftigen Herrscher der abendländischen Zivilisation und den Tod aller Spontaneität und Freiheit erblickte"; über *Alfred Webers* Aufsatz *Der Beamte*, veröffentlicht 1910 in der Neuen Rundschau, heißt es in derselben Schrift, S. 261: Er „analysierte [...] den bürokratischen Apparat als die Übermacht, die alles vergifte [...]." Mit diesem im Ton sehr entschiedenen Aufsatz hat sich neuerdings *Astrid Lange-Kirchheim* befaßt (Franz Kafka, *In der Strafkolonie* und Alfred Weber, *Der Beamte*. In: GRM 27. Jg. 1977, S. 202 ff.). Sie gelangt zu aufschlußreichen Ergebnissen. Ihnen zufolge darf angenommen werden, daß Kafka diesen Aufsatz Alfred Webers, der damals in Prag lehrte, gekannt hat und daß einige Gedanken des Beitrags in die oben erwähnte Erzählung eingegangen sind.

tenreihe *Außenseiter der Gesellschaft* mit dem Untertitel *Die Verbrechen in der Gegenwart*. Sie wird eröffnet mit einer bedeutenden Erzählung von Alfred Döblin (*Die beiden Freundinnen und ihr Giftmord*), der aufgrund neuer Einsichten im Gebiet der modernen Psychologie über jede vordergründige Justizkritik hinausführt, indem er die Grundlagen des Rechts und der Rechtsurteile problematisiert.[10] Schließlich gewinnen in Drama und Erzählung die Angeklagten und Verurteilten an Interesse, die „kleinen Fälle" eingeschlossen, auf die besonders Horváth mit *Glaube Liebe Hoffnung* zielt. Die Kluft zwischen dem allzu hohen Gericht und seinen vielfach erniedrigten Angeklagten verringert sich. Die schon erwähnte Schrift von Karl Otten schließt mit einem Hinweis dieser Art:

> „Der Verbrecher ist nicht allein der Verworfene und Ausgestoßene [...] Er ist ein Opfer und ein Mitglied [der Gesellschaft] durch Schuld, die tief unter der Schwelle menschlicher Erkenntnis lagert, an uns gefesselt."[11]

Und ebenfalls nur mit einigen Hinweisen ist die Auffassung zu begründen, daß es zwischen Justizkritik und moderner Literatur von Anfang an Verbindungen gibt. Sie hängen zweifellos mit dem Bewußtseinswandel auf nahezu allen Gebieten des geistigen und sozialen Lebens am Ende des 19. Jahrhunderts zusammen. Die Justiz ist von diesem Wandel in besonderer Weise betroffen. Sie gerät von verschiedenen Seiten her unter Beschuß, und noch ehe sich die für die Moderne bezeichnende Justizkritik entwickelt, wird sie von einem noch ganz wissenschaftsgläubigen Vertreter der „Vormoderne", von Ernst Haeckel, angegriffen. In seinem in zahlreichen Auflagen verbreiteten Buch *Die Welträthsel* hat er ein Kapitel auch der Rechtspflege gewidmet. Er führt aus:

> „Niemand wird behaupten können, daß deren heutiger Zustand mit unserer fortschreitenden Erkenntnis des Menschen und der Welt in Einklang sei. Keine Woche vergeht, in der wir nicht von richterlichen Urteilen lesen, über welche der 'gesunde Menschen-Verstand' bedenklich das Haupt schüttelt."[12]

Wie berechtigt eine solche Kritik im Falle Haeckels einzuschätzen ist, bleibe offen; und daß er noch 1911 in einer Umfrage der *Deutschen Juristen-Zeitung* die Todesstrafe als „einen unentbehrlichen Stützpfeiler des geordneten Kulturstaates" ansah, sei hier angemerkt.[13] Seit der Jahrhundertwende kann man von

---

10 Seit einigen Jahren wieder zugänglich in der Bibliothek Suhrkamp (Frankfurt 1971).

11 Der Fall Strauß. Außenseiter der Gesellschaft. Bd. 7, S. 108.

12 Die Welträthsel. Bonn 1899, S. 16.

13 Die Stellungnahmen auf die Rundfrage wurden 1910 in der Deutschen Juristenzeitung veröffentlicht. *Ulrich von Wilamowitz-Moellendorff* hat ähnlich geantwortet: im Ton wie in der Sache. Diese Stellungnahmen werden zitiert in dem Buch von *Bernhard*

einer Spaltung sprechen: neben einer dezidiert modernen Literatur gibt es völkisches Schrifttum mit rückwärts gewandtem Blick und in ihr eine Justizkritik von rechts, die sich bis zum Ende der Weimarer Republik verfolgen läßt.[14]

Von Julius Langbehn, dem Verfasser des 1890 erschienenen Buches *Rembrandt als Erzieher*, wird germanisches Recht gegen römisches Recht ausgespielt. Theodor Mommsen ist die persona ingrata dieser Kreise.[15] In moderner Literatur verbindet sich Justizkritik zumeist mit dem Verlangen nach Demokratie. Zu den demokratischen Grundrechten in der Rechtspflege gehört – nicht seit je, aber doch seit dem 19. Jahrhundert – das Gebot der Öffentlichkeit. Mit ihr sind neue Formen der Veröffentlichung gegeben, die ihrerseits in die Literatur hineinwirken. In Hans Falladas Roman *Bauern, Bonzen und Bomben* (1931) sind Erfahrungen eingegangen, die er als Berichterstatter eines Prozesses gemacht hat.[16] Horváths Gewährsmann Lukas Kristl, der ihm den Stoff zu *Glaube Liebe Hoffnung* verschafft hatte, hat sich selbst hierüber geäußert:

> „Ich schrieb damals unter anderem viel Gerichtssaalberichte, die ich häufig mit Gesellschafts-, Strafrechts- und Justiz-Kritik verband, etwas in den zwanziger Jahren absolut Neues."[17]

Häufig genug hat auch Antisemitismus zu Justizkritik herausgefordert, der zur Moderne weithin im Widerspruch steht. In dem Kapitel *Republikfeindschaft und Antisemitismus* haben die Autoren des Buches über politische Justiz mehrere Fälle angeführt, die kaum eines Kommentars bedürfen – wie die Abwei-

---

Düsing, Die Geschichte der Abschaffung der Todesstrafe in der Bundesrepublik Deutschland. Offenbach 1952.

14 Zu verfolgen ist solche Kritik der Justizkritik von rechts in Vespers Zeitschrift *Die schöne Literatur*. Die Reihe *Außenseiter der Gesellschaft* wird hier wenig geschätzt; vgl. *Richard Euringer* in Jg. 1927, S. 249: „Mit der stereotypen Eintönigkeit eines Diktats wiederholen diese neuen Bände der bedeutenden Sammlung die in den ersten ausgegebene Parole: 'Nicht der Verbrecher, die Gesellschaft ist schuldig'".

15 In dem Kapitel Rechtspflege lesen wir Sätze wie diese: „Von einem Ihering ist die deutsche Rechtswissenschaft mit philosophischem Geiste behandelt worden; aber leider zu sehr im römischen Sinne" (Rembrandt als Erzieher, hier zitiert nach der 72.–76. Aufl. Leipzig 1922, S. 145). Mommsen wird in dem Kapitel *Deutsche Bildung* traktiert. Es heißt: „Mommsen vertritt nicht nur nach der Richtung seiner Studien, sondern auch nach seinem sonstigen Wesen den kalten Geist des Römertums [...]" (S. 254); „Mommsen hat die ihm eigentümliche, rein verstandsmäßige Richtung [...]" (S. 255). Solcher Kritik ist natürlich auf keinen Fall zu folgen. Hier geht es auch nicht um Wissenschaftskritik in einem wie immer berechtigten Sinn, sondern um Wissenschaftsfeindlichkeit weit mehr. Aber das Buch war bis in die zwanziger Jahre hinein in zahlreichen Auflagen verbreitet.

16 Vgl. *Helmut F. Pfanner*, Die Provinzliteratur der zwanziger Jahre. In: Die deutsche Literatur der Weimarer Republik. Hrsg. von Wolfgang Rothe. Stuttgart 1974, S. 243.

17 Mitgeteilt von *Traugott Krischke* im Nachwort zu Horváths Stück, Frankfurt 1976, S. 166/67.

sung der Räumungsklage eines jüdischen Hausherrn, der von seinem Mieter, einem Ausländer, wiederholt als deutsches Schwein beschimpft worden war. In der Begründung eines Berliner Amtsgerichts war zu lesen:

> „Der Kläger ist unbeschadet seiner deutschen Staatsangehörigkeit nicht eine Persönlichkeit, die der Sprachgebrauch des Volkes zu den Deutschen zählt."[18]

Antisemitismus ist aber bereits das alles bewegende Motiv in dem längst klassisch gewordenen Fall, mit dem die Geschichte der modernen Justizkritik beginnt; und noch ehe Zola von der Unschuld des jüdischen Hauptmanns Dreyfus überzeugt war und seine leidenschaftliche Anklage veröffentlicht hatte, war sein Artikel *Für die Juden* im *Figaro* erschienen.[19]

Diese einführende Betrachtung war vorauszuschicken, weil das Thema der Justizkritik in der Literaturwissenschaft kaum als eingeführt gelten kann. Auch die Literatur über Heinrich Mann hat es eher beiläufig als ausdrücklich diskutiert. Eine Bemerkung Jürgen Haupts sei schon aus diesem Grunde angeführt: „In vielen Aufsätzen, Reden und Initiativen", heißt es in seiner Schrift, „kämpfte Heinrich Mann als einer der schärfsten (bürgerlichen) Justizkritiker der Republik."[20] Es wird zu zeigen sein, daß sich seine Justizkritik nicht auf die politische Essayistik beschränkt, sondern in mehreren seiner Romane vor dem Exil eine zentrale Stellung erhalten hat. Ein zweiter Aufweis gilt der Frage seiner Modernität: seinem Beitrag zur Literatur der Moderne am Beispiel dargestellter Justizkritik. Damit sieht man sich auf den Zola-Essay verwiesen. Von der Sprachkunst dieser Hymnik in Prosa war und ist man nicht ohne Grund fasziniert, aber dabei wurden nicht selten Probleme übersehen, die es zu sehen gilt. So selbstverständlich ist ein Rekurs in der Zeit des Expressionismus bei einem Autor ja keineswegs, der zu den Wortführern dieser literarischen Jugendbewegung in vielfältigen Beziehungen stand. Im Zeichen Bourgets, dem der erste Roman *In einer Familie* gewidmet war, hatte Heinrich Mann begonnen; und Bourget glaubt seinerseits, gewiß nicht unberechtigt, über die Positionen Zolas hinaus zu sein. Was Heinrich Mann dem europäischen Naturalismus verdankt, hat er wiederholt zum Ausdruck gebracht. Aber nirgends in seinem Werk gibt es eine Rückkehr zum Stil oder zum Weltbild dieser Richtung; und der Zola-Essay ist nicht geeignet, diese Feststellung zu widerlegen. Er zielt auch am wenigsten auf den naturalistischen Stil oder die Romankunst dieses Autors, sondern weit mehr auf diesen selbst: auf den Aktivismus eines Schriftstellers,

---

18 Politische Justiz, S. 265.

19 Über die Affäre Dreyfus im Werdegang Zolas vgl. *Karl Korn*, Zola in seiner Zeit. Frankfurt 1980, S. 355 ff.

20 Heinrich Mann. Stuttgart 1980, S. 99.

in dem Heinrich Mann die Verbindung von Geist und Tat verwirklicht sah. Insofern ist dieser Essay Autobiographik in verschlüsselter Form. Aber der vermeintlich nur hymnisch-bekenntnishafte Stil schließt Distanzen nicht aus. Sie äußern sich dort, wo der Wissenschaftsgläubigkeit Zolas nicht unbesehen zu folgen ist. Erst recht deuten sich solche Distanzen in der Wendung vom schroffen Darwinismus Zolas an;[21] und wie überaus kritisch Heinrich Mann die Folgen dieses Denkens in den Formen eines vulgären Sozialdarwinismus eingeschätzt hat, wird im Roman *Der Kopf* eindrucksvoll gezeigt. Dagegen fällt alles Licht auf den Verfasser des offenen Briefes *J'accuse*. Der unerbittliche Kritiker der Justiz in der Tradition Voltaires – hier einer grauenhaften Militärjustiz! – wird verklärt. Der Essay ist ganz auf diesen Schlußpunkt hin komponiert: auf die Verklärung des Schriftstellers, der als Ankläger die Justiz herausfordert und Verurteilung auf sich nimmt. In einem Vorwort zur Abhandlung über Zola, 1915 in der von Wilhelm Herzog herausgegebenen Zeitschrift *Forum* veröffentlicht, hat Heinrich Mann mit Nachdruck betont, daß es ihm nicht unbedingt auf die Romane Zolas ankomme, sondern vornehmlich auf die Kultur, aus der sie hervorgegangen sind:

> „Gebildet wird Kultur heute einzig von der Demokratie. Sie ist es, die wir zu erlernen haben. So will ich Ihnen von Emile Zola nicht nur darum sprechen, weil er hervorragende Romane geschrieben hat. Das war eine Folge der ersten Tatsache, daß er, der Dichter, als demokratischer Führer, als bewußtester Genius einer Demokratie im Leben stand."[22]

Zolas Justizkritik, das ist festzuhalten, wird verstanden als Ausdruck demokratischer Kultur.

Der Essay steht in nächster Nähe zum Roman *Der Untertan*, und den Roman *Professor Unrat* muß man deshalb einbeziehen, weil es sich in beiden Texten um Kritik an wichtigen Institutionen der Gesellschaft handelt – der Schule dort, der Justiz hier; um Institutionen vor allem, die möglicherweise der demokratischen Kultur im Wege stehen, die es zu erlernen gilt. Mit beiden Romanen werden noch andere als nur künstlerische Zwecke verfolgt. Aber solche Zwecke sind dennoch nur mit künstlerischen Mitteln zu erreichen. Heinrich Mann war sich dessen wohl bewußt, und man täte ihm unrecht, wenn das künstlerisch Geleistete in einem Roman wie *Der Untertan* lediglich in sozialgeschichtlichen Ausführungen verschwände, wozu heutige Literaturwissenschaft

---

21 „Der Überschwang seiner Selbstbehauptung ist neunzehntes Jahrhundert, ist rauher Darwinismus, [...] und der Kampf des Lebens blieb geheiligt [...]" (Essay 1960, S. 170). Die Werke *Heinrich Manns* werden, wenn nicht anders vermerkt, nach der Ausgabe des Claassen-Verlags zitiert, die Seitenzahlen innerhalb des Textteils jeweils in Klammern.

22 In: Forum. Hrsg. von *Wilhelm Herzog* (1915), S. 179.

zu tendieren scheint. Dieser Roman – und das spricht unter anderem für seine literarische Qualität – ist durchdacht komponiert. Zwei Prozesse – gegen den Unternehmer Lauer und gegen den alten Buck – enden zuungunsten demokratischer Kultur. Von der Komposition her gesehen wird aber nicht irgendwo von ihnen erzählt, sondern an sehr bestimmtem Ort: vom Prozeß gegen Buck wird im Schlußkapitel des Buches berichtet, und der weit wichtigere Prozeß wegen Majestätsbeleidigung gegen den Unternehmer Lauer beansprucht genau die Mitte des Romanganzen. In einem Brief (an Maximilian Brantl aus dem Jahre 1913) hat Heinrich Mann selbst darauf aufmerksam gemacht:

> „Der Majestätsbeleidigungsprozeß ist das Centrum und der centrale Punkt das Plaidoyer des Verteidigers, das den Typus des Unterthans direkt hinstellt, und das ich sehr soigniert habe.“[23]

Im dritten Kapitel, von langer Hand her vorbereitet, kommt der Prozeß mit der Gerichtsverhandlung und der Verurteilung des Unternehmers am Ende des vierten Kapitels zum Abschluß. Gut ein Fünftel des ganzen Romans ist der Justizthematik vorbehalten, die in einer Justizkritik ihren Schwerpunkt hat. Ihr würde man nicht gerecht, wenn man an ihr nur Karikatur, Farce und Satire um ihrer selbst willen sehen wollte. Alle diese Darstellungsmittel sind zweifellos vorhanden. Aber sie werden mit dem Ziel gebraucht, einen zeitgeschichtlichen Sachverhalt mit literarischen Mitteln zu erhellen.

Daß die vollziehende Justiz, allen voran der Staatsanwalt Jadassohn und der Gerichtsvorsitzende Sprezius, lediglich als Karikaturen gezeigt werden, ist nicht zu entschuldigen, sondern aus dem Stilwillen des Autors zu erklären. Es sei hier angemerkt, daß auch andere Berufe mit akademischem Studienabschluß innerhalb der modernen Literatur in vielfach karikierender Sicht erscheinen, sofern es nicht Betroffene und Angefochtene sind wie Kafkas Landarzt oder Gottfried Benns Rönne-Gestalt. Die verklärten Ärzte wie in Stifters *Mappe meines Urgroßvaters* oder Zolas *Le docteur Pascal* sind neunzehntes Jahrhundert. In solch karikierender Sicht, die mit Deformierungen der Physiognomie einhergeht, ist Heinrich Mann ganz in seinem Element. An dem Staatsanwalt Jadassohn fallen selbst Heßling „die ungeheuren, roten und weit abstehenden Ohren“ auf (127); und als dieser sich später in der Verhandlung überspielt sieht, heißt es: „er fing an, die Arme zu schwenken, daß die Robe flog; seine Stimme überschlug sich, und die Ohren loderten“ (243). „Der Gerichtsvorsitzende erscheint in ein Tier verwandelt – anzusehen wie ein alter wurmiger Geier [...].“ Folglich hackte er, wo immer er dazwischenfährt: „er hackte mit

23 Der Brief ist vom 14.1.1913 datiert; abgedruckt in: Heinrich Mann 1871–1950. Werk und Leben in Dokumenten und Bildern. Mit unveröffentlichten Manuskripten und Briefen aus dem Nachlaß. Berlin und Leipzig 1971. ^{2}1977, S. 129.

dem Geierschnabel zu und drohte, er werde den Saal räumen lassen" (222); und andernorts: „Sofort hackte Sprezius nach ihm" (228); gemeint ist der Verteidiger Wolfgang Buck. Solche Deformierungen in kritischer Absicht sind allemal amüsant, aber sie sind auch bekannt genug, als daß man sie in aller Ausführlichkeit zitieren muß. Der karikierten Justiz in Person entspricht die Sache selbst: der Prozeßanlaß wie der Prozeßverlauf, die man gut und gern eine Farce nennen kann, wenn man auch darunter etwas künstlerisch Gewolltes versteht. Eine Verwendung des Begriffs in pejorativer Absicht, als handele es sich lediglich um eine Farce, die mit Wirklichkeit nichts zu tun habe, sollte sich verbieten – schon deshalb, weil Heinrich Mann in einer solchen Darstellung von der Wirklichkeit vielfach bestätigt wird, die man ihrerseits nicht selten als Farce zu bezeichnen hätte. Im übrigen aber hat dieser Schriftsteller als zeitgeschichtlich gebildeter Erzähler alles getan, seine Erzählung nicht ins Phantastische entgleiten zu lassen. In diesem Staat, in dem die Gerichtsverhandlung stattfindet, ist keineswegs alles möglich. Die Regierung kann mit dem Magistrat von Netzig nicht einfach tun, was sie will; und der Bürgermeister Scheffelweis kann dem Magistrat nicht einfach Anweisungen erteilen. Auch während der Verhandlung, anders als im Fall Dreyfus, geht das meiste rechtens zu – innerhalb eines höchst fragwürdigen Ermessensspielraumes freilich, der von deutschnationalen und antisemitischen Gesinnungen ausgefüllt wird. Aber es läuft auf eine Verkennung der Sachlage wie der Rechtslage hinaus, wenn in einer neueren Untersuchung über Heinrich Manns *Untertan*, gesagt wird, das wilhelminische Reich sei kein Rechtsstaat gewesen.[24]

Man verharmlost die Geschichte, wenn man sich solchermaßen in den Begriffen vergreift. Der Staat Wilhelms II. war durchaus ein Rechtsstaat – in unserem Roman wie in der Wirklichkeit auch. An einer Episode kann man es verdeutlichen. Sie betrifft einen Vorfall, der dem nicht fern steht, was hier geschieht. Im Jahre 1896 wird der Bürgermeister von Kolberg aufgrund geltender Gesetze verurteilt, weil er den Sozialdemokraten einen städtischen Versammlungsraum zur Verfügung gestellt hat. Der Kaiser sendet an den Präsidenten des Preußischen Oberverwaltungsgerichts ein Telegramm in eben der Sprache,

---

24 „Das Kaiserreich war kein Rechtsstaat", schreibt *Wolfgang Emmerich* in seiner Studie über Heinrich Manns Roman, München 1980, S. 19. – In einem keineswegs unkritischen Beitrag über das wilhelminische Reich aus juristischer Sicht kann sogar gesagt werden: „Eine Krönung der Entwicklung zum liberalen Rechtsstaat jedoch bringt die wilhelminische Ära: Die nationale Einheitlichkeit des Privatrechts mit dem Inkrafttreten des Bürgerlichen Gesetzbuches am 1.1.1900." (*Gerhard Dilcher*, Das Gesellschaftsbild der Rechtswissenschaft und die soziale Frage. In: Das wilhelminische Bildungsbürgertum. Hrsg. von Klaus Vondung. Göttingen 1976, S. 56).

die Heinrich Mann in seinen Roman höchst kunstvoll einzumontieren versteht. Im kaiserlichen Text heißt es:

> „Von ganzem Herzen wünsche ich den Herren vom Gericht, Glück zu dem mannhaften und richtigen Urteil in der Kolberger Sache. Möge der klare Spruch auch jeden Schatten eines Zweifels bei meinen Untertanen beseitigen helfen, wie sie sich der alles negierenden und alles umstürzen wollenden, daher außerhalb der Gesetze stehenden gewissenlosen Rotte gegenüber zu verhalten haben [...].“[25]

Von Rechtsbeugung oder Unrechtsstaat kann nicht die Rede sein. Der Kaiser gibt keine Anweisung an das Gericht; er mischt sich in ein schwebendes Verfahren nicht ein, sondern sendet sein Telegramm, nachdem das Urteil gesprochen ist. Es geschieht alles zu Recht – nur eben innerhalb desjenigen Rahmens, in dem Vorurteile und jene Ideologien wuchern, um die sich alles dreht; und so auch in unserem Text.

Denn wenn Majestätsbeleidigungen Farcen sind – nicht nur aus unserer Sicht –, so sind sie gleichwohl geschichtliche Wirklichkeit. Maximilian Harden hat sich 1897 in seiner Zeitschrift *Die Zukunft* für Abschaffung dieses Paragraphen eingesetzt.[26] Auf geschichtliche Wirklichkeit im Roman verweist auch der sorgfältig motivierte Anlaß des Prozesses und die Art, wie es zur Majestätsbeleidigung kommt. Die Erschießung des aus der Fabrik Heßlings entlassenen Arbeiters hat die Gemüter erregt und die kaisertreue Stimmung erhöht. Aber schon in den Wortwechsel, der zum Anlaß dient, gegen den Unternehmer Lauer eine Klage anzustrengen, mischt sich Antisemitismus ein. Es ist paradoxerweise der später verurteilte Lauer, der sich in diesem Punkt selbst antisemitischen Denkens schuldig macht, wenn er behauptet: „Denn sie sind alle verjudet, die Fürstenhäuser einbegriffen“ (151). Das läßt sich Heßling nicht bieten; und so fragt er zurück, ob er darunter auch deutsche Fürstenhäuser verstehen wolle. Später spricht Jadassohn von jüdischen Verdrehungen, während ihn Heßling, empört über die eingereichte Klage, einen jüdischen Streber nennt (174). „Wie untersteht sich so ein Jude, uns zu verhetzen“, sagt er in seiner Entrüstung zu dem Landgerichtsrat Fritzsche, an dem wiederum der jüdische Staatsanwalt auszusetzen hat, daß er sich „in dieser Judengesellschaft“ zeigt. Dieser Staatsanwalt ist Heinrich Mann sicher zu der wohl übelsten Figur geraten; und natürlich nicht unfreiwillig, sondern gewollt. Die Negativfigur kat'exochen eine Person jüdischer Herkunft! Man könnte bei ungenau-

25 Von *H. Hannover* in der Schrift *Politische Justiz 1918–1933* zitiert: S. 24.

26 In der Fußnote zu einem Artikel mit der Überschrift *Majestätsbeleidigung* heißt es in der Ausgabe vom 11. Dezember 1897: „Die Häufung der Majestätsbeleidigungs-Prozesse hat Herrn Leo Berg veranlaßt, [...] 'über die Zuverlässigkeit und die Grenzen der Majestätsbeleidigung als eines Strafbegriffs im modernen Staatsleben' zu befragen“.

er Betrachtung auf den Gedanken kommen, daß der Autor von Antisemitismus nicht gänzlich freizusprechen sei; daß da vorübergehend Angeflogenes aus dem *Zwanzigsten Jahrhundert* – ich meine die Zeitschrift – nachwirke. Aber mit einer ungenauen Betrachtung hätte man es mit Gewißheit zu tun – und hat man es zu tun; denn tatsächlich sind diesem aufgeklärten Schriftsteller solche Vorwürfe in Veröffentlichungen jüngsten Datums gemacht worden.[27] Heinrich Mann verfährt in der Darstellung von Antisemitismus nicht grundsätzlich anders als Arthur Schnitzler in seinem Roman *Der Weg ins Freie*. Hier wie dort werden Bürger jüdischer Herkunft in den verschiedensten Schattierungen gezeigt; und hier wie dort gibt es den jüdischen Selbsthaß und die totale Assimilation, die im *Untertan* mit Veränderung eines Buchstabens den Namen Jadassohn ergeben hat. Die Darstellung eines jüdischen Bürgers als eines positiven Helden ohne alle Einschränkung liefe am Ende darauf hinaus, einem vom Rassismus bestimmten Denken nur mit umgekehrten Vorzeichen das Wort zu reden: als sei eine bestimmte ethnische Gruppe von Menschen immer und in jedem Fall von kritischer Darstellung auszunehmen. Gerade dadurch, daß dies nicht geschieht und daß hier ein Schriftsteller Gesellschaftskritik gewissermaßen ohne Ansehen der Person übt, wird dem Rassengedanken in jeder Form eine Absage erteilt, wie nicht zweifelhaft sein sollte; und auch in diesem Punkt ist sehr viel Wirklichkeit inmitten der Farce enthalten, um die es sich in der Tat handelt: preußische Wirklichkeit, die darin beruht, daß der Antisemitismus nach Bismarcks Entlassung am Hof des deutschen Kaisers an Boden gewann.[28]

---

27 *Werner E. Mosse* spricht in seinem wichtigen Beitrag *Die Juden in Wirtschaft und Gesellschaft* (in dem von ihm mitherausgegebenen Band *Juden im Wilhelminischen Deutschland 1890–1914*. Tübingen 1976, S. 85) von dem bösartigen antisemitischen Roman *Im Schlaraffenland* und scheint zu unterstellen, daß solche Vorwürfe auch gegenüber dem Roman *Der Untertan* vorzubringen sind. Eine dieser Bezugnahmen auf den letzteren lautet wie folgt: „So sagt etwa ein Barbier in Heinrich Manns *Der Untertan* mit Bezug auf den jüdischen Konkurrenten empört zu einem Kunden: 'Schon wieder ein alter Kunde, Herr Assessor, der zu Liebling hinübergeht, bloß weil Liebling jetzt Marmor hat'." Aber hier wird, mit Verlaub gesagt, undeutlich zitiert. Die Meinungen einer Figur des Romans werden wie eine historische Quelle wiedergegeben, und die jeweils vorhandene Distanz zwischen Erzähler und Figur wird verschwiegen. Es geht m.E. auch nicht an, den frühen Roman *Im Schlaraffenland* einen antisemitischen Roman zu nennen. Weil in die umfassende Gesellschaftskritik alle einbezogen werden; auch Personen jüdischer Herkunft, ist noch nicht Antisemitismus zu unterstellen, der sich im deutschen Sprachgebiet sehr anders äußert, wenn er sich äußert, was leider häufig genug geschehen ist.

28 So wird man das Fazit des ausgewogenen und kenntnisreichen Beitrags von *Lamar Cecil* verstehen dürfen: *Wilhelm II. und die Juden*. In: Juden im Wilhelminischen Deutschland [...] S. 314–347. Der Verfasser belastet auch Bismarck, obgleich eher „unterschwellig" als in jeder Hinsicht begründet. *Ernst Ottwalt*, der Verfasser des Jus-

Der Wirklichkeit inmitten der gewollten Farce entspricht es fernerhin, wenn die Gerichtsverhandlung im vierten Kapitel keineswegs hinter verschlossenen Türen stattfindet, wie es im Falle des jüdischen Hauptmanns Dreyfus geschehen war. Hier ist im Gegenteil alles offen und öffentlich. Demokratie und demokratische Kultur stehen keineswegs in den Sternen. Es gibt Ansätze zu einer solchen schon jetzt. Aber an der Gerichtsverhandlung, wie sie hier dargestellt wird, zeigt sich auch, daß es sich um keine eindimensionale Darstellung handelt. Denn die Öffentlichkeit der Strafjustiz, wie notwendig auch immer, ist nicht ohne Probleme. Sie ist eigentümlich ambivalent. Stimmungen können den Verlauf unterschwellig beeinflussen – wie hier. Vor allem aber kann der Verlauf durch wortgewaltige Rhetorik beeinflußt werden; und daß sich Diederich Heßling, der Zeuge im Prozeß, als erfolgreicher Redner im Stile seines großen Vorbildes darstellt, den er auch sprachlich kopiert, wird deutlich. „Diederich sprach fließend weiter mit einem Schwung in den Sätzen, der einem den Atem nahm", heißt es in unserem Text (238). Das ist schlechte Rhetorik, und in der Optik des Romans ist es Sprachkritik zugleich. Die Möglichkeit einer Wendung der Dinge durch Reden, die dann doch mißlingt, deutet sich im Prozeßverlauf an, wenn Wolfgang Buck, der Verteidiger des Angeklagten, seine große Stunde gekommen sieht. Aber auch die Verteidigung, ein Grunderfordernis demokratischer Gerichtsbarkeit, ist ambivalent. Sie kann zur Rolle werden, die man spielt – zu einer von Ehrgeiz diktierten Szene der Selbstdarstellung, in der es nicht mehr unbedingt um den anderen geht, sondern um das eigene Ich weit mehr. Die Gerichtsverhandlung mit ihrem aus demokratischer Kultur entwickelten Rollenspiel ist dem Theater vergleichbar, und der Übergang vom Verteidiger zum späteren Schauspieler, obgleich nur vorübergehend, wird nicht zufällig an Wolfgang Buck gezeigt, von dem sich der Erzähler nach dessen Rede deutlich distanziert, wenn es heißt: „Aber Buck mißbrauchte seinen Erfolg, er ließ sich berauschen" (249). Das Theater, als Allegorie aus dem Erzählwerk Heinrich Manns nicht wegzudenken, trägt auch hier das seine zur Verdeutlichung der erzählten Vorgänge bei. Seine Funktion ist nicht damit umschrieben, daß man in ihm lediglich das Kaiserreich als theatralische Farce gespiegelt sieht. Dies wohl auch! Aber die Aspekte individueller Psychologie sind deswegen doch nicht zu übersehen. Sie deuten sich an, wenn Wolfgang Buck im Gespräch mit Heßling vor der Verhandlung die Rollen für austauschbar

tizromans *Denn sie wissen, was sie tun*, sieht es anders. In seinem kurz vor der „Machtergreifung" veröffentlichten Buch *Deutschland erwache! Geschichte des Nationalsozialismus* gibt er einleitend einen Überblick über den Antisemitismus in Deutschland und kommt dabei auch, wie sich versteht, auf Bismarck zu sprechen. Der Vf. läßt am Antisemitismus des jungen Bismarck keine Zweifel, aber den späteren Bismarck nimmt er vor eilfertigen Vorwürfen in Schutz. Das hierfür beigebrachte Material ist reichhaltig.

hält und hinzufügt: „Sie werden mir hoffentlich nichts übelnehmen, es gehört zu meiner Wirkung“ (215). Ein Unernst im Rollenspiel wird erkennbar, ein bloßes Spiel, in dem das Eigentliche der Gesinnung überspielt werden kann. Eine solche Selbstdarstellung wird auch Staatsanwalt Jadassohn nachgesagt:

> „Er stellt unbedenklich sich selbst in den Vordergrund, womit ich keineswegs leugnen will, daß er auch ein amtliches und nationales Interesse wahrzunehmen glaubt.“ (187)

Ob er es wahrnimmt oder wahrzunehmen glaubt – das ist hier die Frage. Spätestens hier werden zwei Bereiche zusammengeführt: derjenige der dargestellten Sozialgeschichte mit der dargestellten Psychologie einzelner Personen. Individuelle Psychologie und Sozialpsychologie erläutern sich gegenseitig. Der Untertitel, den Heinrich Mann in Aussicht genommen hatte, trifft den Sachverhalt genau: die erzählte Geschichte sollte verstanden werden als Geschichte der öffentlichen Seele unter Wilhelm II. Man sieht sich damit auf Bewußtseinsprobleme verwiesen, die der Erörterung bedürfen.

Probleme dieser Art werden in der Zeit der Weimarer Republik virulent und evident. In einem Beitrag der mehrfach genannten Zeitschrift *Die Justiz* führt Hugo Sinzheimer mit Beziehung auf den Richterstand aus:

> „Dies alles spielt sich, wie wir annehmen, nicht in der Sphäre des Bewußtseins ab. Jene tatsächlichen Feststellungen werden durch ein unkontrolliertes Unterbewußtsein geschaffen;“[29]

ähnlich andernorts:

> „Wir nehmen nicht an, daß es einen Richter in Deutschland gibt, der bewußt aus parteipolitischen Gründen das Gesetz beiseite schiebt, wissend, daß er damit eine Gesetzesverletzung begeht.“[30]

In Gumbels Buch *Verräter verfallen der Feme* wird über den typischen Richter dieser Zeit gesagt: „Kein wie auch gearteter Vorwurf kann ihn berühren. Er ist in tiefster Seele ungerecht, aber er weiß es nicht.“[31] Über diejenigen, die im Kaiserreich das Sozialistengesetz angewendet haben, urteilt Ernst Fuchs:

---

29 Die Justiz 3 (1927/28), S. 375.

30 Zitiert in *Politische Justiz*. Hrsg. von *O. Kirchheimer* 1965, S. 37.

31 *Emil Julius Gumbel*, Verräter verfallen der Feme. Berlin 1929, S. 378. *H. Hannover* und *E. Hannover-Drück* teilen mit, daß kein bayerischer Fememörder bestraft worden sei (Politische Justiz 1918–1933, S. 153). Einer derjenigen, der diesen Kreisen und Gruppen einmal angehört und sich später losgesagt hatte, die Verhältnisse also von innen her kannte, ist *Carl Mertens*. Seine Schrift *Verschwörer und Fememörder* (Charlottenburg 1926) hat er „Herrn Dr. E. J. Gumbel in dankbarer Verehrung zugeeignet“, wie die Widmung lautet.

> „Gutgläubig waren jene Richter der 80er Jahre so gut wie die heutigen. Der Befangene ist sich fast nie seiner Befangenheit bewußt. *Wissentliche* Rechtsbeugungen kommen in Deutschland so gut wie gar nicht vor. Gerade das gutgläubige *Rechtsdenken* ist bei uns die große Gefahr.“[32]

Die deutlichste Stellungnahme zu solchen Fragen findet sich in der Zeitschrift *Das Tagebuch.* Sie bezieht sich auf das Tun und Denken eines hohen Richters, von dem gesagt wird:

> „Der frühere Oberreichsanwalt enthüllt, ohne es zu wissen, die Seele des Reichsgerichts. Sie *denken* nicht daran, die Halbgötter in den roten Roben, links und rechts verschieden zu messen. Sie *tun* es nur. Unbewußt, ahnungslos, selbstverständlich [...]. Sie denken doch nicht daran, Unrecht zu tun, denn sie wissen nicht, was sie tun.“[33]

Die Schriftsteller nehmen solche Bewußtseinsprobleme auf ihre Art auf. In dem Schauspiel *Voruntersuchung* (von Max Alsberg und Otto Ernst Hesse) wird ein mechanisch funktionierender Justizapparat gezeigt. „Wir sind dazu da, die soziale Ordnung aufrechtzuerhalten“, sagt dort ein Untersuchungsrichter über sich selbst.[34] Georg Kaisers Anwalt (In *Hölle Weg Erde*) sagt von sich: „Ich bin ein Automat, der die vorhandenen Gesetze anwendet.“[35] Im Volksstück Horváths ist automatisches Denken ein wiederkehrender Begriff. Aber ist man noch verantwortlich, wenn man bloß automatisch denkt? Darauf antwortet Ernst Ottwalt mit seinem noch heute lesenswerten Justizroman. *Denn sie wissen, was sie tun* lautet sein Titel; und damit soll keineswegs unterstellt werden, daß die Richter der neuen Republik aus bösartiger Absicht ihre Urteile sprechen. Vielmehr wird in der Überschrift zum Ausdruck gebracht, daß hier nicht unbesehen wegen Unbewußtheit und Ahnungslosigkeit freigesprochen werden soll.[36] Offensichtlich ganz im Sinne Heinrich Manns, der sich kaum je

---

32 *Georg Fuchs* in: Die Justiz 1 (1925/26), S. 249.

33 Das Tagebuch (vom 26.7.1930), S. 1176.

34 Im Text S. 81. Das Schauspiel ist 1930 erschienen. *Max Alsberg* war ein namhafter Verteidiger in der Zeit der Weimarer Republik. In demselben Jahr veröffentlichte er die Schriften *Das Weltbild des Strafrichters* und *Die Philosophie der Verteidigung.* An der Strafrechtsreform hat er tatkräftig mitgearbeitet. Jüdischer Herkunft, verließ er 1933 sein Land und emigrierte in die Schweiz, wo er noch im September desselben Jahres freiwillig aus dem Leben schied; vgl. *Günter Spendel* in: NDB I (1953), S. 205.

35 *Georg Kaisers* Drama *Hölle Weg Erde* ist 1919 erschienen. Das Zitat in der Ausgabe Werke. Hrsg. von W. Huder. Frankfurt/Berlin/Wien 1971, Bd. II, S. 107.

36 *Ernst Ottwalts* dokumentarischer Roman, mit dem Untertitel *Ein deutscher Justizroman,* ist dem Stil der Neuen Sachlichkeit verpflichtet. Er vereinigt eine Vielzahl von Rechtsfällen zu einer nicht schlecht erzählten „story“. Das Buch ist durch Andreas W. Mytze wieder zugänglich gemacht worden und im Verlag Europäische Ideen 1977 erschienen. Auch eine Schrift über Ottwalt hat *Mytze* verfaßt: Ottwalt. Leben und Werk des vergessenen revolutionären deutschen Schriftstellers. Im Anhang bisher unveröf-

mit einer Figur seines Romans in Übereinstimmung weiß. Ironie, Parodie, Groteske und Satire haben in dieser weithin kritischen Einstellung gegenüber seinen Figuren ihren Grund. Wo es um Unschuldiges, Unbewußtes und Krankes geht, kann kaum von Verantwortung gesprochen werden. Der satirisch-ironische Stil macht deutlich, daß Verantwortung sein soll; daß Richter und Untertanen dieses Reiches vielleicht nicht wissen, was sie tun, aber daß sie es wissen könnten. Die Bewußtseinsprobleme betreffen einen Zustand zwischen Wissen und Bewußtsein einerseits und zwischen Unbewußtem oder Unterbewußtem zum andern: ein Mittelbewußtsein, wie Arthur Schnitzler in seiner Auseinandersetzung mit den Lehren Freuds eine solche Bewußtseinsebene bezeichnet hat.[37]

Als der Roman im Dezember 1918 nach dem Ende des Kaiserreichs endlich erschien, war er gewissermaßen zu einem historischen Roman geworden. Zugleich war er von unerhörter Aktualität hinsichtlich der Justiz in der neuen Republik. Die beamtenrechtlichen, staatsrechtlichen und allgemein politischen Fragen sind hier nicht in extenso zu erörtern. Aber auf zwei Probleme ist in der gebotenen Kürze aufmerksam zu machen: zum ersten auf das gewahrte Prinzip der Unabsetzbarkeit der Beamten, das nicht folgenlos bleiben konnte; und zum zweiten auf den Ermessensspielraum von Richtern, der bleiben muß, wenn man sie nicht an die Kette starrer Gesetzestexte legen will. Die Implikationen dieses Problems hat Gustav Radbruch überzeugend aufgezeigt. In der schon genannten Stellungnahme zur geplanten Strafrechtsreform hat er die Erweiterung dieses Ermessensspielraums ausdrücklich gebilligt und zu erwägen gegeben, daß eine Strafrechtsreform, die nicht Vergeltungsstrafrecht tradieren will, ein Strafrecht verlangt,

> „das weniger auf die festumrissenen einzelnen Taten als auf die unübersehbar differenzierten Täterpersönlichkeiten blickt, ohne die eine erhebliche Erweiterung richterlicher Macht und richterlichen Ermessens gar nicht denkbar ist."[38]

---

fentlichte Dokumente, (Berlin, 1977). Im *Lexikon der deutschsprachigen Gegenwartsliteratur* [...], hrsg. von Herbert Wiesner (München 1982) hat derselbe Verfasser über ihn (S. 391) gehandelt.

37 Der Passus in den erst vor wenigen Jahren veröffentlichten Aufzeichnungen *Schnitzlers* lautet: „Eine solche Trennung [in Ich, Es und Überich] gibt es in Wirklichkeit nicht. Ein Ich ist überhaupt nicht vorhanden ohne Überich und Es [...] Eine Einteilung in Bewußtsein, Mittelbewußtsein und Unterbewußtsein käme den wissenschaftlichen Tatsachen näher" (Über Psychoanalyse. Hrsg. von *Reinhard Urbach*. In: Protokolle 2, 1976, S. 277–284). In einem demnächst erscheinenden Aufsatz, der Beiträge eines Schnitzler-Symposions enthält und bei Peter Lang in Bern und Frankfurt erscheinen soll, habe ich über diese Bewußtseinsverhältnisse aus der Sicht Schnitzlers gehandelt (Moderne Literatur und Medizin. Zum literarischen Werk Arthur Schnitzlers, vermutlich 1982).

38 Der Strafgesetzentwurf, S. 107/108.

Aber die schlechten Erfahrungen, die man in der Zeit der Weimarer Republik mit diesem Ermessensspielraum gemacht hat, werden nicht verschwiegen. Sie beruhen vornehmlich darin, daß ein unverändertes Denken in einem veränderten politischen System fortbesteht, so daß dieselbe Justiz zur politischen Justiz wird, die unpolitisch und objektiv zu sein vorgibt, ohne es zu sein.[39] Diese Denkart gewinnt als zentrales Thema des *Untertan* in Hinsicht auf das neue politische System erhöhte Bedeutung. Der vermeintlich historische Roman wird in der veränderten Gegenwart und im Rückblick auf seine Entstehung zum visionären Futur. Auf dieses Dilemma deutscher Justiz – es ist in hohem Maße das Dilemma der Weimarer Republik schlechthin – kommt Heinrich Mann in dem Beitrag *Bekenntnis zum Übernationalen* zu sprechen, seiner letzten Arbeit vor dem Gang ins Exil:

> „das herrschende System war das gebrauchte, abgenutzte, das die Republik vorgefunden hatte, dieselbe Vorbereitung auf immer denselben Krieg, die unveränderte Ungerechtigkeit zugunsten von Erwerbsständen, die nichts nachließen, und von Klasseninteressen mit unversöhnlichen Ansprüchen. Die Justiz war nie republikanisch, das sah jeder;“[40]

oder mit dem Titel eines Buches von Theodor Plivier aus dieser Zeit: *Der Kaiser ging, die Generale blieben.*[41]

Der rückständigen Justiz in der Zeit der Weimarer Republik gelten eine Reihe wichtiger Beiträge Heinrich Manns aus jeweils gegebenem Anlaß. Sie wenden sich mit Nachdruck und mit stets eindringlicher Schärfe gegen Beschränkungen der Geistesfreiheit durch Zensur; gegen neuartige Zensurbehörden im Gebiete des Films oder gegen geplante Gesetze wie das Gesetz über den sogenannten Schmutz und Schund.[42] An den neuen Zensurbehörden tadelt Heinrich Mann die Heimlichkeit des vorgesehenen Verfahrens und wendet dabei mit

---

39 Es ist dies eine zentrale Frage in der Justizdiskussion der Weimarer Republik. *Karl Dietrich Bracher* geht auf sie in seinem Vorwort zu der von H. Hannover hrsg. Schrift *Politische Justiz 1918–1933* mit dem Bemerken ein: „Tatsächlich trat in der Durchführung dieser politischen Prozesse eine Tendenz zur Ermessensauslegung und Ermessensüberschreitung hervor, die oft durch einseitige politische Orientierung der Richter bedingt war [...] In der Rechtsanschauung vieler Juristen war schon die Entstehung der Demokratie aus der Revolution mit dem Geruch des Illegitimen behaftet“ (Ebda., S. 11/12).

40 Essays (1960), S. 621/22.

41 *Theodor Pliviers* Roman ist zuerst 1932 erschienen. Er ist inzwischen in der *Bibliothek der verbrannten Bücher* (Fischer-Taschenbuch, 1981) wieder zugänglich.

42 Zu Heinrich Manns Artikel vgl. die Anmerkung in der Ausgabe des Aufbau-Verlags (seit 1972): „Heinrich Mann nahm bereits 1926 den Kampf gegen diese Vorboten der Bücherverbrennungen und Bücherverbote auf“ (Essays. Bd. 2, S. 556). Vgl. hierüber auch *Jürgen Haupt*, Schmutz und Schund. In: Literatur ’80. Hrsg. von H. Böll / G. Grass / H. Vormweg, Heft 16 (1980), S. 125 ff.

absichtlicher Schärfe einen Begriff an, der in der Weimarer Republik zu traurigem Ansehen gelangt war: denjenigen der Feme. „Eine geheime Feme soll jedes Buch, ohne Kontrolle, ohne Widerspruch aus der Öffentlichkeit verschwinden lassen dürfen", heißt es.[43] Er attackiert namentlich die Richter von gestern, deren Karriere nicht behindert wird, wie den Richter Jörns, der die Mörder Karl Liebknechts und Rosa Luxemburgs laufen ließ und der 1928 zum Reichsanwalt ernannt wurde (in dem Essay *Gräber des Geistes öffnen sich*);[44] und tritt tapfer für die von der Justiz Verfolgten ein.[45] Aber das Schwergewicht dieser politischen Justiz-Essayistik liegt zweifellos im entschlossenen Eintreten für die Abschaffung der Todesstrafe. Davon handelt der Beitrag über den möglicherweise unschuldig hingerichteten Landarbeiter Jakubowsky und über die vermeintlichen Raubmörder Sacco und Vanzetti, die in Amerika, sieben Jahre nach dem Urteilsspruch, mit Hilfe eines elektrischen Stuhles hingerichtet wurden. Genau hier ist der Punkt, zur dargestellten Justizkritik im erzählerischen Werk zurückzukehren; denn die Stärke dieses Schriftstellers liegt hier, wie immer man seine vorwiegend politische Essayistik einschätzen mag. Der zweite Text, der von unserem Thema her Beachtung verdient, ist der weithin unbekannt gebliebene Roman *Der Kopf*. Man kann ihn weder im deutschen Sprachgebiet noch andernorts kaufen, es sei denn antiquarisch, sondern bleibt in erster Linie auf Bibliotheken angewiesen, wenn man ihn lesen will. Zuletzt wurde er 1937 in der Sowjetunion in russischer Übersetzung herausgegeben. Johannes R. Becher hat für diese Ausgabe eine lesenswerte Einführung verfaßt.[46] Namhafte Forscher haben diesen Roman als miserabel bezeichnet, während sein Verfasser – und wie ich finde: nicht ohne Grund – ganz anderer Ansicht war: „So etwas schreibe ich nicht mehr. Es war das Vollständigste und Höchste, was ich zu leisten hatte", heißt es in einem 1925 geschriebenen Brief.[47] In demselben Jahr wurde das Buch auch abgeschlossen und veröffentlicht. Möglicherweise handelt es sich um einen der verkanntesten Texte der modernen Literatur in Deutschland, und es wäre an der Zeit, diesen Roman endlich und endgültig aus dem Schatten des *Zauberbergs* zu befreien, der

43 Essays (1960), S. 526.

44 Gräber des Geistes öffnen sich, in: Ausgabe des Aufbau-Verlags, Berlin 1956, Bd. 2, S. 458–462.

45 Z. B. für die Schriftstellerin *Berta Lask*, die Verfasserin des Stückes *Leuna 1921*: „Die Juristen sehen sie anders, nämlich so, wie die Gegner der Arbeiter sie sehen": ebd. Bd. 2, S. 427.

46 Von *Renate Werner* aufgenommen in den Band: Heinrich Mann. Texte aus seiner Wirkungsgeschichte in Deutschland. Tübingen 1977, S. 166–170. Es handelt sich um eine Rückübersetzung aus dem Russischen.

47 An Maximilian Brantl vom 27.2.1925; zitiert von *J. Haupt*, S. 82.

gleichfalls 1925 erschien, denn *Der Kopf* ist, sozusagen, ein eigener Berg, freilich ein solcher, der nicht leicht zugänglich ist. Heinrich Mann hatte zunächst an einen anderen Titel gedacht. Der Roman hätte nach eigener Aussage *Die Blutspur* heißen sollen; und natürlich nicht deshalb, weil einer Mystik des Blutes das Wort zu reden war, sondern weil er mit einer von Blut und Eisen angereicherten Weltgeschichte abrechnen wollte.

Autobiographik und Zeitgeschichte sind eng miteinander verknüpft. Das ist auch in anderen Werken der Fall, nur daß hier beide Bereiche mit einer Unerbittlichkeit und Radikalität erfaßt sind, die im Werk Heinrich Manns nicht ihresgleichen haben. Mit Autobiographik sind nicht persönliche oder gar private Erlebnisse gemeint. Weit mehr handelt es sich um diejenigen einer ganzen Generation und in ihr um eine Schicht vor allem, die nun auch beim Namen genannt wird:

> „Sie haben nichts, stellen nichts vor und treten an die Dinge mit sittlichen Forderungen hinan. Sie sind genau das, was man jetzt anfängt, einen Intellektuellen zu nennen,“

bekommt eine der Hauptgestalten zu hören.[48] Es gibt deren zwei. Sie heißen Wolf Mangolf und Claudius Terra. „Als ich Mangolf schuf“, heißt es in einer Aussage Heinrich Manns über sein eigenes Werk, „dachte ich vor allem an Harden, und Terra habe ich so sehr Wedekind angenähert, daß er sogar in der Sprache und einzelnen Sätzen aus Wedekinds Stücken spricht.“[49] Aber daß auch viel Eigenes zumal in diese Gestalt eingegangen ist, kann kaum bezweifelt werden. Geschichte und Schicksal dieses Intellektuellengeschlechts werden bis zum bitteren Ende erzählt. Der Roman, der mit bewegenden Argumenten gegen den Selbstmord angeht, endet mit einer wahren Orgie von Selbstmorden; ihnen geht Verzweiflung voraus – Verzweiflung darüber, daß eine unabsehbare, Katastrophe nicht mehr abzuwenden war, die diese Intellektuellen dadurch hatten abwenden wollen, daß sie selbst sich des Machtapparates der Mächtigen zu bedienen suchten; und allein in Hinsicht auf dieses Ende ist der Roman ein tragischer Roman, eine erzählte Tragödie der Intellektuellen, aber mehr noch eine solche der modernen Kultur im Sinne des Begriffs, den Georg Simmel in seiner Schrift über sie gebraucht hat. Das Dilemma der Moderne, wie es schon in Heinrich Manns erstem Roman (*In einer Familie*) artikuliert worden war – daß es kein Zurück gibt und daß wir dem Vorwärts nicht mehr unbesehen trauen können –, wird an zahlreichen Motiven gezeigt: an den

---

48 Zitiert wird nach der Ausgabe im Zsolnay Verlag (1925); das Zitat über die Intellektuellen S. 100 (Seitenzahlen von nun an in Klammern).

49 Zitiert in *Joh. R. Bechers* Vorwort (R. Werner, S. 168).

Erscheinungen des Nihilismus wie des Dilettantismus; an der Ausbreitung eines gefährlichen Sozialdarwinismus, der den Kampf aller gegen alle und um jeden Preis zum Schlüsselwort der Epoche zu machen scheint; vor allem aber in der Erfahrung gespaltenen Lebens als einer Grunderfahrung moderner Kultur. Das Sinnliche spaltet sich vom Seelischen ab, der Geist von der Tat, die Wirklichkeit von der Idee. Und zu der im Roman dargestellten Moderne gehört auch die Art, wie der Naturalismus und das soziale Drama hier behandelt werden, nämlich kritisch. „Die Lösung der sozialen Frage ist der ewige Friede!" sagt eine Dichterfigur des Romans, und einmal mehr hat man dabei an den wiederholt kritisierten Gerhart Hauptmann zu denken (135). Solche Auffassungen sind aus der Optik des Romans illusionistisch und naiv; es ist der Glaube an solche Lösungen, der Claudius Terra nicht ohne Grund aus der Fassung bringt. Und wie die Phänomene des Lebens aufgespalten erscheinen, so auch die Intellektuellen selbst. Aber beide, um zum Thema zurückzufinden, sind sie Juristen: der eine, indem er von vornherein um des Erfolges willen das Recht der Macht unterstellt; der andere, der sich nur widerwillig auf sie einläßt und am liebsten die reine Idee des Rechts, ohne alle Nebenabsichten, vertreten möchte. Damit komme ich zum letzten Punkt innerhalb der hier zu erörternden Probleme.

Mit Justizkritik – oder Rechtskritik – hat man es also hinsichtlich beider Juristen in unterschiedlicher Weise zu tun; und anders als die Juristen des Romans *Der Untertan* ist Claudius Terra ein solcher, der seinerseits als Armenanwalt Justizkritik übt:

> „Richter, sagte sich der Rechtsanwalt, sind oftmals verpflichtet, gegen die unausweichlichste Logik zu richten, denn hinter ihnen steht fordernd eine andere, die Logik der bestehenden Gesellschaftsordnung." (272)

Er auch ist es, der die Idee der abzuschaffenden Todesstrafe vorbringt und ihr immer erneut das Wort redet, um schließlich an ihr zu scheitern. Man kann diese Idee unmotiviert finden und noch anderes an ihr tadeln. Aber man kann kaum bestreiten, daß sie dem Roman als eine Art Leitmotiv mitgegeben ist, daß sie zweimal eine außerordentliche Chance erhält, realisiert zu werden: nämlich dort, wo Terra den Staatssekretär und späteren Reichskanzler Lannas und danach den Kaiser für sich in einer an Schillers *Don Carlos* erinnernden Audienzszene zu gewinnen sucht, obschon vergeblich. Aber auch Anfang und Ende stehen im Zeichen dieser Idee: das Ende insofern, als an Krieg und Selbstmord, die im Konnex der abzuschaffenden Todesstrafe zu sehen sind, das Scheitern dieser menschenwürdigen Idee offenkundig wird; der Anfang insofern, als dem Roman ein Vorspiel vorausgeht, das diese Idee präludiert. Dieses Vorspiel ist identisch mit der 1924 veröffentlichten Novelle

Der Mörder.[50] Ein Vorfahre Terras hat im Streit um einen Getreidehandel einen Vorfahren Mangolfs erschlagen. Die Militärgerichtsbarkeit macht kurzen Prozeß mit ihm: er wird aufgeknüpft; schließlich ist es ja Krieg:

> „'Der Mann hat seinen Begleiter ermordet', sagte ernst der Intendant. Der General stutzte. 'Ich weiß, sie hatten Streit. Sie gönnten einander den Wucher nicht'. Er hob die Schultern, mißbilligend und mit Verachtung. 'Aufhängen'." (13)

Es folgt die Hinrichtung. So im Vorspiel. Im Roman selbst gibt es ein Kapitel mit der Überschrift *Die Ringer*: ein Zweikampf wird geschildert, an dem sich die Zuschauer wie an einem Schauspiel weiden:

> „aber drunten, von der blutigen Lampe beschienen, keuchte der Kampf, keuchte bis hier herauf, und jetzt ein Brüllen [...]. Die Ringer lagen und zuckten nur noch in ihrem Blut. Terra umkreiste sie entsetzt. Der Stärkere war auf den Schwächeren gefallen, er hatte ihm mit der Eisenstange den Schädel zerschlagen. Aber wie er zuschlug, traf ihn selbst das Messer." (89)

Natürlich ist es nicht irgendein Kampf, der hier erzählt wird, sondern ein solcher im metaphorischen Sinn. Es ist Sozialdarwinismus, gewissermaßen in Reinkultur, den Heinrich Mann als eine der Ursachen in der Entstehung des Völkerkampfes zu deuten sucht – in Übereinstimmung übrigens mit heutigem Geschichtsverständnis.[51]

Aber dann folgt Terras große Stunde in Liebwalde, dem Landsitz des Grafen Lannas, als er diesem Auge in Auge gegenübersteht. Goethe ist in dieser Szene von Anfang an gegenwärtig: „Ich habe Goethe gelesen", beginnt Lannas. Später schlägt er mit dumpfem Schlag seinen Goethe – ist es der *Faust*? – auf den Tisch. Natürlich ist damit auch von Humanität die Rede. Aber im Verständnis des Grafen ist es ein zeitloses Etwas, während Terra die Abschaffung der Todesstrafe als eine zeitgerechte Idee des Humanen propagiert, im besten Sinne dieses Wortes. Terra ereifert sich mit einer Leidenschaft, die ohne alle Nebenabsichten ist: „'Schaffen Sie die Todesstrafe ab!' rief Terra, und unter den Armen, die sie preßten, hob sich ihm die Brust, als wollte sie aufspringen." Die Szene ist durchdacht komponiert, und die Argumente haben eine Prägnanz, die den Essays nicht nachsteht:

> „Ihr wollt töten! Die Strafe für einen Mord war niemals Strafe, sie war die heißersehnte Gelegenheit für den intellektuellen Blutdurst der führenden Stände. Auf den

50 Als Novelle 1921 veröffentlicht; vgl. *J. Haupt*, S. 80.

51 Statt anderer Literatur sei hier auf zwei geschichtswissenschaftliche Arbeiten vor allem hingewiesen, auf den Aufsatz von *Hans-Günther Zmarzlik*, Der Sozialdarwinismus in Deutschland als geschichtliches Problem (Vierteljahreshefte für Zeitgeschichte. Jg. 11, 1963, S. 246–273); und auf die Schrift von *Hansjoachim W. Koch*, Der Sozialdarwinismus. Seine Genese und sein Einfluß auf das imperialistische Denken. München 1973.

> einen Auswürfling, der aus Trieb oder Not tötet, kommen die hunderte der Gerichte, Polizei und Presse, die tausende der Öffentlichkeit, die, abscheulicher als der Auswürfling, zum Töten eine Ideologie brauchen. Dieselbe sublimierte Blutgeilheit bieten Staatsgewalt und Vaterland auf; damit Krieg wird.“ (219)

Es wird deutlich: die staatlich verordnete Todesstrafe ist nicht isoliert zu sehen. Zum Kampf gegen sie gesellt sich der Kampf gegen Duell und Selbstmord – trotz des Endes; jedem gewaltsamen Tod wird hier der Kampf angesagt. Man denkt an Canettis Kampf gegen den Tod (in dem Buch *Die Provinz des Menschen*); nur daß es bei Heinrich Mann das staatlich sanktionierte Töten ist, das er mit den Mitteln seiner Erzählkunst bekämpft. Und womit denn sonst! Ein Zusammenhang wird hergestellt – „So hing denn alles zusammen“, heißt es gelegentlich – ein Zusammenhang zwischen Duell, Selbstmord, Krieg und dem staatlich sanktionierten Tod. Das heißt gewiß nicht, daß wir diesem Schriftsteller die Annahme unterstellen wollen, wo Duell und Todesstrafe abgeschafft sind, könne es keinen Krieg mehr geben. Es heißt nur, daß die Abschaffung der Todesstrafe abermals auf Änderungen der Denkweise zielt, auf Bewußtseinswandlungen, die vielleicht verhindern könnten, was innerhalb des Romans nicht zu verhindern war. Ist ihm das darzustellen gelungen? Ich bin im Begriff, mich zu einer gewagten Behauptung zu versteigen, und ich versteige mich: Heinrich Mann war nach dem *Untertan* ein vielgelesener Romanautor, und sicher hatten seine Romane mehr Leser als seine Essays. Mag seine erzählerische Propagierung der abzuschaffenden Todesstrafe sprachlich, kompositorisch und literarhistorisch mißlungen sein (ich selbst bin dieser Auffassung nicht) – wenn auch nur hundert Leser bezüglich dieser menschenunwürdigen Todesart, deren Abschaffung noch immer aktuell ist, hellhörig wurden und eines besseren belehrt worden sind, so wäre ihm eine Synthese von Geist und Tat gelungen, wie sie ihm zeitlebens vor Augen stand.[52]

Wir sind damit, abschließend, bei der damaligen Gegenwart in außerliterarischer Hinsicht. In ihr war die Abschaffung der Todesstrafe in einem Maße aktuell geworden wie nie zuvor. Sie hatte eine solche Aktualisierung schon in der Zeit vor dem ersten Weltkrieg erfahren. In den Jahren von 1910 bis 1912 habe sie ihren vorläufigen Höhepunkt erreicht, in der Zeit des beginnenden Expressionismus also; und innerhalb der Literatur sind es die Angehörigen dieser Generation vor allem, die sich mit literarischen Mitteln an der Diskussion beteiligen.[53] Sie wird vorübergehend zu einer Sache der Aktion und des

---

52 Die eindringendste Analyse des Romans bei *Hanno König*, Heinrich Mann. Dichter und Moralist. Tübingen 1972.

53 Daß diese Diskussion in der Zeit zwischen 1910 und 1912 einen ersten Höhepunkt erreichte, stellt *Bernhard Düsing* fest (Die Geschichte der Abschaffung, S. 103).

Aktivismus. In einer von Wilhelm Herzog in der Zeitschrift *Pan* in Gang gebrachten Diskussion erklärt Hermann Bahr: „Mord bleibt Mord, auch wenn er verstaatlicht wird." Auch Heinrich Mann meldet sich zu Wort:

> „Ich halte dafür, daß das Menschengeschlecht verantwortlich zu machen ist für Alles, was es hervorbringt. Wenn es auf seine großen Männer stolz sein möchte, soll es gefälligst auch seine Verbrecher leben lassen."[54]

Um dieselbe Zeit (1912) veröffentlicht Kurt Tucholsky seine Glosse *Hinrichtung*. Im Bilde eines Schauspiels, einer „mäßige(n) Vorstellung" mit Bühne und Zuschauern wird der Vorgang ad absurdum zu führen gesucht.[55] Leonhard Franks Erzählung *Die Ursache* erscheint im zweiten Kriegsjahr, 1915. Es handelt sich um eine leidenschaftliche Anklage gegen die Todesstrafe. Von der Gegenseite, von der Umfrage der *Deutschen Juristenzeitung* (1911) und Befürwortern wie Ernst Haeckel, Ulrich von Wilamowitz-Moellendorff oder Karl Binding ist schon gesprochen worden.

Dennoch: die maßgeblichen und aussichtsreichen Vorstöße in dieser Frage sind erst in der neuen Republik erfolgt. In der *Weltbühne* werden sie eingeleitet. In einem *Justizmord* überschriebenen Beitrag lesen wir den Satz:

> „Unsre Schuld aber ist es, daß wir die Todesstrafe noch immer nicht abgeschafft haben, daß wir sie auch in dem bereits vorliegenden Entwurf eines neuen Strafgesetzbuchs nicht abschaffen wollen."[56]

Um Entwürfe mit dem Ziel, sie abzuschaffen, ist vor anderen der sozialdemokratische Reichsjustizminister Gustav Radbruch bemüht. Im Jahre 1922 hatte er den ersten Entwurf einer Änderung des Strafrechts vorgelegt, in der auch die Abschaffung der Todesstrafe vorgesehen war. Dieser Entwurf wurde bekanntlich nicht Gesetz. Ihm folgte Ende der zwanziger Jahre ein zweiter Entwurf: diesmal sah Radbruch die Zeit endgültig gekommen, in der verwirklicht würde, wofür er mit anderen seit Jahrzehnten eingetreten war. Infolge der veränderten politischen Verhältnisse im Reichstag kam es abermals anders: dieser zweite Entwurf hielt an der Todesstrafe fest.[57] Erst eigentlich in diesen Jahren hat sich die Literatur der Fragen in großem Stil angenommen – und sie zugleich zu bühnenfähigen Themen mit dargestellten Justizmorden gemacht. In Berlin wird 1928 Ferdinand Bruckners Drama *Die Verbrecher* aufgeführt, in

---

54 Pan. 1. Jg. 1911, S. 177.

55 Gesammelte Werke in 10 Bd. Reinbek (1975). Bd. I, S. 45.

56 *Pancratius*, Justizmord. In: Die Weltbühne. 14. Jg. Nr. 15 (1918), S. 344.

57 Noch in der Auflage der *Einführung in die Rechtswissenschaft* von 1929 muß von den Gründen gegen die Todesstrafe gesprochen werden, „die hoffentlich noch während dieser Strafrechtsreform zu ihrer Beseitigung führen werden [...]".

dem sich ein vollstrecktes Todesurteil als Fehlurteil erweist.[58] Ein Jahr danach (1929) gelangt Alfred Wolfensteins Stück *Die Nacht vor dem Beil* auf die Bühne eines Berliner Theaters.[59] Den Fall des Landarbeiters Jakubowsky hat die deutsch-polnische Autorin Eleonore Kalkowska 1929 behandelt.[60] Daß es nicht nur um Kritik an deutscher Justiz geht, zeigt sich am Fall der vermeintlichen Raubmörder Sacco und Vanzetti, die in Amerika sieben Jahre lang auf ihre Hinrichtung warten mußten. Der unlängst in Amerika verstorbene Literarhistoriker Bernhard Blume hat sich des Falles in einem in Stuttgart aufgeführten Drama *Im Namen des Volkes* (1927) angenommen, ebenso Erich Mühsam. „Das schrecklichste an dem Schicksal Saccos und Vanzettis ist die Selbstgerechtigkeit der Richter und Henker", schreibt Alfons Goldschmidt 1927 im *Tagebuch*.[61] In seinem Justizroman *Denn sie wissen, was sie tun* schildert Ernst Ottwalt eindrucksvoll, welcher Mühen es bedarf, damit der Staatsanwalt den Schlächter findet, der für ein geringes Geld seines schäbigen Amtes walten soll.

Heinrich Mann, der solche Rechtsfragen in einen umfassenden Erzählzusammenhang einfügt, geht mit seinem Roman allen diesen Autoren voraus. Doch erscheint sein Buch in demselben Jahr, in dem ein ganz anderes Schriftwerk in Buchform erscheint: Hitlers *Mein Kampf*; und schon seit 1920 konnte man gelesen haben, was in Punkt 18 des Parteiprogramms enthalten war: „Gemeine Volksverbrechen, Wucherer, Schieber usw. sind mit dem Tode zu bestrafen."[62] Es ist wohl das infamste „Undsoweiter", das man sich denken kann. Sozialdarwinismus erscheint in dem genannten Schriftwerk nun vollends in seiner verkommensten Form. Was als Kampf ums Dasein aller Menschen gemeint war, wird von einem einzelnen beansprucht und verfälscht. Heinrich Mann hätte seinen Roman vielleicht besser doch *Die Blutspur* nennen sollen. Seine Leser hätten allen Grund gehabt zu überdenken, wie die Katastrophe hat kommen können; und sie sahen sich mit dem Gedanken der Abschaffung der To-

58 *Ferdinand Bruckner*, Die Verbrecher (1929). In: Dramatische Werke (1948). Bd. 1. Das Stück wurde am 23. Okt. 1928 am Deutschen Theater in Berlin aufgeführt.

59 Das Stück ist nicht wieder gedruckt worden. Ein Exemplar ist in der Universitätsbibliothek Münster vorhanden. In dem Monumentalband *Weimarer Republik* (hrsg. vom Kunstamt Kreuzberg und dem Institut f. Theaterwiss. der Universität Köln, 1977, S. 14) gibt es eine photographische Wiedergabe mit Hermann Speelmans als Scharfrichter.

60 *Eleonore Kalkowska*, Josef (1929). Die Stücke der zwanziger Jahre, die mit literarischen Mitteln für Abschaffung der Todesstrafe plädieren, hat *Norbert Jaron* untersucht und beschrieben: Das demokratische Zeittheater der späten 20er Jahre. Frankfurt/Bern 1981.

61 Ausgabe vom 27.8.1927.

62 Zitiert von *Bernhard Düsing*, S. 148. Er stellt fest, daß diese Partei die Todesstrafe in einem Maße verlangt, wie sie selbst von den reaktionären Parteien nicht gefordert worden war.

desstrafe als eines Problems von höchster Aktualität konfrontiert. Es hat sich bis zum heutigen Tage ja nicht erledigt. Auch im Roman erledigt es sich nicht; denn in ihm wird zwar zunehmend der Protagonist desavouiert, aber nicht eigentlich seine ihn bestimmende Idee.

Vom gegebenen Thema her war über einen ganzen Berufsstand kritisch zu sprechen. Daß ihm Heinrich Mann nicht den Prozeß machen wollte, ergibt sich allein aus der Reihe der weithin sympathischen Figuren, die es auch gibt. Es sind dies der Rechtsanwalt Belotti im Roman *Die kleine Stadt*, der Kriminalkommissar Kirsch in *Ein ernstes Leben* und eben auch der zeitweilige Armenanwalt Claudius Terra im *Kopf*. Doch kommt es nicht so sehr auf solche oder andere Aufrechnungen an, sondern darauf, ein Phänomen der modernen Literatur zu erfassen: eine aus ihr nicht wegzudenkende Wissenschaftskritik, die Auseinandersetzungen, kritische Analysen und vielfache Bloßstellungen einschließt. Im Grenzgebiet zwischen Literatur, Literaturwissenschaft und Rechtswissenschaft kommt ein weiteres hinzu, wovon hier nicht gesprochen wurde: die Erörterung der vor Gericht zitierten Literatur. Man sollte das Ausmaß solcher Vorfälle nicht dramatisieren. Sie haben die moderne Literatur nicht entscheidend behindert, die sich im deutschen Sprachgebiet bis zum Beginn der ersten Republik voll entfaltet hat; und sie hat sich in beiden Kaiserreichen zu entfalten vermocht. In ihren maßgeblichen Vertretern war sie auf das gerichtet, was Heinrich Mann mit der Herbeiführung einer demokratischen Kultur gemeint hat. Sie war zunächst eine Sache der wenigen, und der Schriftsteller nicht nur. Seit 1919 hätte sie eine Sache der meisten, wenigstens der führenden Schichten sein sollen. Daß demokratische Kultur noch lange eine Sache der wenigen blieb, führt über die Probleme eines einzelnen Berufsstandes weit hinaus. Justizreform wird zur Geistesreform, um die schon zitierte Wendung Gustav Radbruchs noch einmal zu gebrauchen. Mit einer solchen Reform ging es gleichermaßen um Abwehr alles dessen, was man besser als Ungeist bezeichnet; und hier, wenn irgendwo, erweist sich Justizkritik mit Kritik des Faschismus von der Sache her verwandt. In manchen Texten, wie denjenigen Ödön von Horváths, ist das eine vom andern kaum zu trennen. Beide Kritikbereiche sind zentrale Bereiche in der Literatur der Weimarer Republik. Wir behaupten nicht, es handele sich in jedem Fall um Meisterwerke der Weltliteratur. Aber es gibt Zeiten, in denen man die Welt eben nicht so ohne weiteres bewältigen kann, wie es sich die Klassizisten alten Stils vorstellen. Wer nur ästhetische Maßstäbe gelten läßt und nur auf Texte sieht, wie den *Schwierigen* von Hofmannsthal, die *Duineser Elegien* von Rilke oder den *Zauberberg* von Thomas Mann – jeder in seiner Art großartig – ist auf eine fast schon nicht mehr entschuldbare Weise geschichtsblind. Wer so nur nach ästhetischen Gesichtspunkten denkt und urteilt, verkennt die Dramatik einer Literaturgeschichte, die man geneigt sein könnte, tragisch zu nennen. Denn Rechtsgeschichte, die auf Strafrechtsreformen denkt, ohne sie durchsetzen zu können, und Literaturgeschichte, die nicht über den Zeiten schwebt, sondern sich der Zeit verpflichtet weiß, haben gemeinsam, auf Geistesreformen bedacht zu sein und Ungeist zu verhindern. Das ist ihnen bekanntlich nicht gelungen. Es ist anders gekommen. Aber mag die Weltgeschichte sich am Erfolg als dem Maßstab orientieren, dem einzigen womöglich, den man gelten läßt, – die Literaturgeschichte kann es nicht. Sie hat allen Grund, den Scheiternden und Erfolglosen ihre Sympathie nicht zu versagen: es seien die Gestalten der Dichtung oder gegebenenfalls auch, wie in unserem Fall, ihre Schöpfer – diejenigen Schriftsteller, die getan haben, was sie als Schriftsteller tun konnten. Und das sind so wenige nicht gewesen.

Alfred Erich Hoche.
Lebensgeschichte im Spannungsfeld von Psychiatrie, Strafrecht und Literatur*

Die wissenschaftsgeschichtliche Betrachtung, die dem Leben und Werk Alfred Erich Hoches gilt – er lebte von 1865 bis 1943 –, ist von verschiedenen Problemfeldern her zu begründen. Die Tätigkeitsbereiche, die hier am Beispiel eines Gelehrten in Frage stehen, hat man sich im Blick auf die Zeit der Moderne keineswegs als eine harmonische Einheit zu denken. Es gibt zahlreiche Spannungsfelder unter ihnen, vor allem solche zwischen den genannten Wissensgebieten einerseits und der modernen Literatur zum andern; und es gibt sie deutlich erkennbar, seit sich die Literatur der Moderne aus der Umklammerung durch die Naturwissenschaften gelöst hat, in die sie durch den europäischen Naturalismus geraten war.

> „Zola hatte sich eine sehr unvollständige Vorstellung vom Wesen der Naturwissenschaft gemacht und diese noch dazu unrichtig übertragen,"

stellt Robert Musil 1927 in einem seiner Essays fest.[1] Gleichwohl bleiben die Schriftsteller der Moderne in hohem Maße auf den Gang der Wissenschaften und ihre Probleme gerichtet. Die meisten von ihnen sind poetae docti, aber sie sind es gegenüber früheren Epochen in einem veränderten Sinn. Gegenüber den Wissenschaften, die sie kennen und von denen sie herkommen, verhalten sie sich selbständig und fragend; sie verhalten sich nicht selten kritisch distanziert. Doch geht es dabei nicht um Wissenschaften überhaupt, sondern um solche vor anderen, die unmittelbar in die Lebenswirklichkeit des Menschen eingreifen, so daß ihre Resultate jeden Einzelnen angehen. Eine zunehmend in das Blickfeld der Literatur gelangte Wissenschaft ist die Psychiatrie. Das ist verständlich, wenn man bedenkt, wieviel hier seit dem Ausgang des 19. Jahrhunderts in Fluß geraten war, die Verfahrensweise eingeschlossen, die Sigmund Freud sehr bald als Psychoanalyse bezeichnen wird. Schriftsteller der Moderne wie Schnitzler, Döblin oder Benn, die als Nervenärzte begonnen haben, machen von ihrem Wissen Gebrauch, und indem sie es tun, verändern sie die Literatur. Das zweite Wissensgebiet, in dem sich nicht wenige Autoren der neuen Literatur von ihrer Herkunft her auskennen, ist die Jurisprudenz, vorzugsweise die Straf-

---

* Vorgetragen in der Gesamtsitzung der Bayrischen Akademie der Wissenschaften vom 30. Oktober 1998.

1 *Robert Musil*, Zu Kerrs 60. Geburtstag. In: Gesammelte Werke in neun Bänden. Hrsg. von Adolf Frisé. Reinbek bei Hamburg 1978. Bd. VIII, S. 1183.

rechtswissenschaft, wie sich an der Rechts- und Justizkritik in den Werken von Kraus, Kafka, Tucholsky, Hiller, Heym oder Heinrich Mann zeigt. Im Hinblick vor allem auf diese Wissensgebiete ist die Feststellung kaum von der Hand zu weisen, daß die deutsche Literatur im ersten Drittel unseres Jahrhunderts ohne das aus diesen Gebieten sich herleitende Hintergrundwissen kaum angemessen zu verstehen ist. Die kritische Distanz von Autoren moderner Literatur gilt einer dieser Wissenschaften oder auch beiden zugleich, wenn sie sich zu einer Art Allianz zusammentun. Eine solche gibt es um 1900 im gemeinsamen Vorgehen gegen Bettler, Vagabunden, Asoziale oder wie man die Angehörigen dieser Menschengruppe auch nennen mag. Die einschlägige Studie des Psychiaters Karl Bonhoeffer aus dem Jahre 1901, die im Untertitel eine psychiatrische Untersuchung genannt wird, ist bezeichnenderweise in einem Organ der Jurisprudenz erschienen: in der *Zeitschrift für die gesamte Strafrechtswissenschaft*.[2] In seinem Romanwerk *Der Mann ohne Eigenschaften* hat Musil solche, aus seiner Sicht falsche Allianzen mit unüberhörbarer Ironie charakterisiert, wenn dort von dem Engel der Medizin gesprochen wird, der im Gerichtssaal gern seine Sendung vergißt und sich wie ein Reserveengel der Jurisprudenz benimmt.[3] Die Kontroversen um das Töten im Krieg wie um Beibehaltung oder Abschaffung der Todesstrafe in der Zeit der Weimarer Republik kommen hinzu. Damit ist ein zweites Problemfeld bezeichnet: die geistige Situation in der Zeit nach einem verlorenen Krieg, die in der Literatur anders durchzuarbeiten versucht wird, als es in den meisten Wissenschaften geschieht. Labile Bewußtseinszustände, Verdrängungen oder ideologischer Eifer in der Kultivierung des Kampfes bewirken Konstellationen bedrohlicher Art. Sie sind so beschaffen, daß zunehmend dem Blick entschwindet, was man gemeinhin das Humane nennt. Ein solches auf die bedrohte Conditio humana gerichtetes Denken schließt die dringlich gewordene Frage nach dem Ergehen des Einzelnen ein – nicht des charismatischen Führers, des großen Einzelnen im Sinne Hegels, der damaligen Geschichtswissenschaft oder des George-Kreises –, sondern des Einzelnen als des leidenden Menschen, auch desjenigen, der an der Geschichte leidet. Das Interesse für den letzteren, für den Einzelnen als leidenden Menschen, erweist sich als um so dringlicher, als wir es in der letzten Schaffensphase Hoches mit einer Diktatur, mit einer aus den Fugen geratenen Zeit zu tun haben, in der der Arzt, als der er tätig gewesen war, zum „schön-

2 *Karl Bonhoeffer*, Ein Beitrag zur Kenntnis des großstädtischen Bettel- und Vagabondentums. Eine psychiatrische Untersuchung. In: Zs. für die gesamte Strafrechtswissenschaft 21 (1901), S. 1–65. Hierzu auch *Monika Frommel*, Präventionsmodelle in der deutschen Strafzweck-Diskussion. Beziehungen zwischen Rechtsphilosophie, Dogmatik, Rechtspolitik und Erfahrungswissenschaften. Berlin 1987, S. 29.

3 GW I, S. 244.

geistigen Schriftsteller" wird, der wie andere im Lande gebliebene Autoren nicht offen schreiben kann, was er vielleicht schreiben möchte.

Im Hinblick auf die hier aufgezeigten Zusammenhänge erhält die Gestalt Hoches, der in allen diesen Gebieten hervorgetreten ist, eine exemplarische Bedeutung. Wie der von ihm promovierte Schriftsteller Alfred Döblin hat er Anspruch darauf, ein Arztschriftsteller genannt zu werden, der sich, wie Döblin auch, für Juristisches interessiert, Vergleiche zwischen beiden Schriftstellerärzten bieten sich hier und da an. Wie hinsichtlich der Bettlerstudien um 1900 gibt es auch in der Zeit der Weimarer Republik die Allianz zwischen Strafrecht und Psychiatrie. Es gibt sie in der von dem Strafrechtslehrer Karl Binding und dem Psychiater Alfred Erich Hoche gemeinsam verfaßten Schrift *Die Freigabe der Vernichtung lebensunwerten Lebens*, an die man heute in erster Linie denkt, wenn man den Namen Hoches hört. Es ist dies dieselbe Schrift, auf die man sich unter dem Regime Hitlers wiederholt berief, als man den schrecklichen Gedanken, kranke Menschen zu töten, in die Tat umsetzte.[4] Diese Schrift ist hier so wenig der ausschlaggebende Antrieb dieser Betrachtung, wie sie ihr Zielpunkt ist; auch wäre es ungerecht, wollte man eine Lebensgeschichte auf ein Vorkommnis wie dieses reduzieren. Aber man darf auch nicht übergehen, was da geschrieben wurde. Hier ist, wie sich zeigen wird, kritisches Denken durchaus gefordert. Es wird dort vor allem als berechtigt erachtet, wo Fehlentwicklungen wahrgenommen werden. Diese über den großen Leistungen in einer Wissenschaft nicht zu verdrängen, sondern ihrerseits zu erforschen, hat der Wissenschaftshistoriker Wolf Lepenies angemahnt; und nicht nur er hat es getan.[5] Es geht mithin – nicht durchweg, aber doch partiell – um kritische Biographik, wie es sie heute in Geschichtswissenschaft und Wissenschaftsgeschichte vielerorts gibt. Nicht auf individuelle Biographik alten Stils kommt es in solchen Untersuchungen an, sondern auf wissenschafts- und sozialgeschichtliche Bezüge am Beispiel individuellen Lebens. Zu einer solchen Betrachtungsart, die Lebensgeschichte nicht isoliert und auf eine Person um ihrer

---

4 *Karl Binding / Alfred Hoche*, Die Freigabe der Vernichtung lebensunwerten Lebens. Ihr Maß und ihre Form. Leipzig 1920.

5 *Wolf Lepenies*, Die Idee der deutschen Universität – ein Blick von außen. In: Die Idee der Universität. Versuch einer Standortbestimmung von Manfred Eigen, Hans-Georg Gadamer, Jürgen Habermas, Wolf Lepenies, Hermann Lübbe, Klaus-Michael Meyer-Abich. Berlin u.a. 1988, S. 62. Statt anderer Belege sei angeführt, was die amerikanischen Physiker *Alan Sokal* und *Jean Bricmont* hierzu bemerken: „Schließlich ist die Wissenschaft, verstanden als Sammlung von Erkenntnissen, immer fehlbar, und die Fehler von Wissenschaftlern lassen sich manchmal auf alle möglichen gesellschaftlichen, politischen, philosophischen oder religiösen Vorurteile zurückführen. Wir sind für jede vernünftige Kritik an der Wissenschaft in all diesen Bedeutungen" (Postmoderne in Wissenschaft und Politik. In: Merkur 52, 1998, S. 939).

selbst willen beschränkt, gibt es Verbindungslinien nach rückwärts wie nach vorwärts. Es gibt sie nach rückwärts zu Wilhelm Dilthey hin, wenn er den Einzelnen in der Vielzahl gesellschaftlicher und struktureller Bezüge zu verstehen sucht; auf ein Nachlaßfragment zur Gattung der Biographie ist in diesem Zusammenhang zu verweisen:

> „Der Lebenslauf einer historischen [Persönlichkeit] ist ein Wirkungszusammenhang, in welchem das Individuum Einwirkungen aus der geschichtlichen Welt empfängt, unter ihnen sich bildet und nun wieder auf diese geschichtliche Welt zurückwirkt.“[6]

Nach vorwärts führen die Verbindungslinien zu einer erneuerten Biographik heutiger Geschichtswissenschaft, die sich vornehmlich als Sozialgeschichte versteht. Sie hat sich nicht ohne Zwischenreden durchgesetzt. Am nachhaltigsten hat der Wortführer einer Geschichtswissenschaft als Gesellschaftsgeschichte, Hans-Ulrich Wehler, solcher Erneuerung widersprochen. Er hat nicht viel übrig für sie – für diese „letzte Auffangstelle des Historismus.“[7] Die neuere Geschichtswissenschaft hat solche Ermahnungen nicht beherzigt. Sie hat eine Rehabilitierung der Biographik durchgesetzt – eine solche auf sozialgeschichtlicher Grundlage, und sie sieht das biographische Ich im Schnittpunkt vielfältiger Bezüge, Einflüsse und Mentalitäten, ohne daß damit der Individualität genommen würde, was ihr zukommt. Die Titel solcher Schriften heißen *Historische Anthropologie* oder *Biographie – sozialgeschichtlich.*[8] Was es zu zeigen gilt, muß nicht unbedingt an Idealbildern gezeigt werden. Auch den weniger Sympathischen kann Erkenntniswert zugesprochen werden. Fragestellungen der neueren Annales-Schule in Frankreich und ihrer Mentalitätsgeschichte werden aufgenommen; und zumal die letztere bezieht wissenschaftsgeschichtliche Bio-

---

6 *Wilhelm Dilthey*, Die Biographie. In: W. D.: Gesammelte Schriften. Stuttgart/Göttingen. 7., unveränderte Aufl. 1958, Bd. VII, S. 248. – Über Lebenslauf und Lebensgeschichte aus soziologischer Sicht vgl.: Soziologie des Lebenslaufs. Hrsg. und eingeleitet von *Martin Kohli*. Darmstadt und Neuwied 1978.

7 Hier zitiert nach *Ulrich Herbert*, Best. Biographische Studien über Radikalismus, Weltanschauung und Vernunft 1903–1989. Bonn 1996, S. 542: „Zur Diskussion über den Erkenntniswert biographischer Studien im sozialgeschichtlichen Zusammenhang vgl. Wehler, Zum Verhältnis von Geschichtswissenschaft und Psychoanalyse, mit seiner einflußreichen Wendung gegen die Biographie, ‘der letzten Auffangstellung des Historismus [...]’“. Im Literaturverzeichnis wird verwiesen auf *Hans-Ulrich Wehler*, Zum Verhältnis von Geschichtswissenschaft und Psychoanalyse. In: Geschichte und Psychoanalyse. Hrsg. von Hans-Ulrich Wehler. Wien 1971.

8 Historische Anthropologie. Der Mensch in der Geschichte. Hrsg. von *Hans Süssmuth*. Göttingen 1984. – Biographie – sozialgeschichtlich, Sieben Beiträge. Hrsg. von *Andreas Gestrich / Peter Knoch / Helga Merkel*. Göttingen 1988. Einen Forschungsüberblick gibt *Jürgen Oelkers*, Biographik – Überlegungen zu einer unschuldigen Gattung. In: Neue politische Literatur 19 (1974), S. 296–309.

graphik in ihr Untersuchungsfeld ein.[9] Ein bemerkenswertes Buch dieser Art in neuerer Zeit ist dasjenige von Matthias M. Weber. Es gilt Ernst Rüdin, einem der maßgeblichen Protagonisten der Rassenhygiene in Deutschland, und versteht sich als eine krititsche Biographie, wie einleitend gesagt wird. Die Distanz zur idealisierten Einzelpersönlichkeit, wie sie vielfach von der Geschichtsschreibung des Historismus oder der älteren Wissenschaftsgeschichte betrieben wurde, ist unverkennbar.[10]

Auf dem Hintergrund solcher Überlegungen methodischer Art versteht sich die biographische Betrachtung in wissenschaftsgeschichtlicher Absicht, die dem Psychiater Alfred Erich Hoche gewidmet ist, dessen Biographie drei Epochen bewegter Geschichte in Deutschland umfaßt. Es sind dies das Wilhelminische Zeitalter, das die Wissenschaftsmentalität vieler Gelehrter geprägt hat;[11] die Zeit der Weimarer Republik, deren Geschichte, wie schon ausgeführt, von zahlreichen Labilitäten in Politik und Wissenschaft begleitet war; schließlich die Zeit der Diktatur unter Hitler, in der der emeritierte Professor der Psychiatrie im Gebiet der „schönen Literatur“ tätig wurde und mit einigen Büchern als Arztschriftsteller auf sich aufmerksam gemacht hat. Die drei Wissensgebiete, die er in Personalunion vereint, erweisen sich in seiner Lebensgeschichte ihren Schwerpunkten nach als ein deutliches Nacheinander: erst die Psychiatrie im engeren Sinn, neben die in der zweiten Phase das Juristische fast gleichberechtigt tritt, ehe in der dritten das belletristische Schrifttum dominiert. Geboren 1865 als Sohn eines Oberhofpredigers in Wildenhain im Kreis Torgau, gehört Hoche wie Gottfried Benn in die stattliche Reihe deutscher Pfarrerssöhne. Aber die Generäle, die es in der Familiengeschichte gab, standen ihm sichtlich näher als die Theologen. Nicht ohne Stolz verweilt er im Erzählen seines Lebens bei den Verwandten, die dem Adel angehörten: bei dem Dichter August Graf von Platen, bei der Familie von Witzleben oder den aus französischem Adel stammenden Geschlechtern seiner hugenottischen Mutter.[12] Kindheit und Jugend stellen sich rückblickend keineswegs als durchlebte Paradiese dar. Ein Gedicht mit der Überschrift *Schlaflos* in dem 1923 veröffentlichten Versbuch *Der Tod des Gottlosen* ist aufschlußreich. Im Traum zieht ein Zug schattenhafter Gesichter vorbei, in dem sich der Sprecher des Gedichts wiedererkennt, und es sind bittere Verse, die wir vernehmen:

---

9 Vgl. *Michael Erbe*, Historisch-anthropologische Fragestellungen der Annales-Schule. In: Historische Anthropologie, S. 19–31.

10 *Matthias M. Weber*, Ernst Rüdin. Eine kritische Biographie. Berlin/Heidelberg u.a. 1993.

11 Hierzu *Fritz K. Ringer*, Die Gelehrten. Der Niedergang der deutschen Mandarine 1890–1933. Stuttgart 1987.

12 *Alfred E. Hoche*, Jahresringe. Innenansicht eines Menschenlebens. München 1934, S. 28.

„Mich selber, seltsam! sehe ich im Zug –
versteh ich noch, den Kinderblick zu lesen?
ein blasser Knabe, der nie froh gewesen
und seine kleine Not verschlossen trug.“[13]

Ein blasser, Knabe, der nie froh gewesen – man sollte meinen, daß sich aufgrund von Aussagen wie diesen erhöhte Anteilnahme für jene hätte herausbilden sollen, die es schwer haben – wie Hans Giebenrath in Hermann Hesses Schülergeschichte *Unterm Rad* oder der an der Mathematik scheiternde Schüler in *Freund Hein* von Emil Strauß. Aber wie eine Replik auf solche Literatur liest sich der 1913 veröffentlichte Aufsatz über Schülerselbstmorde, in dem die sozialen Faktoren wenig gelten gegenüber dem erblichen Einfluß und der psychopathischen Kondition.[14] Die eigentümlich schroffe Diktion gibt zu denken. Auch in dem Kapitel seiner Autobiographie, das von den in der Klosterschule zu Roßleben verbrachten Internatsjahren und von denjenigen handelt, die in solchen Schulen scheitern, ist sie nicht zu überhören:

„Die zweifellos vorhandene Gefährdung der Heranwachsenden auf den Alumnaten wird überschätzt; der innerlich Gesunde trägt keinen Knacks davon; für Jämmerlinge allerdings ist das seelische Klima ungeeignet.“[15]

Ist der junge Törless in Musils aufregender Internatsgeschichte ein solcher?[16] Erste Widersprüche deuten sich an: die offensichtlich nicht zum Problem gewordene Internatserziehung und die innere Not, von der rückblickend im Gedicht gesprochen wird; die Verdikte über Freitod und das Eingeständnis gleichwohl:

„Ich entsinne mich aus jener Zeit ausgesprochener Depressionen, in denen ich mir den Tod wünschte [...].“[17]

Dennoch geht die Schulzeit Anfang der achtziger Jahre gut zu Ende. Die Entscheidung über Studium und Beruf fällt zugunsten der Medizin. Zwei Gründe werden angeführt, die beide den inzwischen erfolgreichen Aufstieg der Ärzte bestätigen: das gesteigerte Interesse an ihr als einer naturwissenschaftlichen Disziplin und die Landarztidylle mit dem Arzt als einer vorbildhaften Gestalt.

13 Veröffentlicht unter dem Pseudonym *Alfred Erich*, Der Tod des Gottlosen. Freiburg 1923, S. 11.

14 Zuerst veröffentlicht in: Deutsche Revue 3 (1913), S. 328–335; wieder abgedruckt in *Alfred E. Hoche*, Aus der Werkstatt. München 1935, S. 140–151.

15 Jahresringe, S. 78.

16 Vgl. zum Thema Internatserziehung und Schülerselbstmorde *Robert Minder*, Kadettenhaus, Gruppendynamik und Stilwandel von Wildenbruch bis Rilke und Musil. In: R. M., Kultur und Literatur in Deutschland und Frankreich. Fünf Essays. Frankfurt am Main 1962, S. 73–93.

17 Jahresringe, S. 53.

Dieses von Idealisierung geprägte Arztbild ist typisch für diese Zeit; bei Hoche heißt es:

> „[...] am sonnigen Morgen zwischen Feldern und Wiesen oder beim Schneegestöber im Schlitten über Land zu fahren, an keine Zeit gebunden, niemandem untertan, erwartet, ersehnt, verehrt – das schien mir weit über den anderen Berufsbetätigungen zu stehen, die ich sonst kannte.“[18]

Mit siebzehn Jahren, im Wintersemester 1882/83, wird das Studium an der Berliner Universität begonnen, der inzwischen unumstrittenen Metropole der Medizin im damaligen Deutschen Reich. Der Wechsel an die Universität Heidelberg läßt nicht lange auf sich warten, und hier wird auch das Studium abgeschlossen. Der Wunsch, bei dem Gynäkologen Carl Schroeder zu promovieren kann wegen dessen Tod im Jahre 1887 nicht realisiert werden. Er schließt sich nunmehr dem angesehenen Internisten und Neurologen Wilhelm Erb an, der die ihm vorgelegte Dissertation über Tuberkulose des Zentralnervensystems 1888 annimmt. Hoche erhält eine Assistentenstelle an der dortigen Kinderklinik, der Luisenanstalt, die von dem Leiter der Medizinischen Poliklinik Georg Theodor von Dusch geleitet wurde. Abermals verliert er 1890 durch Tod den akademischen Lehrer, der ihn hätte fordern können.[19] Da bietet ihm Karl Fürstner eine Stelle in Straßburg an, wohin dieser auf den Lehrstuhl für Psychiatrie berufen worden war.[20] Über den erneuten Wechsel des Fachgebiets, diesmal von der Kinderheilkunde zur Psychiatrie, äußert sich Hoche in seiner Autobiographie freimütig. Er sei dem Psychiater Fürstner nach Straßburg gefolgt, „nicht aus einer besonderen Passion für das Irrenwesen, sondern weil es sich gerade so fügte“, und indem er Schopenhauer erwähnt, bemerkt er, eher bedrückt als beglückt: „So war ich nun also, April 1890, am Anfange des Weges, den ich mehr als vier Jahrzehnte lang weiterwandern sollte.“[21] In Straßburg habilitiert er sich 1891 und überwirft sich alsbald mit seinem neuen akademischen Lehrer. So kehrt er vorerst der Universität den Rücken und läßt sich im Elsaß als Nervenarzt nieder, bis ihn 1902 der befreiende Ruf auf den Lehrstuhl für Psychiatrie in Freiburg erreicht. Über drei Jahrzehnte hat er hier als Direktor der Klinik, als Forscher, als akademischer Lehrer und, besonders während des

---

18 Ebda., S. 82–83.

19 Diese Heidelberger Zeit schildert *Hoche* sehr anschaulich in dem Kapitel *Der Assistent* seiner Autobiographie, S. 112–123.

20 Vgl. über Karl Fürstner den Artikel von *Werner Leibbrand* in: NDB. Berlin 1961, Bd. V, S. 700–701. *Hoche* selbst äußert sich über ihn in seiner Autobiographie (Jahresringe, S. 120), widmet ihm nach dessen Tod 1906 einen ausführlichen Nekrolog in: Archiv für Psychiatrie und Nervenkrankheiten 41 (1906), S. V–XI, und handelt 1929 in dem Beitrag *Die Fürstner'sche Ära* erneut über ihn in derselben Zeitschrift: 87 (1929), S. 24–29.

21 Jahresringe, S. 119.

Krieges, als begehrter Vortragsredner gewirkt. Unverzüglich hat Hoche die Einbeziehung einer Klinik für organische Nervenkrankheiten gefordert und durchgesetzt. Vier Jahre später wird der Neubau bezogen. Seit diesem Jahr, seit 1909, heißt die Anstalt „Psychiatrische und Nervenklinik“. Für die Einstellung gegenüber psychisch kranken Menschen in der Bevölkerung sind die Widerstände bezeichnend, die sich regen. Man empört sich über den Lärm und die Schreie unglücklicher Menschen. Eine Verlegung der Klinik wird gefordert, vor Gericht wird verhandelt, und auch der Landtag ist mit der Angelegenheit befaßt, über die sich der neue Ordinarius mit bemerkenswerter Deutlichkeit äußert. „Ich werde das Verlegungsprojekt mit aller Energie bekämpfen“, lautet seine Entscheidung.[22] Diese ersten zwölf Jahre des Freiburger Ordinariats, von 1902 bis 1914, sind im wissenschaftlichen Werdegang sicher die fruchtbarsten gewesen, und Vergleichbares dürfte es danach nicht wieder gegeben haben. Die spätere Zeit wird durch den Ersten Weltkrieg überschattet, der vielfach nicht nur die Lebensverhältnlisse, sondern ebenso das Denken, und manchmal sehr weitreichend, verändert. Die Vortragstätigkeit erhält während des Krieges Vorrang vor Forschung und wissenschaftlicher Publikation. Der rednerische Einsatz gilt der deutschen Sache, und das konnte in seinem Fall nur heißen: dem deutschen Sieg, an den er bis zuletzt glaubte. Von Psychiatrie ist in diesen Vorträgen nur am Rande die Rede, und wenn gelegentlich von Kriegspsychosen gesprochen wird, so geht es dabei um eher militärische Erwägungen als um ärztliche Hilfe.[23] Mit großen Worten, wie es üblich war, wird zum Durchhalten aufgefordert, und der strenge Naturwissenschaftler, der mit dem Wort „Seele“ sparsam umzugehen pflegt, macht eben dieses Wort zum Schlüsselbegriff seiner politischen Rhetorik. Von deutscher Einheitsseele wird gesprochen, von deutscher Heimatseele, von „unserer Volksseele“, oder vom großen Schwung der Seelen, der nicht andauert, sondern immer nur Episode bleiben könne.[24] Aber so undeutlich die Begriffe dieser politischen Rhe-

---

22 Mitgeteilt von *Hans Zimmermann*, Aus der Chronik der Psychiatrie in Freiburg. In: Freiburger Universitätsblätter 25 (1986), S. 31. Der Vf. erwähnt S. 34 auch, daß Döblin 1905 hier promoviert wurde und am Ende seines Lebens noch einmal an diese Klinik zurückgekehrt ist, diesmal als Patient. Hierzu *Döblin* selbst, Autobiographische Schriften und letzte Aufzeichnungen. Olten und Freiburg 1980, S. 565.

23 So in dem 1914 gehaltenen Vortrag *Krieg und Seelenleben*, wieder abgedruckt in dem Buch *Aus der Werkstatt*, S. 173–195.

24 Der Einzelne und seine Zeit. Rede gehalten bei der Jahresfeier der Freiburger Wissenschaftlichen Gesellschaft am 30. Okt. 1915. Freiburg i. Br./Leipzig 1915. Hier heißt es S. 21: „Ist das der Masse Gemeinsame etwas Edles, so hebt die Addition dieser Regungen die Masse weit über den Einzelnen hinaus, und wir erleben dann das, was leider nur selten und episodisch uns beschieden ist, die große nationale Erhebung, den nationalen Schwung der Seelen“. Eine Schrift mit dem Titel *Die deutsche Heimatseele im Kriege* ist 1918 in Freiburg erschienen. In dem 1914 gehaltenen Vortrag *Krieg und*

torik auch gebraucht werden, so deutlich ist der Standort, von dem aus gesprochen wird: derjenige des deutschnationalen Hochschullehrers, der während des Krieges Vorsitzender der Badischen Vaterlandspartei war und zeitweilig dem Alldeutschen Verband angehörte, einem Zusammenschluß nationaler und imperialistisch eingestellter Organisationen.[25] Eine Sonderstellung Hoches unter deutschen Hochschullehrern ist damit nicht ausgemacht. So wie er dachte, dachten die meisten seines Standes, wenigstens bis zum Ende des Krieges. Einer der Freiburger Kollegen war der Philosoph Edmund Husserl; und obwohl jüdischer Herkunft, hat er mit Hoche den politischen Standort weithin gemeinsam.[26]

Auch in der Zeit der Weimarer Republik hält man vielerorts an solchen Überzeugungen fest. Aber vom großen Schwung der Seele, wie er in der Kriegsrhetorik verkündet worden war, ist nichts mehr zu spüren. Verdrossenheit, Resignation und Verbitterung breiten sich aus, nicht zuletzt in der Lebensgeschichte Hoches. Das eigene Fach, die Psychiatrie, steht nicht mehr im Zentrum seines Denkens. Randgebiete, die sich zu allgemeinverständlichen Darstellungen eignen, werden bevorzugt. Nicht wenige der Arbeiten, die in den Band *Aus der Werkstatt* aufgenommen wurden, bezeugen es: *Geisteskrankheit und Kultur*, *Shakespeare und die Psychiatrie*, *Langeweile*, *Zur Psychologie des Examens*, um nur einige zu nennen. Hoche schreibt wissenschaftliche Essays über Angstzustände, über den Schlaf, über den Schmerz und seine Behandlung, die allesamt der Psychologie näher liegen als der Psychiatrie im engeren Sinn. Zunehmend beschäftigen ihn Rechtsfragen in Verbindung mit Medizin oder auch ohne sie. *Das Rechtsgefühl in Justiz und Politik* ist der Titel einer für diese Zeit bezeichnenden Schrift, die am Ende der Weimarer Republik erscheint – mehr als hundert Seiten, in denen Einschlägiges zur eigenen Wissenschaft so gut wie nicht vorkommt.[27] Die politische Stimmung innerhalb der medizinischen Fakultät charakterisiert Eduard Seidler in seinem Buch über ihre Geschichte. Unter denjenigen, die aus ihrer Abneigung gegen Republik

---

Seelenleben wird von den „Mangelhaftigkeiten unserer Volksseele“ gesprochen, wieder abgedruckt in dem Aufsatzband *Aus der Werkstatt*, hier S. 192.

25 Hoches Zugehörigkeit zum Alldeutschen Verband hat *Bettine Kircher* ermittelt, Alfred Erich Hoche (1865–1943). Versuch einer Analyse seiner Psychiatrischen Krankheitslehre. Diss. Freiburg 1986, S. 14. Vgl. über die politische Tätigkeit ferner *Eduard Seidler*, Alfred Erich Hoche (1865–1943). Versuch einer Standortbestimmung. In: Freiburger Universitätsblätter 25 (1986), S. 65–75; hier S. 68. Zum Alldeutschen Verband vgl. *Michael Peters*, Der Alldeutsche Verband am Vorabend des Ersten Weltkrieges (1908–1914). Frankfurt am Main/New York 1992.

26 *Hugo Ott*, Martin Heidegger. Unterwegs zu seiner Biographie. Frankfurt am Main 1988, S. 104.

27 *A. E. Hoche*, Das Rechtsgefühl in Justiz und Politik. Berlin 1932.

und Sozialdemokratie kein Hehl machten, wird auch Hoche genannt.[28] Um so bemerkenswerter ist die frühe Abgrenzung gegenüber dem Nationalsozialismus, die von Weitsicht zeugt. An Oswald Bumke, seinen früheren Schüler, der einen Ruf auf die Nachfolge Kraepelins in München erhalten hatte, schreibt Hoche im Juli 1923, noch vor dem Putsch Hitlers in derselben Stadt:

> „Schließlich werden Sie doch noch nach München gehen, allein schon das seelische Klima könnte ja als Gesichtspunkt genügen, (womit ich nicht den Herrn Hitler meinte).“[29]

Die vorzeitige Emeritierung, um die er im Mai 1933 nachsucht, ist offensichtlich von der Abneigung gegenüber den neuen Machthabern und ihren Repräsentanten mitbestimmt. „Ich brauche jetzt noch nicht zu gehen, habe aber keine Lust mehr“, schreibt er am 3. März 1933, wiederum an Oswald Bumke.[30] Einer dieser Repräsentanten war um diese Zeit in Freiburg der Philosoph Martin Heidegger, der im April 1933 das Amt des Rektors übernommen hatte, nachdem der „Übergangsrektor“, der Anatom Wilhelm von Möllendorff, zurückgetreten war.[31] Es sieht ganz so aus, als seien Heidegger und Hoche nicht besonders gut aufeinander zu sprechen gewesen.[32] Aber zu vermuten ist auch, daß Hoche mit der vorzeitigen Emeritierung den Unannehmlichkeiten zuvor kommen wollte, die sich aus der Ehe mit seiner jüdischen Frau, Hedwig, geborene Goldschmidt, der Tochter eines Straßburger Orientalisten, hätten ergeben können. In einem Brief an die Ehefrau seines Kollegen Ludwig Aschoff vom 26. Februar 1937 deutet es Hoche unmittelbar nach dem Tod seiner Frau an:

> „Sie war des Lebens müde, mürbe körperlich durch Nöte verschiedener Art, und seelisch schwer bedrückt durch die Dinge dieser Phase, obgleich, wie sie selber anerkannte, ihr persönlich nie etwas Kränkendes widerfahren war; aber ihr Rechtsgefühl

28 *Eduard Seidler*, Die Medizinische Fakultät der Albert-Ludwigs-Universität Freiburg im Breisgau. Grundlagen und Entwicklungen. Berlin/Heidelberg 1991, S. 273.

29 Für die Einsicht des in der Bibliothek der Münchner Nervenklinik verwahrten Briefwechsels zwischen Hoche und Bumke danke ich Prof. Dr. Hanns Hippius und Prof. Dr. Dr. Paul Hoff.

30 Ebda.

31 Der Anatom Wilhelm von Möllendorff galt als gemäßigt. Er gehörte zu denen, von denen man hoffte, daß sie den Folgen der sogenannten nationalen Revolution etwas entgegenzusetzen hätten. An seiner Wahl war Hoche maßgeblich beteiligt, vgl. *E. Seidler*, Die Medizinische Fakultät, S. 298–299.

32 Statt des ursprünglich „herzlichen Dankes“ im Entwurf ist im offiziellen Abschiedsbrief nur noch von wärmstem Dank die Rede. Dies teilt *E. Seidler* in seinem Vortrag über Hoche mit, in: Freiburger Universitätsblätter, S. 68–69.

war tief verletzt, und es kamen doch immer wieder Ereignisse, die ich ihr, was sonst mein dauerndes Bemühen war, nicht verbergen und verschweigen konnte."[33]

Mehrere seiner Mitarbeiter und Mitarbeiterinnen, wie Robert Wartenberg und Mathilde Soetbeer, waren jüdischer oder teils jüdischer Herkunft, für die er auch nach 1933 getan hat, was er tun konnte.[34] Mit Antisemitismus hatte dieser Gelehrte nichts zu tun. Hoche verläßt nach der Emeritierung fast fluchtartig die Stätten seines jahrzehntelangen Wirkens. Er bricht nahezu alle Brücken zu seiner medizinischen Vergangenheit ab und veröffentlicht so gut wie nichts mehr aus seinem eigentlichen Fachgebiet.[35] Kein einziges Fachbuch habe er mit an seinen neuen Wohnort Baden-Baden genommen, teilt der Schriftsteller Heinrich Berl in seinen *Gesprächen mit berühmten Zeitgenossen* mit.[36] In der letzten, in Baden-Baden verbrachten Lebensphase, schreibt der ehemalige Professor der Psychiatrie vorwiegend schöngeistige Bücher. Er stirbt am 16. Mai 1943 nach dem Besuch eines Konzerts, das er vorzeitig verlassen hat.[37] Daß es sich um einen Freitod handelt, kann als verbürgt gelten.[38] Eine Würdi-

---

33 Für Einsicht in die Briefe und für zahlreiche Hinweise danke ich noch einmal und in dieser Form Prof. Dr. Jürgen Aschoff in Freiburg, in dessen Besitz sich die Handschriften befanden, als ich ihn im November 1989 dort besuchte.

34 *E. Seidler*, Die Medizinische Fakultät, S. 318–319.

35 Zwei gedruckt vorliegende Vorträge aus dieser Zeit gehören eher zu Grenzgebieten seines Faches als zu diesem selbst: Vom Sinn des Schmerzes. München 1936; und: Die Geisteskranken in der Dichtung. München/Berlin 1939. Der Vortrag *Der Entwicklungsgang psychiatrischer Erkenntnis*, der 1935 auf der 60. Versammlung der Südwestdeutschen Neurologen und Irrenärzte in Baden-Baden gehalten wurde, bleibt Ausnahme; erschienen in: Dt. Mediz. Wochenschr. 61, 2 (1935), S. 1240–1242.

36 Das Kapitel, das über Hoche handelt, ist überschrieben: *Das Lächeln des Skeptikers* (*Heinrich Berl*, Gespräche mit berühmten Zeitgenossen. Baden-Baden 1946, S.79 f.).

37 *E. Seidler* in: Freiburger Universitätsblätter, S. 69.

38 Den Hinweis, daß es sich um Freitod gehandelt habe, verdanke ich Jürgen Aschoff in Freiburg. Er war überzeugt, daß es einen Brief an seine Familie gegeben hat, der dies bestätigt. Auch in der Familie der Nachlaßverwalterin, Frau Tilde Marchionini-Soetbeer, ist man dieser Auffassung. *Gustav W. Schimmelpenning*, der diesen Vermutungen nachgegangen ist, äußert sich hierüber in seiner Schrift: Alfred Erich Hoche. Das wissenschaftliche Werk: *Mittelmäßigkeit?* (Hinweise zu methodologischen Problemen der Medizingeschichte.) Hamburg 1990, S. 36–37. Hier auch die zusätzliche Bemerkung: „Nach den in den Nachrufen geschilderten Umständen müßte es sich um eine Vergiftung mit Schlaf- oder Betäubungsmitteln gehandelt haben." *Clara Knobloch*, die Schwester Hoches, schildert in einem Brief vom 25.5.1943 an Ludwig Binswanger die näheren Umstände: daß er eines Morgens nicht zum Frühstück gekommen sei und daß man ihn bewußtlos in seinem Zimmer gefunden habe; wörtlich: „Das Bewußtsein kam nicht wieder, nach 2 1/2 Tagen trat der Tod ein. Der Arzt sagte: 'Gehirnschlag'" (Nachlaß Ludwig Binswangers im Archiv der Universität Tübingen). Ich bin Prof. Dr. Gerhard Fichtner in Tübingen sehr zu Dank verpflichtet für die Vermittlung, durch die

gung des wissenschaftlichen Werkes wird durch die kontroversen Urteile erschwert, die es im Schrifttum über Hoche gibt. Er selbst hat sich nicht als Pfadfinder oder Erschließer neuer Gebiete verstanden.[39] Solcher Selbsteinschätzung, aber vermutlich mehr noch der Mitarbeit an der von Karl Binding konzipierten Schrift *Die Freigabe der Vernichtung lebensunwerten Lebens*, ist es zuzuschreiben, daß Hoche in der von Kurt Kolle herausgegebenen Porträtgalerie *Große Nervenärzte* – immerhin sind es drei Bände – keinen Platz erhalten hat;[40] und gar vom „bösen Geist Hoche" spricht Sigmund Freud in Erinnerung an den 4. Psychoanalytischen Kongreß in München 1910, bei dem die Kontrahenten in demselben Haus wohnten, in dem die Sitzungen der Psychoanalytiker stattfanden.[41] Von der „Fatalität seiner Mittelmäßigkeit" hat der Freiburger Medizinhistoriker Eduard Seidler gesprochen und dieses Urteil wie folgt begründet:

> „Maßgebend ist er, wie eine Analyse des Werkes zeigt, auf keinem seiner Arbeits- und Einflußgebiete geworden; sein scharfer Intellekt, seine Begabung als Stilist und sein beißender Skeptizismus täuschten Zeitgenossen und Nachwelt über den Mangel an Originalität hinweg. Der von ihm nie überwundene Zusammenbruch seiner äußeren und inneren Weltordnung im Ersten Weltkrieg ließ dieses Faktum fatal werden [...]."[42]

Aber auch an entgegengesetzten Einschätzungen hat es nicht gefehlt. Vor allem die ausgreifende Würdigung Oswald Bumkes, des sicher bedeutendsten Schülers unter den Hochschullehrern, ist anzuführen. Im Nachruf liest man den bemerkenswerten Satz:

> „Und doch wäre die Entwicklung der Psychiatrie in den letzten 40 Jahren ohne *Hoches* kritisches Eingreifen so doch vielleicht nicht möglich gewesen."[43]

---

es möglich war, diesen Nachlaß in Tübingen einzusehen, und danke für die erwirkte Genehmigung, aus diesen Briefen zu zitieren.

39 *Alfred Erich Hoche* in: Die Medizin der Gegenwart in Selbstdarstellungen. Hrsg. von Louis R. Grote. Leipzig 1923, S. 6. So auch in der Autobiographie *Jahresringe*, S. 82: „Für mich, der ich nicht zu den Pfadfindern und Bahnbrechern gehöre, war, meiner Anlage nach, keine bestimmte Bahn schicksalsmäßig gegeben [...]".

40 Große Nervenärzte. Hrsg. von *Kurt Kolle*. 3 Bde. Stuttgart 1956–1963.

41 *Sigmund Freud*, Zur Geschichte der psychoanalytischen Bewegung (1914). In: S. F., Gesammelte Werke. Hrsg. von Anna Freud. London 1946, Bd. X, S. 88. Vgl. über dieses merkwürdige Münchner Zusammentreffen auch den Briefband: *Sigmund Freud / Ludwig Binswanger*, Briefwechsel 1908–1938. Hrsg. von Gerhard Fichtner. Frankfurt am Main 1992, S. 45.

42 *E. Seidler* in: Freiburger Universitätsblätter, S. 75.

43 Zuerst veröffentlicht in: Archiv f. Psychiatr. u. Nervenkr. 116 (1943), S. 339–346; das angeführte Zitat S. 342. In Auszügen wieder aufgenommen in *Bumkes* Buch, Erinnerungen und Betrachtungen. Der Weg eines deutschen Psychiaters. 2. Aufl. München 1953, dort S. 62–72. Sein Lehrbuch der Geisteskrankheiten, 1917 in erster Auflage erschienen, ist Hoche gewidmet.

Aber schon 1914 hatte Bumke gelegentlich seines Weggangs von Freiburg nach Rostock in seiner Abschiedsrede Ungewöhnliches gesagt:

> „Seine großzügige und vorurteilslose – manche sagen rücksichtslose – Kritik hat die Psychiatrie so gründlich umgestaltet, daß die älteren Fachgenossen, die vor zwölf Jahren von der Bühne nicht nur der Psychiatrie, sondern des Lebens abgetreten sind, sie kaum wieder erkennen würden.“[44]

Das ist im Blick auf das Verhältnis von Lehrer und Schüler aus nächster Nähe gesagt. Dennoch ist nicht darüber hinwegzusehen, daß man den Namen Hoches im neueren Schrifttum nicht nur wiederholt genannt findet, sondern daß ein Teil seines wissenschaftlichen Werkes, seine Syndromlehre, erst in den letzten Jahrzehnten recht eigentlich zur Geltung gelangt ist.[45] Erst zu Beginn der neunziger Jahre wird der wichtigste Aufsatz dieser Lehre als ein klassischer Text der Psychiatrie ins Englische übersetzt und gewürdigt.[46]

Von dem, was Hoche selbst wichtig war, ist auszugehen. Das sind Neurologie und Neuropathologie als die Grundlagen einer jeden Psychiatrie, so wie er sie verstand: „Sicher ist, daß man nicht Psychiater sein kann, ohne die Neuropathologie wenigstens einigermaßen zu beherrschen [...]“, heißt es 1923 in der bereits erwähnten Selbstdarstellung.[47] Mit physiologischen, anatomischen und neurologischen Arbeiten hat Hoche begonnen. Auch seine Dissertation bei Wilhelm Erb – über die Lehre von der Tuberkulose des Zentralnervensystems – gehört in dieses Gebiet der lange Zeit bevorzugten Forschung; erst recht seine Untersuchungen über die noch vorhandene Erregbarkeit des Rückenmarks unmittelbar nach dem Tod, die vor allem an kurz zuvor enthaupteten Verbrechern vorgenommen wurden.[48] Auch die wiederholte Befassung mit der pro-

---

44 *O. Bumke*, Erinnerungen und Betrachtungen, S. 60.

45 Nur weniges sei genannt oder erneut genannt: *Gustav W. Schimmelpenning*, Die paranoiden Psychosen in der zweiten Lebenshälfte. Klinisch-katamnestische Untersuchungen. Basel/New York 1965, S. 3–4. *Johann Glatzel*, Spezielle Psychopathologie. Stuttgart 1981, S. 287. Psychisch krank. Einführung in die Psychiatrie für das Klinische Studium. Hrsg. von *R. Degkwitz / S. O. Hoffmann / H. Kindt*, München/Wien/Baltimore 1982, S. 49. *Johann M. Burchard*, Lehrbuch der systematischen Psychopathologie. Stuttgart 1980, Bd. 1, S. 103. *Gustav W. Schimmelpenning*, Alfred Erich Hoche. Das wissenschaftliche Werk (Anm. 38).

46 *T. R. Dening / G. E. Berrios*, Introduction: The significance of symptom complexes in psychiatry. Alfred Hoche. In: Hist. Psychiatr. 2 (1991), S. 329–343. Auf diese Veröffentlichung weist hin *Gustav W. Schimmelpenning* in seinem Beitrag über Hoche in dem von Hans Schliack und Hanns Hippius hrsg. Band: Nervenärzte. Biographien. Stuttgart/New York 1998, S. 29.

47 Die Medizin der Gegenwart, S. 14.

48 Die nicht wenigen Arbeiten auf diesem Gebiet führt *Bettine Kircher* in ihrer Dissertation S. 93 f. an. Hierzu auch die Ausführungen Hoches in dem Kapitel *Im Schatten der Guillotine* seiner Autobiographie *Jahresringe*, S. 226–230. Auf die schon für Wilhelm

gressiven Paralyse ist bezeichnend für seine neuropathologischen Interessen in dieser Zeit.[49] Hoche war der Auffassung, daß es sich um eine im Prinzip heilbare Krankheit handelt, und mit der Annahme ihrer Heilbarkeit habe er ein Dogma erschüttert, heißt es 1925 in der ihm gewidmeten Festschrift.[50] Etwas zu erschüttern und in Frage zu stellen war seiner Natur gemäß. Auch die Erschütterung eines anderen „Dogmas" ist ihm zu verdanken, und fast könnte es so aussehen, als berühre er sich hier mit den Interessenssphären Sigmund Freuds, seines Kontrahenten auf Lebenszeit. Es geht um eine der frühen Arbeiten, um den Beitrag *Differentialdiagnose zwischen Epilepsie und Hysterie*, schon 1902 erschienen. Dem Suchen nach einem anatomisch-pathologisch faßbaren Befund wird hier entschieden widersprochen – aus der Überzeugung heraus, daß es „eine pathologische Anatomie der Hysterie, die es heute nicht giebt, auch *niemals* geben wird." Gesprochen wird von einem funktionellen Geschehen, einer funktionellen Neurose, „bei der greifbare Veränderungen *nicht* anzunehmen sind."[51] Die Erschütterung dieses „Dogmas" ist heute nicht mehr umstritten.

> „Diese Erkenntnis bedeutete damals eine 'Revolution' (Bumke), denn damit war erstmals klar definiert, was wir bis heute als 'psychogen' bezeichnen."

So Gustav W. Schimmelpenning in seiner Würdigung des wissenschaftlichen Werkes.[52] Zur Erschütterung solcher und anderer „Dogmen" bedient sich Hoche gern einer drastischen Sprache, die Emil Kraepelin eines Tages zu spüren bekommt. Das betrifft die zu großen Krankheitseinheiten, „den dogmatischen Glauben an die Existenz reiner Krankheitsformen", wie Hoche gegenüber Kraepelin geltend macht, den Wortführer solcher Auffassungen, den „Hecht im Karpfenteich", wie ein wenig respektlos gesagt wird.[53] Die Nei-

---

Griesinger wichtigen Untersuchungen über Reflexaktionen des Rückenmarks weist *Klaus Dörner* hin, Bürger und Irre. Zur Sozialgeschichte und Wissenschaftssoziologie der Psychiatrie. Frankfurt am Main 1975, S. 322.

49 Die Medizin der Gegenwart, S. 12.

50 *G. Steiner*, damals Hoches Assistent in Freiburg, äußert sich hierüber in dem Beitrag *Zur Pathogenese der progressiven Paralyse* im Archiv f. Psychiatr. u. Nervenkr. 87 (1925), S. 457: „Alles in allem können wir sagen [...] daß unsere Einsicht in die Pathogenese vertieft und das 'Dogma der Unheilbarkeit' beseitigt ist, so wie es *Hoche* schon im Jahre 1918 verlangt hat." Der hier in Frage stehende Beitrag *Hoches*, *Die Heilbarkeit der progressiven Paralyse*, war 1918 in der Zs. f. d. ges. Neurol. / Psychiatrie erschienen: 43 (1918), S. 430–443.

51 *Alfred E. Hoche*, Die Differentialanalyse zwischen Epilepsie und Hysterie. Berlin 1902, S. 10–11.

52 *H. Schliack* / *H. Hippius* (Hrsg.), Nervenärzte, S. 23.

53 Die Melancholiefrage. In: Zentralbl. f. Nervenheilk. und Psychiatrie 33 / NF 21 (1910), S. 193–203; hier S. 194 die angeführte Wendung: „In diese etwas stagnierende Auffas-

gung, immer neue Typen solcher Krankheitseinheiten aufzustellen, komme ihm wie die „Jagd auf ein Phantom" vor, wie der Versuch, eine trübe Flüssigkeit durch fortgesetztes Umgießen in immer neue Töpfe zu klären.[54] Die Rede ist von dem, was man Hoches Syndromlehre oder seine Lehre von den Symptomkomplexen nennt. Gemeint ist damit nach seinem Verständnis, daß die zu großen Krankheitseinheiten so wenig befriedigen wie die zu kleinen Symptomelemente. Was in Frage komme und worum es gehen müsse, seien Einheiten zweiter Ordnung.[55] Das Studium dieser Syndrome, so führt Bumke in seinem Lehrbuch aus, „hat heute hier wie auf dem Gebiet der funktionellen Störungen mit Recht das Streben nach 'Krankheitseinheiten' zu einem guten Teil ersetzt."[56] Die wiederholt vorgetragenen Überlegungen, die Kraepelins Krankheitseinheiten in Frage stellen, werden 1912 in dem Aufsatz *Die Bedeutung der Symptomenkomplexe in der Psychiatrie* in eindrucksvoller Form zusammengefaßt. Es handelt sich um eine Arbeit, die zuvor als Vortrag auf der Jahresversammlung des Deutschen Vereins für Psychiatrie im Mai 1912 in Kiel gehalten worden war. Wenn es berechtigt ist, hinfort von Hoches Syndromlehre zu sprechen, so hat sie in diesem Kieler Vortrag ihren präzisesten Ausdruck gefunden.[57] Aber auf derselben Jahresvershauptversammlung waren noch andere Töne, auch für Hoche, zu vernehmen. Nachdem sich der durch ihn bewirkte Sturm in der Diskussion über die Neuheiten in der theoretischen Medizin gelegt hatte, wandte man sich, wie berichtet wird, praktischen Fragen zu. Diskutiert wurde eine Forschungsanstalt für Psychiatrie, wie es sie später in München geben wird; und dabei war offensichtlich nicht nur an reine For-

---

sung hinein fiel die energische Belebung der klinischen Arbeit durch *Kraepelin*, dem auf diesen wie auf anderen Gebieten die Rolle des Hechtes im Karpfenteich zugefallen ist".

54 Die Melancholiefrage, S. 199. Die Wendung vom Umgießen einer trüben Flüssigkeit: ebda., S. 198. – In diesem Aufsatz bestreitet Hoche das reine Krankheitsbild der Melancholie. Er spricht von Symptomkombinationen. Über diese schon bei Wernicke vorkommenden Begriffe vgl. *Wolfram Schnütt*, Das Modell der Naturwissenschaft in der Psychiatrie im Übergang vom 19. zum 20. Jahrhundert. In: Berichte zur Wissenschaftsgeschichte 6 (1983), S. 91 ff.

55 Die Melancholiefrage, S. 200. Wörtlich heißt es: „Ich glaube nun, daß wir weiter kommen werden, wenn wir den Versuch machen würden, *Einheiten zweiter Ordnung* zu finden, gewisse immer wiederkehrende Symptomverkuppelungen, die wir sehen lernen werden, wenn die Aufmerksamkeit erst darauf eingestellt sein wird".

56 *Oswald Bumke*, Lehrbuch der Geisteskrankheiten. 2., umgearbeitete Aufl. München 1924, S. 393. *Kraepelin* blieb von solchen Auffassungen Hoches nicht gänzlich unbeeindruckt und hat in dem Beitrag *Die Erscheinungsformen des Irreseins* (Zs. f. d. ges. Neurol. / Psychiatrie 62 [1920], S. 1–29) gewisse Modifikationen seiner Krankheitstheorie vorgenommen, worauf *W. Schmitt* (Das Modell, S. 96) aufmerksam macht.

57 *Alfred E. Hoche*, Die Bedeutung der Symptomenkomplexe in der Psychiatrie: In: Zs. f. d. Neurol. / Psychiatrie 12 (1912), S. 540–551.

schung gedacht. Über einige Zwischentöne in der Begründung des Vorhabens ist nicht hinwegzuhören, wenn es in diesem Zusammenhang heißt:

> „Die vielen Tausenden von Kranken, die dem Staat zur Last fallen, die großen Kosten, welche die Allgemeinheit für die Geisteskranken und die Anstalten aufbringen muß, schreien nach solcher Forschung [...]. Die Frommen im Lande werden wieder zetern über die materialistischen Ärzte. Aber wir sind nicht materialistisch! Wir halten es mit Goethe: Das Erforschliche zu erforschen und das Unerforschliche zu verehren!"[58]

Diese Berufung auf Goethe ist sehr ärgerlich; denn sie gehört nicht zur „Sache". In dieser Jahresversammlung liegt das eine dicht neben dem anderen – dem ganz anderen; und man sage nicht, das Denken über Kosten und Nutzen sei eine verständliche Folge der ersten Nachkriegszeit und ihrer wirtschaftlichen Miseren. Es war vieles von diesem „Anderen" schon vor Ausbruch des Ersten Weltkrieges spruchreif geworden. Doch geht es zunächst noch um theoretische Medizin, um Hoches wegweisende Syndromlehre als eine solche innovatorischen Charakters, die ihn als eine Art Anwalt der Moderne, und womöglich nicht nur in medizinischer Hinsicht, erscheinen läßt. So sieht es gelegentlich die neuere Döblin-Forschung. Spätestens hier ist ein Vergleich mit Hoches sicher berühmtesten „Schüler", außerhalb des Universitätsbereichs angezeigt: mit Alfred Döblin.

Fragen wie diese werden in einer biographischen Schrift über Döblin erörtert, und schon ihre Verbreitung (innerhalb der Reihe *rowohlts monographien*) legt es nahe, auf sie einzugehen. Ihr Verfasser ist Klaus Schröter. Hoches Methode wird hier mit dem der heutigen Psychiatrie geläufigen Begriff des Multifaktoriellen in Verbindung gebracht, wie sich an Döblins Dissertation über *Gedächtnisstörungen bei der Korsakoffschen Psychose* zeige, die 1905 von Hoche angenommen wurde. Wir lesen die auf die Dissertation bezogenen Sätze:

> „Das Wesen des Gedächtnisses war von Döblin als organischer Vorgang zu erklären versucht, die Erscheinung der *Gedächtnisstörung* im Ansatz durch eine multifaktorielle Syndromgenese, wie sie in der Psychiatrie erst heute Gültigkeit erlangt, beschrieben worden."[59]

Entsprechend heißt es in einer von diesen Thesen sichtlich beeinflußten Arbeit:

---

58 Mitgeteilt und zitiert von *Matthias M. Weber* in seinem schon genannten Buch über Rüdin, S. 114–115.

59 *Klaus Schröter*, Alfred Döblin in Selbstzeugnissen und Bilddokumenten. Reinbek bei Hamburg 1978, S. 49. Der Titel der Dissertation ist der folgende: Gedächtnisstörungen bei der Korsakoffschen Psychose. Inaugural-Dissertation zur Erlangung der medizinischen Doktorwürde. Vorgelegt der hohen medizinischen Fakultät der Albert-Ludwig-Universität zu Freiburg i.B. von Alfred Döblin (Berlin 1905).

„Diese antikausale, Konsequenzen verneinende Auffassung von Geschichte und Kultur ist auch in Döblins Denken zu finden. Sie wurde zudem von der andern Richtung unterstützt, nämlich von der in den Naturwissenschaften aufkommenden Skepsis gegenüber der positivistischen Monokausalität. Diese wurde Döblin durch seinen Lehrer, den Psychiater Alfred Erich Hoche vermittelt."[60]

Der Eindruck entsteht, als schritten Hoche und Döblin, moderne Psychiatrie und literarische Moderne, Hand in Hand durch das Jahrhundert. Daß man an eine solche Verbundenheit zwischen Lehrer und Schüler nicht zu denken hat, gilt es zu zeigen. Als Döblin 1905 seine Dissertation seinem Lehrer Hoche vorlegte, war dessen Syndromlehre allenfalls in ersten Ansätzen erkennbar.[61] In der Dissertation kommt der Begriff „Symptomenkomplex" gelegentlich vor. Das ist aber auch alles, und daß er von Hoche übernommen wurde, ist nicht anzunehmen. Im Schriftenverzeichnis werden u.a. die Namen von Bonhoeffer, Flechsig, Kraepelin, Wernicke, Wundt und Ziehen genannt. Aber der Name des „Doktorvaters" fehlt. Der Lebenslauf nennt mehrere akademische Lehrer, Hoches Name ist einer unter vielen, und lapidar heißt es am Schluß: „Der Verfasser vorliegender Arbeit ist den genannten Herren als seinen Lehrern zu Dank verpflichtet." Die Vermutung drängt sich auf, daß es schon damals Verstimmungen zwischen Lehrer und Schüler gegeben haben muß, einseitig oder beiderseits. Eine der wenigen Äußerungen, in denen Döblin auf seinen Freiburger Studienabschluß zu sprechen kommt, hört sich nicht an, als habe man es mit einer ausgeprägten Abhängigkeit des letzteren von der Methodenlehre seines Doktorvaters zu tun. Döblin gibt rückblickend ein Gespräch zwischen ihm und Hoche wieder, der ihn dieser Aufzeichnung zufolge gefragt haben soll: „Woher haben Sie das?" Die Antwort habe gelautet: „[...] ich stelle mir das so vor [...]."[62] Der für neue Denkansätze und Theorien jederzeit aufgeschlossene Schriftsteller Döblin ist nicht auf einen einzigen Einflußbereich wie

---

60 *Heidi Thomann-Tewarson*, Alfred Döblin. Grundlagen seiner Ästhetik und ihre Entwicklung 1900–1933. Bern/Frankfurt/Las Vegas 1979, S. 31.

61 *Hoche* selbst führt über die Zeitfolge seiner Syndromlehre im Kieler Vortrag von 1912 aus: „Jetzt vor 6 Jahren habe ich in München diesen skeptischen Betrachtungen zum ersten Male Ausdruck gegeben." (Die Bedeutung der Symptomenkomplexe, S. 543). Daß Hoche um 1904 an Kraepelins Krankheitsbild noch weitgehend festhielt, betont *Gustav W. Schimmelpenning* in seinem Buch *Die paranoiden Psychosen*, S. 3.

62 *A. Döblin*, Autobiographische Schriften. Olten und Freiburg 1980, S. 565. Vorbehalte gegenüber solchen Behauptungen über Döblins Abhängigkeit von Hoche äußert auch *Thomas Anz*: „Der von Klaus Schröter und anderen vermittelte Eindruck, Döblin verdanke seine literarische Modernität und sein poetologisches Profil vor allem auch seinem Doktorvater, ist daher korrekturbedürftig. Der Psychoanalyse steht Döblin, seit er sich intensiver mit ihr auseinandersetzte, weit näher als jener Psychiatrie, wie sie Hoche gelehrt hat [...]" (Döblin und die Psychoanalyse. Ein kritischer Bericht zur Forschung. In: Internationales Alfred-Döblin-Kolloquium, Leiden 1995. Bern/Berlin u.a. 1997, S. 22–23).

denjenigen seines akademischen Lehrers festzulegen; man wird mehrere „Quellen“ schon in der Dissertation in Rechnung zu stellen haben. Aber auch Hoches Syndromlehre ist nicht zu isolieren. Für Döblin wie für Hoche gilt, daß man sich einer von Grund auf veränderten Situation gegenübersieht, einer Umorientierung in der Theorie der Medizin wie des ärztlichen Denkens. Hoche selbst war sich dessen deutlich bewußt, wenn es im Kieler Vortrag von 1912 heißt:

> „Jetzt, da in äußerlicher Beziehung Vieles besser geworden ist und die Lage der Gesamtdisziplin in gewissem Sinn als konsolidiert erscheint, hat ein konzentriertes Besinnen auf die Grundlagen unserer Wissenschaft, auf die Möglichkeiten der Erkenntnis, auf die Aussichten und die Ziele eingesetzt, ein lebhaftestes Bemühen, die Erfahrungsmasse, die wir vorläufig mit dem Sammelnamen der Geisteskrankheiten bezeichnen, von jeder möglichen Facette her beizukommen.“[63]

Im nunmehr veränderten Denken geht es vor allem um Einschränkungen des Kausalitätsprinzips zugunsten eines funktionellen und von Bedingungen bestimmten Krankheitsgeschehens. Solches Denken hatte sich bereits entwickelt, ehe Hoche mit seiner Syndromlehre eingriff. Ärztlich sehr viel brauchbarer als der Ursachenbegriff sei der Begriff der Bedingung, den von Hansemann und Verworn heranziehen, heißt es in einer der Schriften des Medizintheoretikers Richard Koch.[64] Er beruft sich dabei auf Bücher, die 1912 erschienen waren, in demselben Jahr, in dem Hoche seinen Beitrag zur Syndromlehre veröffentlichte: auf das Buch *Kausale und konditionale Weltanschauung* des Physiologen Max Verworn und auf dasjenige von David von Hansemann mit dem Titel *Ueber das konditionale Denken in der Medizin und seine Bedeutung für die Praxis.*[65] Verworn macht geltend, daß die Naturwissenschaft immer nur einen Faktor gekannt habe, und wendet ein: *„Kein Vorgang oder Zustand in der Welt ist von einem einzigen Faktor allein abhängig.“*[66] Das bringt ihn dahin, den

---

63 Die Bedeutung der Symptomenkomplexe, S. 540.

64 *Richard Koch*, Die ärztliche Diagnose. Beitrag zur Kenntnis des ärztlichen Denkens. 2., umgearbeitete Aufl. Wiesbaden 1920, S. 138; die erste ist 1917 erschienen. Vgl. über Koch den Beitrag von *Dietrich von Engelhardt*, Richard Kochs Beitrag zur Medizintheorie des 20. Jahrhunderts. In: Richard Koch und die ärztliche Diagnose. Hrsg. von Gert Preiser. Hildesheim 1988 (Frankfurter Beiträge zur Geschichte, Theorie und Ethik der Medizin, Bd. 1), S. 82–101.

65 *Max Verworn*, Kausale und konditionale Weltanschauung. Jena 1912; *David von Hansemann*, Ueber das konditionale Denken in der Medizin und seine Bedeutung für die Praxis. Berlin 1912. Vgl. hierzu *Dietrich von Engelhardt*, „The conditionalism of Verworn and von Hansemann had great resonance not only in medicine but in other sciences and in foreign countries as well“ (Causality and conditionality in medicine around 1900. In: Science, Technology, and the Art of Medicine. European-American Dialogues. Hrsg. von Corinna Delkeskamp-Hayes und Mary Ann Gardell Cutter. Dordrecht/Boston/London 1993, S. 86).

66 *M. Verworn*, Kausale und konditionale Weltanschauung, S. 10.

Ursachenbegriff durch denjenigen der Bedingung zu ersetzen. In dem Buch von David von Hansemann wird derjenige Naturwissenschaftler schon auf den ersten Seiten zitiert, auf den solche Veränderungen des Denkens in hohem Maße zurückgehen und der auch von den Schriftstellern der frühen Moderne gebührend beachtet wurde: kein anderer als Ernst Mach. Sein Buch *Die Analyse der Empfindungen*, zuerst 1886 erschienen, war weit über die Fachgrenzen der Physik hinaus beachtet worden, von der er herkommt. Der Verfasser des Buches über das konditionale Denken in der Medizin zitiert ihn mit den folgenden Sätzen aus dem späteren Buch *Erkenntnis und Irrtum*:

> „In den höher entwickelten Naturwissenschaften wird der Gebrauch der Begriffe Ursache und Wirkung immer mehr eingeschränkt, immer seltener [...]. Sobald es gelingt die Elemente der Ereignisse durch meßbare Größen zu charakterisieren [...], läßt sich die Abhängigkeit der Elemente voneinander durch den *Funktionsbegriff* viel vollständiger und präziser darstellen als durch so wenig bestimmte Begriffe, wie Ursache und Wirkung.“[67]

Wenn Oswald Bumke in seinem Nachruf den Begriff des Funktionellen in Hoches Syndromlehre so nachdrücklich herausstellt, so bleibt gleichwohl anzumerken, daß damit nicht durchaus Neues eingeführt wurde.[68] Von dem auf vielseitige Ursachen gerichteten Denken wie demjemigen Eugen Bleulers sind Hoches Ansätze dennoch zu unterscheiden. Den Begriff des Multifaktoriellen, wie ihn die heutige Psychiatrie verwendet, kennt er nicht;[69] und ungeachtet aller wegweisenden Neuansätze bleibt die Kausalität weiterhin ein Grundbegriff in Hoches Denken.[70] Auch die hermeneutischen Denkformen, die Karl

---

67 *Ernst Mach*, Erkenntnis und Irrtum. Skizzen zur Psychologie der Forschung. 5. Aufl. Leipzig 1926, S. 278. In dem Buch *Die Analyse der Empfindungen und das Verhältnis des Physischen zum Psychischen* (9. Aufl. Jena 1922, S. 23) spricht Mach von Elementenkomplexen: „Nicht die Körper erzeugen Empfindungen, sondern *Elementenkomplexe* (Empfindungskomplexe) bilden den Körper.“ Die Verwandtschaft mit Hoche im Gebrauch solcher Begriffe ist kaum zu übersehen. Daß Hoche von Ernst Mach Kenntnis hatte, ist anzunehmen. Im Vortrag *Der Einzelne und seine Zeit* (1915) erwähnt er beiläufig dessen Lehre vom unrettbaren Ich (dort S. 9) mit einer für Hoche bezeichnenden Aussage: „Aber gegenüber der *Mach'*schen Lehre vom ‘unrettbaren Ich’ muß ich doch der Überzeugung Ausdruck geben, daß das innerste Wesen des Menschen in den *großen* Linien lebenslänglich unverändert bleibt“.

68 Archiv f. Psychiatr. u. Nervenkr., S. 341.

69 Vgl. hierzu den Beitrag *Ergebnisse der biochemischen Forschung auf dem Schizophreniegebiet* von *M. Ackenheil, H. Hippius und N. Matussek* (in: Der Nervenarzt 11 [1978], S. 635): „Bei der Erörterung der Entstehungsweise psychischer Störungen und Krankheiten ist an die Stelle des Konzepts der Krankheitseinheiten (mit monokausaler Verursachung) die Auffassung einer *multifaktoriellen Genese* psychopathologischer Syndrome getreten“.

70 Lapidar heißt es in dem Aufsatz „Gilt das Kausalgesetz auf seelischem Gebiete?“ (in: Aus der Werkstatt, S. 102): „Die kausale Betrachtungsweise ist, ganz gleich wie

Jaspers 1913 mit seinem Buch *Allgemeine Psychopathologie* in die neuere Psychiatrie eingeführt hatte, haben Hoche, soweit zu sehen ist, kaum berührt, obwohl er mit diesem die Gegnerschaft zu den Lehren Freuds gemeinsam hat. Diese Gegnerschaft ist ein Kapitel für sich; und nur in der gebotenen Kürze ist darüber zu sprechen.

Wenn Hoche auf den Begründer der Psychoanalyse zu sprechen kommt, und das ist oft der Fall, verhält er sich abweisend und schroff.[71] Seine Angriffe auf sie hatte er zuerst 1910 vorgetragen, in dem Beitrag *Eine psychische Epidemie unter Aerzten*, die Freud außerordentlich verbittert hatte.[72] Vorrangig angegriffen werden die sexuellen Prämissen psychischer Störungen, also Freuds Lehre im Kern:

> „Das Hinzerren auf das Sexuelle, die Züchtung einer dauernden Sexualatmosphäre im Individuum durch tägliches Aufrühren dieser Dinge und Hineinreden in den Patienten ist zweifellos für jeden ruhig denkenden, nicht fanatisierten Arzt eine im höchsten Maße bedenkliche Prozedur."[73]

In dem drei Jahre später gehaltenen Referat auf der Jahresversammlung des Vereins für Psychiatrie – *Ueber den Wert der Psychoanalyse* – verschärft sich der Ton. Von der Psychoanalyse als von einer abgetanen Sache wird gesprochen, von einer Sekte, die mit Tricks und der suggestiven Kraft apodiktischer Behauptungen arbeite.[74] An dieser Tonart hat sich auch im letzten seiner Angriffe nichts geändert. In den *Süddeutschen Monatsheften*, damals ein Organ der Antimoderne in mehrfacher Hinsicht, veröffentlichte Hoche 1931 den Aufsatz *Die psychoanalytische Bewegung im Rahmen der Geistesgeschichte*, in dem er auch auf die Ehrung in Frankfurt zu sprechen kommt, die Freud zuteil geworden war: auf die Verleihung des Goethe-Preises dieser Stadt im

---

man zu diesen Fragen sonst stehen möge, jedenfalls eine unerläßliche Voraussetzung jeder *Erkenntnis*, wenn sie diesen Namen verdient".

71 *Klaus Dörner* spricht in seinem Aufsatz *Nationalsozialismus und Lebensvernichtung* von Hoche als demjenigen, „der die Psychoanalyse am auffälligsten angriff" (Vierteljahrshefte für Zeitgeschichte, 15. Jg. [1967], S. 132). *Thomas Köhler* (Abwege der Psychoanalyse-Kritik. Zur Unwissenschaftlichkeit der Anti-Freud-Literatur. Frankfurt am Main 1989) geht lediglich auf den 1910 veröffentlichten Vortrag *Eine psychische Epidemie unter Aerzten* ein, besonders S. 153 f. Vgl. ferner *E. Seidler* in: Freiburger Universitätsblätter, S. 70.

72 *A. Hoche*, Eine psychische Epidemie unter Aerzten. In: Mediz. Klinik VI (1910), S. 1007–1010. Vgl. hierzu *Sigmund Freud / Ludwig Binswanger*, Briefwechsel, S. 45, Auf der IV. Jahresversammlung der Deutschen Nervenärzte in Berlin vom 6.–8. Oktober 1910 hatte Hoche seine Angriffe fortgesetzt; hierzu der Brief Freuds an Binswanger vom 14.3.1911 (Briefwechsel, S. 76).

73 Eine psychische Epidemie, S. 1008.

74 Archiv f. Psychiatr. u. Nervenkr. 51 (1913), S. 1055–1079.

Jahre 1930. Es ist denkbar, daß die vielfach maßlosen Ausfälle Hoches ihren Grund in eben dieser Auszeichnung haben.[75] Ob er gewußt hat, daß die Ehrung in hohem Maße seinem früheren Doktoranden Döblin zu danken war?[76] Hoche ist bestrebt, die Lehren Freuds im Kern zu treffen und zu erledigen. Nahezu alle Grundbegriffe der Psychoanalyse werden in Frage gestellt. Das Vorhandensein des Unbewußten wird nicht geleugnet, aber es sei ein Gebiet des Volldunkels, und wie im 19. Jahrhundert wird seine Erforschbarkeit bestritten. Wörtlich heißt es in diesem Zusammenhang:

> „Die wissenschaftliche Betrachtungsweise beschränkt sich dabei in dem Eingeständnis: vom Unbewußten wissen wir nichts, und wir können nichts davon wissen. Wir haben keine andere Wahl, als seelisch nur das zu nennen, was uns bewußt ist; sobald wir diese beiden Begriffe voneinander lösen, wenn wir ein unbewußtes Seelenleben annehmen, zerfließt uns die ganze Frage unter den Händen [...].“[77]

---

75 Hierzu *Tomas Plänkers*, Goethe contra Freud? Erinnerung an einen Streit um den Begründer der Psychoanalyse im Jahre 1930. In: Frankfurter Allgemeine Zeitung vom 25.8.1990.

76 *Döblin* hatte sich wenige Jahre zuvor öffentlich zugunsten Freuds exponiert: mit der Rede aus Anlaß des 70. Geburtstages (veröffentlicht in: Almanach für das Jahr 1927. Hrsg. von A. J. Storfer. Wien 1926; Teile dieser Rede sind abgedruckt im Marbacher Ausstellungskatalog von 1978, dort S. 168–169). Mit dem Gutachten zur Verleihung des Goethe-Preises der Stadt Frankfurt an Sigmund Freud im Jahre 1930 ergriff Döblin zum zweitenmal Partei für Freud. Das hindert ihn nicht, sich weiterhin kritisch über den Begründer der Psychoanalyse zu äußern und sich auf solche Weise den Auffassungen Hoches gelegentlich anzunähern. Der letztere hatte, wie ausgeführt, von einer Art Sekte gesprochen, die sich aus Freuds Anhängern gebildet habe. In einer autobiographischen Aufzeichnung *Döblins* ist in diesem Punkt Übereinstimmung erkennbar, wenn es heißt: „Schon vor längerer Zeit hat der Freiburger Hoche gesagt, die Psychoanalyse sei die Sache einer ‘Sekte’. Man muß sagen, daß noch immer bei den Psychoanalytikern Tendenzen auf Klüngel- und Cliquenwesen, auf höhere Vereinsmeierei lebendig ist“ (Kleine Schriften II. Olten 1990, S. 272). Vgl hierzu auch *Thomas Anz*, Döblin und die Psychoanalyse, S. 9 f. In einer Veröffentlichung der französischen Exilzeitschrift *Die Zukunft* vom 24.2.1939 wendet sich *Döblin* gegen die ideologische Verwerfung Freuds im ganzen und sucht in ihr in erster Linie seinen „Mitschüler“ Oswald Bumke zu treffen. Aber auch Freud kommt nicht gänzlich ungeschoren davon. Es heißt hier: „Angriffe, besonders witzige, ironische auf Freud sind zu begrüßen. Er ist von einer aschgrauen Dogmatik und von einer fanatischen Härte und Unerbittlichkeit in der Handhabung seiner Doktrin, dass man von vornherein einer Attacke auf ihn mit dem Ruf ‘in tyrannos’ applaudieren soll. Diktatoren sind nicht nur politisch unerträglich“ (Die Psychoanalyse. Zu einer deutschen Kritik. In: Die Zukunft vom 24.2.1939). – Der Streit um den Frankfurter Goethe-Preis, der der Verleihung vorausgegangen war, ist dokumentiert in dem Buch: Psychoanalyse in Frankfurt am Main: Zerstörte Anfänge, Wiederannäherung, Entwicklungen. Hrsg. von *Tomas Plänkers / Michael Laier / Hans-Heinrich Otto* u.a. Frankfurt am Main 1996.

77 Aus der Werkstatt, S. 83.

An Emil Du Bois-Reymond und sein berühmt gewordenes *Ignorabimus* werden wir erinnert. Aber auch das Phänomen der Verdrängung hat in dieser Abrechnung nichts zu erhoffen:

> „Auch diese eine Zeitlang höchst bewunderte Lehre ist nicht haltbar. Zunächst ist gänzlich unbewiesen, daß jemals jemand auf diesem Wege der Verdrängung alter Affekte krank geworden ist [...].“[78]

Gewürdigt wird der feine psychologische Beobachter, seine „geniale Gabe [...] für *alte Dinge neue Worte* von zündender Schlagwortwirkung zu prägen“ und sein „Mut des Denkens und Aussprechens.“[79] Aber dann können Hoche im Eifer des Gefechts Urteile unterlaufen, die betroffen machen, wenn wir Sätze wie die folgenden lesen:

> „Die Psychoanalyse als *Behandlungsmethode* wird sich noch eine Weile halten; ihre Grundlage ist eine morbide Doktrin, eine Heilslehre für Dekadente, für Schwächlinge aller Arten, und deren wird es immer mehr als genug geben.“[80]

Die Verwendung von Begriffen aus den Degenerationslehren des 19. Jahrhunderts wie die männlichkeitsbewußte Rede von den Schwächlingen aller Arten ist kennzeichnend für eine um diese Zeit noch immer vorwaltende Mentalität, deren Entstehung in die Zeit des Kaiserreichs zurückzuverfolgen wäre. Ihr Zentrum haben diese Angriffe auf Freud und seine Schule im unterschiedlichen Verständnis des Traums. Freuds *Traumdeutung* ist Hoche das Ärgernis schlechthin. Er bestreitet, daß die Bilder des Traums mehr sein sollen als Zufall, daß sie Wünsche zum Ausdruck bringen, die sich der Mensch im wachen Zustand nicht eingestehen will; und da in diesem Zustand nur Bruchstücke zurückbleiben, die zerfließen, so sei mit Träumen ein für allemal nicht viel anzufangen. Es ist für ihn „der bei weitem schwächste Teil der Lehre, und gerade sie gilt für die Gläubigen als tragender Pfeiler.“[81]

Doch beläßt es Hoche nur bei der Kritik keineswegs, sondern greift mit eigenen Arbeiten in den Traum-Diskurs ein, wie er am nachhaltigsten zu Beginn des Jahrhunderts durch Freud belebt und bewegt worden war. Der von der Neurologie herkommende Psychiater begibt sich damit auf ein Gebiet, von dem man meinen könnte, es gehöre in erster Linie in die Kompetenz des Psychologen. Aber das ist nicht die Auffassung Hoches. In einem das eigene Traumbuch vorwegnehmenden Artikel äußert er sich bezeichnenderweise im

---

78 Ebda., S. 80.

79 Ebda., S. 85–87.

80 Ebda., S. 87.

81 Ebda., S. 79.

Handbuch der normalen und pathologischen Physiologie.[82] Der in klarer und präziser Sprache verfaßte Beitrag – gewissermaßen das Gegenteil von dem, wovon er handelt – ist reich an Beobachtungen und Gedanken, die vorrangig auf Selbstbeobachtung gründen. Von der Dauer der Träume, von Zeit und Raum in ihr, von den sprachlichen Produkten, von der Regellosigkeit und Zufälligkeit aller Träume und anderem mehr ist die Rede, im Grunde von allem, was bloß „äußerlich" bleibt. Schroff abgelehnt wird abermals jede Deutung, die wie bei Freud nur pseudowissenschaftlich sein könne, „Mystik", die nicht sein darf, und klipp und klar heißt es am Schluß: „Die Freudsche Traumlehre hat den Vorzug, 'tief' und 'bedeutend' zu sein, aber leider den einen Fehler, daß sie nicht wahr ist."[83] Der Artikel im Handbuch für Physiologie ist ein Extrakt dessen, was ein Jahr später in dem Buch *Das träumende Ich* ausgeführt wird.[84] Auch das aus langjähriger Selbstbeobachtung hervorgegangene Buch versteht sich als entschiedene Gegenposition zu den Lehren Freuds. Im Schlußwort wird es unmißverständlich ausgesprochen:

> „Bei der *Entstehung* des besonderen *Trauminhaltes* spielen Tagesreste eine hervorragende Rolle; allgemein beherrschende Gesichtspunkte in der Auswahl dessen, was in den Traum hineinwirkt, treten nicht deutlich hervor; die psychoanalytischen Erklärungen und Deutungen über die Herkunft der Träume sind in sich unwahrscheinlich und wegen der mangelnden Beweise abzulehnen."[85]

Beide Arbeiten, der Artikel im physiologischen Handbuch wie das 1927 erschienene Buch, werden in den Nachrufen kaum gewürdigt – ein auffälliger Befund! In dem acht Seiten umfassenden Nekrolog Bumkes wird Hoches Buch *Das träumende Ich* nur beiläufig als Zeichen seiner psychologischen Begabung erwähnt und in demjenigen Ludwig Binswangers wird es allem Vermuten nach mit Absicht übergangen, von der beiläufigen Erwähnung des vorzüglichen Selbstanalytikers abgesehen, der er gewesen sei. Aber an anderer Stelle hat sich Binswanger noch zu Lebzeiten Hoches überaus kritisch über diese Seite in dessen wissenschaftlichem Werk ausgesprochen, in seinem eigenen, 1928 erschienenen Buch *Wandlungen in der Auffassung und Deutung des Traumes.* Hier freilich wird *Das träumende Ich,* sicher nicht ganz zutreffend, Hoches Hauptwerk genannt, und unmerklich geht die Beschreibung in eine doch sehr deutliche Kritik über. Das ist in einer Anmerkung nachzulesen, in der gesagt wird:

---

82 *Alfred E. Hoche,* Der Traum. In: Handbuch der normalen und Pathologischen Physiologie. Mit Berücksichtigung der experimentellen Pharmakologie. Hrsg. von A. Bethe u.a. Berlin 1926, S. 622–643.

83 Ebda., S. 643.

84 *Prof. Dr. A. Hoche,* Das träumende Ich. Jena 1927.

85 Ebda., S. 190.

„Seit der Niederschrift dieser Vorträge ist nun auch das Hauptwerk HOCHES über den Traum erschienen [...] ein Werk von äußerst geschlossener Durchführung der positivistisch-deskriptiven Methode mit einem sehr ausgedehnten eigenen Beobachtungsmaterial und wichtigen Ergebnissen, insbesondere auf dem Gebiete des Gedankenganges, der Sprache, des Aufbaues der Bilder und der Stimmungen im Traum. Der Vorzug des eigenen Materials hat den Nachteil der Einseitigkeit desselben im Gefolge: [...]. Im übrigen zeugt das Buch HOCHES von der vollkommenen Blindheit des Autors für alles eigentlich Psychologische (Motivationszusammenhänge) am Traum."[86]

Ein Urteil wie dieses wird man nicht überraschend finden bei einem Psychiater, der sich ausdrücklich zu Freud als seinem Lehrer und Freund bekennt.[87] Der von Freud herkommende Binswanger und der Freud negierende Hoche scheinen durch Welten getrennt. Aber die öffentlich geäußerte Kritik liest sich anders, wenn man weiß, daß beide, Hoche wie Binswanger, seit langem im Briefwechsel miteinander standen, in einer Beziehung, die von 1916 bis fast zum Lebensende Hoches gedauert hat. Diese Verbindung gehört zum Erstaunlichsten in der neueren Psychiatriegeschichte, und wenigstens mit einigen Hinweisen ist hier auf sie einzugehen.

Die von freundschaftlichen Tönen begleitete Bekanntschaft beginnt mit einem Besuch Hoches im Kriegsjahr 1916, und Binswanger vermerkt im Tagebuch:

„Freitag war Hoche da. Ich fühle mich ihm gegenüber ganz wie der Schüler zum Lehrer, der Sohn zum Vater. Er wirkt sehr stark auf mich. Wie er den Verlust des einzigen Kindes auf dem Schlachtfeld erträgt, hat für mich etwas Großes, Bewundernswertes."[88]

Eine Grundlage der Verbindung, die sich seit 1922 sehr intensiv entwickelt, sind gemeinsame Patienten beziehungsweise solche, die im Sanatorium „Bellevue" in Kreuzlingen aufgenommen werden. Hier auch war die Schwester Hoches, Clara Knobloch, von 1920 bis 1927 als Oberin tätig gewesen, die in ihren Briefen an Binswanger in der Zeit zwischen 1933 und 1945 eine erstaunlich deutliche, gegen das Regime gerichtete Sprache spricht. Eine sachliche Voraussetzung war sicher auch die Aufgeschlossenheit Binswangers für Hoches Syndromlehre. Im Kieler Vortrag von 1912 war er als einer derjenigen genannt worden, die Annäherungen an die eigenen Neuansätze erkennen lie-

---

86 *Dr. Ludwig Binswanger*, Wandlungen in der Auffassung und Deutung des Traumes. Von den Griechen bis zur Gegenwart. Berlin 1928, S. 64.

87 So in einem Brief an Hoche (vom 7.3.1922), der sich im Tübinger Nachlaß Binswangers befindet; vgl. Anm. 92.

88 Tagebuch 1 vom 12.6.1916 (im Institut für Geschichte der Medizin der Universität Tübingen). Abermals danke ich für die Vemittlung der Texte dem früheren Leiter des Instituts, Prof. Dr. Gerhard Fichtner, der auch hier die Genehmigung der Zitate erwirkt hat.

ßen.[89] Die Beziehungen erreichen um 1922, mit dem Erscheinen von Binswangers Buch *Einführung in die Probleme der Allgemeinen Psychologie*, ihren Höhepunkt.[90] Der Verfasser verleugnet durchaus nicht seine Herkunft von der Psychoanalyse Freuds, der Phänomenologie Husserls und der Geisteswissenschaft Diltheys. Dem strikt auf die Naturwissenschaften eingeschworenen Hoche ist das nicht so recht. Aber er fühlt sich erleichtert in der Feststellung, daß vor allem der Einfluß Freuds, wenigstens quantitativ, begrenzt sei. Die Art, wie der ganz anders denkende Hoche das schwierige Werk Binswangers in sein Entgegenkommen einbezieht, ist bewundernswert. Er liest das umfangreiche Werk unverzüglich, sagt im Brief trotz einiger Einwände viel Lobendes und bespricht es im *Archiv für Psychiatrie und Nervenkranheiten*, im ganzen positiv – zur großen Freude Ludwig Binswangers.[91] Aber im Anfang liegt das Ende, vorgezeichnet durch Sigmund Freud und seine Traumdeutung. Kaum daß der Briefwechsel in Gang gekommen ist, sind beide Briefpartner schon mitten drin in den Auseinandersetzungen um Freud. Hoche hat hinter dessen Traumdeutung wieder einmal seine Fragezeichen gesetzt, und Binswanger stellt sich schützend vor den Angegriffenen:

> „Der wichtige Keulenschlag, den Sie meinem Freunde und Lehrer Freud versetzen, kann mich nicht allzusehr betrüben, da Ihr Schlag glücklicherweise daneben geht, da das was Sie und was Freud Traum nennen, zwei Kreisen gleicht, die sich nur an einem kleinen Stücke ihrer Peripherie berühren."[92]

Das leuchtet Hoche nicht ein. Er antwortet postwendend. „Traum ist Traum, und es kommt nur darauf an, was man mit ihm anfängt", lautet seine Replik.[93] Binswanger sieht sich außerstande, die verschiedenen Traum-Zugänge zu erläutern, da er „das ganze Problem 'Naturwissenschaft und Psychologie' aufrollen müßte" – und erläutert sie dann doch:

> „Ich würde sagen, Freud erfasst den Traum gemäss dem psychologischen 'Prinzip der Person', wie ich es nenne, Sie erfassen ihn als ein Naturgeschehen, was ganz andern Begriffskategorien unterliegt."[94]

---

89 Die Bedeutung der Symptomenkomplexe, S. 543. Hier heißt es, und diese Bemerkung ist hinsichtlich der anfangs sehr umstrittenen Lehre Hoches aufschlußreich: „In der Diskussion zu meinem damaligen Vortrage stand ich einer fast geschlossenen Front der Ablehnung gegenüber. In der inzwischen verflossenen Zeit hat sich vielfach, wenigstens in mündlicher Erörterung, zum Teil aber auch in literarischen Äußerungen eine langsame Annäherung an den damals lebhaft perhorreszierten Standpunkt vollzogen. Namentlich *Binswanger* hat sich zu ähnlichen Anschauungen bekannt".

90 *Ludwig Binswanger*, Einführung in die Probleme der Allgemeinen Psychologie. Berlin 1922.

91 Archiv f. Psychiatr. u. Nervenkr. 68 (1923), S. 633.

92 Maschinenschriftl. Durchschlag vom 7. März 1922 (Universitätsarchiv Tübingen).

93 Ebda., Brief vom 9. März 1922.

94 Ebda., Durchschlag Binswangers vom 14. März 1922.

Der vergebliche Versuch, zu einem Konsens zu gelangen, zieht sich noch einige Jahre hin, bis dann 1927 Hoches Traumbuch den Riß herbeiführt aufgrund jener schon erwähnen Bemerkung Binswangers. Nun vollends wird offenkundig, daß man es mit getrennten Welten zu tun hatte, und der Versuch, sie zu überbrücken, erhält fast tragische Züge. Hoche beharrt ähnlich einseitig auf seinem Zugang zur Traumwelt wie Freud, während Binswanger auf mehreren Ebenen denkt, indem er Psychiatrie und Psychologie in Personalunion betreibt. Für Hoche ist die Traumwelt, weil außerhalb seiner Bewußtseinswelt liegend, nicht viel wert; für Binswanger ist der Traum „nichts anderes [...] als eine bestimmte Art des Menschseins überhaupt." Es steht fest für ihn, „dass und warum wir im Traum eine eigene Welt haben." So liest man es in dem 1930 erschienenen Essay *Traum und Existenz*, den Michel Foucault ein Vierteljahrhundert später mit einer Einleitung versehen wird, die doppelt so umfangreich gerät wie der Essay selbst.[95] Die anregenden und weiterführenden Ideen in diesen Fragen gehen offensichtlich von Binswangers Schriften aus; dagegen gehören Hoches Arbeiten über den Traum zum vergänglicheren Teil seines wissenschaftlichen Werkes. Das gilt nicht gleichermaßen von einem anderen Arbeitsgebiet, in dem ihm unbestritten Kompetenz zukommt.

Zu sprechen ist über das Grenzgebiet von gerichtlicher Medizin, forensischer Psychiatrie und Strafrechtswissenschaft. Das Interesse Hoches für diese Gebiete ist ausgeprägt. Es beginnt mit den Rückenmarksuntersuchungen Enthaupteter in der Straßburger Zeit. Hier bereits hält er Vorlesungen über gerichtliche Psychiatrie. *Die Aufgaben des Arztes bei der Einweisung Geisteskranker in die Irrenanstalt* heißt eine an der Praxis der alltäglichen Arbeit orientierte Schrift.[96] Auch für die Freiburger Antrittsvorlesung wird ein Thema aus diesem Gebiet gewählt: über Irrenheilkunde und Rechtspflege. Es geht um die den Richter interessierenden Fragen: um solche der Zurechnungsfähigkeit, der geistigen Gesundheit oder Krankheit. Aber mit strengen Definitionen seitens der Psychiatrie sei nicht zu rechnen, wird gesagt. Von der Jurisprudenz als einer in hervorragendem Maße logisch aufgebauten Wissenschaft wird mit

95 *Ludwig Binswanger*, Traum und Existenz. Einleitung von *Michel Foucault*. Übersetzung und Nachwort von *Walter Seitter*, Bern/Berlin 1992; die zitierten Wendungen Binswangers S. 102 und S. 127 des hier angeführten Essays. Michel Foucaults Einleitung zu Binswanger ist als *Introduction* zur französischen Übersetzung *Le Rêve et l'Existence* (Paris 1954, S. 9–128) erschienen. Sie wurde aufgenommen in die Ausgabe der Schriften *Foucaults*, Dits et Écrits. Hrsg. von Daniel Defert und François Ewald (Paris 1994; Bd. I, S. 65–119).

96 Die Schrift ist 1900 in Halle in der *Sammlung zwangloser Abhandlungen aus dem Gebiete der Nerven- und Geisteskrankheiten* erschienen.

Hochschätzung gesprochen.[97] Noch vor der Berufung nach Freiburg gibt Hoche das *Handbuch für gerichtliche Psychiatrie* heraus, in dem er selbst, neben Gustav Aschaffenburg und anderen, mit großen Teilen vertreten ist.[98] Es ist 1934 in einer dritten Auflage mit einem Vorwort Hoches erschienen.[99]

> „Der jüngere Psychiater, dem jetzt die dritte Auflage aus dem Jahre 1934 [...] vorliegt, kann kaum mehr beurteilen, wie wertvoll dieses Handbuch für den praktischen Psychiater seinerzeit war,"

bemerkt Binswanger 1944 in seinem Nachruf.[100] In der Darstellung des eigenen Werdegangs erklärt Hoche die Neigung zur gerichtlichen Psychiatrie aus seiner kritisch-dialektischen Einstellung und rechnet sich das Verdienst zu, eine allgemeine forensische Psychopathologie als etwas in dieser Form Neues gegeben zu haben.[101] So sehr war er der Jurisprudenz zugetan – und damit ist in erster Linie die Strafrechtswissenschaft gemeint –, daß er noch vor seiner Berufung nach Freiburg erwogen hatte, in Rechtswissenschaft zu promovieren und sich hier auch zu habilitieren.[102] Dazu ist es nicht gekommen. Aber die Ehrendoktorwürde hat er erhalten. Die Rechts- und Wirtschaftswissenschaftliche Fakultät der Universität Tübingen hat sie anläßlich ihres 450-jährigen Bestehens im Jahre 1927 verliehen:

> „dem geistvollen Mitbegründer der modernen Psychiatrie, dem hochsinnigen und mannhaften Vorkämpfer für eine straffe ärztliche Ethik und Standeszucht, dem in Praxis und Theorie gleichbewährten, umsichtigen Förderer rechtlicher Fragenkomplexe zumal der Irrengesetzgebung,"

wie es in der Urkunde heißt.[103] Einer auf Reformen gerichteten Jurisprudenz wäre ein solcher Berufswechsel, wie er noch vor der Berufung nach Freiburg erwogen worden war, sicher nicht zugute gekommen. Das zeigt sich in der befremdlichen Art, in der über Hinrichtungsapparate gesprochen wird. Ein unangebracht salopper Ton ist da zu vernehmen, wenn in der Autobiographie *Jahresringe*, in dem Kapitel *Im Schatten der Guillotine*, ausgeführt wird:

---

97 Die Freiburger Antrittsvorlesung ist als selbständige Schrift 1903 in Halle unter dem Titel *Die Grenzen der geistigen Gesundheit* erschienen.

98 Handbuch der gerichtlichen Psychiatrie. Hrsg. von *A. E. Hoche*. Berlin 1901.

99 Bearbeitet von *G. Aschaffenburg / H. W. Gruhle / A. Hoche / J. Lange*. Hrsg. von A. Hoche. Berlin 1934.

100 Schweizerisches Archiv für Neurologie und Psychiatrie 53 (1944), S. 139.

101 Die Medizin der Gegenwart, S. 13.

102 Jahresringe, S. 141.

103 Die Feier des 450-jährigen Bestehens der Eberhard-Karls-Universität Tübingen. (Hrsg. von *Th. Knapp*). Stuttgart 1928, S. 76/77. Diese Ehrung wird von *Paul Krauß* in seinem Beitrag *Zur Mentalität der Psychiater in der Zeit der Weimarer Republik* kritisch vermerkt (Fundamenta Psychiatrica 1988, S. 118).

„Es gab in Deutschland Jahrhunderte, in denen man nicht durch die Lande reisen konnte, ohne irgendwo auf einer Anhöhe einen Sünder am Galgen hängen zu sehen; man war mit dem Hängen rasch bei der Hand und hatte bessere Nerven als wir [...].“[104]

Ob aber die schlechteren Nerven nicht die besseren sein könnten? An anderer Stelle desselben Kapitels schildert Hoche, wie man ihn eines Morgens in der Nähe der Hinrichtungsstätte mit dem Scharfrichter verwechselt habe, weil er mit seinem Instrumentenkoffer gekommen war, um die Rückenmarksuntersuchungen vorzunehmen:

„Als ich in Straßburg, zufällig mit meiner Frau, in einer Droschke zum Gefängnis fuhr, um meinen elektrischen Apparat für den nächsten Tag aufzustellen, erregten wir das brennende Interesse der diese Stätte umlungernden Menge, ein Gemurmel hub an: ‘Der Scharfrichter und seine Frau’ – ‘in dem Kasten hat er das Beil’; die Zeitungen brachten am Tage darauf die Notiz: ‘Der Gefängnisgeistliche Dr. Hoche spendete dem Delinquenten die letzten Tröstungen der Religion’. Die Tröstungen, die ich zu bieten hatte, konnten dem Schächer nichts mehr nützen.“[105]

Das ist geistreich gesagt und humorvoll gemeint. Dennoch kann einem der Humor vergehen, wenn man bedenkt, daß es um Tötungen von Menschen durch Menschen geht. Sprache und Humanität, die man sich als Einheit wünschte, gehen getrennte Wege – nicht nur im Denken Hoches. An die unbeschwerte Feststellung, daß man mit dem Hängen rasch bei der Hand war, erinnern Äußerungen des Zürcher Psychiaters August Forel. In seinem zu Anfang des Jahrhunderts erschienenen Buch *Hygiene der Nerven und des Geistes* lesen wir Sätze wie diese:

„Früher, in der guten alten Zeit, machte man mit unfähigen, ungenügenden Menschen kürzeren Prozeß als heute. Eine ungeheure Zahl pathologischer Gehirne, die nicht offenkundig geisteskrank waren und durch ihre perversen Neigungen, durch sexuelle Verbrechen und Rohheiten, durch Trunksucht, Diebstahl, Morde etc. die Gesellschaft schädigten, wurden kurz und bündig hingerichtet, gehängt oder geköpft [...]. Unser zwar sehr wohl gemeinter, aber oft am sehr unrichtigen Ort angewendeter Humanitarismus pflegt dagegen sorgfältig diese ganze Brut auf Privat- und Staatskosten und läßt sie weidlich heiraten und sich vermehren [...].“[106]

Die Rede ist von den Unfähigen, den Ungenügenden, die man vielfach die Minderwertigen nennt. Man würde sie gern aus der Gesellschaft verbannt sehen, die Verbrecher vor allem. Hoche hatte im Zusammenhang mit seinen Untersuchungen am Rückenmark wiederholt mit ihnen zu tun, wie ausgeführt.

---

104 Jahresringe, S. 227.

105 Ebda., S. 230.

106 *August Forel*, Hygiene der Nerven und des Geistes im gesunden und kranken Zustande (1903). 3., vermehrte Aufl. Stuttgart 1908, S. 207; hierzu die Studie von *Annemarie Wettley*, August Forel. Ein Arztleben im Zwiespalt seiner Zeit. Salzburg 1953.

Es geht dabei auch um Experimente am Menschen. Zu sprechen ist über denkbare Versuche, für die sich Hoche interessiert: den abgeschlagenen Kopf eines Verbrechers mit Hilfe einer maschinellen Durchblutung und mit Hilfe chemischer Flüssigkeiten wieder zum Bewußtsein zu erwecken. Solche Versuche könnten als aussichtsreich angesehen werden, wenn erst einmal die technischen Apparate zur Verfügung stünden. Das schwierigere Problem sei ein solches juristischer Art, oder in Hoches eigenen Worten:

> „(da man im Falle des Gelingens des Versuchs über den Enthaupteten das Sterben zum zweiten Male verhängen würde, dürften solche Experimente nur an mehrfach zum Tode Verurteilten vorgenommen werden).“[107]

Das ist nicht einfach als makaber abzutun, da hier etwas geschieht, das man aus der Geschichte der naturwissenschaftlichen Experimente herleiten kann.[108] Aber die Idee des Arztes im Sinne von Jaspers als Ausdruck hurnanen Denkens wird von Forschungszwecken überlagert und verdrängt. Doch ist noch an eine andere Tradition zu erinnern, derzufolge es sich nicht eigentlich um Experimente am Menschen handelt, da das Menschsein von Verbrechern bestritten wird. Solche Auffassungen reichen weit zurück, und die große europäische Aufklärung darf in solchen Fragen nicht unbedingt als Maß und Norm von Humanität verstanden werden. Ein Ausspruch des französischen Naturforschers und Philosophen Maupertuis ist anzuführen:

> „Man lasse sich nicht durch den Anschein der Grausamkeit rühren, die man hier zu finden glauben könnte; ein Mensch ist nichts verglichen mit der menschlichen Gattung, ein Verbrecher ist weniger als nichts.“[109]

---

107 Die Medizin der Gegenwart, S. 11.

108 Ob makaber oder nicht – die Weitsicht des Forschers Hoche ist bemerkenswert. Daß in den Vereinigten Staaten Experimente dieser Art – Vertauschbarkeit von Köpfen, Kopfverpflanzungen oder Kopftransplantationen – vorgenommen werden, ist erwiesen. Der amerikamsche Forscher *Robert J. White* hat darüber in *Neurological Research* (18/1996) berichtet. Die Tagespresse – hier die *Berliner Zeitung* vom 3.11.1997 – hat Näheres mitgeteilt. Wir erfahren, daß der genannte Forscher überzeugt sei, „daß diese Operation innerhalb der nächsten 25 oder 30 Jahre auch an Menschen durchführbar sein werde. Die ethisch-moralische Diskussion darüber bezeichnet er als unangemessen, da es sich um einen lebensverlängernden Eingriff handle [...].“ Die juristischen Aspekte solcher Experimente hat der Regensburger Strafrechtslehrer *Friedrich-Christian Schroeder*, gleichfalls in der Tagespresse, kritisch erörtert, in dem Beitrag *Medizin an den Grenzen des Lebens* (Frankfurter Allgemeine Zeitung vom 23.12.1997). Daß *Thomas Manns* 1940 veröffentlichte Erzählung *Die vertauschten Köpfe* mit dem Untertitel *Eine indische Legende* von Hoches Gedankenexperimenten inspiriert sein könnte, ist nicht anzunehmen. In den veröffentlichten Briefen und Tagebüchern kommt sein Name nicht vor. Überdies handelt es sich, was Hoche angeht, um eine Publikation, die kaum über die Fachgrenzen hinaus gedrungen sein dürfte.

109 *P. L. M. de Maupertuis*, Lettre sur le progrès des sciences. In: P. L. M. M., Euvres. Dresden 1772, S. 344, in deutscher Übersetzung zitiert von *Dietrich von Engelhardt* in

Wie sehr in solchen Fragen die ärztliche Herkunft gegenüber der juristischen Argumentation das Nachsehen hat, zeigt eine der letzten Arbeiten Hoches vor der Emeritierung.

In der von Gustav Aschaffenburg herausgegebenen *Monatsschrift für Kriminalpsychologie und Strafrechtsreform* veröffentlicht Hoche 1932 den Aufsatz mit der Überschrift *Die Todesstrafe ist keine Strafe*. Er hat, wie es scheint, mit Psychiatrie wenig zu tun, wie denn in dieser Zeit rechtswissenschaftliche Fragen, vornehmlich solche des Strafrechts, zunehmend gleichberechtigt neben die Veröffentlichungen aus dem eigenen Fachgebiet treten. In diesem Aufsatz über die Todesstrafe wird argumentiert, daß sie keine Strafe sei, weil sie Besserung unmöglich macht, und da ihre Vollstreckung kurz und schmerzlos vor sich gehen könne, bedeute sie weniger als das Verbüßen von zehn Jahren Zuchthaus.[110] Die Auffassung, daß die Todesstrafe keine Strafe sei, ist durchaus vertretbar. Arthur Kaufmann hat sie seinerseits vertreten. Aber er verbindet ihre Herausnahme aus dem Strafsystem mit der für ihn selbstverständlichen Abschaffung der Hinrichtung als eines Aktes staatlichen Tötens.[111] Dagegen will Hoche das Töten von Verbrechern auf keinen Fall beseitigt sehen; er will es nur aus dem normalen Strafsystem entfernen. Das soll so vor sich gehen, daß der Verbrecher aus der menschlichen Gesellschaft ausgeschlossen wird. Hierfür wird der Terminus „Ausschaltung" vorgeschlagen. Wörtlich wird hierzu ausgeführt:

> „Mir scheint ein anderer Gesichtspunkt noch fruchtbarer: die Einführung des fehlenden Begriffes der *Ausschaltung aus der menschlichen Gesellschaft* – entweder auf Zeit oder endgültig [...] Ausschaltung gilt dem *Zustand oder dem Handeln des Täters*, das ihn zur weiteren Teilnahme an der gesellschaftlichen Lebensgemeinschaft untauglich macht."[112]

---

dem Aufsatz *Die Naturwissenschaft der Aufklärung und die romantisch-idealistische Naturphilosophie*, in: Christoph Jamme / Gerhard Kurz, Idealismus und Aufklärung. Stuttgart 1988, S. 86.

110 *A. E. Hoche*, Die Todesstrafe ist keine Strafe. In: Monatsschrift für Kriminalpsychologie und Strafrechtsreform (1932), Heft 9/10, S. 555–556. – Schon in dem 1918 gehaltenen Vortrag *Vom Sterben* wird dieser Gedanke ausgesprochen: „Die *Todesstrafe* ist, wenn man alles dieses bedenkt, nur sehr mit Vorbehalt als eine *Strafe* zu bezeichnen" (Aus der Werkstatt, S. 221). In seinem Buch *Die Geschichte der Abschaffung der Todesstrafe in der Bundesrepublik Deutschland* geht *Bernhard Düsing*, deutlich kritisch distanziert, auf diesen Beitrag Hoches ein (Offenbach 1952, S. 184).

111 *Arthur Kaufmann*, Todesstrafe. In: Staatslexikon: Recht, Wirtschaft, Gesellschaft, in 7 Bänden. Hrsg. von der Görres-Gesellschaft. 7., völlig neu bearbeitete Aufl. Freiburg/ Basel/Wien 1985–1993, Bd. V, S. 482–485. Vgl. hierzu auch *Jean-Claude Wolf*, Verhütung oder Vergeltung? Einführung in ethische Straftheorien. Freiburg/München 1992, besonders S. 130–149.

112 Die Todesstrafe, S. 557. Daß *Hoche* den Begriff „Ausschaltung" nicht der rechtstheoretischen Diskussion der Zeit entlehnt, sondern dabei an Ausdrücke denkt, die im eigenen

Aber die vorgeschlagene Regelung als eine solche des Rechtssystems hat mit Psychiatrie sehr viel mehr zu tun, als es auf den ersten Blick den Anschein hatte. In der *Allgemeinen Zeitschrift für Psychiatrie* ist gleichfalls 1932 ein Beitrag erschienen, der den Begriff „Ausschaltung" schon im Titel gebraucht. *Ausschaltung der Minderwertigen aus der Gesellschaft* lautet die Überschrift. Im Hinblick auf die Kostenfrage, durch die Weltwirtschaftskrise noch obendrein verschärft, gibt sein Verfasser (Berthold Kihn) zu bedenken, ob nicht ein radikaleres Vorgehen angezeigt sei; wörtlich heißt es:

> „Ein solches scheint darin begründet, daß die Jetztzeit mit ihren schweren wirtschaftlichen Krisen unnötige Ausgaben der öffentlichen Hand von selbst verbietet. Und zu den unnötigen Ausgaben kann man die Forterhaltung aller Ballastexistenzen (Hoche) aus öffentlichen Mitteln zählen."[113]

Das radikalere Vorgehen, das hier erwogen wird, richtet sich zweifellos auf die „Ballastexistenzen" im Sinne der Thesen vom „lebensunwerten Leben". Sie werden hier auch Minderwertige genannt. Dieser Begriff ist dehnbar, wie sich an der 1927 veröffentlichten Schrift *Die Herrschaft der Minderwertigen* von Edgar J. Jung zeigt;[114] und nichts spricht aus der Sicht Hoches dagegen, auch Verbrecher so zu bezeichnen, um auf diese Weise „Ausschaltung" vom Gebiet der Psychiatrie auf dasjenige des Strafrechts zu übertragen. Die ehrwürdige Idee der Humanität ist wieder einmal ins Gleiten geraten. Das gilt auch hier, in der Art vor allem, wie verharmlosend vom Akt des Tötens gesprochen wird:

> „Nicht einmal der *Akt der Hinrichtung* selbst bedeutet ein Leiden. Zahnarzt ist – in diesem Zusammenhange – schlimmer als Guillotine. Die Enthauptung bringt ein leichteres Sterben als fast alle Krankheiten; sie ist auch sehr viel humaner als alle sonst geübten Hinrichtungsmethoden."[115]

Von den zum Teil erregten Debatten über Beibehaltung oder Abschaffung der Todesstrafe, die es in den zwanziger Jahren gegeben hat, zeigt sich Hoche unbeeindruckt.[116] Er hält den Reformern entgegen: „das Schwert der Justiz ist

---

Fach gebraucht werden, geht aus dem folgenden Passus hervor „Ausschaltung in diesem Sinne ohne Tötung erstrebt die Psychiatrie seit längerer Zeit für einen bestimmten Typus habitueller Rechtsbrecher [...] die weder in die Strafanstalten, noch in die Irrenanstalt gehören [...]" (S. 557–558).

113 *Berthold Kihn*, Die Ausschaltung der Minderwertigen aus der Gesellschaft. In: Allgemeine Zeitschrift für Psychiatrie 98 (1932), S. 394; zitiert von *Hans Ludwig Siemen*, Menschen blieben auf der Strecke ... Psychiatrie zwischen Reform und Nationalsozialismus. Gütersloh 1987, S. 105.

114 *Edgar J. Jung*, Die Herrschaft der Minderwertigen. Ihr Zerfall und ihre Ablösung. Berlin 1927.

115 Die Todesstrafe, S. 555.

116 Beachtenswert ist die auf Umfragen beruhende Schrift, die *Ernst Moritz Mungenast* unter dem Titel *Der Mörder und der Staat. Die Todesstrafe im Urteil hervorragender*

heute mit Watte umwickelt [...].“[117] Schon ein Jahr später ist in Deutschland von dieser Watte nichts mehr zu entdecken. Hoche spricht so nicht gleichermaßen über kranke Rechtsbrecher. Die Forderung, auch für sie die Todesstrafe vorzusehen, wie sie Ernst Haeckel 1911 gelegentlich einer Umfrage in der *Deutschen Juristen-Zeitung* geltend gemacht hatte –

> „Gemeingefährliche *geisteskranke* Verbrecher, bei denen an keine Besserung zu denken ist, sind ebenfalls aus leicht ersichtlichen Gründen möglichst bald aus der Welt zu schaffen“ –,[118]

hätte die Billigung Hoches nicht gefunden. Wo erwiesene Geisteskrankheit vorliegt – bei Epilepsie, Psychosen oder progressiver Paralyse –, spricht er sich für Unzurechnungsfähigkeit und damit für Straffreiheit aus. Die Problematik zeigt sich dort, wo zwischen Krankheit und Krankhaftem nicht deutlich unterschieden werden kann. Besonders im Gebiet der Sexualanomalien – bei Exhibitionismus oder Homosexualität – tritt er für Beibehaltung der geltenden Strafen ein.[119]

In nicht wenigen dieser Rechtsauffassungen, besonders aber hinsichtlich der Todesstrafe, befand sich Hoche in Übereinstimmung mit einem der angesehensten Strafrechtslehrer, die es damals in Deutschland gab: mit Karl Binding.[120] Man hat ihn gelegentlich als den „vielleicht größten deutschen Strafrechtslehrer der neueren Zeit“ bezeichnet.[121] Dieser Jurist, dessen Handbücher zum Strafrecht in zahlreichen Auflagen verbreitet waren, galt innerhalb des deutschen Rechtspositivismus als der maßgebliche Vertreter des sogenannten Vergeltungsstrafrechts, wie es auch den Auffassungen Hoches entsprach. Zwei durch Mentalitäten des deutschen Kaiserreiches geprägte Gelehrte, obschon dem Alter nach durch eine Generation voneinander getrennt, treffen sich. Gemeinsam haben sie 1920 die schon damals umstrittene Schrift *Die Freigabe der Vernichtung lebensunwerten Lebens* veröffentlicht, aber konzipiert wurde

---

Zeitgenossen (Stuttgart 1929) herausgegeben hat. Von wenigen Ausnahmen abgesehen, treten die Befragten für die Abschaffung dieser Strafe ein.

117 Die Todesstrafe, S. 554.

118 Deutsche Juristen-Zeitung 16 (1911), Sp. 14.

119 Hierzu u.a.: Handbuch der gerichtlichen Psychiatrie; ferner: Zur Frage der forensischen Beurtheilung sexueller Vergehen. In: Neurol. Centralbl. 15 (1896), S. 57–68.

120 Vgl. über Karl Binding die grundlegende Arbeit von *Daniela Westphalen*, Karl Binding (1841–1920). Materialien zur Biographie eines Strafrechtsgelehrten. Frankfurt am Main u.a. 1989. Dem Buch ist eine Bibliographie aller Arbeiten Bindings beigegeben: S. XV–XLVII.

121 *Ernest Buschendorf*, Die strafrechtliche Problematik der Euthanasie und der Freigabe „lebensunwerten“ Lebens. In: Die Euthanasie. Ihre theologischen, medizinischen und juristischen Aspekte. Hrsg. von Fritz Valentin. Göttingen 1969, S. 51.

sie zweifellos von Binding, Hoche hat nachträglich *Ärztliche Bemerkungen* beigesteuert.[122] Der Strafrechtslehrer geht von Selbstmord als einer unverbotenen Handlung aus und möchte, daß auch Tötung auf Verlangen nicht mehr unter Strafe gestellt werde. Diese Forderung ist nicht neu. Schon 1895 war die Schrift *Das Recht auf den Tod* von Adolf Jost erschienen, auf die sich Binding wiederholt beruft.[123] Soweit es in der hier in Frage stehenden Schrift auch um Tod auf Verlangen geht, war sie hochaktuell. Neben der Abschaffung der Todesstrafe hatte der „Rat geistiger Arbeiter“ 1918 mit Kurt Hiller an der Spitze gefordert: „Tötung auf ausdrückliches und ernsthaftes Verlangen des Getöteten bleibt straflos.“[124] Aber schon zu Beginn des Jahrhunderts war die Diskussion über solche Forderungen hinaus gegangen. Ernst Haeckel hatte bereits 1904 in seinem Buch *Die Lebenswunder* das Recht auf den Tod mit der Pflicht zum Töten verbunden. Wir lesen die folgenden Sätze:

> „Treue Hunde und edle Pferde, mit denen wir jahrelang zusammen gelebt haben und die wir lieben, tödten wir mit Recht, wenn sie im hohen Alter hoffnungslos erkrankt sind und von schmerzlichen Leiden gepeinigt werden. Ebenso haben wir das Recht, oder wenn man will die Pflicht, den schweren Leiden der Mitmenschen ein Ende zu bereiten, wenn sie selbst um ‘Erlösung vom Uebel‘ bitten.“[125]

Nachdrücklich setzt sich Haeckel in einer 1915 veröffentlichten Schrift für die Tötung kranker Menschen ein und schreibt:

> „Eine kleine Dosis Morphium oder Cyankalium würde nicht nur diese bedauernswerten Geschöpfe selbst, sondern auch ihre Angehörigen von der Last eines langjährigen, wertlosen und qualvollen Daseins befreien.“[126]

Noch vor dem Krieg, im Jahre 1913, war die Dissertation von Elisabeth Rupp mit dem Titel *Das Recht auf den Tod* erschienen, die sich vorwiegend mit Tod auf Verlangen befaßt und aus der Binding mehrfach zitiert.[127] In seiner Argumentation legt Binding auf Einwilligung derjenigen großen Wert, um deren Tötung es gehen soll – mit einer Ausnahme. Sie betrifft eine Gruppe von Men-

---

122 *Karl Binding / Alfred Hoche*, Die Freigabe der Vernichtung lebensunwerten Lebens. Ihr Maß und ihre Form. Leipzig 1920. Dem Beitrag Bindings, der das Erscheinen der Schrift nicht mehr erlebt hat, geht ein kurzer Nachruf aus der Feder Hoches voraus.

123 *Adolf Jost*, Das Recht auf den Tod. Göttingen 1895.

124 Expressionismus. Manifeste und Dokumente zur deutschen Literatur 1910–1920. Hrsg. von *Thomas Anz / Michael Stark*. Stuttgart 1982, S. 289.

125 *Ernst Haeckel*, Die Lebenswunder. Gemeinverständliche Studien über Biologische Philosophie. Ergänzungsband zu dem Buche über die Welträthsel. 8. Tausend. Stuttgart 1904, S. 132.

126 *Ernst Haeckel*, Ewigkeit. Weltkriegsgedanken über Leben und Tod, Religion und Entwicklungslehre. Berlin 1915, S. 35.

127 *Elisabeth Rupp*, Das Recht auf den Tod. Diss. Straßburg. Stuttgart 1913.

schen, vorwiegend von Geisteskranken, die aufgrund ihres reduzierten Bewußtseins weder imstande sind, ein Verlangen zu artikulieren, noch eine zurechnungsfähige Verweigerung auszusprechen. Ihnen gegenüber haben Freiwilligkeit und Einwilligung mangels fehlender Artikulation nichts mehr zu bedeuten. Hier geht es nicht mehr um Tod auf Verlangen. Hier wird durch Außenstehende, wer immer es sei, über Tötung anderer verfügt. An dieser Stelle, und das kann nicht deutlich genug gesagt werden, sind die Dämme gebrochen.[128] Hinsichtlich dieser Gruppe von Menschen wird die Frage gestellt:

> „*Gibt es Menschenleben, die so stark die Eigenschaft des Rechtsgutes eingebüßt haben, daß ihre Fortdauer für die Lebensträger wie für die Gesellschaft dauernd allen Wert verloren hat?*“[129]

Diese Frage wird bejaht. Mit ihr werden Begriffe wie „lebensunwert“ zu vermeintlich objektiven Begriffen der Wissenschaft gemacht, die sie nicht sind. In Fällen wie diesen wird Freigabe gefordert – aufgrund einer „Pflicht gesetzlichen Mitleids“, wie merkwürdigerweise gesagt wird; eines „tödlichen Mitleids“, wie man im Anschluß an eine Schrift Klaus Dörners sagen könnte.[130] Freizugeben sei die Tötung dieser Menschen, weil sie „*das furchtbare Gegenbild echter Menschen bilden.*“[131] Das ist ohne Frage eine anfechtbare Formulierung, weil hier zwischen echten Menschen und ihren Gegenbildern unterschieden wird. Man hat Grund anzunehmen, daß die „Gegenbilder“ im Verständnis unseres Rechtsgelehrten Menschen nicht eigentlich sind, wenigstens keine „echten“. Menschsein mithin nach Maßen des Bewußtseins, des höchsten, eines sozusagen Hegelschen Bewußtseins! Es wäre ungerecht zu verschweigen, daß Binding mancherlei Schranken und Einschränkungen vorgesehen hat, die Mißbrauch verhindern sollen: Kommissionen und das Prinzip der Freiwilligkeit, von der die Rede war. Aber wie sehr die Welt nicht mehr in Ordnung ist, wenn die Begriffe nicht mehr in Ordnung sind, sieht man hier. Es kommt zu folgenreichen Begriffsvertauschungen. Das betrifft vor anderem die Tätigkeitswörter „heilen“ und „töten“. Tötungshandlungen, so lesen wir, seien „reine Heilhandlung“. In diesem Zusammenhang heißt es: „Die Beseitigung der

---

128 Vgl. zur heutigen Rechtslage *Günther Jakobs*, Tötung auf Verlangen, Euthanasie und Strafrechtssystem. Bayerische Akademie der Wissenschaften. Philosophisch-Historische Klasse. Sitzungsberichte. Jg. 1998, Heft 2. München 1998.

129 Die Freigabe, S. 27.

130 *Klaus Dörner*, Tödliches Mitleid. Zur Frage der Unerträglichkeit des Lebens oder: die Soziale Frage: Entstehung / Medizinisierung / NS-Endlösung / heute, morgen. Gütersloh 1989.

131 Die Freigabe, S. 32.

Qual ist auch Heilwerk".[132] Mit einer Begriffsverwirrung anderer Art haben wir es im Gebrauch des Wortes Volkskörper zu tun. Der aus der Rassenhygiene übernommene Begriff, der hier nicht ausdrücklich gebraucht wird, aber das Denken beeinflußt hat, macht es dem Arzt zur Pflicht, für die Heilung dieses Volkskörpers zu sorgen.[133] Der Einzelne als der allem ärztlichen Denken Nächste gerät unter die Räder. Da aber in Zeiten labilen Bewußtseins die Frage nach dem Ergehen des Einzelnen von größter Dringlichkeit ist – und noch einmal: nicht des großen Einzelnen, sondern des Einzelnen als des leidenden Menschen –, soll über einen Satz im Beitrag Bindings nicht hinweggelesen werden, der Irrtümer bei der Auswahl derjenigen rechtfertigt, die zur Tötung anstehen. Dieser Satz lautet:

> „Nimmt man aber auch den Irrtum einmal als bewiesen an, so zählt die Menschheit jetzt ein Leben weniger [...]. Aber die Menschheit verliert infolge Irrtums so viele Angehörige, daß einer mehr oder weniger wirklich kaum in die Wagschale fällt."[134]

Die *Ärztlichen Bemerkungen* Hoches befremden, wenn man seine Sprache kennt. Von Blödsinnigen und Idioten hatte Binding, der Strafrechtslehrer, gesprochen; von Vollidioten und Defektmenschen, von Viertels- und Achtel-

---

132 Der zitierte Satz (S. 18) ist in Anführungszeichen gesetzt. Es handelt sich um ein Selbstzitat *Bindings*, in den Anmerkungen wie folgt belegt: *Mein Handbuch I, S. 803.* Die Verkehrung der Begriffe „heilen" und „töten" wird in dem Buch des amerikanischen Medizinhistorikers *Robert Jay Lifton*, Ärzte im Dritten Reich (Stuttgart 1988, besonders S. 58) mit Aufmerksamkeit verfolgt.

133 *Hoche* verwendet das aus der Rassenhygiene übernommene Wort mehrfach in der Schrift *Die französische und die deutsche Revolution* (Jena 1920). So auch in der Schrift *Der Einzelne und seine Zeit*, hier S. 31. Von dem verfehlten ganzheitlichen Ansatz, der den Volkskörper zum Objekt der Medizin erhob, handelt *Hans-Walter Schmuhl* in dem reichhaltigen Buch *Rassenhygiene, Nationalsozialismus, Euthanasie* (Göttingen 1987). Vgl. zum „Volkskörper" wiederholt *R. J. Lifton*, Ärzte im Dritten Reich. Wie sehr es um diesen ominösen Volkskörper geht, belegt ein Satz in *Hoches Ärztlichen Bemerkungen*, S. 56: „Wir haben es, von fremden Gesichtspunkten aus, verlernt, in dieser Beziehung den staatlichen Organismus im selben Sinne wie ein Ganzes mit eigenen Gesetzen und Rechten zu betrachten, wie ihn etwa ein in sich geschlossener menschlicher Organismus darstellt [...]".

134 Die Freigabe, S. 40. In welchem Maße sich der Kampf gegen das Einzelwesen unter dem Einfluß völkischen Denkens bis zum Haß steigert, bezeugt auf fatale Weise *Josef Nadler*, indem er sich auf den Biologismus Erwin Guido Kolbenheyers beruft. Dessen Traktat *Die Bauhütte* bedeute Kampf gegen das Einzelwesen, „auf das die idealistische Philosophie ja immer hinauslief. Sie erkennt, daß das Einzelwesen nur die vorfühlende, aufklärende Spitze des Lebens in dem Kampfe darstellt, den das Lebensplasma zu führen hat, und folgert daraus: der Einzelmensch ist nicht das Entwicklungsziel des Lebens, nur der bescheidene Träger, das Werkzeug des Lebens und also des Volkes." (Literaturgeschichte des deutschen Volkes. Dichtung und Schrifttum der deutschen Stämme und Landschaften. Vierter Band. Berlin 1941, S. 495).

kräften oder auch von leeren Menschenhülsen spricht Hoche, der Arzt. Gesagt wird auch:

> „Die geistig Toten stehen auf einem *intellektuellen* Niveau, das wir erst tief unten in der Tierreihe wieder finden [...].“[135]

Ähnlich wie bei Binding wird gefolgert, „daß die Beseitigung eines geistig Toten einer sonstigen Tötung *nicht* gleichzusetzen ist.“[136] Die Gesichtspunkte der Rentabilität, die Frage der Kosten für die Pflege der Kranken, begleiten die Ausführungen. Wir erinnern uns des zweiten Teils der Debatten auf der Jahresversammlung des Deutschen Vereins für Psychiatrie im Mai 1912 in Kiel, auf der Hoche seinen berühmt gewordenen Vortrag gehalten hatte.[137] Aber nicht von finanziellen Beiträgen für kranke Menschen spricht der Arzt, der hier spricht, sondern von Ballastexistenzen ist die Rede. In seinem Buch *„Euthanasie“ im NS-Staat* behauptet Ernst Klee, Alfred E. Hoche habe jene Begriffe in die Welt gesetzt, die bald wie Todesurteile verwendet würden.[138] Aber man darf völlig sicher sein: Hoche hat nichts dergleichen erfunden; er fand alles vor – in der Tradition der Rassenbiologie und ihrer Sprache. Auch in der Sache sagt er wenig Eigenes; er sagt kaum anderes als das, was Binding schon ausgeführt hat. Man kann den Beitrag des Juristen aus seinen früheren Schriften mit einer gewissen Konsequenz herleiten. Hoches *Ärztliche Bemerkungen* sind keine konsequente Fortsetzung seiner medizinisch-wissenschaftlichen Arbeit seither. Nichts eigentlich in den früheren Veröffentlichungen weist auf sie voraus. Zu den Schriften, in denen so gut wie nichts von dem zu vernehmen ist, was hier gesagt wird, gehört der Kriegsvortrag *Vom Sterben*, gehalten am 6. November 1918. Die Tötung Geisteskranker oder Kranker überhaupt wird in der Tradition ärztlichen Denkens mit Entschiedenheit abgelehnt, wenn es heißt:

> „*Die Aufgabe des Arztes ist es*, das Sterben derjenigen zu erleichtern, denen nach der Art ihrer Krankheit ein schweres Sterben beschieden ist. Es ist eine unerläßliche Forderung der ärztlichen Ethik, daß dieser Akt der Erleichterung keine Verkürzung des Lebens bedeuten darf. Die Zumutung, dieses letztere zu tun, tritt von seiten der Angehörigen nicht so selten an den Arzt heran. Ein kurzes Nachdenken zeigt aber, daß der in solchen Lagen von Laien immer wieder vertretene Gedanke, man möge die Ärzte angesichts aussichtsloser, qualvoller Zustände von Staatswegen zur Tötung ermächtigen, unausführbar ist.“[139]

---

135 Die Freigabe, S. 57.

136 Ebda., S. 58.

137 *M. M. Weber*, Ernst Rüdin, S. 114.

138 *Ernst Klee*, „Euthanasie“ im NS-Staat. Die „Vernichtung lebensunwerten Lebens“. Stuttgart 1983, S. 25.

139 Hier zitiert nach der Erstausgabe, Jena 1919, S. 17 (Vom Sterben. Kriegsvortrag, gehalten in der Universität am 6. November 1918). Der Vortrag wurde 1935 in die Auf-

Hoches Beitrag zu der Schrift von Binding wirkt unvermittelt und ohne innere Konsequenz im Hinblick auf seine bisherige Arbeit in der Psychiatrie. „Was mag letztlich den Ausschlag für den abrupten Wandel gegeben haben [...]?“ hat man gefragt, und diese Frage muß vorerst offenbleiben.[140] Es gab schon fast eine Art communis opinio, nach der man sich den durch nichts vorbereiteten Bruch mit seinem ärztlichen Denken aus dem verlorenen Krieg und dem Tod seines Sohnes zu erklären habe, der im ersten Kriegsjahr gefallen war. Daran hält man heute kaum noch fest, denn der Tod des Sohnes lag schon vier Jahre zurück, als der Vortrag im November 1918 gehalten wurde, der die ärztliche Ethik im überlieferten Sinn noch einmal bekräftigt. Der verlorene Krieg mag zu bedenken sein. Aber um eine überzeugende Erklärung handelt es sich nicht, am wenigsten im Falle Bindings.

Seine Schrift *Die Freigabe der Vernichtung lebensunwerten Lebens* ist kein Produkt der Nachkriegszeit. Sie wurde, wie heute allgemein angenommen wird, noch vor Kriegsausbruch konzipiert.[141] Wenn es sich so verhalten sollte, dann wäre es keine Zeit materiellen Elends, die Gedanken wie diese reifen ließ, und die Frage stellt sich, ob die Schrift nicht gerade in einer Zeit des Wohlstands und der wissenschaftlichen Welterfolge konzipiert sein könnte. Eine öffentlich geführte Diskussion ist für die Datierung der Konzeption dieser Schrift sehr aufschlußreich. In der Zeitschrift *Das monistische Jahrhundert*, dem Organ des von Ernst Haeckel gegründeten Monistenbundes, damals von dem Chemiker und Nobelpreisträger Wilhelm Ostwald herausgegeben, meldet sich ein zu Tode Erkrankter namens Roland Gerkan zu Wort und fordert Straf-

---

satzsammlung *Aus der Werkstatt* aufgenommen, dort S. 210–232. Der letzte der hier zitierten Sätze, der die Forderung ärztlicher Ethik mit großer Entschiedenheit bekräftigt – „Ein kurzes Nachdenken aber zeigt [...]“ –, wurde nicht in die spätere Aufsatzsammlung übernommen. Aber auch ohne diesen Satz, der die *Ärztlichen Bemerkungen* des Jahres 1920 desavouiert, kann der Wiederabdruck fast als ein stillschweigender Widerruf gedeutet werden.

140 *Karl Heinz Hafner / Rolf Winau*, „Die Freigabe der Vernichtung lebensunwerten Lebens“. Eine Untersuchung zu der Schrift von Karl Binding und Alfred Hoche. In: Mediz.-hist. Journal 9 (1974), S. 252.

141 Daß der Beitrag Bindings erstmals schon 1913 veröffentlicht worden war, hat *Werner Leibbrandt* behauptet (Um die Menschenrechte der Geisteskranken. Nürnberg 1946, S. 11). Die diesbezügliche Stelle in der hier in Frage stehenden Schrift hat folgenden Wortlaut: „Auf der 1895 erschienenen antireligiösen Schrift von Jost fußend, erschien erstmalig 1913 Bindings bekannte Ausführung über die *Freigabe der Vernichtung lebensunwerten Lebens*, die dann 1920 anläßlich seines Todes mit Hoches Bemerkungen als Arzt neu herausgegeben wurde, um der Tötungsidee förderlich zu sein.“ Auszuschließen ist keineswegs, daß Bindings Schrift ohne die Zutaten Hoches an irgendeiner entlegenen Stelle erschienen ist. Die Ausführungen des Medizinhistorikers Leibbrandt hören sich nicht an, als sei hier etwas völlig grundlos behauptet worden.

freiheit für Tötung auf Verlangen. Eine Art Gesetzentwurf, wie in solchen Fällen zu verfahren sei, ist beigefügt.[142] Der Herausgeber, also Ostwald, spricht sich für die Forderung des Kranken aus und äußert sehr merkwürdige Gedanken über das Vorhandensein von Krankheit und Leiden in unserer Welt. Es sei dies eine „Einengung und Verminderung der persönlichen und sozialen Leistungsfähigkeit des Leidenden". Krankheiten müßten „zunächst eingeschränkt und zuletzt ausgetilgt werden."[143] Für Tötung dieser Art, für Tötung auf Verlangen, wird das Wort „Euthanasie" mehrfach und auch schon im Titel dieser Beiträge gebraucht, so auch vom Herausgeber, von Wilhelm Ostwald selbst. Das ist neu. Bis zum Ende des 19. Jahrhunderts war das Wort im Sinne von Sterbehilfe verwendet worden, aber ohne jeden Nebengedanken einer Lebensabkürzung. Noch 1895 war in einem Handbuch der Heilkunde zu lesen, Euthanasie sei die „Kunst, dem Sterbenden den Austritt aus dem Leben zu erleichtern."[144] Daß diese Diskussion in einer darwinistischen Zeitschrift ausgetragen wird, ist alles andere als Zufall; hier in erster Linie liegen ihre Wurzeln.[145] Sie wurde in Leipzig geführt: Die in Frage stehende Zeitschrift erschien in dieser Stadt; ihr Herausgeber, Wilhelm Ostwald, lebte in ihrer Nähe. Aber auch der Strafrechtsgelehrte Karl Binding wohnte bis 1913, bis zu seinem Weggang nach Freiburg, in Leipzig. Daß er von dieser Diskussion Kenntnis hatte, ist anzunehmen, zumal in dem Beitrag des zu Tode erkrankten Roland Gerkan deutlich nach dem Gesetzgeber gerufen wurde. Mit Ostwald war Binding gut bekannt. In seinen Erinnerungen spricht der erstere mit großer Hochachtung von dem „feinsinnigen Binding".[146] Auch hinsichtlich der Kos-

---

142 *Roland Gerkan*, Euthanasie. In: Das monistische Jahrhundert. VII. Jg., 1. Halbbd. (1913), S. 169–174.

143 *Wilhelm Ostwald*, Euthanasie. In: Das monistische Jahrhundert. VII Jg., Heft 13 (1913), S. 339.

144 *Simon Samuel*, Euthanasie. In: Real-Enzyklopädie der gesamten Heilkunde. Hrsg. von A. Eulenburg. 3. Aufl. Wien/Leipzig 1895, Bd. 17, S. 382–383. Auf diesen Beleg macht aufmerksam *Gerhard Fichtner* in seinem Beitrag *Die Euthanasie-Diskussion in der Zeit der Weimarer Republik.* In: Suicid und Euthanasie. Hrsg. von Albin Eser. Stuttgart 1976, S. 26. Hier auch die Bemerkung S. 32: „Halten wir fest, daß hier, soweit ich sehe, erstmals Euthanasie im Sinne einer Tötung auf Verlangen bei unheilbar Kranken verstanden wird." Vgl. auch *Hans-Walter Schmuhl*, Rassenhygiene, vor allem das Kapitel S. 25 ff.: „Euthanasie" – *Wandlung eines Begriffs.*

145 So auch *G. Fichtner* S. 35 des angeführten Beitrags, „Die Euthanasie-Diskussion in der Weimarer Zeit verweist deutlich auf ihre Verwurzelung im sozialdarwinistischen Denken." So auch durchgehend *Franz Walter* in seinem mutigen Buch *Die Euthanasie und die Heiligkeit des Lebens. Die Lebensvernichtung im Dienste der Medizin und Eugenik nach christlicher und monistischer Ethik* (München 1935).

146 *Wilhelm Ostwald*, Lebenslinien. Eine Selbstbiographie. Dritter Teil: Groß-Bothen und die Welt 1905–1922. Berlin 1927, S. 318.

tenfrage hat Bindings Leipziger Kollege vorgedacht – hat der Sozialdarwinismus vorgedacht.

Im wissenschaftlichen Werk Hoches bis hin zum Kieler Vortrag des Jahres 1912 ist von solchem Gedankengut so gut wie nichts zu bemerken. Aber diese Gelehrtenpersönlichkeit besteht aus einem Doppel-Ich. Es gibt einmal den Arzt und Psychiater, und es gibt zum anderen den Juristen aus Neigung, und diese Neigung war ausgeprägt. Es ist denkbar, daß in hohem Maße ihr der offensichtlich spontane Entschluß zuzuschreiben ist, zu der von Binding konzipierten Schrift *Ärztliche Bemerkungen* beizusteuern. Das Angebot des hochangesehenen Juristen, sich an dieser Schrift zu beteiligen, war ehrenvoll; und die Übereinstimmung im Verständnis des Strafrechts – des Vergeltungsstrafrechts – war ohnehin gegeben. Bis zum Erscheinen dieser Schrift hat Hoche Geisteskranke in keiner Weise herabgesetzt. Aber Verbrecher – „gesunde" Verbrecher – hat er als Menschen nicht gelten lassen. Von solchem Denken war er wenigstens partiell vorbereitet, sich an der damals wie heute umstrittenen Schrift zu beteiligen.

Doch das, was man das Humane nennt, wie es ärztlichem Denken eigentümlich ist, ist so rasch nicht zu verdrängen, und auch in den *Ärztlichen Bemerkungen* des Jahres 1920 regt es sich. Ein auf Tötung zielendes Handeln wird dennoch mit der Humanitätsidee zu vereinbaren gesucht. Gegen Ende der *Ärztlichen Bemerkungen* heißt es:

> „Es gab eine Zeit, die wir jetzt als barbarisch betrachten, in der die Beseitigung der lebensunfähig Geborenen oder Gewordenen selbstverständlich war; dann kam die jetzt noch laufende Phase, in welcher schließlich die Erhaltung *jeder* noch so wertlosen Existenz als höchste sittliche Forderung galt; eine neue Zeit wird kommen, die von dem Standpunkte einer höheren Sittlichkeit aus aufhören wird, die Forderungen eines überspannten Humanitätsbegriffes und einer Überschätzung des Wertes der Existenz schlechthin mit schweren Opfern dauernd in die Tat umzusetzen. Ich weiß, daß diese Ausführungen heute keineswegs überall schon Zustimmung oder auch nur Verständnis finden werden; dieser Gesichtspunkt darf Denjenigen nicht zum Schweigen veranlassen, der nach mehr als einem Menschenalter ärztlichen Menschendienstes das Recht beanspruchen kann, in allgemeinen Menschheitsfragen gehört zu werden."[147]

Das sind große Worte, und was an ihnen bedenklich ist, wird sich zeigen. Die Wendung vom überspannten Humanitätsbegriff fällt auf. Als ob er nicht überspannt genug sein könnte! Aber offensichtlich stößt man sich seit längerem an ihm, und nicht nur für Hoche trifft das zu. In der *Deutschen Revue*, von den Gelehrten dieser Zeit vielfach geschätzt, erschien, vielleicht nicht zufällig

---

147 Die Freigabe, S. 62.

1913, ein Aufsatz von Alfred Freiherrn von Overbeck, ordentlicher Professor der Rechte an der Universität Freiburg (Schweiz), mit dem Titel *Humanität und Vergeltung im Strafrecht*, der vor Preisgabe des Vergeltungsstrafrechts, ganz im Sinne Bindings, warnt. Zwei Extreme werden wahrgenommen:

> „die Ueberspannung eines an sich edlen Humanitätsgedankens [...] eine immer neue Bestätigung des bitteren Bindingschen Worts von dem Verbrecher als dem Schoßkinde moderner Sentimentalität. Auf der andern Seite ein schonungsloser Gesellschaftsschutz, der, von humanitärer Schwäche nur zu frei, vor Härten und Willkürlichkeiten dem Individuum gegenüber kaum zurückschreckt."[148]

Hoche, der gelegentlich selbst in dieser Zeitschrift veröffentlicht hat und dem dieser Beitrag sicher nicht entgangen ist, übernimmt die Wendung vom überspannten Humanitätsbegriff, aber er fügt sie einem geschichtsphilosophischen Ablauf ein, in eine aus drei Phasen bestehende Bewußtseinsgeschichte. Die erste, in der die Tötung lebensunfähig Geborener selbstverständlich war, wird barbarisch genannt; man denkt an Sparta. Die zweite, in der wir uns noch befinden, ist durch Überspannung des Humamitätsbegriffs gekennzeichnet. Für die dritte, die noch kommen soll, wird eine höhere Sittlichkeit in Anspruch genommen. Hier wird geschichtlich gedacht, und dagegen ist prinzipiell nichts einzuwenden. In der Straßburg-Schrift, Hoches zweitem Erinnerungsbuch, kommt er auf die mit Binding verfaßte Schrift zurück und rechtfertigt sie mit dem Bemerken: „Was wir als Moral bezeichnen, ist glücklicherweise kein ewig gleichbleibendes Ding."[149] Humanität, wie in den *Ärztlichen Bemerkungen* wird hier mit Moral vertauscht, was nicht dasselbe ist. Die letztere ist etwas sehr Wandelbares, während Humanität nicht beliebig wandelbar ist; und mit Tötung sollte sie nie und unter keinen Umständen kompatibel gemacht werden, wenn die „höhere Sittlichkeit" nicht doch wieder in das barbarische Zeitalter zurückfallen soll, wie sich am sozusagen „klassischen" Sozialdarwinismus Haeckels zeigt. In dessen Nähe, man muß es aussprechen, drohen die *Ärztlichen Bemerkungen* zu geraten, und über ein Ungenügen in sprachlicher Hinsicht ist nicht hinwegzusehen. Es beruht darin, daß anspruchsvolle Begriffe wie Humanität, Humanismus oder human zu Münzen geworden sind, mit denen man gedankenlos umgeht. Vier Jahre nach Veröffentlichung der *Ärztlichen Bemerkungen*, im Jahre 1924, hält Hoche seinen Vortrag *Die humanistische Bildung* bei Gründung der Freiburger Ortsgruppe der Freunde des huma-

---

148 *Freiherr von Overbeck*, Humanität und Vergeltung im Strafrecht. In: Deutsche Revue 38,1 (1913), S. 251.

149 *Alfred E. Hoche*, Straßburg und seine Universität. Ein Buch der Erinnerung. München/Berlin 1939, S. 70. Die Schrift zeigt einen Bewußtseinsstand, der nicht ihrem Erscheinungsjahr entspricht. Es wäre denkbar, daß sie früher entstanden ist, als das Erscheinungsjahr anzeigt.

nistischen Gymnasiums. Standesbewußtsein scheint humanistisches Bewußtsein im eigentlichen Sinn zu überlagern. Die Begriffe wie die Sätze wirken „uneigentlich“, wenn es heißt:

> „Ganz gewiß kann man in technischer Hinsicht ein ausgezeichneter Arzt auch bei anderen Vorbildungsarten werden, aber der *menschlich harmonisch gebildete Arzt* bedarf der *humanistischen* Voraussetzungen.“[150]

Einige Bemerkungen zu diesem Humanitätsdiskurs sind hinzuzufügen. Sie gelten einer ganz anderen Seite, einem derjenigen, der schon bei Erscheinen der Schrift von Binding und Hoche mit Entschiedenheit widersprach. Der Münchner Theologe Franz Walter ist gemeint.[151] In seiner umfassenden Zurückweisung dieser Thesen nicht nur, sondern der Gedankenwelt weit mehr, die ihr zugrunde liegt, in dem mutigen Buch mit dem Titel *Die Euthanasie und die Heiligkeit des Lebens*, gebraucht er seinerseits den Begriff „Humanität“ in einer nicht akzeptablen Weise. Er führt in dem Kapitel *Lebensfeindliche Strömungen in der Gegenwart* aus:

> „Auf der anderen Seite ist es die *Humanität*, in deren Namen die Freiheit der Euthanasie gefordert wird. Sie bildet den Stolz und die Krone der modernen Kultur und steht in bewußtem Gegensatz zur Nächstenliebe des Christentums,“[152]

und deutlicher noch an anderer Stelle, an der es um völlig berechtigte Auseinandersetzungen mit Haeckel geht. Gleichwohl lesen wir den bedenklichen Satz:

> „Die Euthanasie ist somit eine notwendige Folgerung der darwinistischen Humanität.“[153]

Aber „darwinistische Humanität“, was ist damit gemeint? Kann es eine solche überhaupt geben und gar im Denken Haeckels? Fragen über Fragen! Es ist mehr als nur sprachliche Fahrlässigkeit, einen Begriff wie diesen zu gebrauchen, wo getötet wird. Davon abgesehen, ist der Konstruktion eines Gegensatzes von Humanität und Nächstenliebe nicht beizupflichten.

Die Wirkungen dieser Schrift sind nicht der Zielpunkt dieser Betrachtung, und nur weniges sei angeführt; vor anderem die offizielle Zurückweisung der hier erhobenen Forderungen auf dem ordentlichen Ärztetag des Jahres 1921. Ande-

---

150 Aus der Werkstatt, S. 97.

151 Zuerst und als unmittelbare Replik erschienen in dem ebenso grundlegenden wie grundsätzlichen Beitrag *Die Vernichtung lebensunwerten Lebens (Euthanasie).* In: Archiv für Rechts- und Wirtschaftsphilosophie 16 (1922/23), S. 88–120.

152 *Franz Walter*, Die Euthanasie und die Heiligkeit des Lebens. Die Lebensvernichtung im Dienste der Medizin und Eugenik nach christlicher und monistischer Ethik. München 1934, S. 29.

153 Ebda., S. 25.

re ärztliche Verbände und Vereinigungen haben ein Gleiches getan.[154] Auch an individuellen Gegenstimmen hat es nicht gefehlt. Diejenige des Münchner Theologen Franz Walter wurde schon genannt. Auf eindrucksvolle Weise widerspricht den Thesen der umstrittenen Schrift ein Hamburger Arzt namens Brennecke, der sich bewußt ist, zu den Rückständigen gegenüber denjenigen zu gehören, die sich auf Forderungen der neueren Zeit berufen. Der Verfasser dieses Beitrags wendet sich sehr entschieden gegen Hoches neuartige „Humanitätsphilosophie" und bemerkt:

> „Sie führt uns nicht einer höheren Sittlichkeit, sondern grausamster Barbarei und Unkultur, schrankenlosester Herrschaft egoistischer Instinkte entgegen und nimmt der Menschheit den letzten sittlichen Halt."[155]

Unter denjenigen, die lautstark ihre Zustimmung bekunden, ist das Votum des Tübinger Psychiaters Robert Gaupp bemerkenswert, weil man Denkformen wahrnimmt, die an Carl Schmitts späteren Traktat über das Politische und seine Kategorien Freund und Feind denken lassen, wenn es in dem hier in Frage stehenden Beitrag heißt:

> „Ich hätte im Interesse seines Erfolges [...] gewünscht, daß er sich mit seinem Hauptgegner, dem religiösen Standpunkt weiter Volkskreise, noch eingehender auseinandergesetzt hätte. Denn darüber kann ja kein Zweifel bestehen: Verstandesgründe können nur von sehr starrem Formalismus entgegengesetzt werden; der Feind des Buches steht im religiösen Lager [...]."[156]

---

154 Vgl. *Paul Krauß*, Zur Mentalität der Psychiater, S. 118.

155 *H. Brennecke*, Kritische Bemerkungen zu den Forderungen Bindings und Hoches *Der Freigabe der Vernichtung lebensunwerten Lebens*. In: Psych.-Neurol, Wochenschr. 23 (1921/22), S. 9.

156 *Robert Gaupp*, Die Freigabe der Vernichtung lebensunwerten Lebens. In: Deutsche Juristen-Zeitung 1920, S. 332–338. Sein Wirken wird in der *Neuen Deutschen Biographie* wie folgt gewürdigt: „So gehörte er zu denjenigen, die ihr Gebiet am umfassendsten beherrschten. Das erklärt, warum er zum Mittelpunkt einer der größten psychiatrischen Schulen wurde und warum aus seiner Klinik neue und ausgedehnte Forschungszweige, wie die Konstitutionsforschung und die klinische Psychotherapie, hervorgegangen sind" (*Wilhelm Katner* in: NDB 6 [1964], S. 100–101). Über seine Tätigkeit in der Kriegspsychiatrie, deren maßgeblicher Wortführer er war, handelt *Hans Ludwig Siemen*, Menschen blieben auf der Strecke. Psychiatrie zwischen Reform und Nationalsozialismus. Gütersloh 1987; ferner *Wolfgang U. Eckart / Christoph Gradmann* (Hrsg.), Die Medizin und der Erste Weltkrieg. Pfaffenweiler 1996. Alles deutet darauf hin, daß Hoche hinsichtlich seiner Beteiligung an der von Binding konzipierten Schrift durch Gaupp am nachhaltigsten beeinflußt worden ist. Dessen Besprechung in der *Deutschen Juristen-Zeitung* geht offensichdich auf gute Verbindungen beider Ärzte in der Kriegszeit zurück, wie es allem Vermuten nach kein Zufall war, daß Hoche die juristische Ehrendoktorwürde der Universität Tübingen erhalten hat, an der Gaupp seit längerem tätig war.

Aufs Ganze gesehen hat man sich die Wirkungen dieser Schrift und ihres Gedankengutes vor allem abseits der hohen Schulen der offiziellen Medizin zu denken, hier freilich um vieles nachhaltiger – bis hin zum Roman *Sendung und Gewissen* des Arztschriftstellers Hellmuth Unger, der Grundlage des Films *Ich klage an*. Aber auf zwei Umstände in der Wirkungsgeschichte der Schrift ist in der gebotenen Kürze noch aufmerksam zu machen. Zum ersten auf die ausgeprägte Labilität in der Bewußtseinslage der Zeit, auf den „Zerfall der Werte", wie Hermann Broch sagen wird. Das ist gut zu zeigen an der Eröffnungsrede, die Karl Bonhoeffer auf der ersten Jahresversammlung des Deutschen Vereins für Psychiatrie nach dem Ersten Weltkrieg, im Mai 1920, in Hamburg gehalten hat. Wir lesen die folgenden Sätze:

> „Fast könnte es scheinen, als ob wir in einer Zeit der Wandlung des Humanitätsbegriffes stünden. Ich meine nur das, daß wir unter den schweren Erlebnissen des Krieges das einzelne Menschenleben anders zu bewerten genötigt wurden als vor dem, und daß wir in den Hungerjahren des Krieges uns damit abfinden mußten, zuzusehen, daß unsere Kranken in den Anstalten in Massen an Unterernährung dahinstarben, und dies fast gutzuheißen in dem Gedanken, daß durch diese Opfer vielleicht Gesunden das Leben erhalten bleiben könnte. In der Betonung dieses Rechts der Gesunden auf Selbsterhaltung, wie sie eine Zeit der Not mit sich bringt, liegt die Gefahr der Überspannung, die Gefahr, daß der Gedanke der opfermütigen Unterordnung der Gesunden unter die Bedürfnisse der Hilflosen und Kranken, wie er der wahren Krankenpflege zugrunde liegt, gegenüber den Lebensansprüchen der Gesunden an lebendiger Kraft verliert."[157]

Diese Rede wurde am 20. Mai 1920 gehalten. Die Zeitspanne zwischen dem Erscheinen der Schrift von Binding und Hoche und dieser Rede in Hamburg ist äußerst knapp. Dennoch kann es kaum zweifelhaft sein, daß die letztere die Kenntnis der umstrittenen Schrift voraussetzt. Das Sprechen von den Wandlungen des Humanitätsbegriffes in Verbindung mit Töten, die veränderte Bewertung des einzelnen Menschenlebens wie der Gebrauch des Wortes „Überspannung" erhärten diese Annahme. Aber gleichviel, ob Kenntnis vorauszusetzen ist oder nicht, hinterläßt diese Eröffnungsrede anläßlich eines Kongresses beklemmende Eindrücke. Sie gelten der fraglichen Redeweise vom „Recht der Gesunden auf Selbsterhaltung", als ob ein solches Recht nicht auch dem kranken Menschen zukomme. Und was heißt hier Recht? Dieses Recht, kein geschriebenes, ist in seiner sozialdarwinistischen Herkunft unschwer zu erkennen.

Eine zweite Eigentümlichkeit dieser Wirkungsgeschichte betrifft einen Mitverfasser an dieser Schrift, keinen anderen als Hoche selbst. Es sieht ganz so aus, als wirke sie als ein wie immer belastendes Problem in die dritte Lebensphase

---

157 Veröffentlicht in: AZP 76 (1920/21), S. 595–598; das angeführte Zitat S. 598.

hinein, in das letzte Lebensjahrzehnt, in dem die schriftstellerisch-belletristischen Publikationen dominieren. Man gewinnt den Eindruck, als ginge ihm diese Schrift nach, um es vorsichtig zu sagen. Dieser Eindruck befestigt sich in Hinsicht auf das merkwürdige Nebeneinander von Rechtfertigungen und von Aussagen, die man wenigstens partiell als Widerruf interpretieren kann. Am deutlichsten ist der Drang zur Rechtfertigung in dem Erinnerungsbuch *Straßburg* spürbar, und fast lesen sich einige Passagen, als würden Vererbungsgesetze des nationalsozialistischen Regimes gutgeheißen, wenn dort gesagt wird:

> „Was wir damals als bedauerlich beklagten, die Unmöglichkeit, die Fortpflanzung der geistig Defekten zu verhindern, hat inzwischen seine Regelung gefunden; die Verwirklichung unserer weitergehenden Forderungen steht noch aus, aber sie wird kommen."[158]

Auch in der Autobiographie *Jahresringe* wird an dem in den *Ärztlichen Bemerkungen* vertretenen Standpunkt festgehalten, aber in abgeschwächter Form, sofern in einem Krankheitsfall, der hier geschildert wird, der Tötungseingriff unterblieb. Das „Recht" zu töten und die Ausübung dieses „Rechtes" werden gegeneinander abgewogen, und es heißt:

> „Ich habe das Problem, das sich mir hier zum ersten Male stellte, später zusammen mit *Binding* in einer viel umschrienen Schrift behandelt; ich lehne den Standpunkt ab, daß der Arzt die bedingungslose Pflicht hat, Leben zu verlängern; ich bin überzeugt, daß sich, allen selbstsicheren Inhabern der Moral zum Trotz, die höhere Auffassung durchsetzen wird: es gibt Umstände, unter denen für den Arzt das Töten kein Verbrechen bedeutet. In jenem Falle habe ich nicht getötet; unser wissenschaftlich berechtigter Wunsch nach Aufklärung eines dunklen Krankheitsfalles schien mir nicht genügend, um die Gegengründe zum Schweigen zu bringen."[159]

Aber zahlreicher sind die Aussagen, die sich wie Widerrufe anhören. Die Rechtfertigung in der Autobiographie ist 1934 erschienen; ein Jahr später wird in den Aufsatzband *Aus der Werkstatt* der Kriegsvortrag *Vom Sterben* aufgenommen, der die Gebote ärztlicher Ethik bestätigt, Leben nicht zu verkürzen. Auch briefliche und mündliche Zeugnisse, die man als Widerruf auffassen könnte, sind anzuführen. Eines dieser Zeugnisse liegt vor in dem Brief an seinen Nachfolger auf dem Freiburger Lehrstuhl. An Kurt Beringer schreibt Hoche am 13. Juni 1939:

> „Wollen Sie nicht Jemandem, der nach Martyrium Sehnsucht hat, als Thema einer Doktorarbeit die Frage geben, was alles in den letzten 200 Jahren nicht geboren wäre, wenn die heutigen Ehegesetze bestanden hätten, z. B. Goethe, Schopenhauer,

---

158 Straßburg, S. 69–70.

159 Jahresringe, S. 290.

> Beethoven und viele andere; aber allerdings das waren ja verkalkte Idioten, auf die es nicht ankam [...].“[160]

Ein anderes Zeugnis dieser Art hat Ernst Klee in seinem Buch *„Euthanasie“ im NS-Staat* mitgeteilt. Ein Zeitzeuge, der Leiter der Heil- und Pflegeanstalt Emmendingen, Dr. Viktor Matthes, beschreibt, was Hoche gelegentlich einer zufälligen Begegnung gesagt habe:

> „Im Jahre 1940 und zwar während die Transporte liefen, habe ich zufällig in der Straßenbahn in Baden-Baden den mir von früher her gut bekannten Prof. Hoche getroffen. Dieser erzählte mir, er habe kürzlich die Asche einer Verwandten zugeschickt bekommen. Auf meine erstaunte Frage hat er in einer mir verständlichen Weise durchblicken lassen, daß diese Verwandte der Euthanasie unterzogen wurde. Prof. Hoche hat auch unmißverständlich zum Ausdruck gebracht, daß er die damaligen Maßnahmen aufs schärfste mißbilligte. Er erkundigte sich noch, wie ich mich in meiner Anstalt dagegen wehre. Ich erklärte ihm, daß ich nach bestem Können Sabotage treibe. Prof. Hoche hat dies gebilligt.“[161]

Es wurde behauptet, daß Hoche die Beteiligung an der umstrittenen Schrift des Jahres 1920 nachgehe, daß sie ihn nicht in Ruhe lasse. Ein zweites Beispiel, das für diese Annahme spricht, betrifft das abrupte Vorgehen im Zusammenhang der Emeritierung 1933, der fluchtartige Weggang aus Freiburg und der Abbruch nahezu aller Brücken zum früheren Fach. Wie das eine mit dem anderen zusammenhängt, muß offenbleiben. Sicher ist, daß dem aus dem Dienst scheidenden Hochschullehrer das Fach, das er gut vier Jahrzehnte vertreten hat, verleidet war, aus welchen Gründen auch immer; und sicher ist auch, daß Hoche während seines letzten Lebensjahrzehnts als schöngeistiger Schriftsteller tätig wurde. Die ausgeübte Wissenschaft war für ihn offensichtlich nicht mehr sinnerfüllend. Er sucht Sinngebung in anderen Geistestätigkeiten; vorwiegend in autobiographischer Literatur und immer auf der Suche nach seinem Ich – seinem eigentlichen Ich. Das ist im Hinblick auf die Dominanz der Naturwissenschaften, mit der gegen Ende des vorigen Jahrhunderts der einflußreiche Emil Du Bois-Reymond auftrumpfte, so selbstverständlich nicht.[162] Den Freiburger Gelehrten aber, der das vierzig Jahre lang vertretene Fach gründlich hinter sich läßt, drängt es mehr und mehr, die Realität des eigenen Selbst zu erforschen und darzustellen mit Mitteln, die nicht mehr diejenigen seiner Wissenschaft sind. Man könnte meinen, er folge damit einem literarischen Vorbild seiner Disziplin, dem Psychiater und Geheimrat Feyerabend in Raabes

160 Der Brief befindet sich im Archiv des Medizinisch-Historischen Instituts der Universität Freiburg. *E. Seidler* hat ihn in seinem Vortrag in den Freiburger Universitätsblättem (S. 75) auszugsweise zitiert. Ihm danke ich für die Einsicht in diesen Brief.

161 *E. Klee*, „Euthanasie“ im NS-Staat, S. 25.

162 Vgl. *Emil Du Bois-Reymond*, Culturgeschichte und Naturwissenschaft. Berlin 1877.

Romanfragment *Altershausen*, der nach den ihm zuteil gewordenen Feiern anläßlich seines 70. Geburtstags in die alte Heimat aufbricht. Die Reise dorthin erweist sich als eine solche ins eigene Innere, sie gewährt ihm Einblicke, die ihm bisher weithin verschlossen geblieben waren. In der Lebensgeschichte Hoches ist der Abschied von seinem Beruf und seinem Fach seit längerem vorbereitet. Ende 1925 kündigt er sich bereits an. In einem Brief an Ludwig Binswanger (vom 9. Dezember 1925) fügt er ein Photo bei, das ihn in der Tracht eines Jägers zeigt, und begleitet das Bild mit Worten, die unmißverständlich sind:

> „Des weiteren lege ich Ihnen ein neueres Portrait bei, welches mich in demjenigen Berufe zeigt, der mir lieber ist als Psychiatrie, und von dem ich auch wesentlich mehr verstehe. Leider kann man von der Jagd nicht leben, und so muß ich noch weiter auf dem unangenehmen Brotbaum der Seelenheilkunde herumklettern."[163]

Daß der vierzig Jahre lang ausgeübte Beruf nur eine Episode gewesen sei, hat er Oswald Bumke anvertraut, der im Nachruf das Unbehagen seines Lehrers noch etwas deutlicher zum Ausdruck bringt:

> „Ich werde es also ruhig sagen: die Psychiatrie ist die große Enttäuschung seines Lebens gewesen. Schon vor 30 Jahren habe ich ihn einmal mit den Worten Richards III. geneckt: 'Ich will sie haben, doch nicht lange behalten'. Damit war seine Professur gemeint, die er ohne Krieg und Inflation schon in jungen Jahren niedergelegt haben würde. 1942 aber heißt es in einem Brief an mich: 'Mir ist beim Durchblättern (einer neuen Auflage meines Lehrbuchs) wieder recht klar geworden, wie wenig all diese Fragen für mich immer bedeutet haben'."[164]

Aber nicht die Tätigkeit des Jägers ist es, die ihn nach dem Ausscheiden aus dem Dienst ausfüllen wird, sondern diejenige des schöngeistigen Schriftstellers. Er wendet sich dieser Geistestätigkeit zu, als folge er einem Modell, mit dem man es in Lebensgeschichten seit der Klassik wiederholt zu tun hat: dem Modell des zweiten Lebens. Goethe hat seine italienische Reise so verstanden: als eine Wiedergeburt, die mit Erfahrungen eines neuen Lebens einhergeht. In unserer Zeit hat Hilde Domin, die nach ihrer Rückkehr aus dem Exil zur Schriftstellerin erwachte, ihr Leben so gesehen. In dem Prosastück *Ich schreibe weil ich schreibe* gibt sie hierüber Auskunft:

> „Das war nicht vorgesehen. Es hätte nie passieren brauchen. Man lebt nicht alle Leben, die man leben könnte. Es passierte. Nichts läßt sich je rückgängig machen. Es ist mein zweites Leben [...]."[165]

---

163 Nachlaß Binswanger (Universitätsarchiv Tübingen).

164 Archiv f. Psychiatr. u. Nervenkr. (1943), S. 342.

165 *Hilde Domin*, Von der Natur nicht vorgesehen. Autobiographisches. München 1974, S. 17.

Das heißt für Hoche nicht, daß Literatur als ein Medium, das ihm etwas zu sagen hat, erst jetzt entdeckt würde. Sie ist ihm von früher Jugend her vertraut. Als Student habe er jeden Tag eine Szene bei Shakespeare gelesen, teilt er seinen Lesern in seiner Autobiographie *Jahresringe* mit.[166] Gelesen wird von früh an viel und gern. Scott, Dickens, Gustav Freytag, Stifter, Spielhagen, Turgenjew, Fontane werden neben anderen Autoren des 19. Jahrhunderts genannt, vor allem aber war Lyrik hochgeschätzt.[167] Im letzten seiner Bücher, im *Tagebuch des Gefangenen*, ist sie ständig präsent: die Lyrik Goethes, Mörikes, Platens, Storms oder Conrad Ferdinand Meyers. Zur Moderne im engeren Sinn, zu Thomas Mann, Rilke oder Benn, scheint der Zugang gefehlt zu haben, von gelegentlichen Erwähnungen Strindbergs, Ibsens oder Wedekinds abgesehen.[168] Auch die Literatur, die einem seiner Arbeitsgebiete, der forensischen Psychiatrie, so nahe benachbart war, fand nicht seine Beachtung: weder die Fälle des sogenannten Lustmordes im Werk Musils oder Theodor Lessings noch die Romane von Hermann Broch oder Ernst Weiß, die solche Themen behandeln. Wenig Interesse auch regt sich für Medizin im literarischen Text. Der fast gleichaltrige und dem eigenen Fach so nahestehende Arthur Schnitzler wird offensichtlich nicht zur Kenntnis genommen, auch nicht als Verfasser der *Traumnovelle*, die ein Jahr vor dem eigenen Buch *Das träumende Ich* erschienen war. Aber kein Autor hat in diesem Grenzgebiet zwischen Psychiatrie, Strafrecht und Literatur so Bedeutendes hervorgebracht wie der bedeutendste seiner Schüler außerhalb des Universitätsbereichs: kein anderer als Döblin.[169] Nicht wenige seiner Texte haben es mit psychologischem und wahnhaftem Geschehen zu tun: die frühe Erzählung *Die Ermordung einer Butterblume*, die Romane *Wadzeks Kampf mit der Dampfturbine* oder *Berlin Alexanderplatz*. Es hätte nahegelegen, auf sie in der späten Schrift *Die Geisteskranken in der Dichtung* einzugehen; auch der erzählte Gerichtsbericht *Die beiden Freundinnen und ihr Giftmord* hätte ihn von der forensischen

---

166 Jahresringe, S. 195.

167 Ebda., S. 88.

168 Von Strindberg, Ibsen und Maupassant ist in der Schrift *Die Geisteskranken in der Dichtung* (München/Berlin 1939, S. 33 ff.) die Rede; aber ihr Verfasser ist ihnen wenig gewogen.

169 Auf die Dissertation Döblins und seinen letzten Aufenthalt an der Klinik, an der er begonnen hatte, geht *H. Zimmermann* in seinem schon genannten Beitrag *Aus der Chronik der Psychiatrie* ein und bemerkt: „Mitte der fünfziger Jahre begegnen wir Döblin erneut in der Klinik, nun als Patient, schwer gezeichnet von der Parkinsonschen Krankheit. Nach kurzem Aufenthalt im Sanatorium Wiesneck verstirbt er im PLK Emmendingen. Vor seinem Tod greift er noch einmal zur Feder: ‘Als Anstaltsarzt habe ich meine Laufbahn begonnen, so kann ich sie auch abschließen’.“ (Freiburger Universitätsblätter, S. 34).

Psychiatrie her interessieren müssen. Vermutlich handelt es sich um Vorbehalte gegenüber moderner Literatur im ganzen, falls man nicht an Unstimmigkeiten oder Zerwürfnisse zu denken hat. Von diesem begrenzten und eingeschränkten Verständnis von Literatur muß man ausgehen, wenn die schöngeistigen Bücher des letzten Lebensabschnitts in diese Betrachtung einbezogen werden. Einige von ihnen können kaum einen Ort in der Geschichte der deutschen Literatur beanspruchen. Dennoch sind sie im Blick auf eine nicht nur individuell verstandene Lebensgeschichte sehr aufschlußreich. Erst mit ihrer Einbeziehung bekommt man das Spannungsfeld der verschiedenen Geistestätigkeiten in den Blick, die eine harmonische Einheit nicht ergeben.

Bis zum Ende des Ersten Weltkriegs scheint den glaubenslos gewordenen Pfarrerssohn ein weltlicher Glaube getragen zu haben: der Glaube an Deutschland. Dieser Glaube scheint nach dem Krieg zerbrochen zu sein. Besonders das erste dieser Gedichtbücher, *Deutsche Nacht*, zeigt es deutlich. Gewidmet ist es dem im Kriege gefallenen Sohn. Die Nacht des Sprechenden weitet sich aus zur deutschen Nacht, wie in einer zeitgenössischen Besprechung ausgeführt wird:

> „Das schwere Leid um den gefallenen Sohn färbt sich schwarz durch die Verzweiflung an unserem zusammengebrochenen Land.“[170]

Der Gedichtband *Der Tod des Gottlosen* bezeugt einen zweifachen Verlust: denjenigen des christlichen Glaubens seiner Väter wie denjenigen an Deutschland. Das Nichts ist die Erfahrung, die diesen abgründigen Versen zugrunde liegt. *Genug* heißt eines dieser Gedichte, das die Bewußtseinslage der Zeit widerspiegelt: „zum Ekel ward mir diese Erde“.[171] Es sind Verse eines Schlaflosen, die wir vernehmen: „Wann endet diese fürchterliche Nacht, die unter dunklen Pfühlen mich erstickt?“ beginnt das Gedicht mit der Überschrift *Angst*; und sicher nicht zufällig hat das letzte die Überschrift *Das Sterben* erhalten. Man könnte meinen, als sei da ein aus dem Kaiserreich herkommender Geheimrat aufgebrochen, um Dichtern wie Trakl und Heym zu begegnen. Im Versdrama *Christus der Jüngling* (1928) setzt sich der Ton schonungsloser Selbstaussprache fort. Fremdsein – des jungen Menschen im Elternhaus oder später sich selbst gegenüber – wird zum Leitmotiv. Der autobiographische Sinn dieser monologischen Redeformen ist unverkennbar. Aber erst nach dem Ausscheiden aus dem Dienst der Universität wird das Modell des zweiten Lebens als eines Schriftstellerlebens in vollem Umfang erkennbar. Es sind von

170 Abdruck einer Besprechung in der *Täglichen Rundschau* vom 12.4.1920 und am Ende des Gedichtbandes *Der Tod des Gottlosen.* Von dem Sonettbuch *Deutsche Nacht* (Freiburg i. Br.) erschien 1920 eine 2. Auflage.

171 Der Tod des Gottlosen, S. 13; S. 72.

nun an durchweg Prosabücher, die veröffentlicht werden. Vermutlich hält die Lyrik den strenger gewordenen Maßstäben nicht mehr stand. Die Reihe dieser Bücher wird eingeleitet mit den Lebenserinnerungen, die 1934 unter dem Titel *Jahresringe* erschienen sind und von denen schon wiederholt die Rede war.

Es handelt sich um ein ungewöhnlich erfolgreiches Buch, das bereits 1935 im 19.–24. Tausend vorlag und in den Bücherschränken der Ärzte lange Zeit seinen festen Ort hatte – Lebenserinnerungen, die von der frühesten Kindheit über das Studium bis zu den Anfängen der beruflichen Tätigkeit reichen. In keinem Kapitel verleugnet der Schreibende seinen Standort: Es ist derjenige des hohen Lebensalters, so daß erinnerte Vergangenheit und Reflexionen über Gott und die Welt ständig ineinander übergehen. Die letzten Kapitel sind nicht mehr Rekapitulationen des eigenen Lebens. Sie gelten den „letzten Fragen" mit Überschriften wie *Der liebe Gott*, *Vom Sinn des Lebens*, *Glücksbilanz* oder *Sterben.* Die letzte dieser Überschriften erinnert an den 1918 gehaltenen Vortrag *Vom Sterben,* in dem noch einmal jeder Tötung von Menschen seitens eines Arztes eine unmißverständliche Absage erteilt worden war. In dem Kapitel *Sterben* der Autobiographie *Jahresringe* wie in dem 1918 gehaltenen Vortrag *Vom Sterben* überwiegt schon vom Thema her der ernste Ton. Dennoch ist die abschließende Kapitelreihe mit der Überschrift *Die letzten Fragen* keineswegs kennzeichnend für den Tenor des Buches im ganzen. Vielmehr wird zumeist auf leichte und lockere Art erzählt, mit eingeflochtenen Anekdoten, in einer oft salopp formulierten, mitunter auch harten und schroffen Sprache. Daß der Takt manchmal zu wünschen übrigläßt, besonders dort, wo wir uns im *Schatten der Guilllotine* befinden, wurde an anderer Stelle ausgeführt. Bezeichnend für den zwiespältigen Eindruck, den das Buch hinterläßt, ist die Tagebuchnotiz Ludwig Binswangers (vom 22. September 1934):

> „Lese seit zwei Tagen *Hoches* Jahresringe, sehr fesselnd, schon wegen des temperamentvollen, ausgezeichneten Stils und vieles Inhaltlichen. Dann aber kommt mir der Satz auf die Lippen: Welch großer Aufwand schmählich ward vertan."

Mit dem Satz – es handelt sich um ein Zitat aus Goethes *Faust* – hatte Hoche 1922 eine Besprechung der zweiten Auflage des Buches *Die Sprache des Traumes* von Wilhelm Stekel geschlossen. Es war eine Abfertigung gewesen, vermutlich nicht unbedingt im Sinne Binswangers.[172] Es gibt viel „Ungereimtes" in diesem Buch, und die Frage drängt sich auf, wie man sich den außerordentlichen Erfolg der Autobiographie zu erklären hat, die zum Zeitgeist deut-

---

172 Die Tagebuchnotiz im Nachlaß: Institut für Medizingeschichte der Universität Tübingen. Die Besprechung Hoches in: Archiv f. Psychiatr. u. Nervenkr. 66 (1922), S. 306. Das Zitat *Goethes* findet sich im 5. Akt von *Faust II*; es muß richtig heißen: „Ein großer Aufwand, schmählich! ist vertan".

lich in Distanz bleibt. Zweifellos sind die Vorzüge des Buches nicht zu leugnen. Sie liegen in einer Art der Gelehrtenautobiographie, die nicht die übliche ist. Nicht wenige dieser Bücher verweilen einseitig bei Berufungen, Fachkollegen, Mitarbeitern, vergebenen Dissertationen oder eigenen Ruhmestaten; sie sind daher vorwiegend für Fachkollegen von Interesse und erreichen dasjenige Lesepublikum nicht, das an der Art der Darstellung Gefallen findet. Aber zumal in diesem Punkt erweisen sich Hoches *Jahresringe* als „gekonnt". Sie sparen das bloß Akademische im Leben eines deutschen Hochschullehrers weithin aus. Von Freiburger Kollegen erfahren wir wenig oder nichts; nichts über frühere Schüler oder Mitarbeiter. Auch dadurch geschieht es, daß die Lebensgeschichte in Zeitgeschichte überführt wird und alles bloß Private dem Blick entschwindet. Hoche beschreibt vorrangig den Weg zum Ordinariat einer deutschen Universität, aber nicht das Wirken oder die Erfolge, die sich mit dieser Tätigkeit verbinden. Obwohl wir es mit einer Autobiographie zu tun haben, deren Autor über sich selbst zu handeln hat, bleiben die *Jahresringe* von jeder störenden Selbstdarstellung frei. Das Ich, das aus dieser erzählten Lebensgeschichte hervorgeht, bestätigt nicht das harmonische Menschenbild früherer Zeiten. Es ist ein durchaus modernes Ich, dem wir begegnen.[173]

Der Autobiographie *Jahresringe* folgt schon zwei Jahre später erneut ein Buch, diesmal ein Liebesroman in Briefen: *Einer Liebe Weg*.[174] Es ist unter den schöngeistigen Büchern Hoches dasjenige, das am schwersten einzuordnen ist. Noch im Erscheinungsjahr lag es im 4.–7. Tausend vor; offensichtlich hatte sich der Verfasser der *Jahresringe* in kürzester Zeit einen Leserkreis erschaffen, mit dem er rechnen konnte. Die zwischen Juni und Dezember 1904 zumeist in Kopenhagen geschriebenen Briefe an eine junge Frau suchen das Glück einer Liebe zu vergegenwärtigen, einer keineswegs platonischen Liebe. Aber der sie geschrieben hat, ist nicht mehr am Leben: sie werden von der Geliebten dieser Jahre, die inzwischen im hohen Lebensalter steht, herausgegeben, wie uns im Vorwort mitgeteilt wird. In der kurzen und episodischen Geschichte dieser Liebe kommt es zu einem Wiedersehen, über dem schon die Schatten der Trennung liegen; und Trennung ist geboten, weil die Vererbungslehren der Jahrhundertwende den Schreiber der Briefe bedrücken; Ibsens *Gespenster* werden erwähnt, und es heißt:

---

173 Vgl. den auf Medizin bezogenen Essay *Gottfried Benns Das moderne Ich* (1920). In: Gesammelte Werke. Wiesbaden 1959, Bd. I, S. 7–22.

174 *Alfred Erich Hoche*, Einer Liebe Weg. Dresden 1936. Erschienen ist dieses Buch wie das letzte seiner Bücher (*Tagebuch des Gefangenen*) in Dresden, das vorliegende im Carl Reißner-Verlag. Es fällt auf, daß beide Bücher Dresden als Verlagsort haben.

> „[...] wenn, wie bei mir, die Neigung zu melancholischen Erkrankungen und der immer wiederkehrende Drang, das Leben wegzuwerfen, durch die Generationen zieht, hat man als denkender Mensch nicht das Recht, den Kopf von diesen schwarzen Fragen wegzuwenden; ich darf keine Kinder mit diesem Erbteil ausstatten [...].“[175]

Der fiktionale Briefschreiber und der Verfasser des Briefromans, also Hoche, stimmen in solchen Auffassungen offensichtlich überein. Sie sind aus seinem psychiatrischen Weltbild nicht wegzudenken. Im vorliegenden Roman ist daher Melancholie der Grundton, dem diese Briefe ihre Entstehung verdanken. Das stimmt mit dem Land überein, in dem sie geschrieben wurden: Es ist Dänemark, in dem der Schreiber als Legationsrat tätig ist, ehe er in den Fernen Osten versetzt wird. Das Land hat zweifellos eine symbolische Bedeutung. Es ist das Land Hans Christian Andersens, also Märchenland, wie die Episode dieser Liebe märchenhaft anmutet. Zugleich ist es das Land Hamlets, dem die Melancholien entsprechen, die das Buch begleiten. Aber auch an Jens Peter Jacobsen und die Müdigkeiten seines Niels Lyhne mag man denken. Von Todesgedanken und Wertherstimmung sind die abschließenden Teile der erzählten Liebesgeschichte erfüllt, die in eine Entsagung einmünden. Der letzte Brief, ein Abschiedsbrief, spricht von der bevorstehenden Tätigkeit im Fernen Osten, aber ohne alle Lebensfreude. Erzählt wird eine Abwärtsgeschichte, kein Lebenslauf in aufsteigender Linie, wie er dem Entwicklungsroman des 19. Jahrhunderts entspricht. So gesehen, ist der Roman Hoches eher der Moderne zuzuordnen als der Tradition. Er läßt an Erzählformen der Jahrhundertwende denken, an Brieferzählungen, wie es deren mehrere im Werk Hofmannsthals gibt. Einer dieser Romane war zu einem Erfolgsbuch der Zeit geworden: Elisabeth von Heykings Buch *Briefe, die ihn nicht erreichten*, erschienen 1903, ein Jahr vor dem Jahr, in dem die *Schicksalsgeschichte* in *Einer Liebe Weg* sich abspielt. Beide Briefromane haben das Diplomatenmilieu unter Einschluß des Fernen Ostens gemeinsam; beide sind monologischen Charakters und bleiben uns, wie Goethes *Werther*, die Antworten des Partners schuldig.[176] Soweit die Fiktionen des Romans. Aber in Wirklichkeit sind die Briefe von dem Siebzigjährigen verfaßt, der Hoche inzwischen geworden war – sofern der Text nicht schon damals (1904) verfaßt wurde und erst jetzt, dreißig Jahre später, herausgegeben wird. Die empfindsame und von Sentimentalität nicht völlig freie Sprache steht in deutlichem Gegensatz zu den *Ärztlichen Bemerkungen* des Jahres 1920. Daß alle diese Bücher, die nach der Emeritierung geschrieben wurden, autobiographischen Charakters sind, gilt auch hier, ob-

175 Ebda., S. 111.

176 Daß man auch an Goethes Briefroman denken soll, wird im Text des Buches nahegelegt, vgl. S. 42: „*Ein moderner Werther*“.

wohl wir es mit einem fiktionalen Text zu tun haben. Das trifft gleichermaßen für das letzte und bedeutendste dieser Bücher zu, in dem die Autobiographik trotz der fiktionalen Darstellungsform unschwer zu erkennen ist.

Von dem wegen seiner literarischen Qualität beachtenswerten *Tagebuch des Gefangenen* ist abschließend zu sprechen. Es ist 1938 im Wilhelm Heyne Verlag, damals in Dresden, erschienen, mit einem Bild Moritz von Schwinds (*Traum des Gefangenen*) auf der Umschlagseite.[177] Ein nicht näher genannter Deutscher, so die Fiktion des romanhaften Buches, ist während des Ersten Weltkrieges in englische Gefangenschaft geraten und wird der Spionage verdächtigt, er muß mit seiner Hinrichtung rechnen. Die Situation ist klar umrissen: ihm ist Gelegenheit gegeben, noch einmal über Gott und die Welt nachzudenken. Große Gestalten der Weltgeschichte wie der Literaturgeschichte, die sich in verwandter Weise einer solchen Situation gegenübergesehen haben, ziehen am geistigen Auge des Angeklagten vorüber, eine ganze Legion: Sokrates, Maria Stuart, Fidelio, Egmont, Anne Boleyn, Giordano Bruno oder Madame Roland, die Goethe in den *Maximen und Reflexionen* würdigt. Gefängnisgedichte von Storm oder Conrad Ferdinand Meyer werden zitiert. Sie ergeben mit zahlreichen anderen Zitaten aus deutscher Lyrik eine Art Lebensgeleite im Angesicht des Todes. Hinsichtlich der literarischen Gattung des Buches haben wir es mit einem historischen Roman zu tun, der in der Zeit des Ersten Weltkriegs spielt, obgleich der Zeitgeschichte gegenüber den Reflexionen des Gefangenen eine untergeordnete Bedeutung zukommt. Historische Romane sind in Zeiten einer Diktatur eine bevorzugte Gattung. Sie erlauben es, in der Fiktion einer Vergangenheit Zeitkritik in verschlüsselter Form anzubringen. Das geschieht hier in eindrucksvoller Weise. Aber der Verlag beugt vor und versichert im Klappentext:

> „Das allgemein Menschliche erhält seine besondere Färbung durch die Lage des Gefangenen, dessen Weltanschauungen die damalige Zeit zur Voraussetzung haben.“

So lesen wir denn im Jahr 1938, als das verbrecherische Regime Hitlers auf seinem Höhepunkt stand, Sätze wie die folgenden:

> „Das private Bedürfnis nach Befriedigung des Rechtsgefühls kommt [...] häufig zu kurz; es sieht das Elend, das von Tyrannen und Diktatoren über Hunderttausende verhängt wird, und das unter ihren Tritten wegspritzende Blut und findet, daß keine Form der Gestaltung ihres Lebens oder Sterbens eine angemessene Sühne für ihre Taten bedeuten könnte.“[178]

177 *Alfred E. Hoche*, Tagebuch des Gefangenen. Dresden 1938.

178 Ebda., S. 28.

Zeitbezüge sind überdeutlich erkennbar, wenn an anderer Stelle die Fiktion der Vergangenheit in Vergessenheit gerät und das Hier und Heute unmittelbar vernommen wird. Es geht um die in der Moderne kaum bestreitbare Erfahrung, daß die Fortschritte im Menschlichen hinter den technischen Fortschritten zurückgeblieben sind. In diesem Zusammenhang heißt es:

> „Sicher ist nur, daß die Fähigkeit der Menschheit, ihre Angelegenheiten vernünftig zu steuern, mit der Entwicklung der Technik nicht Schritt gehalten hat, so wird diese heute in erster Linie in den Dienst des politischen Wahnsinns und der Vernichtung gestellt."[179]

An anderer Stelle nimmt sich der Gefangene – oder Hoche selbst – die Denunzianten vor, denen Verachtung gebührt, und schreibt:

> „In einer noch fernen Menschheitsepoche werden die Denunzianten, gleichgültig, ob sie verleumden oder die Wahrheit sagen, unbesehen ins Zuchthaus wandern, und jede amtliche Stelle wird sich schämen, von ihrem Geflüster Gebrauch zu machen."[180]

Das sind fromme Wünsche, die sich erst erschließen, wenn man sie als codierte Aussagen versteht, als Kritik an der Zeit, in der das Buch erschien. In der Fiktion des Romans ist sich der Tagebuchschreiber darüber im klaren, selbst denunziert worden zu sein, und Denunziationen waren um diese Zeit in Deutschland an der Tagesordnung. Sie waren eine der infamsten Waffen des Regimes. Über derart verschlüsselte Aussagen konnten diejenigen kaum hinwegsehen, die diesem Regime ablehnend gegenüberstanden. Man hat Grund, dem Autor Alfred E. Hoche wie dem Verlag Respekt zu bezeugen. Hier wird codiert gesagt, was nur so zu sagen war. Hoches letztes Buch ist ein sehr mutiges Buch und der Beitrag zu einer Geschichte obendrein, die noch zu schreiben ist, zur Geschichte einer Sondersprache, die darin beruht, daß ihre Leser zwischen den Zeilen zu lesen verstehen. Das setzt voraus, daß sich Autoren wie im vorliegenden Fall entsprechend auszudrücken wissen: vieldeutig, verschlüsselt und nicht angreifbar. Doch geht es nicht nur um Zeitgeschichte in verschlüsselter Form; auch hinsichtlich der eigenen Autobiographik hat man zwischen den Zeilen zu lesen. In der Fiktion, die nicht nur Fiktion ist, stellt sich der Gefangene selbst der Anklage; Verantwortung wird thematisiert: „Ich stehe unter Anklage, und ich, nur ich, hafte für meine Taten, wenn sie strafwürdig sind [...]."[181] Von Schuld und Sühne wird gesprochen, und Dostoevskij als Vorbild einer solchen Schreibart ist nicht fern. Zwar wird Reue geleugnet, aber

179 Ebda., S. 230.

180 Ebda., S. 49.

181 Ebda., S. 57.

das, was vielleicht zu bereuen wäre, wird aus heutiger Sicht nicht unbedingt gutgeheißen. Und wenn nicht Reue, so doch Bedauern:

> „[...] wer sich sagen kann: nach Lage der Dinge damals war mein Handeln richtig, wird sich nicht umwerfen lassen von späteren Einsichten, daß es, von heute aus rückwärts gesehen, nicht richtig war.“[182]

Wer denkt da nicht an das, was 1920 geschrieben und veröffentlicht wurde! Revidiert wird auch die Einstellung gegenüber denjenigen, die noch in der Autobiographie *Jahresringe* Schwächlinge und Jämmerlinge genannt worden waren. Man vernimmt Töne, die im Schrifttum Hoches nie vernommen worden sind, wenn wir einen Satz wie den folgenden lesen:

> „Es ist üblich, von den Psychopathen wie von minderwertigen Geschöpfen zu reden; richtig daran ist, daß sich aus ihren Reihen ein großer Teil der verbrecherischen Elemente rekrutiert; aber es wäre unbillig, zu verschweigen, daß gerade auch die höchsten künstlerischen Begabungen auf dem Grenzgebiet zwischen geistiger Gesundheit und Krankheit erwachsen.“[183]

Das ist so weit von heutiger Einsicht nicht entfernt, daß psychisches Kranksein und künstlerische Leistung sich nicht ausschließen; ja, daß es aufgrund solchen Krankseins Steigerungen der künstlerischen Produktion geben kann. Von höherer Sittlichkeit gegenüber den Forderungen eines überspannten Humanitätsbegriffs war am Ende der *Ärztlichen Bemerkungen* die Rede gewesen. Jetzt geht es in Hinsicht auf Psychopathie um ein Höheres ganz anderer Art:

> „So gesehen ist das Psychopathentum vielleicht eine Vorstufe künftiger Entwicklungen, eine erst nur in einzelnen Exemplaren erfolgende, tastende Vorwegnahme kommender höherer Menschlichkeit.“[184]

Aber die vielleicht erstaunlichste Revision früherer Auffassungen ist eine andere. Sie betrifft die veränderte Einstellung zum Töten, das in einigen Arbeiten sowohl im Gebiet der Psychiatrie wie des Strafrechts, unter bestimmten Umständen, bejaht worden war. Von Krieg ist die Rede und von dem Gebot „Du sollst nicht töten!“, das der im Dienst eines Staates stehende Soldat überschreiten muß, und der Gedanke wird angeschlossen, daß sich die Menschheit nur zögernd von dem allgemeinen Gesetze des Tötens zu lösen vermag, so daß es im Fortgang solcher Reflexionen, erstaunlich genug, heißt:

> „Es wäre ein leuchtender Punkt der Entwicklung, wenn die Menschen so weit kämen, daß sie einmal Ernst machten mit dem Nicht-mehr-Töten.“[185]

---

182 Ebda., S. 107.

183 Ebda., S. 226.

184 Ebda., S. 227.

185 Ebda., S. 186.

Das widerspricht dem, was Hoche sowohl über die Todesstrafe wie über das Töten aufgrund „lebensunwerten Lebens" gesagt hatte. Hier wird nicht nur revidiert; hier wird widerrufen. Daß sich die ethischen Maximen mit einer ästhetisch überzeugenden Darbietung verbinden, ist anzumerken. Die literarischen Qualitäten dieses Buches sind beachtlich: der Wechsel der Töne, die Übergänge von einer Redeform zur anderen, die in Anspielungen anwesende Weltliteratur, die dem Alter wie der Situation gemäße Lebensweisheit und anderes mehr. Aphoristik, philosophische Betrachtungen und ein manchmal verzweifelter Humor lösen in bunter Folge einander ab. Wenigstens seit Dostoevskij gibt es in der neueren europäischen Literatur eine neuartige Gattung der Prosa: die Gefängnisliteratur mit gewichtigen Büchern von Ricarda Huch, Rosa Luxemburg, Oskar Maria Graf oder Ernst Toller.[186] Innerhalb dieser Literatur vermag sich Hoches *Tagebuch des Gefangenen* aufgrund seiner literarischen Qualitäten durchaus zu behaupten. Aber zu ihrer Tradition gehört auch die Art, wie man mit sich zu Rate geht oder ins Gericht geht. Die Verse Ibsens bringen sich in Erinnerung:

„*Leben* heißt – dunkler Gewalten
Spuk bekämpfen in sich.
Dichten – Gerichtstag halten
Über sein eignes Ich."[187]

Die Verse auf Hoche als einen der unerbittlichen Erforscher seines Selbst zu beziehen, liegt nahe, und wie kaum ein anderes ist sein letztes Buch ein in besonderer Weise menschliches Buch, ein Dokument humanen Denkens. Aber Hoches *Tagebuch des Gefangenen* wurde fast zeitgleich mit dem Erinnerungsbuch *Straßburg* veröffentlicht, das eher entgegengesetzte Eindrücke hinterläßt, solche der alten Art.

Widersprüche, wohin man sieht! Sie sind dieser Lebensgeschichte eigentümlich. Rechtfertigungen eigenen Tuns stehen neben Revisionen eigenen Tuns, die an Widerruf grenzen; schroffe Sprüche neben Ausdrücken hochsensibler Empfindungsfähigkeit. Man sieht sich auf die sprachliche Seite dieses Lebenswerkes verwiesen, und zumal hier fehlt es an Widersprüchen nicht. In der von Eduard Spranger herausgegebenen Zeitschrift *Die Erziehung* veröffentlicht Hoche 1942 einen Aufsatz mit dem Titel *Gefährdetes Erbe*, wohl seine letzte gedruckte Arbeit. Sie betrifft die Sprache der Gegenwart, die für gefährdet gehalten wird. Die hier geübte Kritik gilt ihrer Schwerfälligkeit und der

---

186 *Ricarda Huch*, Das Leben des Grafen Federigo Confalionieri (1910); *Rosa Luxemburg*, Briefe aus dem Gefängnis 1915–1918 (1980); *Oskar Maria Graf*, Wir sind Gefangene (1927); *Ernst Toller*, Briefe aus dem Gefängnis (1935).

187 *Henrik lbsen*, Sämtliche Werke. Hrsg. von Julius Elias und Paul Schlenther. Berlin o. J. (1907), Bd. 1, S. 117.

Beliebigkeit ihrer Moden, denen sie sich unbedenklich überläßt. Mit einer an Karl Kraus erinnernden Empörung wird mit den Mißgeburten der Sprache und mit denjenigen abgerechnet, die sie erzeugen. Ähnlich wie bei Kraus wird die Sprache, die sein sollte, emphatisch gefeiert. Sie erhält einen fast religiösen Sinn, wenn abschließend gesagt wird:

> „Die Verantwortung derjenigen, die Zeitungen und Romane schreiben, ist groß; für jedes Unheil, das sie fahrlässiger Weise anrichten, haften sie vor dem heiligen Geiste der Sprache."[188]

Die Widersprüche sind offenkundig. Eben solche Sprachvergehen sind in den eigenen Schriften so selten nicht: in den *Ärztlichen Bemerkungen*, der umstrittenen Schrift des Jahres 1920, wie im Aufsatz über die Todesstrafe aus dem Jahre 1932, in dem über Tötungsarten fast unbeschwert gesprochen wird. Das Verhältnis von Psychiatrie, Strafrecht und schöner Literatur erweist sich in diesen Beiträgen als eigentümlich spannungslos. Die Versbücher der zwanziger Jahre wie die späteren Bücher *Einer Liebe Weg* und *Tagebuch des Gefangenen* stehen zur Sprache dieser Beiträge in deutlichem Widerspruch, der lange Zeit von Hoche selbst unerkannt bleibt. In der dritten Phase seines Wirkens, in der das schöngeistige Schrifttum dominiert, werden sie wahrgenommen und durchschaut. Zu solcher Wahrnehmung hat offensichtlich beigetragen, daß Psychiatrie und Strafrecht wie ihr Zusammengehen in der falschen Allianz, die Musil so verdächtig war, nicht mehr sein Denken bestimmen. Das am Vergeltungsstrafrecht orientierte Denken erweist sich in Hinsicht auf die praktizierte Vergeltung, wie sie unter der Diktatur Hitlers ausgeübt wird, als fatal. Die uns bekannten privaten Äußerungen Hoches lassen darauf schließen, daß sich der Verfasser der *Ärztlichen Bemerkungen* wie des Beitrags *Die Todesstrafe ist keine Strafe* in Opposition zu den Machthabern des nationalsozialistischen Regimes befand. Sie haben allem Vermuten nach die Selbsterforschung erleichtert und nicht wenig dazu beigetragen, daß die eigenen Widersprüche coram publico zur Sprache gebracht werden. Von einem Blick in die Mosel während einer Rheinreise ist in den *Jahresringen* die Rede, von deren Fluten, die sich mit dem Rhein nur zögernd vermengen, so daß für längere Zeit getrennte Strömungen wahrzunehmen sind, die Einheit im Zusammenfließen verhindern:

> „[...] ich sah mein eigenes Wesen symbolisch vor mir. Jeder dieser Bestandteile in mir wußte Bescheid um den anderen; mein Ich war bald der eine, bald der andere; es stand bis zu einem gewissen Grade in meinem Willen, wer ich sein wollte [...]."[189]

188 *A. E. Hoche*, Gefährdetes Erbe. In: Die Erziehung 17 (1942), S. 217. (Nunmehr herausgegeben von Eduard Spranger und Hans Wenke).

189 Jahresringe, S. 31.

Man denkt an die Verse, die Conrad Ferdinand Meyer seiner Dichtung *Huttens letzte Tage* vorangesetzt hat:

„[...] ich bin kein ausgeklügelt Buch,
Ich bin ein Mensch mit seinem Widerspruch [...].“[190]

Aber Hoche denkt anders. Er erklärt sich Widersprüche wie diese aus den entgegengesetzten Anteilen, die ihm die Eltern vererbt haben: an die weiche, träumerische und trübe gestimmte Art des Vaters und an die energische, kritikscharfe Natur der Mutter.[191] Diese bloß biologische Deutung der eigenen Widersprüche bleibt unbefriedigend, weil es Widersprüche ähnlicher Art in dieser Zeit auch bei anderen gibt. Näher liegt es, das Vorhandensein eines solchen Doppel-Ichs nicht auf den durch Vererbung erklärbaren Charakter zurückzuführen, sondern auf den „Charakter“ der Zeit.

So auch sieht es Gottfried Benn, ein Pfarrerssohn auch er. Statt von Widersprüchen spricht er von Spaltungen, von bewußt herbeigeführten, und er sieht sie in der Zeit angelegt – in der Zeit der Moderne. Als Doppelleben bezeichnet er das, was aufgrund solcher Spaltungen entsteht, und nimmt dem Wort seine pejorative Bedeutung: „Doppelleben in dem von mir theoretisch behaupteten und praktisch durchgeführten Sinne ist ein bewußtes Aufspalten der Persönlichkeit, ein systematisches, tendenziöses“.[192] Daß damit kein krankhafter Zustand gemeint ist, wird an anderer Stelle derselben Schnift ausgeführt. An der bewußt herbeigeführten Spaltung wird nicht der geringste Zweifel gelassen. Es heißt in diesem Zusammenhang:

„Die Einheit der Persönlichkeit ist eine fragwürdige Sache [...]. Denken und Sein, Kunst und die Gestalt dessen, der sie macht, ja sogar das Handeln und das Eigenleben von Privaten sind völlig getrennte Wesenheiten – ob sie überhaupt zusammengehören, lasse ich dahingestellt.“[193]

Es ist klar, daß hier nicht von Bewußtseinsspaltung im Sinne der älteren Psychiatrie gesprochen werden kann, die hierfür den Begriff „Spaltungsirresein“ gebraucht hat, wenn Benn von seinem eigenen Doppelleben sagt, er habe es bewußt kultiviert. Es werden mithin nicht nur Gebiete wie Kunst und Medizin voneinander getrennt, sondern auch die Person dessen, der in ihnen tätig ist, so daß mit dem Begriff des Doppellebens die Vorstellung eines Doppel-Ichs ein-

190 *Conrad Ferdinand Meyer*, Sämtliche Werke. Historisch-kritische Ausgabe. Besorgt von Hans Zeller und Alfred Zäch. Bern 1970, Bd. VIII, S. 11.

191 Jahresringe, S. 30.

192 *G. Benn*, Bd. IV, S. 138. *Roman eines gespaltenen Lebens* lautet bezeichnenderweise der Untertitel eines autobiographischen Berichts von *Wilhelm Heinrich Rey*, einem amerikanischen Germanisten deutscher Herkunft (Frankfurt am Main 1996).

193 Ebda., S. 136.

hergeht. Mit der Doppelung, die der amerikanische Medizinhistoriker Robert Jay Lifton in seinem Buch *Ärzte im Dritten Reich* beschreibt – daß diese im Lager grausam töten, während sie sich zu Hause als zärtliche Familienväter geben –, haben solche Auffassungen vom Doppel-Ich, bei Hoche wie bei Benn, nichts zu tun, obgleich es bei beiden Autoren in diesem Punkt Unterschiede im Verhältnis zur Modernität gibt, und was in solchen Vorstellungen von Doppelleben und Doppel-Ich beide Pfarrerssöhne voneinander trennen mag – für beide trifft zu, daß es sich um zeitgeschichtlich erklärbare Vorgänge handelt.[194]

In seinem 1927 veröffentlichten Roman kommt Hermann Hesse auf die zahlreichen Umbrüche, Umwälzungen und Regierungswechsel in der modernen Welt zu sprechen, nicht nur von Generation zu Generation, sondern vielfach innerhalb ein und derselben Generation. Harry Haller, der Steppenwolf, wie er in diesem Roman genannt wird, hat Erfahrungen dieser Art gemacht und niedergeschrieben:

> „Jede Zeit, jede Kultur, jede Sitte und Tradition hat ihren Stil, hat ihre ihr zukommenden Zartheiten und Härten, Schönheiten und Grausamkeiten, hält gewisse Leiden für selbstverständlich, nimmt gewisse Übel geduldig hin. Zum wirklichen Leiden, zur Hölle wird das menschliche Leben nur da, wo zwei Zeiten, zwei Kulturen und Religionen einander überschneiden [...]. Es gibt nun Zeiten, wo eine ganze Generation so zwischen zwei Zeiten, zwischen zwei Lebensstile hineingerät, daß ihr jede Selbstverständlichkeit, jede Sitte, jede Geborgenheit und Unschuld verlorengeht,“

und der fiktive Herausgeber fügt hinzu:

> „Haller gehört zu denen, die zwischen zwei Zeiten hineingeraten, die aus aller Geborgenheit und Unschuld herausgefallen sind, deren Schicksal es ist, alle Fragwürdigkeiten des Menschenlebens gesteigert als persönliche Qual und Hölle zu erleben.“[195]

Was hier gesagt wird, ist auf die Zeit der Moderne im ganzen zu beziehen – auf eine Zeit, die Geborgenheit und Sicherheit immer weniger gewährt. In ihr werden, anders als in guten alten Zeiten, Qual und Hölle in erhöhtem Maße erfahren, wie es in Hesses *Steppenwolf* zu lesen ist. In solchen Zeiten zwischen den Zeiten mit der Vielzahl ihrer Widersprüche sind Irrtümer, Fehlentwicklungen ganzer Disziplinen und Fehlverhalten Einzelner zahlreich. Sie lassen es geboten erscheinen, Gerechtigkeit und Nachsicht gegenüber denjenigen zu bezeugen, die in solche Zeiten hineingeboren wurden; der Devise Nietzsches, daß der historische Betrachter eine Vergangenheit „vor Gericht zieht, peinlich inquirirt, und endlich verurtheilt“, ist angesichts solcher Umstände nicht zu

194 *R. J. Lifton*, Ärzte im Dritten Reich, besonders S. 490 ff.

195 *Hermann Hesse*, Der Steppenwolf. In: Gesammelte Dichtungen. Frankfurt am Main 1952, Bd. IV, S. 205.

folgen.[196] Doch sind Verfehlungen, wo immer es sie gibt, auch nicht zu übergehen. Das Recht auf Irrtum ist kein verbürgtes Recht, sondern eine Redensart.[197] Von Verantwortung ist nicht abzusehen, und über Schuld, die nicht Schicksal ist, muß gesprochen werden, weil Geschichte von Menschen gemacht wird und Verfehlungen auf Einzelne zurückgehen, die Verantwortung tragen. Sollen Urteilsbildungen in Hinsicht auf Fehlentwicklungen oder Verfehlungen vermieden werden, die sich wie Gerichtsurteile anhören, so ist danach zu fragen, ob es Selbstbefragungen gegeben hat, Gerichtstage über sich im Sinne Ibsens, von denen die Rede war. Die Erkundungen des Historikers nach Art und Grad der Verantwortung gehen über in Verantwortungsforschung, auf die es ankommt.[198] Die Lebensgeschichte Hoches ist in diesem Punkt exemplarisch. Sie arbeitet einer solchen Verantwortungsforschung auf ihre Art durch die Selbsterforschung vor, die seine Autobiographik auszeichnet, sie sei fiktional oder authentisch. Hoche geht es nach eigener Aussage darum, „den Weg zu den eigenen Seelenschächten zu weisen", und ausdrücklich fügt er hinzu, daß nicht erst die Psychoanalyse kommen mußte, damit solches geschehen konnte.[199] Die Gelehrtenautobiographie, in der Glanzstücke so zahlreich nicht sind, erhält hier einen anderen Sinn, und man könnte ihn gut und gern als wegweisend bezeichnen. Geschichtsbetrachtungen sollen sich nicht an Gerichtsverhandlungen orientieren, aber noch weniger sollen sie sich dem Genre der Hagiographie überlassen; und wo man Irrtümer und Fehlentwicklungen für untersuchenswert hält, ist ein Verstehen erforderlich, das kein unbegrenztes Verstehen sein darf, in dem sich schuldhaftes Verhalten und Verantwortung wie von selbst erledigen. Die Dignität solcher Untersuchungen beruht darin, daß hinter den Verfehlungen etwas Moralisches, Ethisches oder Humanes auszumachen gesucht wird. Daß damit nicht Definitionen erkundet werden, sollte sich von selbst verstehen. Nur um Annäherungen an eine nicht definierbare Conditio humana seitens der historischen Person wie seitens des Historikers, der mit ihr befaßt ist, kann es gehen – eine Conditio humana, die wir uns als ebenso veränderlich wie überdauernd denken wollen. Und viel wäre gewonnen, wenn allseits dafür gesorgt würde, daß ehrwürdige Begriffe wie „human" oder „Humanität" nicht gebraucht werden, wo getötet wird.

196 Vom Nutzen und Nachteil der Historie für das Leben (KSA I, S. 269).

197 Für Irrtumslizenz und gegen Unfehlbarkeitspflicht wendet sich *Odo Marquard* in dem Aufsatz *Neugier als Wissenschaftsantrieb oder die Entlastung von der Unfehlbarkeitspflicht.* In: Ethik der Wissenschaften. Hrsg. von Elisabeth Ströker. München 1984, S. 15–26. Dieser Irrtumslizenz in Anbetracht dessen, was alles in diesem Jahrhundert geschehen konnte, kann ich nicht folgen.

198 Hierzu *Kurt Bayertz* (Hrsg.), Verantwortung. Prinzip oder Problem? Darmstadt 1995.

199 Jahresringe, S. 9.

Alfred Döblin, *Die beiden Freundinnen und ihr Giftmord.* Psychiatrie, Strafrecht und moderne Literatur

Der zuerst 1924 veröffentlichte Text Alfred Döblins – man kann ihn eine Erzählung nennen – ist für die Literatur der Weimarer Republik in mehrfacher Hinsicht kennzeichnend.[1] Es geht in ihm vorrangig um zwei Wissensgebiete, auf die er sich einläßt: um Fragen des Strafrechts und um solche der Psychiatrie; beide Wissensgebiete sind aus der literarischen Moderne nicht wegzudenken, wie ausführlich zu zeigen wäre. Das Interesse für den Verbrecher und für das, was in ihm vorgeht, kündigt sich noch vor der Herausbildung der klassischen Ästhetik in Schillers Erzählung *Der Verbrecher aus verlorener Ehre* an. In einigen Dichtungen Büchners wie im reichhaltigen Werk Dostoevskijs setzt es sich als Interesse an kranken Verbrechern, an den Erniedrigten und Beleidigten, fort. Weithin unbehindert von Zensur und staatlicher Reglementierung nimmt sich die Literatur der Weimarer Republik solcher Themen und Personen in erhöhtem Maße an. Lustmord, Vatermord, Abtreibung, Todesstrafe, Tod auf Verlangen oder Besuch im Irrenhaus sind die Stichworte. Die der modernen Literatur eigentümliche Wissenschaftskritik äußert sich als Opposition gegenüber einem dieser Wissensgebiete oder gegen ihre Allianz. Die Zusammenarbeit des Strafrechtslehrers Karl Binding mit dem Psychiater Alfred Erich Hoche, dem Doktorvater Döblins, ist hierfür bezeichnend. Sie findet ihren Ausdruck in der von ihnen gemeinsam verfaßten Schrift *Die Freigabe der Vernichtung lebensunwerten Lebens*, die 1920 erschien.[2] In Musils Romanwerk *Der Mann ohne Eigenschaften* ist die Allianz zwischen Strafrecht und Psychiatrie ein zentrales Thema, eine Art Leitmotiv. Mit sanftem Sarkasmus wird sie charakterisiert, wenn es heißt:

> „Es ist eine bekannte Erscheinung, daß der Engel der Medizin, wenn er längere Zeit den Ausführungen der Juristen zugehört hat, sehr oft seine eigene Sendung vergißt. Er schlägt dann klirrend die Flügel zusammen und benimmt sich im Gerichtssaal wie ein Reserveengel der Jurisprudenz."[3]

---

1 Hier zitiert nach der Ausgabe in der „Bibliothek Suhrkamp", Frankfurt am Main 1971. Die Seitenzahlen sind in Klammern vermerkt.

2 *Karl Binding / Alfred E. Hoche*, Die Freigabe der Vernichtung lebensunwerten Lebens. Ihr Maß und ihre Form. Leipzig 1920.

3 *Robert Musil*, Gesammelte Werke. Hrsg. von Adolf Frisé. Reinbek bei Hamburg 1978. Bd. 1, S. 244.

Solche auf beide Wissensgebiete zielende Kritik gibt es innerhalb der literarischen Moderne nicht von Anfang an. Sofern es um Rechts- und Justizkritik geht, wird sie in der zweiten Phase, in der Zeit des Expressionismus, prägend und bestimmend; und ohne Frage hat man in der Dreyfus-Affäre und in Zolas Anklageschrift ein auslösendes Moment zu sehen mit der Folge, daß auch die Literatur in Deutschland verändert und beeinflußt wird. Besonders die jüdischen Schriftsteller des deutschen Expressionismus mögen die durch den Dreyfus-Prozeß bewirkte Bedrohung intensiver erlebt haben als manche andere. So wenden sich nicht wenige von ihnen dem Studium der Rechtswissenschaft zu, um bewandert zu sein, wenn Unrecht droht. Franz Kafka, Max Brod, Kurt Tucholsky, Alfred Lichtenstein, Alfred Wolfenstein, Kurt Hiller, Ernst Blass, Walter Serner oder Karl Kraus sind zu nennen. Die meisten der hier Genannten sind promovierte Juristen, und wiederholt behandeln sie in ihren Dissertationen Themen, die als brisant gelten konnten wie Arbeitsrecht (Kafka), Streikrecht (Wegner) oder das Recht, über sich selbst zu bestimmen (Hiller).

Ein an Rechtsfragen interessierter Autor des deutschen Expressionismus war auch Rudolf Leonhard. Sohn eines Juristen, wandte er sich nach kürzerem Philologiestudium der Rechtswissenschaft zu, ohne mit einer Promotion abgeschlossen zu haben. Er auch ist der Herausgeber der Schriftenreihe *Außenseiter der Gesellschaft. Die Verbrecher der Gegenwart*, die 1924 im Verlag „Die Schmiede“ zu erscheinen beginnt. *Der Fall des Generalstabschefs Redl* (von Egon Erwin Kisch)*, Der Fall Vukobrankovics* (von Ernst Weiß) oder *Der Fall Strauß* (von Karl Otten) sind bezeichnende Titel dieser Reihe. Auch der Fall des Massenmörders Haarmann, der damals die Gemüter erregte, wird behandelt. Theodor Lessing, der 1934 in Marienbad in der damaligen Tschechoslowakei den Kugeln der von den Nationalsozialisten gedungenen Mörder erlag, ist der Verfasser dieser umstrittenen Schrift. Mit den erzählten Fallgeschichten wird an diejenigen Gayot de Pitavals im 18. Jahrhundert und diejenigen des von Willibald Alexis begründeten *Neuen Pitaval* im 19. Jahrhundert angeknüpft. Aber der Ton ist jetzt, in den zwanziger Jahren, gegenüber den erzählten Rechtsfällen der früheren Zeit um vieles schärfer geworden. Das zeigt sich schon am Titel der Schriftenreihe, an seinem doppelten Sinn. Nicht nur über Verbrechen und Verbrecher in der Gegenwart soll berichtet werden, sondern auch über Verbrechen der Gegenwart, diese als handelndes Subjekt verstanden. Im Titel deutet sich an, daß es auch um Schuld der Gegenwart oder der Gesellschaft geht, wenn über Verbrechen berichtet wird. In zwei Schriften dieser Reihe werden Fälle von Giftmord erörtert und erzählt. Über solche Fälle hatte wenige Jahre zuvor der Jurist und Schriftsteller Erich Wulffen in seinem Buch *Die Psychologie des Giftmordes* gehandelt, das 1917 erschienen war, eine höchst anfechtbare Veröffentlichung. Die in Frage stehende Schrift zeugt von großer Voreingenommenheit gegenüber dem weiblichen Geschlecht. Die These, daß der Giftmord die bevorzugte Tötungsart von Frauen sei, ist der rote Faden seiner Argumentation, und allen Ernstes erklärt er: „Heimlichkeit und List, die den Giftmord vorbereiten, sind gern Eigenschaften der weiblichen Schwäche."[4] Das Buch liest sich stellenweise so, als wirke der Hexenwahn einer schon weit zurückliegenden Epoche untergründig noch immer fort. Eine dieser Giftmordgeschichten, die schon genannte Erzählung *Der Fall Vukobrankovics*, hat den zeitweilig mit Kafka befreundeten Arztschriftsteller Ernst Weiß zum Verfasser. Eröffnet wird die Reihe mit Döblins Text *Die beiden Freundinnen und ihr Giftmord.*

Der hier in Frage stehende Text ist erst 1971 in der „Bibliothek Suhrkamp" wieder zugänglich gemacht worden, obgleich die Herausgabe der Werke in Einzelbänden schon zu Beginn der sechziger Jahre eingeleitet worden war. Zwar hat die Tagespresse den Fall in den siebziger Jahren gelegentlich zur Sprache gebracht, und auch eine Behandlung des Falles in erzählerischer Form aus jüngster Zeit liegt vor. Die österreichische Schriftstellerin Elfriede Czurda hat in ihrem Roman *Die Giftmörderinnen* (1991) das Thema erneut aufgegriffen und gegen Döblin gewendet: aus dem mehrdeutigen Geschehen im Text der zwanziger Jahre ist jetzt eine im ganzen eindeutige Geschichte geworden. Diese Eindeutigkeit hat Wulf Segebrecht in einer Besprechung des Romans beanstandet; wörtlich heißt es in dieser Rezension: „Aber der 'Fall' erhält durch diese 'Seelendeutung' genau jenen Anschein von Symptomatik und Kausalität, den Döblin vermeiden wollte". Döblin habe seinem Text die Würde der Zweifelhaftigkeit gegeben; der Fall könne in seinem Verständnis nicht auf einen Nenner gebracht werden. Abschließend führt er aus: „Diese Beurteilung hat Elfriede Czurda nun einer feministischen Revision unterzogen: Der Fall ist eindeutig geworden."[5] Eine lesenswerte Betrachtung über Döblins Erzählung

---

4 *Erich Wulffen*, Die Psychologie des Giftmordes. Wien 1917, S. 23. – Der Verfasser war nacheinander Oberstaatsanwalt, Landgerichtsdirektor und von 1923–1928 Ministerialdirektor (Angaben nach einer Ausgabe des *Brockhaus* aus den zwanziger Jahren). 1908 veröffentlichte er das zweibändige Werk, *Psychologie des Verbrechers*, 1910 die Schrift *Der Sexualverbrecher*; sie lag 1928 in 2. Auflage vor. Vgl. ferner zu diesem Thema *Hans von Hentig*, Die Kriminalität der lesbischen Frau. 2. Aufl. Stuttgart 1965. Über einen Fall von Giftmord im 19. Jahrhundert, über den Fall der Christine Ruthardt, handeln *Joachim Linder* und *Jörg Schönert*, Der Mordprozeß gegen Christine Ruthardt. In: J. Schönert (Hrsg.), Literatur und Kriminalität. Die gesellschaftliche Erfahrung von Verbrechen als Gegenstand des Erzählens. Deutschland, England und Frankreich 1850–1880. Tübingen 1983, S. 239 ff.

5 So ist der Fall zu eindeutig. Elfriede Czurda geht hinter Alfred Döblin zurück. In: Frankfurter Allgemeine Zeitung vom 10.10.1991. – Daß die Vf. hinter Döblin zurückbleibt, betont auch *Herbert Wiesner* in einer Besprechung der *Süddeutschen Zei-*

und über die Schriftenreihe, in der sie zuerst erschien, hat unlängst Joachim Linder im *Kriminologischen Journal* veröffentlicht, mit Verwendung des Titels der Schriftenreihe in der Überschrift seines eigenen Beitrags und dem Untertitel *Straftäter und Strafverfahren in einer literarischen Reihe der Weimarer Republik.*[6] Von diesen Veröffentlichungen abgesehen, hat Döblins Erzähltext in der inzwischen rege gewordenen Erforschung seines Werkes wenig Beachtung gefunden. Es gibt monographische Arbeiten zum Werk Döblins, die ihn mit keinem Wort erwähnen; und doch ragt er aus der genannten Schriftenreihe im Grunde als der einzige Text heraus, dem hoher literarischer Rang zuzuerkennen ist. Das ist der zeitgenössischen Literaturkritik nicht entgangen. In der *Weltbühne* wird die Schriftenreihe angezeigt und mit ihr Döblins Giftmordgeschichte. Der Rezensent Hans Siemsen führt hier aus: „Aber sein ganzes Buch ist nichts andres als ein großes Fragezeichen hinter diese und hinter alle 'Tatsachen'!" Hier auch findet sich eine Inhaltsangabe, die ich, statt einer eigenen, wiedergebe; und damit wird zugleich wiedergegeben, was im Berlin der frühen zwanziger Jahre geschehen ist:

> „Elli, die zweiundzwanzigjährige Frau des Tischlers Link, hat diesen ihren Mann nach zweijähriger Ehe durch wiederholte Dosen von Rattengift langsam vergiftet. Es kam weiter heraus, daß der Mann sie oft mißhandelt, geschlagen, beschimpft, bedroht hatte, daß sie ihm schon zweimal davon gelaufen war. Es kam ferner heraus, daß Elli mit einer drei Jahre ältern, auch nicht glücklich verheirateten Frau ein enges Freundschafts- und Liebesverhältnis gehabt; daß beide, wie man so schön sagt, 'widernatürliche Unzucht getrieben' hatten; daß nicht Elli allein, sondern beide Frauen gemeinsam den Giftmord geplant und vorbereitet hatten. Das wurde enthüllt durch etwa 600 Liebesbriefe, die sie sich (manchmal drei an einem Tag) geschrieben hatten. In diesen Briefen war unter Liebesschwüren manchmal in sehr rohen Ausdrücken von dem Mord und seinem Opfer die Rede [...]. Also nicht nur: Mord, auch (durch Gerichtsurteil festgestellte) 'rohe Gesinnung' und 'grausamer Charakter der Tat'."

Döblin habe an diesen Tatsachen nichts geändert, wird gesagt. Aber geändert hat er die Namen, wie man hinzuzufügen hat: aus der Gerichtssache Klein / Nebbe, die im März 1923 vor dem Berliner Landgericht verhandelt wurde, ist die Gerichtssache Link / Bende geworden. Dennoch ist Döblins Erzählung unbeschadet der weithin übernommenen Tatsachen kein Tatsachenbericht. An der literarischen Qualität der Erzählung läßt der genannte Rezensent der *Weltbühne* nicht die geringsten Zweifel. „Es ist ein außerordentliches Buch", lautet der letzte Satz der Besprechung.[7] Aber auch Robert Musil, der noch vor Er-

---

tung vom 8.10.1991. Er sieht das Eigene dieser Erzählung in der Sprache und in den Wagnissen dieser Sprache.

6 Kriminologisches Journal 26 (1994), S. 249–271.

7 Die Weltbühne 21, I (1925), S. 360–361.

scheinen der Erzählung Döblins auf die Berliner Gerichtssache in der Glosse *Das verbrecherische Liebespaar* eingegangen war, ist der Rang dieses Textes nicht entgangen.[8] Er äußert sich hierüber 1925 in einer Buchbesprechung und schreibt:

> „Dieser im jüngeren Deutschland ganz vorne stehende, in Wien merkwürdig wenig bekannte Dichter ist Arzt, und seine Psychologie ist stark psychoanalytisch gefärbt. Doch kann man menschenpsychologisch zwar zerlegen, unmöglich ist es, sie aus solchen Elementen aufzubauen; es bleibt etwas übrig, das Ungesetzliche, Tatsächliche, die Art der Mischung, das Schicksal, das Zufällige und eben deshalb Individuelle: dafür hat Döblin in dieser kleinen Arbeit ganz sachlich und unsentimental ergreifende Ausdrucksmöglichkeiten gefunden.“[9]

Es kann sich also nicht darum handeln, in diesem Text „die künstlerische Intuition in den Dienst der kriminalpsychologischen Forschung zu stellen“, wie in der *Deutschen Juristen-Zeitung* mit Beziehung auf die Schriftenreihe im ganzen gesagt wird.[10] Am wenigsten ist die Literarität der von Döblin behandelten Giftmordgeschichte zu bestreiten.

Diese Literarität zeigt sich in mehrfacher Hinsicht, zunächst und vor allem an der Sprache. Sie ist schmucklos, unpathetisch und sachlich. Auf kunstvolle Satzkonstruktionen wird weitgehend verzichtet. Der Erzähler bevorzugt einfache kurze Sätze, wenn es denn immer ganze Sätze sind. Die Aussagen werden auf solche Weise für den Leser durchsichtig, obgleich in der Sache selbst vieles undurchsichtig bleibt. Die Analyse psychischer Verhaltensweisen scheint sich in der Sachlichkeit der Aussage der Wissenschaftssprache anzunähern oder in eine solche überzugehen. Aber Wissenschaftssprachen, welche es auch seien, sind auf Begriffe angewiesen, vorzugsweise auf Begriffe in fremden Sprachen, auf Fachausdrücke, die vielfach Fremdwörter sind. Döblins Text kommt weithin ohne sie aus, von einigen Ausnahmen abgesehen – als käme es ihm darauf an, sich der Sprachebene der Akteure als einer solchen sehr einfacher Menschen anzupassen. Ein in der modernen Psychiatrie eingeführter Begriff, wovon noch zu sprechen sein wird, ist der Begriff der Ambivalenz. Döblin vermeidet auch ihn und spricht statt dessen von dem, was mehrwertig ist. So heißt es mit Beziehung auf den Ehemann der Elli Link: „Es war auch ein Heilungsversuch dieses Minderwertigkeitsgefühl: durch Beseitigung des Mehrwertigen“ (42). Im letzten Teil der erzählten Geschichte, der sich am weitesten von jeder Form des Tatsachenberichts entfernt, wird dann doch ein

---

8 GW, Bd. VII, S. 669–671.

9 GW, Bd. IX, S. 1715.

10 Oberverwaltungsgerichtsrat *Dr. Lindenau*. In: Deutsche Juristen-Zeitung 31 (1926), Sp. 1656.

nicht der Alltagssprache entnommener Begriff gebraucht. *Epilog* ist dieser Teil überschrieben, und es ist bezeichnenderweise ein poetologischer Begriff, der seinerseits die Literarität bestätigt.[11] In diesem Epilog gibt es eine an Nietzsche erinnernde Sprachkritik, wie man sie seit den Anfängen der literarischen Moderne kennt. Wissenschaft ist auf die Zuverlässigkeit ihrer Aussagen und Begriffe angewiesen. Diese Zuverlässigkeit wird im Epilog bezweifelt. Der Betrachter dieses letzten Teiles der Erzählung bezweifelt die zuvor im Psychogramm gebrauchten Wörter und sagt:

> „Ein ganzes Konvolut von Tatsachen wird mit dem bequemen Wort Neigung weniger bezeichnet, als übersehen. Denn das Gefährliche solcher Worte ist immer, daß man mit ihnen zu erkennen glaubt; dadurch versperren sie den Zugang zu den Tatsachen. Kein Chemiker würde mit solchen unreinen Stoffen arbeiten. Zeitungsberichte und Romane, die solche Lebensabläufe hinstellen, haben, indem man sie oft hörte, viel dazu beigetragen, daß man sich mit solchen leeren Worten begnügt." (94)

Man könnte auch sagen, sie haben dazu beigetragen, daß man sich im Gebrauch solcher Worte beruhigt; und nicht zuletzt hat dieser Text seinen Sinn darin, gegen Beruhigungen im Verstehen psychischer Abläufe gerichtet zu sein. Von einem Tatsachenbericht kann aber schon deshalb nicht die Rede sein, weil man nach Lektüre der Erzählung noch weniger als zuvor weiß, was eigentlich Tatsachen sind.

Die Sätze dieses Berichts sind schmucklos, einfach und kurz, wurde gesagt; gleichwohl ist nicht zu übersehen, daß sie überaus kunstvoll angeordnet sind. Es zeigt sich immer erneut im Gebrauch parataktischer Fügungen. In der Sprache des Expressionismus wurde die Stilfigur der Parataxe deutlich bevorzugt, wie an der Lyrik dieser literarischen Bewegung wiederholt gezeigt worden ist. Das beziehungslose Nebeneinander der Sätze läßt Einheit und Zusammenhang vermissen. So auch hier, wenn es heißt: „Er wollte sie behalten, die so nett und lustig war [...]. Er wollte sich an ihr festhalten. Er wollte sie lieben. Er kam auf einen schlimmen Weg" (12). Andernorts sind parataktische Fügungen Ausdruck des Gegeneinanders der Aussagen, die sich jeder Eindeutigkeit verweigern. Das trifft ebenso zu für die Sprache des Erzählers im erstellten Psychogramm der Akteure wie für die gutachtlichen Äußerungen des ärztlichen Sachverständigen wie für die Redeweise des Betrachters im Epilog. Im Psy-

11 Die von Heinz Müller-Dietz angeführte Sammlung von Giftmordgeschichten, die Döblins Text ohne den *Epilog* wiedergeben, lassen mithin einen für das Verständnis wesentlichen Teil des Ganzen aus: *Heinz Müller-Dietz*, (Ich)-Identität und Verbrechen: Zur literarischen Rekonstruktion psychiatrischen und juristischen Wissens von der Zurechnungsfähigkeit in Texten Döblins und Musils. In: Die Modernisierung des Ich. Studien zur Subjektkonstitution in der Vor- und Frühmoderne. Hrsg. von Manfred Pfister. Passau 1989, S. 240–253.

chogramm lesen wir den Satz: „Elli wollte die Bende haben und wollte sie nicht haben“ (73). Der ärztliche Sachverständige, der Sanitätsrat Dr. Juliusberger, die einzige amtliche Person in dieser Gerichtssache, die den Vorzug erhalten hat, namentlich genannt zu werden, führt aus:

> „Man kann, was Frau Link anlangt, sagen, daß sie im Bann überwertiger Gefühle stand. Man hat es bei ihr mit einer krankhaft gesteigerten Gemütsart zu tun. Man kann also nicht sagen, daß § 51 (Strafausschluß wegen Unzurechnungsfähigkeit) nicht zutrifft, und kann ebenfalls nicht erklären, er trifft zu.“ (80)

Ähnlich äußert sich der Betrachter des *Epilogs*:

> „Dennoch ist alles lückenlos und trägt den Stempel der Wahrheit. Es ist in unsere Denk- und Fühlformen geworfen. Es hat sich so ereignet; auch die Akteure glauben es. Aber es hat sich auch nicht so ereignet.“ (93)

Es fällt auf, daß dem namentlich genannten Sanitätsrat Dr. Juliusberger offensichtlich die Sympathie des Erzählers gehört; „ein psychologisch und psychiatrisch besonders geschulter Arzt, ein feiner allgemein gebildeter Mann“ wird er genannt (79). Von Arztkritik, wie es sie in Texten Carossas, Benns, Schnitzlers oder Kafkas gibt, kann bezüglich dieser Person nicht die Rede sein. Dieser Arzt, der Erzähler wie der Betrachter des Epilogs, sind eines Sinnes. Ihre Gemeinsamkeit kann als eine bewußt hergestellte Einheit von Arzt und Dichter verstanden werden. Die Herausstellung des Sanitätsrates zeigt aber auch, daß wir es nicht mit einem völlig objektiven und wertfreien Text zu tun haben, sondern mit einem solchen, in dem Akzente gesetzt werden und in dem bei allem Verstehenwollen, auch des Verwerflichen und Brutalen, die moralischen Maßstäbe intakt bleiben, wenn das Verhalten der Akteure gelegentlich als bestialisch, rachsüchtig oder zynisch bezeichnet wird.

Im parataktischen Nebeneinander wie im widerspruchsvollen Gegeneinander der Satzaussagen werden aber nicht Bereiche bezeichnet, die unvereinbar miteinander sind oder die man sich ein für allemal als getrennt zu denken hat. Beunruhigend immer erneut sind die unheimlichen Übergänge. Das eine steht dicht neben dem anderen, wenn von dem zur Gewalttätigkeit neigenden Ehemann der Elli Link gesagt wird: „Es war mehr Schlägerei als Umarmung“ (14); oder wenn es entsprechend an anderer Stelle heißt: „Unabhängig davon die wilde Lust. Mordwut, in bestialische Zärtlichkeit gehüllt“ (42). Zahlreich sind die Übergänge zwischen dem Bewußten und dem Unbewußten, obwohl es doch zum Zwecke der Urteilsfindung vor allem auf möglichst eindeutige Bestimmungen dessen ankäme, was in der Sprache des Strafrechts Zurechnungsfähigkeit oder Vorsätzlichkeit genannt wird. Das Schreiben von Briefen ist im allgemeinen eine Tätigkeit des bewußten Geistes. Hier aber geht das Schreiben von Briefen in einen rauschartigen Zustand über: „Es war etwas eigentümlich

Erregendes, eine Heimlichkeit mit Süße und halb bewußt, halb unbewußt führten beide die Linie weiter im Schreiben, die sie schon innehielten [...]." (24). An anderer Stelle wird ausgeführt, daß Elli nicht denken wollte (28); vieles habe sie ganz kopflos gemacht, und der Verteidiger macht geltend: „Es fehlte ihr in diesem Zustand jede Urteilskraft und klare Überlegung" (83). Aber auch Krankheit und Gesundheit oder Krankheit und Krankhaftigkeit sind niemals klar voneinander zu trennen. So heißt es, nicht zufällig im Gutachten des Sanitätsrates: „Man wisse nicht, wo die Natur ihr Werk anfinge und wo die Krankheit beginne. Frau Link besäße eine auffallende Gleichgültigkeit im Kommen und Gehen der Gefühle" (79). Das eine wird vom andern überlagert. Es ist alles eigentümlich verwischt. Verwischt vor allem sind die zeitlichen Bezüge, das klare Nacheinander des Geschehens. Die äußere Welt ist von Fortschritt, Entwicklung und Evolution bestimmt, eine zumeist sich klar abzeichnende Linearität des Geschehens; aber die innere Wirklichkeit des Menschen ist fluktuierend und instabil, und es ist wiederum der Betrachter des Epilogs, der zutreffend folgert: „Von seelischer Kontinuität, Kausalität, von der Seelenmasse und ihren Ballungen wissen wir nichts" (93). Es ist keine Frage: die Kausalität als ein Zentralbegriff im naturwissenschaftlichen Weltbild des 19. Jahrhunderts funktioniert in der Optik dieser Erzählung nicht mehr so recht. Es war der Physiker und Philosoph Ernst Mach, über den Musil promoviert hat, der schon in den achtziger Jahren des vorigen Jahrhunderts in seinem Buch *Beiträge zur Analyse der Empfindungen* den Kausalitätsbegriff durch den Funktionsbegriff ersetzt sehen wollte. Auch in dem späteren, zuerst 1905 erschienenen Buch *Erkenntnis und Irrtum* mit dem bezeichnenden Untertitel *Skizzen zur Psychologie der Forschung* kommt er auf die für sein Denken zentrale These zurück. Er führt hier aus:

> „In den höher entwickelten Naturwissenschaften wird der Gebrauch der Begriffe Ursache und Wirkung immer mehr eingeschränkt, immer seltener. Es hat dies seinen guten Grund darin, daß diese Begriffe nur sehr vorläufig und sehr unvollständig einen Sachverhalt bezeichnen, daß ihnen die Schärfe mangelt, wie dies schon angedeutet wurde. Sobald es gelingt die Elemente der Ereignisse durch meßbare Größen zu charakterisieren [...] läßt sich die Abhängigkeit der Elemente voneinander durch den *Funktionsbegriff* viel vollständiger und präziser darstellen, als durch so wenig bestimmte Begriffe, wie Ursache und Wirkung."[12]

In der Medizin spricht man etwa seit 1910 von konditionalem Denken und meint damit gleichfalls ein in Ursache und Wirkung nicht mehr zerlegbares Geschehen. Die damals vielbeachtete Schrift des Physiologen Max Verworn *Kausale und konditionale Weltanschauung*, die 1912 erschien, ist ebenso zu

12 *Ernst Mach*, Erkenntnis und Irrtum. Skizzen zur Psychologie der Forschung. Hier zitiert nach der Reprint-Ausgabe der 5. Auflage. Darmstadt 1991, S. 278.

nennen wie diejenige von David von Hansemann mit dem Titel *Über das konditionale Denken in der Medizin*, die gleichfalls 1912 veröffentlicht wurde.[13] An solchen Veränderungen des Denkens ist Döblins akademischer Lehrer und Doktorvater Alfred Erich Hoche maßgeblich beteiligt.[14] Er geht aus von Symptomelementen und Symptomkomplexen, um das Geschehen psychischer Krankheiten zu erfassen – sehr im Gegensatz zu den diagnostisch fest umrissenen Krankheitseinheiten, die sein Widersacher Emil Kraepelin in ein gewiß imponierendes System gebracht hatte. Es ist nur folgerichtig, daß auch die Einheit des Charakters, das in sich einheitliche Charakterbild, seine Geltung verliert – in der modernen Psychiatrie wie in der modernen Literatur.

In einer Niederschrift aus den zwanziger Jahren mit dem Titel *Charakterologie u. Dichtung* blickt Musil auf die antike Lehre von den Temperamenten wie auf das Subjekt der klassischen Ästhetik zurück, in dem noch weithin Einheit und Eindeutigkeit dem Charakterbild eigentümlich war. Aber schon gegen Ende des 19. Jahrhunderts zeige sich auf dem Theater mit Ibsen der Bruch, der doppelbödige Charakter, wie gesagt wird; wörtlich heißt es in diesem Zusammenhang: „Sobald man anfängt, irgend ein Ding zu untersuchen, löst es sich in Relationen u Funktionen auf."[15] Döblin denkt als Schriftsteller der Moderne nicht anders. Seine Erzählung *Die beiden Freundinnen und ihr Giftmord* ist kein in sich einheitlich und kohärenter Text, kein sprachliches Kunstwerk im überlieferten Sinn. Die Teile gehören zwar zusammen, aber sie widersprechen sich, wenigstens partiell, wie sich denn auch die Gutachten der Sachverständigen widersprechen. Noch weniger kann von einem einheitlichen Charakterbild der Akteure die Rede sein. Link, der Ehemann, wird ein heftiger in sich entzweiter Mensch genannt (12). Seine Frau lebt in einem inneren Zwiespalt, der auch das gleichgeschlechtliche Verhältnis zur Freundin betrifft (48). Ein für die Moderne kennzeichnender Begriff, derjenige des Doppellebens, gilt auch für sie:

> „Die Dinge mit Link besprach sie mit der Bende täglich, aber sie war in eine Rolle gedrängt, mußte übertreiben, manches falsch darstellen; sie mußte den Rest ihrer Bindung leugnen. Sie führte eine Art Doppelleben." (29)

---

13 Über die Nähe dieses Schrifttums zum ärztlichen wie dichterischen Denken Döblins ist hinzuweisen auf das aufschlußreiche Kapitel *Wechselwirkung statt Kausalität* in dem Buch von *Adalbert Wichert*, Alfred Döblins historisches Denken. Zur Poetik des modernen Geschichtsromans. Stuttgart 1978, S. 168–172.

14 Vgl. *Klaus Schröter*, Döblin in Selbstzeugnissen und Bilddokumenten dargestellt. Reinbek bei Hamburg 1978, S. 47 ff.

15 GW, Bd. VIII, S. 1405.

Dieser Begriff des Doppellebens hat ohne jede pejorative Nebenbedeutung seinen Ort im dichterischen Werk Gottfried Benns. Doppelleben als Aufspaltung der Persönlichkeit ist in seinem Verständnis ein bewußtes Tun. In der Schrift, die den Begriff demonstrativ im Titel gebraucht, führt er aus:

> „Die Einheit der Persönlichkeit ist eine fragwürdige Sache [...] Doppelleben in dem von mir theoretisch behaupteten und praktisch durchgeführten Sinn ist ein bewußtes Aufspalten der Persönlichkeit."[16]

Aber Zusammenhänge zwischen der bewußt herbeigeführten Aufspaltung der Persönlichkeit und der Bewußtseinsspaltung als einem Krankheitsgeschehen gibt es durchaus. In jedem Fall ist die eine wie die andere Spaltung von Denkweisen in moderner Psychologie und Psychiatrie mitbestimmt. Das kann hinsichtlich dieser Schriftsteller, die beide als Nervenärzte begonnen haben, nicht überraschen. Döblins Psychologie, so Musil in seiner Besprechung, sei psychoanalytisch gefärbt.[17] Aber ist sie das?

Mit der Verachtung, die Döblins Lehrer Alfred Erich Hoche der Psychoanalyse Sigmund Freuds entgegenbrachte, der sie noch 1931 eine morbide Doktrin nennt, eine Heilslehre für Dekadente und Schwächlinge, hat Döblin nichts zu tun.[18] Aber Zurückhaltung ihr gegenüber hat er für längere Zeit gewahrt, auch distanzierende Äußerungen sind überliefert.[19] Döblin besitzt nicht die Wissenschaftsgläubigkeit Freuds, das weithin ungebrochene Vertrauen in das eigene Verfahren. Er problematisiert und stellt in Frage, und es gibt vieles, was ihn von dem Begründer der Psychoanalyse entfernt.[20] Aber um die Zeit, als die Giftmordgeschichte entstand, sind Annäherungen an Freud und seine Lehre unverkennbar. Drei Jahre später hält er zum 70. Geburtstag Freuds in einer

---

16 *Gottfried Benn*, Gesammelte Werke. Hrsg. von Dieter Wellershoff. Wiesbaden 1961. Bd. IV, S. 136–138.

17 GW, Bd. IX, S. 1715.

18 *Alfred E. Hoche*, Die psychoanalytische Bewegung in der Geistesgeschichte. In: Süddeutsche Monatshefte (1931), hier zitiert nach dem Wiederabdruck des Verfassers in seinem Buch: Aus der Werkstatt. München 1935, S. 87.

19 Eine solche zitiert *Leo Kreutzer*, Alfred Döblin. Sein Werk bis 1933. Stuttgart/Berlin/Köln/Mainz 1970, S. 11. Von Freud und Adler ist hier die Rede. Über sie wird gesagt: „Nach denen entwickelt sich die ganze Welt aus Defekten [...] Aber bei mir ist damit prinzipiell nichts zu machen!" (Zitiert aus dem Nachlaßband *Die Zeitlupe*, Hrsg. von *Walter Muschg*. Olten und Freiburg 1963, S. 130). Zum Verhältnis Döblins zu Freud vgl. auch *Fritz Martini*. In: Deutsche Dichter der Moderne. Hrsg. von Benno von Wiese. Berlin 1965, S. 329.

20 Vgl. den Beitrag *Psychoanalyse von heute* in der Voss. Ztg. vom 10.6.1923, in Teilen abgedruckt im Marbacher Ausstellungskatalog. Alfred Döblin 1878–1978. Hrsg. von *Bernhard Zeller*. Marbach 1978, S. 166.

Veranstaltung der Deutschen Psychoanalytischen Gesellschaft die Festrede.[21] Als es 1930 darum ging, die Verleihung des Goethepreises der Stadt Frankfurt an Freud durchzusetzen, hat Döblin durch ein Gutachten dafür gesorgt, daß die Zuerkennung zustande kam.

> „Wenn der Goethepreis kein philologisch-historischer sein soll, sondern gestiftet von einer modernen Stadt, die der unendlich schweren geistigen heutigen Situation in Deutschland dienen soll, so gehört Freud bestimmtest zu den Männern, auf die der Preis zu fallen hat."[22]

So in einem Gutachten, das über die Verleihung des Preises an Freud zu seinen Gunsten entschied. Erst vor kurzem ist eine Gelegenheitsarbeit, ein Aufsatz aus dem Jahre 1939, aufgetaucht, der trotz partieller Kritik an Freud die totale Verwerfung durch den Münchner Psychiater Oswald Bumke, der ein Schüler Hoches war wie Döblin auch, mit Ironie behandelt und die Kritik im Untertitel dieses Beitrags eine deutsche Kritik nennt, als hätte man es mit einer deutschen Ideologie zu tun.[23]

Dennoch liegt es nahe, hinsichtlich des Menschenbildes, das der Erzählung Döblins zugrunde liegt, auf andere in der modernen Psychiatrie entwickelte Auffassungen zu verweisen, wenn es darum geht, aus bestimmten Krankheitsbildern oder Krankheitssymptomen allgemeine, die Situation des Menschen betreffende Einsichten herzuleiten. Eben solches hat der Zürcher Psychiater Eugen Bleuler getan, der auch den Ambivalenzbegriff in die neuere Psychiatrie eingeführt hat; und dieser Begriff ist längst über seine Bedeutung in der Psychiatrie hinaus in die Bewußtseinsgeschichte unseres Jahrhunderts eingegan-

---

21 Almanach für das Jahr 1927. Hrsg. von *A. J. Storfer*. Wien 1926, S. 28–30. Vgl. auch Ausstellungskatalog Marbach, S. 168.

22 Zitiert von *Thomas Plänkers*, Goethe contra Freud? Erinnerung an einen Streit um den Begründer der Psychoanalyse im Jahre 1930. In: Frankfurter Allgemeine Zeitung vom 25.8.1990.

23 *Alfred Döblin*, Die Psychoanalyse. Zu einer deutschen Kritik. In: Die Zukunft vom 24.2.1939, S. 8. Auf die gemeinsame Schülerschaft zu Hoche geht Döblin beiläufig ein: „Der Autor [...] ist Ordinarius für Psychiatrie an der Universität München (übrigens mir bekannt, aus der Freiburger Klinik Hoches 1905, wo ich famulierte)." Der aufgefundene Beitrag, den mir Thomas Anz dankenswerterweise zur Verfügung gestellt hat, ist deshalb so aufschlußreich, weil er indirekt eine deutliche Distanz Döblins von seinem Lehrer Hoche darstellt, der sich ähnlich wie Bumke über Freuds Lehren geäußert hat. Wie wenig sich Döblin festlegen läßt, geht aus einem kritischen Passus zu Eingang seines Beitrags hervor, der Freud gilt: „Angriffe, besonders witzige, ironische auf Freud sind zu begrüßen. Er ist von einer aschgrauen Dogmatik und von einer fanatischen Härte und Unerbittlichkeit in der Handhabung seiner Doktrin, dass man von vornherein einer Attacke auf ihn und dem Ruf 'in tyrannos' applaudieren soll. Diktatoren sind nicht nur politisch unerträglich." Aber sehr viel umfassender fällt die Kritik an dem Kritiker Freuds aus, an seinem „Mitschüler" Oswald Bumke.

gen.[24] Bleuler hat den Spaltungen der Persönlichkeit mit Verwendung des diagnostischen Begriffs der Schizophrenie oder der Gruppe von Schizophrenien eine über die Krankheit weit hinausgehende Bedeutung zuerkannt. Der Heidelberger Psychiater Helm Stierlin, der vor allem durch seine Familienforschungen bekannt geworden ist, hat sehr eindringlich beschrieben, worum es bei Bleuler geht. Er legt dar, daß sich für den Schweizer Arzt die schizophrene Störung in das geläufige Panorama menschlicher Erfahrungen einfüge und daß sie nur dem Grad und der Qualität nach von diesen Erfahrungen unterschieden sei. Wörtlich heißt es:

> „Indem Bleuler den Schizophreniebegriff zugleich erweiterte und humanisierte, mußte er konventionelle nosologische Barrieren einreißen. Er weitete den Schizophreniebegriff in einer Weise aus, die [...] ihn selbst beunruhigt zu haben scheint."[25]

Eine solche Ausweitung nimmt auch Döblin als Autor unserer Erzählung vor. Die Einsicht, daß Bilder psychischen Krankseins nicht monokausal erklärbar sind, weder ableitbar allein aus der Vererbung oder allein aus dem Milieu oder der Endogenität, sondern aus einem multifaktoriellen, logisch nicht auflösbaren Geflecht, kann für menschliches Fühlen, Denken und Handeln im ganzen gelten. Um eine solche Erweiterung vom Speziellen ins Allgemeine geht es auch in Döblins Text, vor allem im Epilog; denn das schwer Verstehbare im Menschen bleibt nicht auf den Verbrecher beschränkt und hinsichtlich des erfahrenen Zwiespalts und der inneren Entzweiung des Menschen, von denen unser Text handelt, nicht auf einen krankhaften Zustand. Dieses schwer Verstehbare bezieht sich auf die conditio humana schlechthin, auf den isolierbaren Menschen, von dem es in der späteren Schrift *Unser Dasein* heißt:

> „Es gibt keinen Einzelkörper, er ist von vornherein organisch bezogen auf andere, auf vieles, im Zusammenhang. Wir sind hier geglitten auf die Ergänzung zum Satz von der Individuation. Neben die Vereinzelung aller Wesen stellt sich die Verbundenheit aller, neben das Prinzip der Individuation das Prinzip der Kommunion."[26]

Statt Kommunion verwendet Döblin im Epilog das Wort Symbiose:

> „[...] das Leben oder der Lebensabschnitt eines einzelnen Menschen ist für sich nicht zu verstehen. Die Menschen stehen mit anderen Wesen in Symbiose. Berühren sich, nähern sich, wachsen aneinander. Dies ist schon eine Realität: die Symbi-

---

24 Zum Ambivalenzbegriff bei *Bleuler*, Freud und in der späteren Literaturwissenschaft vgl. die Wiener Akademieabhandlung von *Herbert Seidler*, Beiträge zur methodologischen Grundlegung der Literaturwissenschaft. Wien 1969, hier S. 33 ff.: Der Ambivalenzbegriff in der Literaturwissenschaft.

25 *Helm Stierlin*, Bleulers Begriff der Schizophrenie im Lichte unserer heutigen Erfahrung. In: Psyche 18 (1964), S. 630/I. Auf Bleuler verweist auch *Helmut Kiesel*, Literarische Trauerarbeit. Das Exil- und Spätwerk Alfred Döblins. Tübingen 1988, S. 203.

26 Hier zitiert nach der Ausgabe des Walter Verlag. Olten und Freiburg 1964, S, 69.

> ose mit anderen und auch mit den Wohnungen, Häusern, Straßen, Plätzen. Dies ist mir eine sichere, wenn auch dunkle Wahrheit." (94)

Das sagt der Betrachter des Epilogs, der Arzt und der Dichter in Personalunion. Beide haben sie es in ihrem Denken mit dem einzelnen zu tun und vor allem der Arzt mit dem Körper des einzelnen. Mit dem ominösen Volkskörper, den die Rassenbiologie am Ende des 19. Jahrhunderts erfunden hatte, ist solches Denken nicht zu verwechseln. Hier wird um des einzelnen willen und zum Zwecke seines besseren Verstehens über ihn hinausgedacht. Verstehen ist vor allem durch Karl Jaspers und seine *Allgemeine Psychopathologie* in die neuere Psychiatrie gelangt. Dieses Verstehen wird nicht verkleinert oder gar denunziert, wie es heute vielfach geschieht. Es muß auch nicht bedeuten, daß mit ihm grenzenloses Verzeihen einhergeht. Schuld bleibt Schuld; das ist auch hier der Fall. Die Herausstellung der Schwierigkeiten im Verstehen hat den Sinn, der leichtfertigen Meinung vorzubeugen, ein von Menschen herbeigeführtes Geschehen sei mühelos zu verstehen, so daß desto sicherer geurteilt und verurteilt werden kann.

> „Die Schwierigkeiten des Falles wollte ich zeigen, den Eindruck verwischen, als verstünde man alles oder das meiste an solchem massiven Stück Leben. Wir verstehen es, in einer bestimmten Ebene." (97)

Aus der Vielschichtigkeit der Zusammenhänge, aus denen Handlungen hervorgehen, die gegebenenfalls als Verbrechen zu bezeichnen sind, wird erkennbar, daß es in der Optik der Erzählung nicht darum geht, einen einzigen Faktor, etwa die Gesellschaft, zu ermitteln, an dem Schuld festzumachen sei. Die Gesellschaft unserer Erzählung, als das Umfeld der Akteure, trägt das Ihre zur Erzeugung von Verbrechen bei, auch hier. Das zeigt die mangelnde sexuelle Aufklärung seitens der Eltern, die nicht erfolgte Freigabe der Kinder durch sie, die Infantilismus bewirkt; und es zeigt sich an verkrusteten Mentalitäten: die Frau gehört dem Mann, wie der Vater der Elli Link gelegentlich bemerkt. Das alles sind mitwirkende Faktoren, aber entschuldigen können sie nur zum Teil. Schuldbewußtsein, Schuldgefühle und schlechtes Gewissen sind im Denken der Akteure eine Realität. Trotz der Verwerflichkeit ihres Tuns wird ihnen die Menschenwürde des Schuldigseins belassen. Daher ist der Text Döblins nur sehr begrenzt ein betont gesellschaftskritischer Text. Er ist weit entfernt, eine Anklageschrift in erzählerischer Form zu sein, und von den meisten Texten der genannten Schriftenreihe unterscheidet er sich beträchtlich. Auch eignete sich der im März 1923 am Berliner Landgericht verhandelte Fall mit seinem milden Urteilsspruch am wenigsten zu einseitig gesellschaftskritischen Zwecken. Haben wir es also erneut mit einer Allianz zwischen Medizin und Jurisprudenz im Sinne Musils zu tun? Es wäre allenfalls eine solche im umgekehrten Sinn; denn der Ersatzengel der Jurisprudenz ist die Medizin im vorliegenden Fall mit

Gewißheit nicht. Der psychiatrische Gutachter, der namentlich genannte Sanitätsrat Dr. Juliusberger, setzt sich durch, und das Gericht folgt seinem Geist, dem Geist seines Gutachtens. Dennoch kann von einem Zusammenspiel beider Instanzen nicht gesprochen werden, auch nicht von einer Allianz im umgekehrten Sinn. Das psychiatrische Gutachten – an den in der Schwebe gehaltenen § 51 ist zu erinnern – ist nicht disponibel. Es kommt einem verständlicherweise auf Eindeutigkeit gerichteten Denken nicht entgegen, das urteilende Richter benötigen. Mehrdeutigkeit ist die eigentliche Essenz dieser sehr modernen Prosa. Sie ist eine Sache der modernen Literatur wie der modernen Psychiatrie. Im Unterschied der Aufgaben, in Hinsicht auf Eindeutigkeit und Mehrdeutigkeit, wird ein sinnvoller Antagonismus erkennbar. Medizin und Literatur in der Person des Arztschriftstellers Alfred Döblin stehen für das Mehrdeutige, ohne daß dem Verlangen nach Eindeutigkeit der Prozeß gemacht würde. Im Aufweis dieser Mehrdeutigkeit sind Warnungen vor den falschen Sicherheiten in Verstehen und Wissen enthalten. In der so verstandenen Mehrdeutigkeit des Erzählens verbirgt sich der humane Sinn, des Arztes wie des Schriftstellers, den es in die richterliche Praxis einzubringen gilt.

Quellenverzeichnis – Liste der Erstveröffentlichungen

Vor Gericht. Balladendichtung und Justizkritik. Zu einem wenig bekannten Gedicht Goethes. In: Gedichte und Interpretationen. Bd. 2. Aufklärung und Sturm und Drang. Hrsg. von *Karl Richter*. Stuttgart: Reclam 1983. S. 436–450.

Schillers Rechtsdenken. Verschwörung, Widerstandsrecht und Tyrannenmord im dramatischen Werk. Unveröffentlichtes Manuskript, o. J. (2002).

Todesarten und Todesstrafen. Eine Betrachtung über Heinrich von Kleist. In: Kleist Jahrbuch 1985. Hrsg. von *Hans-Joachim Kreutzer*. Berlin: Erich Schmidt Verlag 1985. S. 7–38.

Wissenschaftskritik und literarische Moderne. Zur Problemlage im frühen Expressionismus. In: Die Modernität des Expressionismus. Hrsg. von *Thomas Anz / Michael Stark*. Stuttgart: Metzler 1994. S. 21–43.

Justizkritik im Werk Heinrich Manns. Zu einem Thema der Weimarer Republik. In: Heinrich Mann. Sein Werk in der Weimarer Republik. Zweites Internationales Symposion Lübeck 1981. Hrsg. von *Helmut Koopmann / Peter-Paul Schneider*. Frankfurt am Main: Klostermann 1983. S. 103–127.

Alfred Erich Hoche. Lebensgeschichte im Spannungsfeld von Psychiatrie, Strafrecht und moderner Literatur. Bayer. Akademie der Wissenschaften. Phil.-Hist. Klasse Sitzungsberichte. Jg. 1999. H5. München: 1999. S. 3–73.

Alfred Döblin, *Die beiden Freundinnen und ihr Giftmord.* Psychiatrie, Strafrecht und moderne Literatur. In: Literatur und Recht. Literarische Rechtsfälle von der Antike bis in die Gegenwart. Hrsg. von *Ulrich Mölk*. Göttingen: Wallstein 1996. S. 356–369.

Der Herausgeber dankt den Verlagen für die Abdruckerlaubnis.

Juristische Zeitgeschichte

Herausgeber: Prof. Dr. Dr. Thomas Vormbaum, FernUniversität in Hagen

Abteilung 1: Allgemeine Reihe

1 *Thomas Vormbaum (Hrsg.):* Die Sozialdemokratie und die Entstehung des Bürgerlichen Gesetzbuchs. Quellen aus der sozialdemokratischen Partei und Presse (1997)

2 *Heiko Ahlbrecht:* Geschichte der völkerrechtlichen Strafgerichtsbarkeit im 20. Jahrhundert (1999)

3 *Dominik Westerkamp:* Pressefreiheit und Zensur im Sachsen des Vormärz (1999)

4 *Wolfgang Naucke:* Über die Zerbrechlichkeit des rechtsstaatlichen Strafrechts. Gesammelte Aufsätze zur Strafrechtsgeschichte (2000)

5 *Jörg Ernst August Waldow:* Der strafrechtliche Ehrenschutz in der NS-Zeit (2000)

6 *Bernhard Diestelkamp:* Rechtsgeschichte als Zeitgeschichte. Beiträge zur Rechtsgeschichte des 20. Jahrhunderts (2001)

7 *Michael Damnitz:* Bürgerliches Recht zwischen Staat und Kirche. Mitwirkung der Zentrumspartei am Bürgerlichen Gesetzbuch (2001)

8 *Massimo Nobili:* Die freie richterliche Überzeugungsbildung. Reformdiskussion und Gesetzgebung in Italien, Frankreich und Deutschland seit dem Ausgang des 18. Jahrhunderts (2001)

9 *Diemut Majer:* Nationalsozialismus im Lichte der Juristischen Zeitgeschichte (2002)

10 *Bianca Vieregge:* Die Gerichtsbarkeit einer „Elite". Nationalsozialistische Rechtsprechung am Beispiel der SS- und Polizeigerichtsbarkeit (2002)

11 *Norbert Berthold Wagner:* Die deutschen Schutzgebiete (2002)

12 *Miloš Vec:* Die Spur des Täters. Methoden der Identifikation in der Kriminalistik (1879–1933), (2002)

13 *Christian Amann:* Ordentliche Jugendgerichtsbarkeit und Justizalltag im OLG-Bezirk Hamm von 1939 bis 1945 (2003)

14 *Günter Gribbohm:* Das Reichskriegsgericht (2004)

15 *Martin M. Arnold:* Pressefreiheit und Zensur im Baden des Vormärz. Im Spannungsfeld zwischen Bundestreue und Liberalismus (2003)

16 *Ettore Dezza:* Beiträge zur Geschichte des modernen italienischen Strafrechts (2004)

17 *Thomas Vormbaum (Hrsg.):* „Euthanasie" vor Gericht. Die Anklageschrift des Generalstaatsanwalts beim OLG Frankfurt/M. gegen Werner Heyde u. a. vom 22. Mai 1962 (2005)

18 *Kai Cornelius:* Vom spurlosen Verschwindenlassen zur Benachrichtigungspflicht bei Festnahmen (2006)

19 *Kristina Brümmer-Pauly:* Desertion im Recht des Nationalsozialismus (2006)

20 *Hanns-Jürgen Wiegand:* Direktdemokratische Elemente in der deutschen Verfassungsgeschichte (2006)

21 *Hans-Peter Marutschke (Hrsg.):* Beiträge zur modernen japanischen Rechtsgeschichte (2006)

22 *Katrin Stoll:* Die Herstellung der Wahrheit (2011)
23 *Thorsten Kurtz:* Das Oberste Rückerstattungsgericht in Herford (2014)
24 *Sebastian Schermaul:* Die Umsetzung der Karlsbader Beschlüsse an der Universität Leipzig 1819–1848 (2013)

Abteilung 2: Forum Juristische Zeitgeschichte

1 *Franz-Josef Düwell / Thomas Vormbaum (Hrsg.):* Themen juristischer Zeitgeschichte (1) – Schwerpunktthema: Recht und Nationalsozialismus (1998)
2 *Karl-Heinz Keldungs:* Das Sondergericht Duisburg 1943–1945 (1998)
3 *Franz-Josef Düwell / Thomas Vormbaum (Hrsg.):* Themen juristischer Zeitgeschichte (2) – Schwerpunktthema: Recht und Juristen in der Revolution von 1848/49 (1998)
4 *Thomas Vormbaum:* Beiträge zur juristischen Zeitgeschichte (1999)
5 *Franz-Josef Düwell / Thomas Vormbaum:* Themen juristischer Zeitgeschichte (3), (1999)
6 *Thomas Vormbaum (Hrsg.):* Themen juristischer Zeitgeschichte (4), (2000)
7 *Frank Roeser:* Das Sondergericht Essen 1942–1945 (2000)
8 *Heinz Müller-Dietz:* Recht und Nationalsozialismus – Gesammelte Beiträge (2000)
9 *Franz-Josef Düwell (Hrsg.):* Licht und Schatten. Der 9. November in der deutschen Geschichte und Rechtsgeschichte – Symposium der Arnold-Freymuth-Gesellschaft, Hamm (2000)
10 *Bernd-Rüdiger Kern / Klaus-Peter Schroeder (Hrsg.):* Eduard von Simson (1810–1899). „Chorführer der Deutschen" und erster Präsident des Reichsgerichts (2001)
11 *Norbert Haase / Bert Pampel (Hrsg.):* Die Waldheimer „Prozesse" – fünfzig Jahre danach. Dokumentation der Tagung der Stiftung Sächsische Gedenkstätten am 28. und 29. September in Waldheim (2001)
12 *Wolfgang Form (Hrsg.):* Literatur- und Urteilsverzeichnis zum politischen NS-Strafrecht (2001)
13 *Sabine Hain:* Die Individualverfassungsbeschwerde nach Bundesrecht (2002)
14 *Gerhard Pauli / Thomas Vormbaum (Hrsg.):* Justiz und Nationalsozialismus – Kontinuität und Diskontinuität. Fachtagung in der Justizakademie des Landes NRW, Recklinghausen, am 19. und 20. November 2001 (2003)
15 *Mario Da Passano (Hrsg.):* Europäische Strafkolonien im 19. Jahrhundert. Internationaler Kongreß des Dipartimento di Storia der Universität Sassari und des Parco nazionale di Asinara, Porto Torres, 25. Mai 2001 (2006)
16 *Sylvia Kesper-Biermann / Petra Overath (Hrsg.):* Die Internationalisierung von Strafrechtswissenschaft und Kriminalpolitik (1870–1930). Deutschland im Vergleich (2007)
17 *Hermann Weber (Hrsg.):* Literatur, Recht und Musik. Tagung im Nordkolleg Rendsburg vom 16. bis 18. September 2005 (2007)
18 *Hermann Weber (Hrsg.):* Literatur, Recht und (bildende) Kunst. Tagung im Nordkolleg Rendsburg vom 21. bis 23. September 2007 (2008)
19 *Francisco Muñoz Conde / Thomas Vormbaum (Hrsg.):* Transformation von Diktaturen in Demokratien und Aufarbeitung der Vergangenheit (2010)
20 *Kirsten Scheiwe / Johanna Krawietz* (Hrsg.): (K)Eine Arbeit wie jede andere? Die Regulierung von Arbeit im Privathaushalt (2014)

Abteilung 3: Beiträge zur modernen deutschen Strafgesetzgebung. Materialien zu einem historischen Kommentar

1 *Thomas Vormbaum / Jürgen Welp (Hrsg.):* Das Strafgesetzbuch seit 1870. Sammlung der Änderungen und Neubekanntmachungen; Vier Textbände (1999–2002) und drei Supplementbände (2005, 2006)

2 *Christian Müller:* Das Gewohnheitsverbrechergesetz vom 24. November 1933. Kriminalpolitik als Rassenpolitik (1998)

3 *Maria Meyer-Höger:* Der Jugendarrest. Entstehung und Weiterentwicklung einer Sanktion (1998)

4 *Kirsten Gieseler:* Unterlassene Hilfeleistung – § 323c StGB. Reformdiskussion und Gesetzgebung seit 1870. (1999)

5 *Robert Weber:* Die Entwicklung des Nebenstrafrechts 1871–1914 (1999)

6 *Frank Nobis:* Die Strafprozeßgesetzgebung der späten Weimarer Republik (2000)

7 *Karsten Felske:* Kriminelle und terroristische Vereinigungen – §§ 129, 129a StGB (2002)

8 *Ralf Baumgarten:* Zweikampf – §§ 201–210 a.F. StGB (2003)

9 *Felix Prinz:* Diebstahl – §§ 242 ff. StGB (2003)

10 *Werner Schubert / Thomas Vormbaum (Hrsg.):* Entstehung des Strafgesetzbuchs. Kommissionsprotokolle und Entwürfe. Band 1: 1869 (2002); Band 2: 1870 (2004)

11 *Lars Bernhard:* Falsche Verdächtigung (§§ 164, 165 StGB) und Vortäuschen einer Straftat (§ 145d StGB), (2003)

12 *Frank Korn:* Körperverletzungsdelikte – §§ 223 ff., 340 StGB. Reformdiskussion und Gesetzgebung von 1870 bis 1933 (2003)

13 *Christian Gröning:* Körperverletzungsdelikte – §§ 223 ff., 340 StGB. Reformdiskussion und Gesetzgebung seit 1933 (2004)

14 *Sabine Putzke:* Die Strafbarkeit der Abtreibung in der Kaiserzeit und in der Weimarer Zeit. Eine Analyse der Reformdiskussion und der Straftatbestände in den Reformentwürfen (1908–1931), (2003)

15 *Eckard Voßiek:* Strafbare Veröffentlichung amtlicher Schriftstücke (§ 353d Nr. 3 StGB). Gesetzgebung und Rechtsanwendung seit 1851 (2004)

16 *Stefan Lindenberg:* Brandstiftungsdelikte – §§ 306 ff. StGB. Reformdiskussion und Gesetzgebung seit 1870 (2004)

17 *Ninette Barreneche†:* Materialien zu einer Strafrechtsgeschichte der Münchener Räterepublik 1918/1919 (2004)

18 *Carsten Thiel:* Rechtsbeugung – § 339 StGB. Reformdiskussion und Gesetzgebung seit 1870 (2005)

19 *Vera Große-Vehne:* Tötung auf Verlangen (§ 216 StGB), „Euthanasie“ und Sterbehilfe. Reformdiskussion und Gesetzgebung seit 1870 (2005)

20 *Thomas Vormbaum / Kathrin Rentrop (Hrsg.):* Reform des Strafgesetzbuchs. Sammlung der Reformentwürfe. Band 1: 1909 bis 1919. Band 2: 1922 bis 1939. Band 3: 1959 bis 1996 (2008)

21 *Dietmar Prechtel:* Urkundendelikte (§§ 267 ff. StGB). Reformdiskussion und Gesetzgebung seit 1870 (2005)

22 *Ilya Hartmann:* Prostitution, Kuppelei, Zuhälterei. Reformdiskussion und Gesetzgebung seit 1870 (2006)

23 *Ralf Seemann:* Strafbare Vereitelung von Gläubigerrechten (§§ 283 ff., 288 StGB). Reformdiskussion und Gesetzgebung seit 1870 (2006)
24 *Andrea Hartmann:* Majestätsbeleidigung (§§ 94 ff. StGB a.F.) und Verunglimpfung des Staatsoberhauptes (§ 90 StGB). Reformdiskussion und Gesetzgebung seit dem 19. Jahrhundert (2006)
25 *Christina Rampf:* Hausfriedensbruch (§ 123 StGB). Reformdiskussion und Gesetzgebung seit 1870 (2006)
26 *Christian Schäfer:* „Widernatürliche Unzucht" (§§ 175, 175a, 175b, 182, a.F. StGB). Reformdiskussion und Gesetzgebung seit 1945 (2006)
27 *Kathrin Rentrop:* Untreue und Unterschlagung (§§ 266 und 246 StGB). Reformdiskussion und Gesetzgebung seit dem 19. Jahrhundert (2007)
28 *Martin Asholt:* Straßenverkehrsstrafrecht. Reformdiskussion und Gesetzgebung seit dem Ausgang des 19. Jahrhunderts (2007)
29 *Katharina Linka:* Mord und Totschlag (§§ 211–213 StGB). Reformdiskussion und Gesetzgebung seit 1870 (2008)
30 *Juliane Sophia Dettmar:* Legalität und Opportunität im Strafprozess. Reformdiskussion und Gesetzgebung von 1877 bis 1933 (2008)
31 *Jürgen Durynek:* Korruptionsdelikte (§§ 331 ff. StGB). Reformdiskussion und Gesetzgebung seit dem 19. Jahrhundert (2008)
32 *Judith Weber:* Das sächsische Strafrecht im 19. Jahrhundert bis zum Reichsstrafgesetzbuch (2009)
33 *Denis Matthies:* Exemplifikationen und Regelbeispiele. Eine Untersuchung zum 100-jährigen Beitrag von Adolf Wach zur „Legislativen Technik" (2009)
34 *Benedikt Rohrßen:* Von der „Anreizung zum Klassenkampf" zur „Volksverhetzung" (§ 130 StGB). Reformdiskussion und Gesetzgebung seit dem 19. Jahrhundert (2009)
35 *Friederike Goltsche:* Der Entwurf eines Allgemeinen Deutschen Strafgesetzbuches von 1922 (Entwurf Radbruch) (2010)
36 *Tarig Elobied:* Die Entwicklung des Strafbefehlsverfahrens von 1846 bis in die Gegenwart (2010)
37 *Christina Müting:* Sexuelle Nötigung; Vergewaltigung (§ 177 StGB) (2010)
38 *Nadeschda Wilkitzki:* Entstehung des Gesetzes über Internationale Rechtshilfe in Strafsachen (IRG) (2010)
39 *André Brambring:* Kindestötung (§ 217 a.F. StGB). Reformdiskussion und Gesetzgebung seit 1870 (2010)
40 *Wilhelm Rettler:* Der strafrechtliche Schutz des sozialistischen Eigentums in der DDR (2010)
41 *Yvonne Hötzel:* Debatten um die Todesstrafe in der Bundesrepublik Deutschland von 1949 bis 1990 (2010)
42 *Dagmar Kolbe:* Strafbarkeit im Vorfeld und im Umfeld der Teilnahme (§§ 88a, 110, 111, 130a und 140 StGB). Reformdiskussion und Gesetzgebung seit dem 19. Jahrhundert (2011)
43 *Sami Bdeiwi:* Beischlaf zwischen Verwandten (§ 173 StGB). Reform und Gesetzgebung seit 1870 (2014)
44 *Michaela Arnold:* Verfall, Einziehung und Unbrauchbarmachung (§§ 73 bis 76a StGB). Reformdiskussion und Gesetzgebung seit dem 19. Jahrhundert (2015)

45 *Andrea Schurig:* „Republikflucht“ (§§ 213, 214 StGB/DDR). Gesetzgeberische Entwicklung, Einfluss des MfS und Gerichtspraxis am Beispiel von Sachsen (2016)
46 *Sandra Knaudt:* Das Strafrecht im Großherzogtum Hessen im 19. Jahrhundert bis zum Reichsstrafgesetzbuch (2017)

Abteilung 4: Leben und Werk. Biographien und Werkanalysen

1 *Mario A. Cattaneo:* Karl Grolmans strafrechtlicher Humanismus (1998)
2 *Gerit Thulfaut:* Kriminalpolitik und Strafrechtstheorie bei Edmund Mezger (2000)
3 *Adolf Laufs:* Persönlichkeit und Recht. Gesammelte Aufsätze (2001)
4 *Hanno Durth:* Der Kampf gegen das Unrecht. Gustav Radbruchs Theorie eines Kulturverfassungsrechts (2001)
5 *Volker Tausch:* Max Güde (1902–1984). Generalbundesanwalt und Rechtspolitiker (2002)
6 *Bernd Schmalhausen:* Josef Neuberger (1902–1977). Ein Leben für eine menschliche Justiz (2002)
7 *Wolf Christian von Arnswald:* Savigny als Strafrechtspraktiker. Ministerium für die Gesetzesrevision (1842–1848), (2003)
8 *Thilo Ramm:* Ferdinand Lassalle. Der Revolutionär und das Recht (2004)
9 *Martin D. Klein:* Demokratisches Denken bei Gustav Radbruch (2007)
10 *Francisco Muñoz Conde:* Edmund Mezger – Beiträge zu einem Juristenleben (2007)
11 *Whitney R. Harris:* Tyrannen vor Gericht. Das Verfahren gegen die deutschen Hauptkriegsverbrecher nach dem Zweiten Weltkrieg in Nürnberg 1945–1946 (2008)
12 *Eric Hilgendorf (Hrsg.):* Die deutschsprachige Strafrechtswissenschaft in Selbstdarstellungen (2010)
13 *Tamara Cipolla:* Friedrich Karl von Strombeck. Leben und Werk – Unter besonderer Berücksichtigung des Entwurfes eines Strafgesetzbuches für ein Norddeutsches Staatsgebiet (2010)
14 *Karoline Peters:* J. D. H. Temme und das preußische Strafverfahren in der Mitte des 19. Jahrhunderts (2010)
15 *Eric Hilgendorf (Hrsg.):* Die ausländische Strafrechtswissenschaft in Selbstdarstellungen. Die internationale Rezeption des deutschen Strafrechts (2016)
16 *Hannes Ludyga:* Otto Kahn-Freund (1900–1979). Ein Arbeitsrechtler in der Weimarer Zeit (2016)

Abteilung 5: Juristisches Zeitgeschehen. Rechtspolitik und Justiz aus zeitgenössischer Perspektive

Mitherausgegeben von Gisela Friedrichsen („Der Spiegel“) und RA Prof. Dr. Franz Salditt

1 *Diether Posser:* Anwalt im Kalten Krieg. Ein Stück deutscher Geschichte in politischen Prozessen 1951–1968. 3. Auflage (1999)

2 *Jörg Arnold (Hrsg.):* Strafrechtliche Auseinandersetzung mit Systemvergangenheit am Beispiel der DDR (2000)
3 *Thomas Vormbaum (Hrsg.):* Vichy vor Gericht: Der Papon-Prozeß (2000)
4 *Heiko Ahlbrecht / Kai Ambos (Hrsg.):* Der Fall Pinochet(s). Auslieferung wegen staatsverstärkter Kriminalität? (1999)
5 *Oliver Franz:* Ausgehverbot für Jugendliche („Juvenile Curfew") in den USA. Reformdiskussion und Gesetzgebung seit dem 19. Jahrhundert (2000)
6 *Gabriele Zwiehoff (Hrsg.):* „Großer Lauschangriff". Die Entstehung des Gesetzes zur Änderung des Grundgesetzes vom 26. März 1998 und des Gesetzes zur Änderung der Strafprozeßordnung vom 4. Mai 1998 in der Presseberichterstattung 1997/98 (2000)
7 *Mario A. Cattaneo:* Strafrechtstotalitarismus. Terrorismus und Willkür (2001)
8 *Gisela Friedrichsen / Gerhard Mauz:* Er oder sie? Der Strafprozeß Böttcher/Weimar. Prozeßberichte 1987 bis 1999 (2001)
9 *Heribert Prantl / Thomas Vormbaum (Hrsg.):* Juristisches Zeitgeschehen 2000 in der Süddeutschen Zeitung (2001)
10 *Helmut Kreicker:* Art. 7 EMRK und die Gewalttaten an der deutsch-deutschen Grenze (2002)
11 *Heribert Prantl / Thomas Vormbaum (Hrsg.):* Juristisches Zeitgeschehen 2001 in der Süddeutschen Zeitung (2002)
12 *Henning Floto:* Der Rechtsstatus des Johanniterordens. Eine rechtsgeschichtliche und rechtsdogmatische Untersuchung zum Rechtsstatus der Balley Brandenburg des ritterlichen Ordens St. Johannis vom Spital zu Jerusalem (2003)
13 *Heribert Prantl / Thomas Vormbaum (Hrsg.):* Juristisches Zeitgeschehen 2002 in der Süddeutschen Zeitung (2003)
14 *Kai Ambos / Jörg Arnold (Hrsg.):* Der Irak-Krieg und das Völkerrecht (2004)
15 *Heribert Prantl / Thomas Vormbaum (Hrsg.)*: Juristisches Zeitgeschehen 2003 in der Süddeutschen Zeitung (2004)
16 *Sascha Rolf Lüder:* Völkerrechtliche Verantwortlichkeit bei Teilnahme an „Peacekeeping"-Missionen der Vereinten Nationen (2004)
17 *Heribert Prantl / Thomas Vormbaum (Hrsg.)*: Juristisches Zeitgeschehen 2004 in der Süddeutschen Zeitung (2005)
18 *Christian Haumann:* Die „gewichtende Arbeitsweise" der Finanzverwaltung. Eine Untersuchung über die Aufgabenerfüllung der Finanzverwaltung bei der Festsetzung der Veranlagungssteuern (2008)
19 *Asmerom Ogbamichael:* Das neue deutsche Geldwäscherecht (2011)
20 *Lars Chr. Barnewitz:* Die Entschädigung der Freimaurerlogen nach 1945 und nach 1989 (2011)
21 *Ralf Gnüchtel:* Jugendschutztatbestände im 13. Abschnitt des StGB (2013)
22 *Helmut Irmen:* Stasi und DDR-Militärjustiz. Der Einfluss des MfS auf Militärjustiz und Militärstrafvollzug in der DDR (2014)
24 *Zekai Dağaşan:* Das Ansehen des Staates im türkischen und deutschen Strafrecht (2015)
25 *Camilla Bertheau:* Politisch unwürdig? Entschädigung von Kommunisten für nationalsozialistische Gewaltmaßnahmen. Bundesdeutsche Gesetzgebung und Rechtsprechung der 50er Jahre (2016)

Abteilung 6: Recht in der Kunst

Mitherausgegeben von Prof. Dr. Gunter Reiß

1 *Heinz Müller-Dietz:* Recht und Kriminalität im literarischen Widerschein. Gesammelte Aufsätze (1999)
2 *Klaus Lüderssen (Hrsg.):* »Die wahre Liberalität ist Anerkennung«. Goethe und die Juris prudenz (1999)
3 *Bertolt Brecht:* Die Dreigroschenoper (1928) / Dreigroschenroman (1934). Mit Kommentaren von Iring Fetscher und Bodo Plachta (2001)
4 *Annette von Droste-Hülshoff:* Die Judenbuche (1842) / Die Vergeltung (1841). Mit Kommentaren von Heinz Holzhauer und Winfried Woesler (2000)
5 *Theodor Fontane:* Unterm Birnbaum (1885). Mit Kommentaren von Hugo Aust und Klaus Lüderssen (2001)
6 *Heinrich von Kleist:* Michael Kohlhaas (1810). Mit Kommentaren von Wolfgang Naucke und Joachim Linder (2000)
7 *Anja Sya:* Literatur und juristisches Erkenntnisinteresse. Joachim Maass' Roman „Der Fall Gouffé" und sein Verhältnis zu der historischen Vorlage (2001)
8 *Heiner Mückenberger:* Theodor Storm – Dichter und Richter. Eine rechtsgeschichtliche Lebensbeschreibung (2001)
9 *Hermann Weber (Hrsg.):* Annäherung an das Thema „Recht und Literatur". Recht, Literatur und Kunst in der NJW (1), (2002)
10 *Hermann Weber (Hrsg.):* Juristen als Dichter. Recht, Literatur und Kunst in der NJW (2), (2002)
11 *Hermann Weber (Hrsg.):* Prozesse und Rechtsstreitigkeiten um Recht, Literatur und Kunst. Recht, Literatur und Kunst in der NJW (3), (2002)
12 *Klaus Lüderssen:* Produktive Spiegelungen. 2., erweiterte Auflage (2002)
13 *Lion Feuchtwanger:* Erfolg. Drei Jahre Geschichte einer Provinz. Roman (1929). Mit Kommentaren von Theo Rasehorn und Ernst Ribbat (2002)
14 *Jakob Wassermann:* Der Fall Maurizius. Roman (1928). Mit Kommentaren von Thomas Vormbaum und Regina Schäfer (2003)
15 *Hermann Weber (Hrsg.):* Recht, Staat und Politik im Bild der Dichtung. Recht, Literatur und Kunst in der Neuen Juristischen Wochenschrift (4), (2003)
16 *Hermann Weber (Hrsg.):* Reale und fiktive Kriminalfälle als Gegenstand der Literatur. Recht, Literatur und Kunst in der Neuen Juristischen Wochenschrift (5), (2003)
17 *Karl Kraus:* Sittlichkeit und Kriminalität. (1908). Mit Kommentaren von Helmut Arntzen und Heinz Müller-Dietz (2004)
18 *Hermann Weber (Hrsg.):* Dichter als Juristen. Recht, Literatur und Kunst in der Neuen Juristischen Wochenschrift (6), (2004)
19 *Hermann Weber (Hrsg.):* Recht und Juristen im Bild der Literatur. Recht, Literatur und Kunst in der Neuen Juristischen Wochenschrift (7), (2005)
20 *Heinrich von Kleist:* Der zerbrochne Krug. Ein Lustspiel (1811). Mit Kommentaren von Michael Walter und Regina Schäfer (2005)
21 *Francisco Muñoz Conde / Marta Muñoz Aunión:* „Das Urteil von Nürnberg". Juristischer und filmwissenschaftlicher Kommentar zum Film von Stanley Kramer (1961), (2006)

22 *Fjodor Dostojewski:* Aufzeichnungen aus einem Totenhaus (1860). Mit Kommentaren von Heinz Müller-Dietz und Dunja Brötz (2005)
23 *Thomas Vormbaum (Hrsg.):* Anton Matthias Sprickmann. Dichter und Jurist. Mit Kommentaren von Walter Gödden, Jörg Löffler und Thomas Vormbaum (2006)
24 *Friedrich Schiller:* Verbrecher aus Infamie (1786). Mit Kommentaren von Heinz Müller-Dietz und Martin Huber (2006)
25 *Franz Kafka:* Der Proceß. Roman (1925). Mit Kommentaren von Detlef Kremer und Jörg Tenckhoff (2006)
26 *Heinrich Heine:* Deutschland. Ein Wintermährchen. Geschrieben im Januar 1844. Mit Kommentaren von Winfried Woesler und Thomas Vormbaum (2006)
27 *Thomas Vormbaum (Hrsg.):* Recht, Rechtswissenschaft und Juristen im Werk Heinrich Heines (2006)
28 *Heinz Müller-Dietz:* Recht und Kriminalität in literarischen Spiegelungen (2007)
29 *Alexander Puschkin:* Pique Dame (1834). Mit Kommentaren von Barbara Aufschnaiter/Dunja Brötz und Friedrich-Christian Schroeder (2007)
30 *Georg Büchner:* Danton's Tod. Dramatische Bilder aus Frankreichs Schreckensherrschaft. Mit Kommentaren von Sven Kramer und Bodo Pieroth (2007)
31 *Daniel Halft:* Die Szene wird zum Tribunal! Eine Studie zu den Beziehungen von Recht und Literatur am Beispiel des Schauspiels „Cyankali" von Friedrich Wolf (2007)
32 *Erich Wulffen:* Kriminalpsychologie und Psychopathologie in Schillers Räubern (1907). Herausgegeben von Jürgen Seul (2007)
33 *Klaus Lüderssen:* Produktive Spiegelungen: Recht in Literatur, Theater und Film. Band II (2007)
34 *Albert Camus:* Der Fall. Roman (1956). Mit Kommentaren von Brigitte Sändig und Sven Grotendiek (2008)
35 *Thomas Vormbaum (Hrsg.):* Pest, Folter und Schandsäule. Der Mailänder Prozess wegen „Pestschmierereien" in Rechtskritik und Literatur. Mit Kommentaren von Ezequiel Malarino und Helmut C. Jacobs (2008)
36 *E.T.A. Hoffmann:* Das Fräulein von Scuderi – Erzählung aus dem Zeitalter Ludwigs des Vierzehnten (1819). Mit Kommentaren von Heinz Müller-Dietz und Marion Bönnighausen (2010)
37 *Leonardo Sciascia:* Der Tag der Eule. Mit Kommentaren von Gisela Schlüter und Daniele Negri (2010)
38 *Franz Werfel:* Eine blaßblaue Frauenschrift. Novelle (1941). Mit Kommentaren von Matthias Pape und Wilhelm Brauneder (2011)
39 *Thomas Mann:* Das Gesetz. Novelle (1944). Mit Kommentaren von Volker Ladenthin und Thomas Vormbaum (2013)
40 *Theodor Storm:* Ein Doppelgänger. Novelle (1886) (2013)
41 *Dorothea Peters:* Der Kriminalrechtsfall ‚Kaspar Hauser' und seine Rezeption in Jakob Wassermanns Caspar-Hauser-Roman (2014)
42 *Jörg Schönert:* Kriminalität erzählen (2015)
43 *Klaus Lüderssen:* Produktive Spiegelungen. Recht im künstlerischen Kontext. Band 3 (2014)
44 *Franz Kafka:* In der Strafkolonie. Erzählung (1919) (2015)
45 *Heinz Müller-Dietz:* Recht und Kriminalität in literarischen Brechungen (2016)

46 *Hermann Weber (Hrsg.):* Das Recht als Rahmen für Literatur und Kunst. Tagung im Nordkolleg Rendsburg vom 4. bis 6. September 2015 (2017)
47 *Walter Müller-Seidel:* Rechtsdenken im literarischen Text. Deutsche Literatur von der Weimarer Klassik zur Weimarer Republik (2017)

Abteilung 7: Beiträge zur Anwaltsgeschichte

Mitherausgegeben von Gerhard Jungfer, Dr. Tilmann Krach und Prof. Dr. Hinrich Rüping

1 *Babette Tondorf:* Strafverteidigung in der Frühphase des reformierten Strafprozesses. Das Hochverratsverfahren gegen die badischen Aufständischen Gustav Struve und Karl Blind (1848/49), (2006)
2 *Hinrich Rüping:* Rechtsanwälte im Bezirk Celle während des Nationalsozialismus (2007)

Abteilung 8: Judaica

1 *Hannes Ludyga:* Philipp Auerbach (1906–1952). „Staatskommissar für rassisch, religiös und politisch Verfolgte" (2005)
2 *Thomas Vormbaum:* Der Judeneid im 19. Jahrhundert, vornehmlich in Preußen. Ein Beitrag zur juristischen Zeitgeschichte (2006)
3 *Hannes Ludyga:* Die Rechtsstellung der Juden in Bayern von 1819 bis 1918. Studie im Spiegel der Verhandlungen der Kammer der Abgeordneten des bayerischen Landtags (2007)
4 *Michele Sarfatti:* Die Juden im faschistischen Italien. Geschichte, Identität, Verfolgung (2014)

Bei Fragen zur Produktsicherheit wenden Sie sich bitte an:
If you have any questions regarding product safety,
please contact:

Walter de Gruyter GmbH
Genthiner Straße 13
10785 Berlin
productsafety@degruyterbrill.com